Mr John AUBREY's, Esq.
LEBENS=ENTWÜRFE

DIE ANDERE BIBLIOTHEK
Herausgegeben
von Hans Magnus Enzensberger

Mr John AUBREY's, Esq.
LEBENS=ENTWÜRFE

DEUTSCH VON WOLFGANG SCHLÜTER

EICHBORN VERLAG
Frankfurt am Main 1994

© Vito von Eichborn Verlag GmbH & Co. KG,
Frankfurt am Main 1994.

I.A. [JOHN AUBREY]

> Soll nur als Makulaturblatt einem
> Bucheinband zwischengeschoben werden.

> M^r Th. Carew: *I press not to the choir...*
> *Thus devout penitents of old were wont,*
> *Some without dore, and some beneath the font.*

In astrologischer Hinsicht ist seine Vita bemerkenswerter als im Hinblick auf irgendeinen Zuwachs an Gelehrsamkeit — hat er sich doch von Geburt an (bis in die jüngste Zeit) unter einer ganzen Schaar übler Bestimmungen abgemüht: vierzig Jahre hindurch, auf Reisen zu Wasser wie zu Land, entkam er vielen Gefahren. Geboren wurde er (Verwandtschaft langlebig; gesund) zu Easton Piers, einem Weiler in der Gemeine Kington Saint Michael in der Hundertschaft Malmesbury in der Grafschaft Wilts, auf dem Erbgut seiner Mutter (Tochter & Erbin Mr Isaac Lyte's) am 12. März (St Gregorius Tag) A.D. 1625, ca. bey Sonnen=Aufgang; war recht schwach und wäre beinah gestorben, so daß man ihn noch vor dem Morgen=Gebet taufte.

Zu Kräften kam ich erst mit 11 oder 12 Jahren, litt ich doch über einige Jahre an Erbrechen, 12

Stunden lang alle 14 Tage, dann etwa monatlich, dann quartalsweise, zuletzt jedes Halbjahr einmal. Mit 12 etwa hörte es auf.

Als Knabe aufgewachsen in Easton, einer abgeschiedenen Eremitage; war sehr neugierig — sein grössestes Vergnügen: in beständiger Nähe der Handwerker zu sein, die daherkamen (z.[b] Schreiner, Zimmermänner, Faßbinder, Maurer) und sich auf ihr Gewerbe verstanden.

Erhielt 1634 seinen ersten Latein=Unterricht von M[r] R. Latimer, Rector zu Leigh Delamere (auf schönem Weg 1 Meile entfernt), der eine einfache Art des Unterrichtens pflegte: immer wenn wir um Permiß baten, *fortzugehen,* bekamen wir von ihm ein lateinisches Wort mit auf den Weg, das wir ihm bey unserer Rückkehr wieder hersagen mußten: was sich nach einer kleinen Weile zu einem gerüttelt Maaß Worte summirte. Zu meinem Unglück verlor ich nach einem halben Jahr diesen guten Lehrer durch den Tod, und befand mich hernach unter mehreren trübseligen Haus=Lehrern, bis ich (12) 1638 auf die Blandford School in Dorset geschickt wurde (William Sutton, B.D., übellaunichter Mann). Hier gewann ich meine Gesundheit wieder und erwarb mein Latein & Griechisch so gut wie es für Knaben meines Alters nur möglich war. Der Hülfslehrer hatte (zufällig) Cowpers Lexicon, das ich nie zuvor gesehen. Damals hatt ich meine Nase im Terenz: las also, mir seine Methode merkend, in dem Buch alles, wo Terenz vorkam — und dann Cicero: auf diese Weise kam ich zu meinem Latein. Eine wunderbare Stärkung meiner Einbildungskraft war die Lektüre von Ovids *Metamorphosis* auf Englisch von Sandys, die mich mein Latein besser verstehen ließ. Desgleichen stieß ich zufällig auf ein Buch aus dem Besitz meiner Mutter: Lord Bacons *Essays,* die mir zum erstenmal die Augen für Ethik öffneten (denn Tullys *Offices* waren für meine jungen Jahre zu sauertöpfisch) — und wie excellent sein Styl, bzw Anspielungen & Übergänge!

Immer wieder fragte ich meinen Großvater nach den Alten Zeiten, der Galerie über der Chorschranke etcet., den feierlichen Bräuchen der Priorei &c. Mit 8 war ich eine Art Ingenieur; dann stürzte ich mich aufs Zeichnen, indem ich zunächst mit schlichtem Lineament, z.^{b} den Mustern auf Vorhängen, begann. Dann, mit 9 (Vater & Schulmeister waren dagegen) mit Farben — hatte indes niemanden, der mich unterwies; copirte im Wohnzimmer Gemälde in ein Notizbuch: geriet treffend.

Zu Blandford zeichnete & malte ich *in müßigen Stunden* Bates' Buch ab — *quaere* den Titel.

(Ich entsinne mich) ich pflegte sehr mit mir zu hadern, daß ich nicht in einer Großstadt lebte, Bristol z.^{b}, wo ich zu Uhrmachern, Schlossern &c Zutritt gehabt hätte. Sorgte mich nicht sonderlich um Sprach=unterricht; Auffassungsgabe ziemlich gut, Gedächtnis aber schwach; damals mithin die recht verheißungsvolle Morgenröte eines inventiven & philosophischen jungen Kopfes: Musikalität; erfindungsreich; Blankverse; ein starker & früher Trieb zum Alterthümlichen (stark saturnischer Trieb). Geist immer rege, aber zu ungelenk zum Verseschmieden. Überaus sanftes Gemüth; mächtig empfänglich für Fascination. Vorstellungsvermögen sehr klar; Phantasie wie ein Spiegel — reines Crystall= Wasser, das der kleinste Windhauch, desgl. Lärm etc kräuselt & aufwühlt.

Den 2. Mai 1642 ging ich nach Oxford.

Friede.

Ging Logik und einige Ethik=Schriften durch. 1642 erschien *Religio Medici* im Druck, die mir das

Verständnis aufschloß; nahm sie mit nach Easton, dazu Sir K D.

Doch nun ließ Bellona den Donner rollen — und gleichwie sich über einen klaren Himmel mitunter im Nu eine düstre Wolke mit Donner breitet, so verfuhr der Bürgerkrieg mit unserm heitren Frieden durch die Zwietracht jener Tage: *vide* Homers Odyssee.

Kommenden Augusto befahl mich mein Vater, aus Furcht, nach Hause.

Im folgenden Februar hatte ich meinen Vater mit viel Mühe so weit, daß er mich wieder ins geliebte Oxford ziehen ließ, damals Garnison.

Ich erreichte, daß Mr Hesketh, Mr Dobsons Adlatus, ein Pfarrer, die Ruinen von Osney in zwei oder drei Ansichten zeichnete, bevor sie abgerissen wurden. Itzt wird sogar das Fundament umgegraben.

Im April erkrankte ich im Trinity College an den Pocken — und als ich nach Trinitatis genas, hieß mich mein Vater wieder aufs Land kommen: wo ich zu meinem großen Kummer mit niemandem Conversation hatte, es sey denn mit Bedienten & Bauren & einquartirten Söldnern *(Odi profanum vulgus et arceo),* denn in jenen Tagen pflegten Väter mit ihren Kindern keinen Umgang. Für mich, der ich damals im Lenz meiner Jahre stand, war's ein todtrauriges Leben, auf die Wohltat ingeniöser Conversation & guter Bücher verzichten zu müssen — eine Art Auszehrung. Dieses trübsinnige Leben führte ich bis 1646, als ich (nach viel Gezerre) von meinem Vater Permiß erhielt, an den Middle Temple zu gehen: Zulassung am 6. April 1646.

Am 24. Juni capitulirte Oxford, und von den Königstreuen gingen dann viele nach London, wo ich ihre Bekanntschaft machte (etliche kannte ich bereits). Debauchiren mochte ich nicht, ihre martialische Conversation indes war den Musen auch nicht zuträglich.

Am 6. November kehrte ich zu meiner großen Freude nach Oxford ans Trinity College zurück; lernte viel von den Fellows, erfreute mich gelehrter Conversation mit ihnen; gab mich mit Büchern ab, mit Musik. Hier und am Middle Temple (bald so, bald so) genoß ich (meistentheils) die seeligste Zeit meines Lebens (begabte Jünglinge gleichen der Rosenknospe, die den Morgen-Tau schlürft), bis man mich 1648 (am Abend vor Heilig-abend) von Oxford ans Krankenbett meines Vaters rief, der nie wieder gesund wurde: wo ich versprach, mich um seine ländlichen Angelegenheiten zu kümmern und einen Proceß anzustrengen.

Im October starb mein Vater und hinterließ mir 1800 £ Schulden und 1000 £ Schuldansprüche meiner Brüder.

Was that ich denn, daß es meine Lebensweise gerechtfertigt hätte? In Wahrheit nichts. Nur Gespenster wie Osney-Abteiruinen u.a. Alterthümer. Denn ein Wetzstein *exors ipse secandi*, etwa meine allumfassende Excentrik. Die Dinge, die mißachtet & ganz vergessen & versunken wären, hätt ich mich nicht der Mühe verpflichtet, die Arbeit fortzusetzen, jene beim Namen zu nennen.

1654, in Llantrithid, begann er philosophische & antiquarische Aufzeichnungen in Taschen-Notizbücher einzutragen.

Ich begann meinen Proceß um den als Erblehn vermachten Grundbesitz in Brecon, der bis ... dauerte und mich 1200 £ kostete.

Ich hatte die Absicht, Mistress K. Ryves zu heiraten, die starb, als sie geheiratet werden sollte: 2000 £, wenn nicht mehr; dazu die Vormundschaft über ihren Bruder, 1000 £ per annum.

Im Jahr ... machte ich mein Testament und überantwortete meinen Besitz Bevollmächtigten in der Absicht, die Alterthümer Roms & Italiens aufzusuchen, dann heimzukommen & zu heiraten, doch *(Diis aliter visum est superis)*. Zu meinem unaussprechlichen Kummer & Verderben vereitelte meine Mutter dieses Vorhaben, was mein Ruin war.

Mein Besitz *knapp* 100 £, plus Brecon.

Dann Schulden & Processe, *opus et usus*, Geldborgen und dauernd zu Pferde. Zu meiner Ehre wunderbar credit=würdig auf dem Lande. Im Jahr ... verkaufte ich den Herrensitz von Bushelton in Herefordshire an Dr T. Willis. Im Jahr ... verkaufte ich das Herrenhaus zu Stratford in der nämlichen Grafschaft an Herbert, Lord=Bischof von Hereford.

Dann, am 11. Junius 1664, ging ich nach Frankreich. Heimkehr October. Joan Sumner. Dann Proceß mit ihr. Dann Easton Piers & die Farm in Broad Chalk verkauft. Verlust 500 £ plus 200 £ plus Güter & Nutzholz. Verkroch mich als Ausgestossener.

Dann, *in Monte Dei videbitur,* war ich so niedergeschlagen, wie ein Sterblicher nur sein kann, und nimmer still, bis alles dahin war, und so richtete ich meinen Blick ganz auf die göttliche Vorsicht. Ins Kloster! Ich wünschte, die Klöster wären nicht abgerissen worden; wollte, die Reformer wären in dem Betracht moderater gewesen. Sogar die Türken haben Klöster. Warum mußten unsere Reformatoren so rigide sein? Convenienz frommer Häuser — Sir Christopher Wren — es sollte für contemplative Köpfe Zufluchtsstätten mit Verpflegung geben, und wären's nur eine oder zwei, für 500. Gegen Vergütung. Welch ein Vergnügen wäre das gewesen: von Kloster zu Kloster zu reisen. Die Reformatoren in den Lutherischen Ländern waren so klug, sie nicht zu zerstören (im Elsaß z.^b) — änderten nur den Glauben.

Doch ungeachtet all dieser Peinlichkeiten machte ich mir (grad wie es sich ergab) *pian piano* Notizen von Alterthümern; und habe mit flinkem Stift, sinnbildlich hoch zu Rosse, Landschaften skizzirt: z.^b im Juli 1660 Reise nach Irland.

Otium zu Heathfield: vom Earl of Thanet.

Immer in Bewegung — und nicht die Spur von Fortüne, bis ich, 1670/1671, alles aufgegeben; in diesen Jahren bescherte mir die Vorsicht (unverhofft) gute Freunde: den sehr ehrenwerten Nicholas, Earl of Thanet, bey dem ich mich fast ein Jahr zu Heathfield in Kent verborgen hielt; Sir Christopher Wren; Mr Ogilby; dann schloß mich Edmund Wyld esquire FRS von Glasely Hall, Salop, in die Arme, bey dem ich fast täglich speise und süßer Muße pflege.

1671, als ich alles veräußert, und mich, wie gesagt, der Gelder beraubt sah, die ich eingenommen, hatte ich einen so starken Impuls, meine *Description of Wilts*, 2 Bände in Folio, (in annehmbarer Weise) abzuschließen, daß ich nicht stillhalten konnte, bis ich sie vollendet — und das mit ziemlichem Risiko, *tanquam canis e Nilo* aus Furcht vor denen Crocodilen d.h. Gerichtsvollziehern. — Und in der Tat: alles, was ich getan, und das wenige, das ich studirt, ist nach der gleichen (unordentlichen) Manir gewesen, so daß mein Bedürfnis nach freier Zeit, hätte ich nicht so lange gelebt, nur eine magere Ernte in die Scheuren gefahren hätte.

Des Mannes Stimmung steigt & fällt mit seiner Fortüne — mich macht sie lethargisch.

Magen so zart, daß ich Claret nicht ohne Zucker, und nicht zum Weißwein trinken konnte — hätte ihn sonst ausgewürgt. Kam erst 1670 in Ordnung.

Wunderliches Fatum, unter dem ich mich abgemüht: daß ich noch nie im Leben einen ganzen Monat oder sechs Wochen *otium* genossen.

Meine Studien (Geometrie) fanden zu Pferde und im Amtshause statt: (mein Vater hatte mich entmutigt). Mein Geist war unablässig in Bewegung — nimmer untätig — und sogar auf Reisen (zwischen 1649 und 1670 kam ich kaum je aus dem Sattel) sammelte ich Beobachtungen, von denen ich eine Collection in Folio, zwei Buchlagen Papier oder mehr, habe: ein Korb Abfall — einiges davon mag von Wert sein.

Seine Haupt=Tugend: Dankbarkeit.

Nie lärmend oder verschwenderisch — doch Trägheit & Sorglosigkeit sind ebenso schlimm wie alle anderen Laster (sagte Sir E. Leech).

Meine Einbildungskraft galt vorwiegend der Geometrie. Wenn ich je zu etwas getaugt hätte, dann zu einem Maler: so stark konnte ich mir etwas imaginiren, und so deutlich war meine Vorstellung davon.

Als Knabe liebte er stets das Gespräch mit alten Männern als Lebenden Historien. Spielen interessirte ihn nicht — statt dessen widmete er sich an Spiel=tagen dem Zeichnen & Malen. Mit 9 ein Portraitist.

Ein veritabler Spleen: das, was gestorben, ließ ich wieder aufleben, indem ich sechs oder sieben verpflichtete. *Fungor vice cotis* etc.

In der Jugend sehr krank, hingegen ab 16 gesund. *Freunde:* A. Ettrick, Trinity College; M T John Lydall; Francis Potter: hundert Briefe; Sir J. Hoskyns, Baronet; Edmund Wyld esquire von Glasely Hall, *den ich hier aus tiefster Dankbarkeit nenne;* Mr Robert Hooke, Gresham College; Mr Hobbes, 165– ; A. Wood, 1665; Sir William Petty, mein specieller Freund; Sir James Long, Baronet, aus Draycot,

DIE ANDERE BIBLIOTHEK

Herausgegeben von Hans Magnus Enzensberger

Die ANDERE BIBLIOTHEK ist, wie die Frankfurter Allgemeine Zeitung schrieb, »eine Buchreihe, die in der Tat ihresgleichen sucht«. In ihr erscheinen »ebenso gute wie schöne Bücher«. Jeden Monat ein neuer Band. Herausgegeben von Hans Magnus Enzensberger und unter seiner Aufsicht sorgfältig lektoriert. Kunstvoll ausgestattet von Franz Greno. In der handwerklichen Tradition Gutenbergs nach den Regeln der »Schwarzen Kunst« hergestellt in der Buchdruck-Werkstatt von Franz Greno, Nördlingen. Gedruckt auf eigens gefertigtem holz- und säurefreiem Papier. Und mit individuell gestalteten Bucheinbänden versehen durch die Buchbinderei Lachenmaier, Reutlingen.

Die ANDERE BIBLIOTHEK – das ist eine Geschichte für sich.

Lassen Sie sich von uns
kostenlos und unverbindlich
informieren.

80 Pf

Ja, bitte informieren Sie mich über die ANDERE BIBLIOTHEK, unverbindlich und kostenfrei.
Meine Adresse:

Name

Straße/Nr.

PLZ/Ort

Hinweis:
Es gibt die Möglichkeit, die ANDERE BIBLIOTHEK zu abonnieren:
Bei Ihrer Buchhändlerin oder Ihrem Buchhändler.

Eichborn Verlag

DIE ANDERE BIBLIOTHEK
Herausgegeben von Hans Magnus Enzensberger

Kaiserstraße 66

D-60329 Frankfurt

χρονογραφία & c; Mr Charles Seymour, Vater des D of S; Sir John Stawell, M T; Bischof von Salisbury; Dr W. Holder. — Schrieb: »Natur=Geschichte von Wiltshire«; die vorliegenden »Lebens=Entwürfe« (für AW 1679–80); »Gedanken zur Educazion der Jugend unseres Adels«, in Mr Ashmoles Händen; *Item,* »Heidnische Relikte«, das sind Beobachtungen zu Ovids *Fastorum; memorandum:* »Villare Anglicanum, gedeutet«; *item, Faber Fortunae* (zu seinem privaten Nutzen).

J.A. lebte zumeist in Broad Chalk; mitunter in Easton Piers; in London zu jeder Sitzungsperiode. Verbrachte viel Zeit auf Reisen nach Süd=Wales (Erblehn) & Herefordshire. Nunmehr fröne ich meinem Talent im Kreis der Freunde und bete für die jungen *Engel* [bzw. bitte um frische *Engelsthaler*]. Wohne bey Mrs More unweit Gresham College (Mrs More's, Hammond Alley in Bishopsgate, das am weitesten entfernte Haus gegenüber dem old Jairer Gasthof). Rechne auf einen gehobenen Posten dank Sir Ll Jenkins.

Es war J.A., der Mr Hobbes veranlaßte, seine Abhandlung *De legibus* zu schreiben, die in seine Rhetorik eingebunden ward, so daß man sie nur per Zufall finden kann — auf dem Haupttitel nicht erwähnt.

Memorandum. J. Aubrey machte im Jahr 1666, dieweil er Joan Sumner bey der Pflege ihres Bruders in Seend/Wilts half, die Entdeckung eisenhaltiger Quellen, deren Eisengehalt höher war denn der aller bis dahin bekannten Quellen Englands. Im Juni 1667 sandte ich der Royal Society ein paar Flaschen, die vor einer großen Versammlung einer Gallen= Probe unterzogen wurden. Das Wasser wird so schwarz, daß man damit leserlich schreiben kann, und wurde dort, nach so langem Transport, so dunkel wie ein tiefroter Claret. Die Ärzte gerieten in helles Entzücken und redeten mir zu, es den Doctoren in Bath zu recommendiren (von wo es nur 10 Meilen bis zu den Quellen sind): daß es in einigen Fällen das Beste sey, mit diesem Wasser zu beginnen und mit Bädern zu enden, in anderen *vice versa*. Ich schrieb ein paarmal, doch ohne Resultat, denn am Ende begriff ich, daß sie, wiewohl mit der hervorragenden Qualität des Wassers zufrieden und überzeugt davon, daß die Londoner Collegen wahr sprächen, kein Interesse daran hatten, ihre Baadgäste aus Bath abziehen zu lassen. Also inserirte ich's in Mr Lillys Almanach, und zum Spätsommer kamen so viele Badegäste ins Dorf, daß es sie nicht beherbergen konnte und man itzt für den kommenden Sommer den Bau von Häusern vorsieht. John Sumner (dessen Quell der beste ist) meint, es werde ihm 200 £ p.a. einbringen. Dr Grew erwähnt in seiner Geschichte des Repositoriums der Royal Society diese Entdeckung, ebenso die des Eisen=Erzes, von dem man dorten bis dato noch keine Notiz genommen.

Ich habe *Gedanken zur Educazion unserer Adeligen Jugend vom 10. (oder 11.) bis 18. Lebensjahr* verfaßt: hinterlegt bey Elias Ashmole, esquire.

Donnerstag 5. März 1673, 9.15 abends: J.A. arretirt ... von Gardiner, Wachtmeister, einem dreisten blonden solaren Stenz, anmaßend, unverschämt *und all dergl.*

25. März 1675: um 4 nachmittags Nasenbluten aus dem linken Loch. Erinnre mich nicht an irgendeine Begebenheit.

31. Juli 1677: verkaufte meine Bücher an Mr Littlebury, *und dabei* brach mir ein Absceß am Kopfe auf. Mit etwa 50 ein Absceß am Kopf.

Hauptmann Poyntz gewährte mir (für einen Dienst, den ich ihm beim Earl of Pembroke und beim Earl of Abingdon erwiesen) am 2. Februar 1686 liebenswürdigerweise tausend Acres Land auf der Insel Tobago als Schenkung. Er riet mir, Siedler hinüberzuschaffen und Subscribenten zu gewinnen, die Anteile an diesen 1000 Acres übernähmen, denn 200 Acres, meint er, seien für mich genug. Auf diesem köstlichen Eiland gibt es *lac lunae*.

William Penn, Lord=Eigenthümer Pennsylvania's, gewährte mir (16--) eine Schenkung unter seinem Siegel von sechs hundert Acres in Pennsylvania — ohne daß ich darum ersucht oder nur davon geträumt hätte. Er rät mir, sie mit französischen Protestanten zu besiedeln, die dann, nach sieben Jahren *gratis,* soundsoviel Pacht zahlen sollten. Er sagt mir auch: für 200 Acres 10 £ Pacht p.a. ad infinitum, nach drei Jahren.

John Aubrey, 20. März 1693, um 11 Uhr nachts ausgeraubt, mit 15 Wunden am Kopf. 5. Januar 1694 *etwa* um 4 Uhr nachmittags ein Schlagfluß.

Montag nach Ostern 1639: Der Klepper meines Oncles Anthony Browne warf mich lebensgefährlich ab. Just vorher hatte ich einen Hieb von dem Gezweige bekommen, unter dem ich durch die Berylane ritt: das hatte ihn gereizt. *Laus Deo!*

Lebens=Zufälle John Aubreys:

Geboren zu Easton Piers, 12. März 1626, bey Sonnen=Aufgang: sehr schwach & fast gestorben und deshalb noch am gleichen Morgen vor dem Beten getauft. Ich glaub, ich hab meine Mutter sagen hören, ich hätte kurz nach meiner Geburt ein hitziges Fieber gehabt.

1629: mit 3 oder 4 Jahren hatte ich ein fürchterliches Wechselfieber. Ich kann mich noch erinnern. Wurde erst mit 11 oder 12 gesund; hatte aber für . . . Jahre alle 14 Tage 12 Stunden lang Erbrechen; dann trat's über . . . Jahre monatlich auf; dann vierteljährlich; und dann halb=jährlich — das letzte war

Juni 1642. Diese Krankheit erstickte mir die Kraft im Keime.

1633: mit 8 Jahren hatte ich eine (natürliche) Wundstelle an der Cranz=Naht meines Kopfes, die bis zum 21ten Lebensjahr nässte.

1634: October: hatte ein gewaltsames Fieber, das mich fast ins Jenseits befördert hätte. 'S war die gefährlichste Krankheit, die ich je hatte.

Um 1639 (oder 1640) hatte ich die Masern, aber das war nichts — ich war kaum krank.

1639: Ostermontag ging der Gaul meines Onkels mit mir durch und brachte mich ziemlich gefährlich zu Fall.

3. Mai 1642: inscribirte mich am Trinity College, Oxford.

1643: April und Mai: die Pocken zu Oxford; und verließ kurz darauf diesen ingeniösen Ort; und führte drei Jahre ein ödes Leben auf dem Lande.

1646: April: Zulassung am Middle Temple. Doch meines Vaters Krankheit & Geschäfte erlaubten mir nie, mich ruhig meiner Arbeit zu widmen.

1651: um den 16. oder 18. April begegnete ich jener unvergleichlichen, gutgearteten Dame Mistress M. Wiseman, in die ich mich *prima vista* verliebte: *haeret lateri*.

1652: 21. October: mein Vater gestorben.

1655: 14. Juni (glaub ich) stürzte ich in Epsom und brach mir eine Rippe — und fürchtete, es könnte einen Absceß verursachen.

1656: September 1655 oder vielmehr 1656 (glaub ich) begann ich meinen kostspieligen & ennuyanten Proceß in Sachen Erblehn in Brecknockshire & Monmouthshire.

Dies und das vorhergehende Jahr waren für mich sonderbar und zwiespältig: Liebe zu M.W. und Processe.

1656: December: *Veneris morbus.*

1657: am 27. November *starb Lady Katherine Ryves,* mit der ich mich verehelichen wollte: ein herber Verlust für mich.

1659: März oder April: hätte mir in der Cathedrale von Ely beinah das Genick gebrochen, und am nächsten Tag, als ich im Galopp ritt, stürzte & überschlug sich mein Pferd — und doch geschah mir nichts, *deo gratias.*

1660: Juli/August begleitete ich A. Ettrick für einen Monat nach Irland, und auf der Heimkehr wär beinahe unser Schiff vor Holyhead untergegangen — aber es ging nochmal gut.

1661, 1662, 1663: etwa in diesen Jahren verkaufte ich meinen Grundbesitz in Herefordshire.

: Januar: ward mir die Ehre, als Fellow in die Royal Society aufgenommen zu werden.

1664: 11. Juni: ging ich in Calais an Land. Im folgenden August hatte ich einen grässlichen Anfall von Milz=weh, und Hämorrhoiden, in Orleans. Kehrte im October zurück.

1664 oder 1665: Montag nach Weihnachten hätte mich beinahe mein Gaul zum Krüppel gemacht, und am nämlichen Tage ward mir eine *Wunde an den Hoden* beygebracht, die mich fast ins Grab geworfen hätte. *Quaere R. Wiseman, wann* — ich glaub, 1664.

1665: 1. November: machte ich (in einer ungünstigen Stunde) zum erstenmal Joan Sumner einen Antrag.

1666: in diesem Jahr liefen meine ganzen Geschäfte & Affairen mau=mau. Alles ohne Sücceß, als hätte ein Fluch auf mir gelegen. Verrat & Feindschaften wider mich in Hülle und Fülle.

1667: December: bey Mrs Sumners Proceß, in Chancery Lane, verhaftet.

: 24. Februar, um 8 oder 9 morgens: Gerichtstermin mit ihr in Salisbury. Sieg mit 600 £ Verlust, trotz teuflischer Opposition gegen mich.

1668: 6. Juli: wurde dank Peter Gale's heimtückischem Schachzug am Tag vor meiner Abreise nach Winchester zu meinem zweiten Proceß in Haft genommen, kam aber nach zwei Stunden wieder frei; begab mich dann jedoch nicht zum Proceß.

1670: 5. März: von 8 bis 9 war mein Proceß in Winchester — der Richter von Mylady Hungerford gegen mich aufgehetzt. Doch nach dem Auftritt von vieren aus dem Gerichtsort und viel Hin- und-Widers bekam ich die Hälfte des Salisburier Urteils, näml. 300 £.

1669 & 1670: verkaufte meinen ganzen Grundbesitz in Wilts.

Von 1670 bis zum heutigen Tage habe ich mich (Gott sey Dank) einer glücklichen Zurückgezogenheit erfreut.

1661: in Gefahr, verhaftet zu werden.

1677: kurz vor Ende Juni brach mir ein Absceß am Kopf auf. *Laus Deo.*

Memorandum: Johannis=Nacht 1673: wär' in Mr Burges' Canzley im Middle Temple beinah von einem jungen Galan mit den Degen durchrannt worden.

Quaere das Jahr, in dem ich bey Mrs Neve wohnte: wäre damals auf der Straße gegenüber dem Tor von Gray's Inn fast von einem Betrunkenen umgebracht worden: einem Gentleman, dem ich nie zuvor begegnet — doch einer seiner Cumpane fiel ihm *(Deo gratias)* in den Arm. (Memorandum: horoscopethus).

In Gefahr, bey der Wahl Sir William Salkelds für New Sarum getötet zu werden: von William Earl of Pembroke, damals Lord Herbert.

Ich sehe, Mars droht mir mit Gefahr von Stürzen.

Zweimal wäre ich fast ertrunken.

1633 begann ich mit meinem lateinischen Sprachunterricht in der Latein=Schule zu Yatton Keynell, wo der Kurat, Mr Hart, in der Schule die ältesten Knaben in Virgil, Ovid, Cicero &c unterrichtete. Damals war es üblich, die Einbände der Bücher in einen Pseudo=Schutzumschlag aus Pergament, d.h. aus alten Manuscripten, zu hüllen — ich war noch zu jung, das zu begreifen, ergötzte mich aber an der Eleganz der Schrift und an den colorirten Initialen. Ich erinnre mich: der dasige Rector, M^r Wm. Stump, Urenkel von Tuchwalker Stump aus Malmesbury, besaß mehrere Handschriften aus der Abtei. Er war ein geschickter Mann & trinkfester Kerl — und wenn er sich ein Fäßgen seines Special=Bieres braute, pflegte er das Spundloch unter dem Ton mit einem Manuscript=Blatt zu verstopfen — er sagte, nichts tauge so trefflich als dieß: ein Anblick, der mich damals, wie mich dünkt, ganz traurig machte. Danach ging ich bey Mr Latimer in der Nachbargemeinde Leigh Delamere zur Schule, wo die Bücher auf die gleiche Weise eingeschlagen waren. In den Tagen meines Großvaters flogen die Manuscripte herum wie Schmetterlinge. Alle Music=Bücher, Rechnungsbücher, Schreib=bücher etc waren in alte Handschriften eingeschlagen — so, wie wir sie heute in Blau= oder Marmorpapier hüllen; und die Handschuhmacher in Malmesbury richteten eine schreckliche Verheerung unter ihnen an: manch schönes altes Stück endete zweifellos als Einwickelpapier von Handschuhen. Vor dem letzten Krieg ging in dieser Gegend eine ganze Welt seltener Manuscripte zugrunde: denn in einem Umkreis von einem halb Dutzend Meilen lag die Abtei von Malmesbury, deren Bibliothek, wie man vermuten darf, mit rarsten Ausgaben nicht schlechter bestückt war als alle anderen Bibliotheken Englands — und wer weiß, ob wir in ihr nicht eine zuverlässige *Naturgeschichte* von Plinius hätten finden können, die ein Mönch namens Camitus dort für König Henry den Zweiten compilirt hat. Innerhalb besagten Umkreises lagen Broadstock Priory ,Stanleigh Abbey, Farleigh Abbey, Bath Abbey (8 Meilen) und Cirencester Abbey (12 Meilen entfernt). 1638 wurde ich auf die Blandford School nach Dorset unter M^r Wm. Sutton verpflanzt (zu M^r Wm. Gardners Zeit die bedeutendste Schule für die Erziehung junger Gentlemen im Westen Englands). Hier pflegte man ebenfalls Bücher in altes Pergament einzuschlagen, d.h. in Pachtverträge etc — nie aber sah ich hier so etwas wie Handschriften. In dieser Gegend gab es keine Abteien oder Mönchs-Convente. Auch am Einband alter Bücher läßt sich beobachten, wie in jenen Tagen die alten Manuscripte verdarben. 1647 begab ich mich aus Neugier zu Pastor Stump, um mir seine Handschriften anzuschauen, von denen ich einige als Kind gesehen — inzwischen aber waren sie verloren & verstreut. Seine Söhne waren Büchsenschützen & Soldaten und hatten ihre Büchsen damit polirt; immerhin zeigte er mir mehrere alte von den Lord-Äbten ausgestellte Besitz-Urkunden mit anhängenden Sigeln, die, wie ich vermute, sein Sohn Hauptm. Tho. Stump aus Malmesbury noch hat.

GEORGE ABBOT

ALS Erz-Bischof Abbots Mutter (eines armen Tuchwürkers Weib aus Gilford) mit ihm schwanger ging, gelüstete es sie nach einem Hecht bzw Grashecht, und ihr träumte, daß der Sohn in ihrem Leibe, äße sie einen Hecht, ein *großer Mann* sein würde. Daraufhin scheute sie keine Mühe, ihrem Gelüsten, ingleichen ihrem Traum, Genüge zu tun. Erst hielt sie Ausschau nach solchem Fisch — den andern Morgen aber, als sie mit ihrem Kübel nach dem Ufer des Flusses ging (der am Hause entlang fließt: itzt ein Bierhaus *Zu den drei Matrosen*) um Wasser zu schöpfen, ging ihr zufällig ein guter Hecht in den Kübel. Die hoch=erwünschte Speise brachte sie heim; bereitete das Mahl; und verschlang es fast — oder annähernd — ganz für sich allein. Diese merkwürdige Affaire machte in der Nachbarschaft nicht geringes Aufheben, und ihre Curiosität veranlasste, daß mehrere Personen von Stand, als sie niederkam, sich selbst als Taufpaten offerirten. Ihre Armut nahm dies mit Freuden an: also daß drei erkoren wurden, die dem Kind den Besuch der Schule und hernach der Universität stifteten; sein Vater war hierzu nicht im Stand. Dies wird allgemein als Tatsache angesehen.

Er wuchs auf als städtischer Schüler und wurde, Schritt vor Schritt, Erz=Bischof von Canterbury. Old Nightingale war sein Bedienter und weint, wenn er von ihm spricht. Jeder, der ihn kannte, liebte ihn. Er war mitunter cholerisch.

THOMAS ALLEN

MR ALLEN war ein sehr frohsinniger, witziger Mann; und ein jeglicher liebte seine Gesellschaft, und jedes Haus pflegte ihn an denen Fest=tagen zu invitiren.

Der große Dudley, Earle of Leicester, consultirte ihn, um jemandem die Nativität zu stellen, denn er war der beste Astrologe seiner Zeit. Queen Elizabeth schickte nach ihm, ihn zu Rate zu ziehen behufs des neuen Sterns, der im Schwan oder in der Cassiopeia (doch ich denke, im Schwan) sichtbar geworden, wozu er in sehr gelehrter Weise sein Urteil abgab.

In jenen dunklen Tagen hielt man den Astrologen, den Mathematiker & den Geisterbeschwörer für ein und dasselbe; und das gemeine Volk hielt ihn wahrhaft für einen Hexer. Er hatte etliche Mathematische Instrumenta & Gläser in seiner Kammer, was die Unwissenden in ihrer Meinung nur bestätigte; und sein Aufwärter würd' den Neulingen & schlichten Gemüthern (um ihnen zu imponiren) erzählen, daß jener bisweilen mit Geistern Umgang pflege, die ihm die Treppe herauf schwärmten wie die Bienen. Je nun — manchem ist es ein rechtes Plaisir, zu lügen und dem Sinn gutgläubiger Menschen zu imponiren, und er rechnete es sich zum Verdienst an, einem solchen Meister zu dienen.

Er war männiglich bekannt, und alle Ferien ritt er aufs Land, seine alten Bekannten & Gönner zu besuchen, die ihm seine grosse Gelehrsamkeit, im Verbund mit der milden Art seines Charakters, mit einem herzlichen Willkommen entgalten. Als er einstmalen in Hom Lacy in Herefordshire, bey Mr John Scudamore weilte (dem Groß=vater von Lord Scudamor) ließ er von ohngefähr seine Uhr im Kammer=Fenster liegen. (Uhren waren damals eine Rarität). Die Mädchen traten ein, um das Bett zu richten, und da sie vernahmen, daß da ein Ding in einem Gehäuse *Tick, Tick, Tick* machte, schlossen sie augenblicks, es wär der Gottseibeiuns, hangelten es mit einer Feuerzange bey seiner Schnur, und warfen's aus dem Fenster in den Morast (: den Teufel zu ertränken). Es traf sich, daß die Schnur am Zweig eines Holunderbusches hängen blieb, der in dem Moraste wuchs, und dies bestätigte sie darin, daß es der Leibhaftige sey. Also bekam der gute alte Herr seine Uhr zurück.

LANCELOT ANDREWES

LANCELOT ANDREWES, Lord Bischof von Winton, wurde in London geboren; besuchte die Merchant Taylors Schul. Sein Schulmeister war Mr Mulcaster, dessen Portrait er in seinem Arbeitszimmer hängen hatte.

Der alte Mr Sutton, seinerzeit ein sehr gelehrter Mann, von Blandford St Maries, Dorset, war sein Schul=Camerad, und sagte, Lancelot Andrewes sey ein hochaufgeschossner langer Bursch von wenigstens 18 Jahren gewesen, eh' er auf die Universität ging.

In jenen Tagen begann die Puritaner Partey an Zulauf zu gewinnen, am Emanuel College zumal. Diese Partey machte große Anstalten, jenen gelehrten jungen Mann an sich zu ziehen, der (wenn es ihnen denn gelänge) ihre Reputation, wie sie wußten, kräftig heben würde. Nach außen gebärdeten sie sich mit großer Frömmigkeit & Strenge. Sie predigten die strikteste Einhaltung & Observanz des Hl. Sonntags: sprachen von Verdammnis, wenn man sie bräche; und daß es eine lässlichere Sünde sey, jemand zu tödten. Allein jeden Sonntag nach der Predigt spielten diese Heuchler auf einem privaten Rasengrund ihres Colleges Kugelschieben; und einer aus dem College (ein inniger Freund von Mr L. Andrewes) gab ihm einmal, aus Gefälligkeit vor ihn, den Schlüssel zu einer geheimen Hinter=thüre, die auf die Spielwiese führte, an einem Sonntag Abend, und als er jene öffnete, entdeckte er diese zelotischen Prediger, wie sie sich, nur halb bekleidet, eifrig dem Spiele ergaben. Sie aber waren unerhört überrascht, sich jemandem gegenüberzusehen, der nicht zur Bruderschaft gehörte.

Dann gab's da zu Cambridge einen guten dicken Aldermann, der in der Kirche in Schlaf zu fallen pflegte: was der Aldermann zu meiden trachtete, ihm aber nicht gelang. Wohlan! Darwider hieß es in der Predigt, dies sey zum Zeichen Ewiger Verdammnis. Den guten Mann beunruhigte das sonder Maaßen: und ging zu Andrewes aufs Zimmer, um sich in Ansehung des Gewissens calmiren zu lassen. Mr Andrewes sagte ihm, es sey eine schlechte Angewohnheit des Fleisches, nicht des Geistes; und daß es wider seinen Willen geschähe; riet ihm, an Sonntagen frugaler zu speisen; das Abendessen dann wieder zu vermehren. Dies that der Aldermann — doch trotz allem überkommt ihn wieder der Schlaf, und die Predigt geißelte dies — er kömmt wieder, in Thränen aufgelöst. Andrewes sagte ihm dann, er solle sich wie gewohnt ein gutes herzhaftes Mahl bereiten und dann ungesäumt seinen tiefen Schlaf gönnen. Das that er; ging zu St Maries, wo der Prediger gerüstet war, in einem Sermon alle zu verurteilen, die bey der Predigt schliefen: zum Zeichen Ewiger Verdammnis. Der gute Aldermann, der zuvor sein Nickerchen gehalten, blickt die ganze Predigt hindurch den Geistlichen an, und verdarb ihm das Concept. Ich hätte aber sagen sollen, daß wider Andrewes aufs heftigste geredet & gepredigt wurde wegen seines Anerbietens, einem Predigt= Schläfer geistlichen Trost zu spenden oder ihn zu excusiren. Allein, er hatte genugsam Witz & Bildung, sich zu rechtfertigen.

Seine gute Gelehrsamkeit machte ihn rasch an der Universität bekannt, auch bey König James, der ihn darob hoch ästimirte und ihn im Range erhob, und ihn schließlich zum Bischof von Winchester machte: einem Bistum, dem er im Hinblick auf die Aufsicht über die Pfarrer mit großer Umsicht vorstand, wobey er tüchtige Männer bevorzugte, die an kargen Lebensunterhalt gekettet waren *et delitescebant*. Er machte es sich zum Anliegen, solche Männer ausfindig zu machen. Einer unter etlichen anderen (deren Namen meinem Gedächtnis entfallen sind) war Nicholas Fuller (er schrieb *Critica Sacra*), Geistlicher zu Allington, nahe Amesbury, in Wilts. Der Bischof schickte nach ihm, und der Arme war in Furcht und wußte nicht, welchen Harm er getan. Bittet ihn zum Dinner; und nach dem Dessert ward ihm, auf einem Teller, seine Einsetzung & Einführung, oder die Schenkungsurkunde einer Präbende gereicht: so machte er das.

Er starb in Winchester house zu Southwark, und liegt in einer Kapelle in St Mary Overies begraben, wo seine Nachlaßverwalter (ich glaub aber, gemäß Seiner Lordschaft Testament — andernfalls hätten sie nicht 1000 £ ausgegeben) ihm ein prächtiges Grabmal errichten ließen.

Er hatte nicht jene geschmeidige Art der Rede wie heutzutage. Es war eine scharfsinnige & ätzende qeobachtung eines Schottischen Lords, der, als König James ihn frug, wie er Bp A's Predigt fände, sagte, dieser habe Gelehrsamkeit, spiele indes mit seinem Text wie ein Äffgen, das ein Ding in die Hand nimmt & zerzaust & damit tändelt — und dann ein andres nimmt, und eine kleine Weile damit Possen treibt: das hier ist hübsch — dies da ist nett!

FRANCIS BACON, 1st Viscount St Albans

In Seiner Lordschaft guten Tagen war Sir Fulke Grevil, Lord Brook, sein guter Freund & Bekannter; als jener aber in Ungnade & Bedürftigkeit fiel, war dieser so würdelos, seinem Butler zu untersagen, ihm fürderhin Dünnbier zu besorgen: wonach er oft geschickt hatte, da's seinem Magen guttat und das Dünnbier von Gray's Inne seinem Gaumen nicht behagte. Dies hat seinem Angedenken mehr Unehre zugefügt, als ihm Sir Philip Sidneys Freundschaft, eingemeißelt in sein Grabmal, Ehre erwiesen hat.

Richard, Earle of Dorset, war ein großer Bewunderer & Freund des Lordkanzlers Bacon, und pflegte Sir Thomas Billingsley in seiner Nähe zu haben, um sich zu erinnern und Mylords Äußerungen bei Tisch niederzuschreiben.

Mr Ben Johnson war einer von seinen Freunden & Bekannten, wie aus seinen excellenten Versen auf Seiner Lordschaft Geburtstag erhellt, auch aus seinen *Underwoods,* wo er ihm eine Rolle zuweist, und damit schließt, daß etwa zu seiner Zeit, in seinem Blickfeld, alle großen Köpfe geboren seien, die der Nation zur Ehre gereichten oder die Gelehrsamkeit beflügelten.

Der gelehrte & große Cardinal Richelieu war ein großer Bewunderer von Lord Bacon.

Er kam oft zu Sir John Danvers nach Chelsey. Sir John erzählte mir, daß ihm Seine Lordschaft, als dieser die *History of Henry 7* geschrieben hatte, die Manuscript=Abschrift gesandt habe, ihn um seine Meinung zu fragen, bevor's in Druck ging. Spr. Sir John: Eure Lordschaft wissen, ich bin kein gebildeter Mann. 'S ist einerley, sagte Mylord: was ein Studierter sagen kann, weiß ich — ich möchte wissen, was *Ihr* sagen könnt. Sir John las es, und gab seine Meinung zu dem, was ihm mißfiel (was, hab ich leider vergessen): was Mylord für wahr anerkannte und emendirte; Traun, sprach er, ein Studirter hätt mir das nie gesagt.

Mr Thomas Hobbes ward von Seiner Lordschaft hochgeschätzt: er pflegte mit ihm in seinem delicaten Wäldchen zu lustwandeln, wo er meditirte; und schoss ihm eine Bemerkung in den Sinn, war Mr Hobbs augenblicks dabey, sie zu notiren; und Seine Lordschaft pflegte zu sagen, dies mache er besser als sonst einer aus seinem Kreis: denn häufig verstand jener beim Lesen ihrer Notate kaum, was sie geschrieben, weil sie es selbst nicht klar verstanden hatten.

Kurzum: alle Großen & Guten liebten und ehrten ihn (Sir Edward Coke, Lord Chiefe Justice, grollte ihm immer, und sah seine Rechtsposition mit Geringschätzung an, wie man aus Mylords Briefen entnehmen kann; und ich kannte alte Juristen, die sich daran erinnerten.)

Er war Lord Protector, während König James nach Schottland vordrang, und gab Botschaftern mit großem Gepränge Audienzen im Banquett-haus zu Whitehall.

Die große Voliere zu Yorke House ward von Seiner Lordschaft gebaut: sie kostete 300 £.

Bei jedem Mahle ließ er, der Jahreszeit gemäß, seine Tafel mit süßen Kräutern & Blumen bestreuen: was ihm, wie er sagte, Geist und Gedächtnis erquickte.

Wenn Seine Lordschaft auf seinem Landsitz zu Gorhambery residirte, sah St Albans so aus, als weilte der Hof dort: so vornehm lebte er. Seine Diener trugen Livreen mit seinem Wappen (einem Eber); seine Männer, die das Wasser pumpten, wurden von den Gentlemen mehr in Anspruch genommen als alle anderen — die des Königs nicht ausgenommen.

König James sandte ihm einen Bock, und er gab dem Tierhüter fünfzig Pfund.

Seinem Diener Hunt (der ein bemerkenswert umsichtiger Mann war und diese Welt liebte, und sein einziger Bedienter war, den er nicht dazu bewegen konnte, sich ihm zu verpflichten) pflegte er zu sagen *Die Welt ist für den Menschen gemacht, Hunt — nicht der Mensch für die Welt.* Hunt hinterließ einen Grundbesitz von 1000 £ p.a. in Somerset.

Keiner seiner Bedienten durfte vor ihm ohne Stiefel aus Spanischem Leder auftreten — denn das Rindsleder würd' er riechen: das beleidigte seine Nase.

Die Ostindien-Händler verehrten Seiner Lordschaft ein Kästchen Juwelen, welches sein Page, Mr Cockaine, in Empfang nahm und seinem Lord veruntreute.

Drei Bediente Seiner Lordschaft hielten sich Kutschen, und einige hielten sich Rennpferde.

Oft hatte Seine Lordschaft im Nebenzimmer, wo er meditirte, eine Musique. Ich hab itzt vergessen, was Mr Bushel sagte: ob Seine Lordschaft sich am liebsten am Abend oder am Morgen seiner Muse erfreute.

Seine Lordschaft war ein guter Dichter, aber nur im geheimen, wie aus seinen Briefen erhellt:

> *Die Welt ist nur ein Hauch. Es lebt der Mann*
>   *kaum eine Spann':*
> *Mit Fluch empfangen von der Kindbett-Not*
>   *bis an den Tod;*
> *Verdammt von kleinauf wachsend durch die Zeit*
>   *in Sorg und Leid.*
> *Wer da noch sterblicher Zerbrechlichkeit vertraut,*
> *der malt auf Wasser, hat auf Sand gebaut.*

Doch da unser Leben vom Grame gepresst —
  wo lebt sich's best? — :
Der Hof ist die Schule der Eitelkeit nur
  für den müßigen Tor;
Auf dem Lande herrscht iezt, der früher nicht war:
  der rohe Barbar;
Und wo wär eine Stadt, die aller Laster frei
die man nicht heißen mag Das Schlimmste dieser drei?

Häusliche Sorg' im Ehebette schnaubt
  und schmerzt das Haupt;
Wer einsam lebt, verflucht den Stand,
  macht's mit der Hand;
Der möchte Kinder — Jener, der sie hat, fühlt Tort
  und wünscht sie fort.
Was ist's also, ohn Weib, mit Weib zu sein
als Einzelkerker — oder zwiefach=Pein?

Unsere Leidenschaften still daheim zu ehren
  ist ein Verheeren;
Zu fernen Küsten übers Meer zu ziehn,
  Gefahr & Müh'n;
Krieges Getön verdrießt uns. Doch der Fried'
  tönt schlimmres Lied.
Was also bleibt? — : nur, daß wir sollten schrei'n:
nie erst geboren — lieber tot zu sein.

Er war ein παιδεραστής. Seine Ganymeds & Lieblinge nahmen Bestechungsgelder; ansonsten urteilte Seine Lordschaft stets *secundum aequum et bonum*. Seine Kanzlei=Erlasse haben einen festen Stand, i.e. von ihm sind weniger Dekrete rückgängig gemacht worden als von jedem andern Kanzler.

Seine Witwe heiratete ihren Gentleman-Usher Sir Thomas (ich glaub') Underhill, den sie mit zu viel Venus taub & blind machte. ⇥ Nach der Enthauptung des Königs war sie noch am Leben.

Er hatte einen Zwillingsbruder, Anthony Bacon, der ein sehr großer Staatsmann war und in der Politik seinem Bruder Francis weit überlegen. Er war ein Krüppel; dazu ein Pensionär, und lebte beim Earle of Essex. Und ihm widmete er die erste Auflage seiner *Essayes*, ein Libellum nicht größer denn eine ABC=Fibel, das ich in der Bodlyan Library gesehn.

Seine Schwestern waren tüchtig & gut erzogen; sie verstanden sich im rechten Umgang mit den Himmels=körpern, wie man aus dem Vorwort von M*r* Blundevills *Of the Sphaere* ersieht: *Ich begann diese Arithmetique vor mehr denn 7 Jahren für jene tugendhaffte Dame Mris Elizabeth Bacon: und wiewohl ich auf ihr Bitten diese Arithmetique so klar & einfach machte wie (nach meinem Bedünken) möglich, erlaubte ihr das beständige Kränkeln nicht, sich darin zu üben.*

Er hatte ein zartes, lebhaftes, haselbraunes Auge; D*r* Harvey sagte mir: wie das Auge einer Viper.

Als Seine Lordschaft im Garten von Yorke-house weilte und zusah, wie die Fischer ihre Netze auslegten, fragte er sie, was sie für ihren Fang haben wollten: sie antworteten soundsoviel — Seine Lordschaft wollt nur *so* viel bieten. Sie holten ihr Netz ein, und es waren nur 2 oder 3 Fischlein darin: da sagte ihnen Seine Lordschaft, 's wär besser gewesen, sie hätten sein Angebot acceptirt. Sie erwiderten, sie hätten auf besseren Fang gehofft. *Hoffnung*, sagte Seine Lordschaft, *ist wohl ein gutes Frühstück, aber ein schlechtes Abendessen.*

Als Seine Lordschaft in Ungnade gefallen war, kamen seine Nachbarn, die gehört hatten, wie arg er von seinen Schulden gerupft, und wollten ihm Eich= holz abkaufen. Seine Lordschaft sagte ihnen, er würd auch nicht *ein* Federchen verkaufen.

Als der Earle of Manchester von seiner Position als Lord Chiefe Justice am Civil=Gerichtshof zum

Lord=Ratspräsident wegbefördert wurde, sagte er zu Mylord (bey dessen Fall) es tät ihm leid, an ihm ein Exemplum statuirt zu sehen. Lord Bacon entgegnete, es sey ihm nicht leid, da man ja *ihn* zum Präzedenz–, nein, zum Präsident gemacht.

Der Bischof von London ließ zu Fulham einen noblen, schattichten Hain abholzen. Der Lordkanzler sagte zu ihm, er sey ein guter Aufklärer dunkler Stellen.

Als er in Ungnade fiel, verließen ihn stracks seine Diener: die verglich er mit dem Ungeziefer, das aus einem baufälligen Hause flieht.

Jemand sagte Seiner Lordschaft, nun sey es Zeit, daß er sich vorsähe. Er erwiderte: ich sehe mich nicht vor — ich sehe über mich hinaus.

Sir Julius Caesar (Ober=Archivar) machte Seiner Lordschaft in seiner Bedürftigkeit ein hundert Pfund zum Geschenk.

Vor dem Schlafengehen würd˜Seine Lordschaft häufig einen guten Trunk Starkbier (März=Bier) trinken, um seine rotirende Phantasie einzuschläfern, die ihn andernfalls ein gut Teil der Nacht vom Schlafen abgehalten hätte.

Ich entsinne mich: Sir John Danvers erzählte mir, daß Seine Lordschaft viel Freude an seinem curieusen hübschen Garten zu Chelsey hatte; und als er sich dort einmal erging, fiel er in einer Ohnmacht nieder. Mylady Danvers rieb ihm das Gesicht, Schläfen etc., und gab ihm Likör ein; kaum war er zu sich gekommen, sagte er, *Ich bin ein schlechter Footman, Madame.*

Ich will etwas über Verulam schreiben, und sein Haus zu Gorhambery. Zu Verulam sind, an einigen wenigen Stellen, Reste der Stadtmauer zu sehen. Dieser hochherzige Lordkanzler trug großes Verlangen, Verulam wieder zu einer Stadt zu machen: und hatte den Plan entworfen, sie mit großer Einheitlichkeit erbauen zu lassen — allein, Fortuna weigerte's ihm, obzwar sie sich dem großen Cardinal Richelieu gewogener zeigte, der zu Lebzeiten jene weitläufichte Stadt Richelieu entwarf & vollendete, in der er geboren war: was, zuvor, ein obscures kleines Dorf gewesen.

Umsäumt von den Mauern dieser alten Stadt Verulam (der Baronie Seiner Lordschaft) lag Verulam=Haus: welches Seine Lordschaft gebaut; das feinstersonnene kleine Bauwerk, das ich je gesehen. Zweifellos war Seine Lordschaft der Oberste Baumeister gewesen; indes hatte er als seinen Gehülfen einen Günstling, einen Mann von St Albans, Mr Dobson, die rechte Hand Seiner Lordschaft, ein sehr ingeniöser Mann (Vorsteher im Amt für Besitztumsveräußerung), aber da dieser seinen Grundbesitz mit Weibern durchbrachte, zwang die Noth seinen Sohn Will Dobson, zum hervorragendsten Maler zu werden, den England bis dato hervorgebracht.

Der Bau des Hauses kostete neun oder zehn tausend: es wurde 1665 oder 1666 von Sir Harbottle Grimston, Baronet, für vier hundert Pfund an zwei Zimmermänner verkauft: die machten acht hundert Pfund draus. Es tut mir leid, ich hab die Front & Breite nicht ausgemessen, aber ich konnte ja nicht ahnen, daß man's um den Verkauf des Materials wegen abreißen würde. Es gab da schöne Kaminvorsätze; die Räume waren ziemlich hoch, und alle sehr schön holzgetäfelt. Es gab zwei Badezimmer bzw. Schwitzbäder, in die sich Seine Lordschaft nachmittags bei Bedarf zurückzog. Alle Kamin= Abzüge wurden bis zur Mitte des Hauses zusammengeführt; und rings herum stunden Sitz=meublen. Den Schluß des Hauses machte ein sehr schönes flaches Bleidach: von dort ging ein lieblicher Prospect auf die Teiche, die der Ostseite des Hauses gegenüberlagen, und über die stattliche Allee hinaus, die zu Gorhambery≠Haus führt; und auch über die Lange Allee, deren Wipfelschmuck dem Auge ein ungemein entzückendes differencirtes Grün beut, das an irische Linnen≠Stickerey erinnert. Inmitten dieses Gebäudes war ein erlesenes Stiegenhaus aus Holz, curieus gedrechselt, und auf den Geländer≠Pfosten manch hübsche Figur, etwa ein würdiger Geistlicher mit Buch & Brille, ein Bettelmönch etc., und Keines wie das andere. An den Außenseiten der Türen des Obergeschosses, die in dunklem Umbra gestrichen, waren die Gestalten der heidnischen Gottheiten, u.zw. an der Süd≠Thür, 2ter Stock, Apollo; an einer anderen der blitzeschleudernde Jupiter etc., überlebensgroß, und von excellenter Hand verfertigt; die erhabenen Stellen bestunden aus Gold≠Schraffur, was, wenn die Sonne auf sie schien, den prächtigsten Anblick bot.

In den oberen Theil der höchstgelegenen Tür war ein großer Spiegel eingelassen, durch den der Fremde aufs dankbarste vexirt wurde, denn (nachdem er sich eine ganze Weile am Anblick der Teiche, Spazierwege & Landschaft, die der Tür gegenüberlagen, ergötzt hatte) grad wenn man wieder ins Zimmer gehen wollte, hätt man *prima vista* schwören können, man hätte einen anderen Ausblick durch das Haus gesehen: denn sobald der Fremde auf dem Balkon angelangt war, schloß der Concierge, der das Haus zeigte, die Tür, um ihn jenem täuschenden Effect durch den Spiegel auszusetzen. Dies war das Sommerhaus Seiner Lordschaft: denn er sagt (in seinem Essay), man sollte — gleichwie Kleider — Wohnsitze je für Sommer wie Winter haben.

Von hier führen nach Gorhambery in gerader Linie (über eine kleine Meile, wobei der Weg leicht ansteigt: die Neigung geringer als die eines Schreibpults) drei parallele Wege: auf dem mittleren können drei Kutschen sich commod begegnen, auf den Seitenwegen derer zwei.

Etwa auf halbem Wege von Verulam=Haus nach Gorambery stehen rechterhand, an der Flanke eines Hügels, dem der Vorübergehende sich gegenübersieht, in künstlicher Manir mehrere stattliche Bäume von gleichem Wuchs & gleicher Höhe: ihre verschiedenen Grüntöne machen sich auf der Hügelseite überaus reizend. Diese delicaten Wege & Prospecte vergnügen das Auge bis Gorambery=Haus: welches ein großes, wohlerrichtetes Gothisches Haus ist, erbaut von (ich glaub) Sr Nicholas Bacon, Großsiegelbewahrer, Vater dieses Lordkanzlers, auf den es nach dem Tode Anthony Bacons fiel, seines mittleren Bruders, der ohne Nachkommen starb. Der Lordkanzler ließ einen vornehmen Portikus anbauen, der nach Süden, auf den Garten hinaus, führt; gegenüber jedem Bogen dieses Portikus, und eben so groß wie jener, sind von excellenter Hand curieuse Bilder gemalt (jedoch, zum Unglück, in Wasserfarben), alle emblematisch, jeweils mit einem Motto darunter. Zum Exempel: eins, an das ich mich erinnere, ist ein vom Sturm gepeitschtes Schiff; das Motto: *Alter erit tum Typhus.*

Über diesem Portikus verläuft eine stattliche Galerie, deren Glas=Fenster alle ausgemalt sind, und jede Scheibe mit verschiedenen Thier=, Vogel= oder Blumen=Motiven: vielleicht wollte Seine Lordschaft in ihnen Themen aus der Lokalgeschichte bannen. Die Fenster öffnen sich zum Garten — die gegenüberliegende Front ist fensterlos, dafür in voller Länge mit Bildern behängt, etwa von König James, Seiner Lordschaft, und etlichen illustren Personen seiner Zeit. Kömmt man gegen das Ende zu, ist da kein Fenster, sondern ein ganz großes Bild, näml.:

mitten auf einem Felsen im Meer steht König James im Harnisch mit königl. Insignien; rechterhand steht (aber ob auf einem Felsen oder nicht, hab ich vergessen) König Hen. 4 von Frankreich, im Harnisch; und zur linken, gleicherweise, der König von Spanien. Diese Figuren sind (mindestens) lebensgroß; sie sind nur aus Umbra und Muschel-Gold gemacht: alle erhabenen Stellen und erhellten Flächen goldpolirt — die Schattenpartien in Umbra, wie bey denen Götterbildnissen auf den Thüren von Verulam-Haus. Das Dach dieser Galerie ist semi-cylindrisch, und von der selben Hand & in gleicher Manir bemalt: mit Köpfen & Büsten griechischer und römischer Herrscher & Heroen.

In der Hall (die zum alten Teil des Hauses gehört) ist ein Geschoß vortrefflich ausgemalt mit den Götter-festen, wo Mars von Vulkan in einem Netz gefangen. Auf der Wand, über dem Kamin, ist eine Eiche gemalt, von der Eicheln herabfallen, dazu *Nisi quid potius;* und an der Wand über dem Tisch ist eine gemalte Ceres bei der Aussaat des Getreides, dazu *Moniti meliora.*

Der Garten ist ausgedehnt und war zur Zeit Seiner Lordschaft (zweifellos) erlesen bepflanzt & gehegt. Es ist eine gute Tür da, die sich zu einem Eichwald öffnet; über dieser Türe stehen in goldenen Lettern auf Blau sechs Verszeilen.

Die Eichen in diesem Gehölz sind sehr groß & schatticht. Seine Lordschaft delectirte sich oft daran: unter jeden Baum pflanzte er irgendeine schöne Blume, oder Blumen von denen itzt (1656) noch welche stehen, näml. Päonien, Tulipane.

Von diesem Wald geht die Thür auf eine Gegend, so groß wie ein regulärer Park, dessen West-Teil aus dichtem Buschwald besteht, durch den in gerader Linie Wege gezogen wurden, breit genug für eine

Kutsche, eine Viertel Meile lang oder mehr. Hier meditirte Seine Lordschaft oft, indem ihn sein Adlatus Mr Bushell mit Feder & Dintenhorn begleitete, um seine actuellen Bemerkungen mitzuschreiben.

Der Osten dieses Parquets war ehemals, in Seiner Lordschaft guten Tagen, ein Garten Eden — itzt ist's ein weites umgepflügtes Feld. Die Wege, im Buschwald wie in den Boskitten, waren höchst kunstvoll angelegt: bey mehreren schönen Aussichten waren elegante Sommer:Pavillons errichtet, in römischer Architektur trefflich gebaut, gut getäfelt & gedeckt: — sie stehen noch, aber so verunstaltet, daß man denken könnte, eine Horde Vandalen hätte dort gehaust.

Die Figuren in den Teichen: wurden auf dem Grund aus Kieseln verschiedener Farbe gelegt, welche zu diversen Figuren zusammengesetzt wurden, zB zu Fischen etc., was zur Zeit Seiner Lordschaft im klaren Wasser deutlich zu sehen gewesen, nunmehr jedoch von Kalmus & Binsen überwuchert ist. Brachte irgendein armer Wicht Seiner Lordschaft ein Halbdutzend Kiesel von besonderer Färbung, dann gab er ihm einen Shilling, so sehr war er darauf erpicht, seine Fisch:Teiche zu perfectioniren, die vier Acres umspannen, schätz' ich. Inmitten des mittleren Teiches, auf einer Insel, steht ein pittoreskes Banquet:Haus in römischer Bauweis mit schwarzem & weißem Marmor gepflastert, mit Schiefer aus Cornwall gedeckt, und artig holzgetäfelt.

Seine Lordschaft pflegte zu sagen *Darauf verwette ich mein Landhaus zu Gorambery,* worauf ein Richter hämisch erwiderte, darauf würd er seinen Einsatz nicht wagen — aber wenn Seine Lordschaft vielleicht ein andres Haus hätten . . .? Allein, dieser illustre Lordkanzler hatte nur dieses Manor von Gorambery.

Im April und zur Frühlingszeit würd Seine Lordschaft, wenn es regnete, seine (offene) Kutsche nehmen, um sich der Wohltat der Befeuchtung zu erfreuen, die, wie er wiederholt sagte, wegen des Salpeters in der Luft und des *Universall Spirit of the World* sehr gesund sey.

Mr Hobbs sagte mir, der Grund für den Tod Seiner Lordschaft habe im Versuch eines Experiments gelegen: näml. als er mit Dr Witherborne (einem Schotten, Leibarzt des Königs) in seiner Kutsche Richtung Highgate ausfuhr, lag Schnee auf der Erde: und da kam's Mylord in den Sinn, ob im Schnee das Fleisch nicht eben so wie im Salz conservirt werden könnte. Sie entschieden, das Experiment ungesäumt zu versuchen. Sie entstiegen der Kutsche, und gingen in das Haus einer armen Frau zu Füßen des Highgate=Hill, erwarben eine Henne, ließen sie von der Frau ausnehmen, und dann stopften sie den Cadaver mit Schnee aus, und Mylord legte selbst mit Hand an. Der Schnee verkühlte ihn so, daß er auf der Stelle so schwer krank wurde, daß er nicht mehr zu seiner Wohnstatt heimkehren konnte (damals Gray's Inne, vermut' ich), sondern nach Highgate zum Hause des Earl of Arundel fuhr, wo sie ihn in ein gutes pfannengewärmtes Bett steckten — allein es war ein feuchtes Bett, in dem seit etwa einem Jahr keiner mehr gelegen: was ihm eine solche Erkältung machte, daß er, wie mir Mr Hobbs nach meiner Erinnerung erzählte, innert 2 oder 3 Tagen an Atemnot starb.

Diesen October 1681 verbreitete sich über ganz St Albans, daß Sir Harbottle Grimston, Ober=Archivar, den Sarg dieses höchst ruhmreichen Lordkanzlers aus den Gewölben der St Michaels Kürch entfernt habe, um Platz für seinen eigenen zu schaffen.

ISAAC BARROW

SEIN Vater, Thomas Barrow, war der zweite Sohn Isaac Barrows, Esq., von Spiney abey in der Grafschaft Cambridge, der dort über vierzig Jahre Friedensrichter gewesen. Thomas' Vater bestimmte ihn keineswegs zum Kaufherrn, sondern war so streng mit ihm, daß dieser es nicht mit ihm aushalten konnte: also ging er nach London und wurde Lehrling bey einem Weißwaaren=Händler. Der hatte ein Geschäft unterm Zeichen des *White Horse* in der Forster-Lane, unweit St Forster's Kürch, in der Gemeine St Leonards; und sein Sohn ward in St John Zacharia's in Forster Lane getauft, denn zu jener Zeit ward St Leonards Kürch behufs Neu=Aufbau abgerissen.

Zwei Jahre lang ging er, zuerst bey Mr Brooks in Charter-house, zur Schule. Sein Vater gab Mr Brooks, dessen Lehrsold nur 2 Pfund betrug, 4 £ p.a., auf daß er mit ihm sorgsam umgehe — doch Mr Brooks achtete seiner wenig, was der Schul=hauptmann seinem Vater (einem Verwandten) hinterbrachte und sagte, er würd ihn dort nicht länger, als dieser wolle, verweilen lassen, wiewohl er ihn unterrichtete.

Hernach bey einem Mr Holbitch, etwa vier Jahre lang, zu Felton in Essex, von wo er zunächst zum Peterhouse College in Cambridge zugelassen wurde, und dann noch ein Jahr zu Schule ging. Dann, als er 13 Jahre alt, erhielt er Zutritt zum Trinity College in Cambridge.

Sein Vater trieb Handel mit Irland, wo er große Verluste einsteckte: annähernd 1000 £; woraufhin er Mr Holbitch (einem Puritaner) schrieb, es wär' ihm lieb, wann er sich mit seinem Sohn mehr Mühe gäbe als gewöhnlich, denn die Zeiten seien so schlecht und seine Verluste so hoch, daß er nicht wisse, wie er für ihn sorgen könne — und so nahm ihn Mr Holbitch aus dem Hause, wo er beköstigt ward, und bracht ihn in seinem eignen Hause unter, und machte ihn zum Tutor von Mylord Viscount Fairfax, Mündel von Mylord Viscount Say and Seale, wo er so lange blieb wie Mylord selber.

Dieser Viscount Fairfax vermählte sich, noch als Schulknabe, mit der Tochter eines Gentleman daselbst in der Stadt, der nur 1000 £ hatte. Also wollte er, bey Verlassen der Schule, Mr Isaac Barrow mitnehmen, und sagte ihm, er wolle ihn ernähren. Allein Mylord Say war so grausam zu ihm, daß er ihm nichts zugab — man nimmt an, sein Mündel starb an Entbehrung. Die 1000 £ nützten ihm nicht viel.

Unterdessen war der alte Mr Thomas Barrow in Oxford, das damals eine Garnison des Königs war, eingeschlossen, und konnte über seinen Sohn nichts in Erfahrung bringen. Indes machte ihn des jungen Isaacs Schulmeister Holbitch in London ausfindig, und hofirte ihn, er solle an seine Schule kommen, und er würd ihn als Erben einsetzen — doch der trug kein Verlangen, wieder zur Schule zu gehen.

Als Mylord Fairfax darbte und jener erkannte, er läge ihm schwer auf der Tasche, suchte er einen seiner Schul=cameraden auf, einen Mr Walpole, ein Norfolk Gent., der ihn frug, was er itzt täte? Er antwortete, er wisse nicht, was — zu seinem Vater nach Oxford könne er nicht gelangen. Da sagte ihm Mr Walpole: ich gehe nach Cambridge aufs Trinity College, und werd Euch da aushalten: und also that er, bis zur Kapitulation von Oxford; und dann suchte sein Vater nach ihm und fand ihn in Cambridge. Und just am folgenden Tag, nachdem der alte Mr Barrow in Cambridge angekommen, verließ

Mr Walpole die Universität und (da von Isaacs Vater nichts zu hören gewesen) war resolvirt, Isaac bey sich in seinem Hause aufzunehmen. Sein Vater fragte ihn da, welch Gewerbe er auszuüben gedächte: Kaufmann — oder was? Dieser bat seinen Vater, ihn auf der Universität zu lassen. Da fragte ihn der, was er zum Unterhalt brauche. 20 £ p.a., sagte er. Ich versichere Sie, fügte er hinzu, ich kann mich selbst ernähren. Sein Vater gab zurück: Ich werd Alles daransetzen, Euch das zu ermöglichen. Also ging sein Vater zu dessen Tutor und setzte ihn in Kenntnis. Sein Tutor, Dr Duport, sagte ihm, er würd von ihm für seine Vorlesungen nichts nehmen, da jener gewiß einen wackeren Scholaren abgebe, und würde ihm zu einer halben Schlafstelle verhelfen, die kostenfrei seye. Und die nächste Zeitung, die sein Vater von ihm hörte, war, daß er in das Haus aufgenommen ward. Dr Hill war damals Master am College. Er begegnete Isaac eines Tages, und legte ihm die Hand aufs Haupt und sprach: Ihr seid ein guter Junge — schade, daß Ihr ein Cavalier seid.

Sein Charakter als Knabe, und später: lustig & heiter, und beliebt, wohin er auch kam. Sein Großvater sorgte für ihn, bis er sieben Jahre alt; sein Vater hatte sich nur zu gern seiner entledigt, da er bey ihm ein Tunichtgut gewesen.

Ein guter Dichter, in Englisch & Latein. Sprach 8 verschiedene Sprachen.

Er war ein kräftiger, stämmiger Mann und fürchtete niemand. Prügelte sich mit denen Schlachter=jungen von der St Nicholas Metzgerey und hielt einem jeglichen stich.

Drei oder vier Jahre nach der Enthauptung des Königs ging er, auf Rechnung des Colleges, auf Reisen. Er war Anwärter auf die Griechisch=Professur gewesen und hatte das Placet der Universität gehabt, aber Oliver Cromwell setzte Dr Widrington ein, und da ging er auf Reisen.

Er war ca. 5 Jahre im Ausland, näml. in Italien, Frankreich, Deutschland, Constantinopel. Als er nach Constantinopel kam, griffen zwei Kriegsschiffe, Türkische Schiffe das Gefährt an, auf dem er sich befand: in welchem Scharmützel er sich bey Verteidigung des Schiffes sehr bewährte — was die Männer, die an dem Kampf teilnehmen, oft bezeugen; denn er selbst hat seinem Vater nie davon erzählt.

Auf seiner Rückreise kam er zu Schiff, das mit Baumwolle beladen, nach Venedig — und kaum hatten sie angelegt, brach auf dem Schiff Feuer aus, und es wurde gänzlich vernichtet: ohne Verlust an Menschenleben — doch von der Ladung wurde nichts gerettet — eine wunderbare Fügung.

Zu Constantinopel, als er in Gesellschaft der England=Händler war, gab es einen Rhadamontade, der mit jedem handgemein werden wollte und mit seinem Mumm prahlte, und jeden herausforderte, sich mit ihm zu messen. Also, da keiner die Herausforderung annahm, sagte Isaac (zu der Zeit noch kein Geistlicher), Wohlan, wenn's keiner sonst versucht — ich will's! Und stürzte sich auf ihn & verbläute ihn so artig, daß dieser nimmer wieder vor ihnen prahlte.

Als er drei Jahre im Ausland gewesen, starb sein Handels=Agent, so daß ihm der Succurs ausging; allein, man hatte ihn so gern, daß er nie Bedürftigkeit litt.

Zu Constantinopel machte er dem Consul, Sir Thomas Bendish, seine Aufwartung, der ihn bey sich logiren hieß und ihn, ob er wollte oder nicht, ein und einhalb Jahr bey sich behielt.

Ein Türkey=Händler, Mr Dawes, bat in Constantinopel Mr Barrow, nur ein weilchen noch bey ihm zu logiren, dann würd er ihn mit auf die Heimreise nehmen — doch als die Zeit gekommen, konnte er nicht fahren, irgend ein Geschäft hielt ihn fest. Mr Barrow konnt nicht länger bleiben — also wollte Mr Dawes, daß Mr Barrow von ihm 100 Pistolen annähme. Nein, sagte Mr Barrow, ich weiß nicht, ob ich im Stand sein werde, sie Euch zurückzuzahlen. Ist einerley, sagte Mr Dawes. Kurzum, nötigte ihn fünfzig Pistolen anzunehmen, die er ihm bey seiner Heimkehr zurückzahlte.

Ich hab Mr Wilson sagen hören, daß er so versunken seinen studiis oblag, daß er, wenn das Bett gemacht wurde o. dergl., des weder achtete noch es wahrnahm, so *totus in hoc* war er; und daß er manchmal ohne Hut auf dem Kopfe ausging.

Er war durchaus kein gepflegter Mann, kein Doctor Smirke, sondern mit seiner Kleidung höchst nachlässig. Als er einmal im St James Park spazirte — den Hut auf; den Mantel halb zu, halb offen — trat ein Gent. hinter ihn, schlug ihm auf die Schulter und sagte *Wohlan, geht Eurer Wege, als der ächteste Gelehrte, den ich je gefunden.*

Er war ein kräftiger Mann, aber so wachsbleich wie die Kerze, in deren Schein er studirte.

Seine Pille (ein Opiat, möglicherweise *Matthew's his Pill*), die er in der Türkey zu nehmen pflog und ihm gemeinhin gut that, nahm er doch unsinniger Weise bey Mr Wilson's, dem Sattler, nahe Suffolk House, wo er zu logiren pflegte & wo er starb, und 's war die Ursache seines Todes.

Als er auf dem Sterbe=bett im Todeskampfe rang, konnten die Beystehenden hören, wie er leise sprach *Ich habe die Herrlichkeit der Welt gesehen.*

FRANCIS BEAUMONT
und JOHN FLETCHER

MR FRANCIS BEAUMONT war der Sohn von Richter Beaumont. Es war die wunderbare Übereinstimmung der Imagination gewesen, die zwischen ihm und Mr John Fletcher jene theure Freundschaft stiftete.

Ich denk, sie kamen beide vom Queen's College in Cambridge.

Ich hab Dr John Earles, ehem. Bischof von Sarum, der mit ihnen bekannt, sagen hören, Mr Beaumonts Haupt=Geschäft sey es, die Wucherungen der luxurirenden Phantasie & des überbordenden Witzes von Mr Fletcher zu beschneiden.

Sie lebten zusammen am Bank Side Ufer, unweit des Schauspiel=hauses, zwei Junggesellen: schliefen beisammen; hatten eine Dirn zwischen sich liegen, der sie so huldigten; teilten sich die selben Kleider & Mantel &cet.

Er schrieb (unter anderem) eine bewundernswerte Elegie auf die Countesse of Rutland. John Earles, in seinen Versen auf ihn, nennt sie

> *Ein Monument, zu dem die Welt wird wallen*
> *noch, wenn ihr Stein wie SIE schon staubzerfallen.*

Mr Edmund Waller auf ihn:
> *Hab mich noch nie ans* Trauerspiel *gewagt*
> *verschüchtert ganz von deiner unnachahmlich' MAGD;*
> *und wollt ich nach dem* Komik-Stil *mich sehnen,*
> *schien deine SCORNFULL LADY meiner Müh zu höhnen.*

John Fletcher, auf Einladung eines Ritters, mit ihm zur Zeit der Pest 1625 nach Norfolk oder Suffolk zu gehen, blieb nur um sich noch einen Satz Kleider machen zu lassen, und erkrankte, während sie gemacht wurden, an der Pest und verschied. Das hab ich (1668) von seinem Schneider, itzt ein steinalter Mann und Küster zu St Mary Overy's in Southwark. Mr Fletcher hatte auf seinem Arm ein Aderlaßgeschwür (ich dacht, 's sey vor so langer Zeit noch nicht Usus gewesen). Der Küster (der, es zu bedekken, ihm Efeu=blätter zu bringen pflog) kam und entdeckte auf ihm die Beulen. Der Tod ließ ihm den Schlagbaum herab und streckte ihn nieder auf der Stelle.

SIR JOHN BIRKENHEAD

SIR JOHN BIRKENHEAD, Ritter, ward zu Nantwych, in Cheshire, geboren. Sein Vater war dort Sattler und hatte einen Bruder, ebenfalls Sattler, Kavallerist in Sir Thomas Ashton's Regiment, der bey meinem Vater einquartirt, was dieser mir erzählte.

Er ging auf die Universität Oxford, und war zunächst Aufwärter im Oriall College; er hatte eine ausgezeichnete Handschrift, und als ABC William Laud letztens dort weilte, bekam er Gelegenheit, einige Sachen schön transcribirt zu bekommen: und jener Birkenhead ward ihm empfohlen, der sich seiner Aufgabe so trefflich entledigte, daß ihn der Erzbischof an das All Soules College als Fellow recommendirte, und demzufolge ward er aufgenommen. Er war Gelehrter durch und durch, und ein Dichter.

Nach der Schlacht bey Edgehill, als König Charles I. in Oxford hofhielt, griff man sich ihn, da er geeignet schien, das Journal zu schreiben: diese Oxforder Postille hieß *Mercurius Aulicus,* die er durchaus geistreich schrieb, bis zur Kapitulation der Stadt.

Nach der Kapitulation von Oxford ward er von den Visitatoren seines Fellow=Amtes enthoben und war genötigt, sich selbst durchzuschlagen, so gut er konnte. Die meiste Zeit verbrachte er in London, wo er etlichen Personen von Stand begegnete, die seine Gesellschaft schätzten und viel Rühmens von ihm machten.

Er ging nach Frankreich hinüber, wo er eine Weile blieb — nicht lange, glaub' ich. Dort ward ihm die Gunst der Herzogin von Newcastle zutheil: ich erinnre mich, er hat es mir erzählt. Er verdiente viele 40 Shillinge mit Pamphleten, wie z.B. dem von *Col. Pride,* und *The last will and Testament of Philip Earle of Pembroke,* &c.

Er war überaus kühn, zuversichtlich, witzig, seinen Wohltätern nicht eben dankbar; log schändlich. War von mittelgroßer Statur; große Glotz=Augen: kein hübscher Anblick.

In Wilton, Wiltshire, war er zum Parlaments=deputirten gewählt, anno Domini 1661, i.e. zum Abgeordneten in des Königs *Long Parliament.* Anno 1679, zur Wahl des itzigen Parlaments, begab er sich hinunter, um sich wählen zu lassen, und hörte in Salisbury, daß man zu Wilton (wohin er auf dem Wege war) seiner höhnte & spottete, und ihn *Pensionär* etc. nannte — da begab er sich zu dem Wahlflecken, wo er sich aufstellen lassen wollte, *nicht* — sondern kehrte nach London zurück, und nahm es sich so zu Herzen, daß er mählich verfiel und in Gram sich verzehrte; und starb also in seinem Logis zu Whitehall, und wurde am Sonntag, d. 6. Decembris, auf dem Gottesacker von St Martyn-in-the-fields, unweit der Kirche, beigesetzt gemäß seinem Letzten Willen & Testament: aus dem Grunde, weil er meinte, man würde die Leichen aus der Kirche entfernen.

Ich erinnre mich: zu Bristow (als ich noch ein Knabe) war's unter denen Frauen die verbreitete Gewohnheit, sich auf dem Kirchhof aus einem Schädel einen Zahn zu brechen: den sie als Schutzmittel wider das Zahnwehe trugen. Unter der Cathedrale von Hereford liegt das grösseste Bein=haus, so ich je in England gesehen. A° 1650 hauste dort inmitten der Knochen ein altes Weib, das zum Unterhalt ihres Feuers die Knochen von Todten beymischte: was aus Armut & Sparsamkeit geschah — verschlagene Bierweiber indes thun die Asche dieser Knochen in ihr Ale, um es berauschend zu machen.

SIR HENRY BLOUNT

SIR HENRY BLOUNT, Ritter, wurde (vermute ich) zu Tittinghanger in der Grafschaft Hertford geboren. Das war ehemals der Sommersitz des Lord=Abtes von St Albans.

In seiner Jugend war er ziemlich ausschweifend, süchtig zumal nach gemeinen Dirnen. Er war ein 2. Bruder.

War Gentleman Pensioner unter König Charles I, den er (als der Ruf ihn erreichte) bey York (als der König sich vom Parlament verabschiedete) begleitete; war mit ihm in der Schlacht von Edgehill; kam mit ihm nach Oxford; kehrte nach London zurück; marschirte, den Degen gegürtet, in die Westminster Hall — alle Parlamentarier rissen die Augen auf: — ein Cavalier! —; sie wußten, daß er dem König zur Seite gestanden; ward vor das Unter=haus citirt, wo er remonstrirte, daß er nur seine Pflicht getan: und so sprach man ihn frei.

In jenen Tagen speiste er fast nur in Heycock's Gasthof, bey dem Schankhaus *The Pallzgrave Head,* im Strand, so von etlichen Parlamentariern & Galanen frequentirt wurde. Einst war Colonel Betridge (einer der hübschesten Männer der Stadt) da und prahlte, wie sehr die Frauen ihn liebten. Sir H. Blount schloß mit ihm eine Wette ab, daß sie beide zusammen in ein Bordell gehen sollten: er ohne Geld, nur mit seiner hübschen Gestalt — Sir Henry mit einem 20 Shilling Stück zu seiner Glatze: und daß die Huren Sir Henry dem Betridge vorziehen würden. Und Sir H gewann die Wette. Edmund Wyld, Esq., war einer der Zeugen.

Es gab ein Pamphlet (verfasst von Henry Nevill, Esq.) betitelt *Parliament of Ladies,* in dem Sir Henry Blount als erster jener abscheulichen & gefährlichen Doktrin angeklagt wird, es sey weitaus billiger & sicherer, denen Gewöhnlichen Weibern beyzuliegen, als Damen von Stand.

Sein Grundbesitz, den ihm sein Vater hinterließ, war 500 £ p.a. wert: den verkaufte er für eine Leib= rente von 1000 Pfund per annum: und daraufhin starb sein älterer Bruder.

Man machte ihn zum Mitglied im Comitee für die Gesetzes=Regulirung. Er war strikt gegen *Tythes,* und für ihre Abschaffung, und daß jeder Geistliche 100 £ p.a. haben sollte und nicht mehr.

Nach seinem — Lebensjahr trank er nur noch Wasser oder Coffee. 1647 oder um die Zeit vermählte er sich mit M^ris Hester Wase, Tochter von Christopher Wase, der 1679 starb, mit der er zwei Söhne hat, tüchtige junge Gentlemen. Charles Blount (sein zweiter Sohn) hat *Anima Mundi* geschrieben (: verbrannt auf Befehl des Bischofs von London) und über *Sacrifices*.

Ich erinnre mich, vor zwanzig Jahren schalt er heftig darauf, junge Leute auf die Universität zu schicken — *quaere,* ob seine Söhne dort waren? — da sie dort das Debauchiren lernten; da sie die Gelehrsamkeit, die sie dort lernten, wieder verlernen müssten: gleichwie einer, der zu fest geknöpft oder geschnürt, sich erst aufknöpfen muß, eh er's bequem hat. Wider Trunkenheit schalt er aufs kräftigste, doch Hurerey gab er zu. Als der Coffee eingeführt wurde, war er ein großer Fürsprecher desselben, und ist seither ein regelmäßiger Gast der Coffee=häuser, besonders bey Mr Farre im *Rainbowe,* am Inner Temple Gate, und jüngst in *John's Coffee House,* in Fullers Pacht.

Das erste Coffeehaus in London stand in Cornhill, St Michaels Alley, gegenüber der Kirche, welches anno oder circa 1652 von einem Bowman (Kutscher bey Mr Hodges, einem Türkey=Händler, der ihn dafür eingesetzt) eröffnet wurde. Das war etwan vier Jahre, bevor das nächste öffnete: und dies war das von Mr Far. Jonathan Paynter, gegenüber St Michaels Kürch, war der erste Lehrbursche in diesem Gewerbe, näml. bey Bowman. Das Bagneo, in Newgate Street, ward im December 1679 gebaut & eröffnet, u.zw. von Türkey=Händlern.

Er ist ein Gentleman von sehr klarer Urteilskraft, großer Erfahrung, tiefer Nachdenklichkeit, nicht sehr großer Belesenheit, großer Umsicht in Staats=Angelegenheiten. Seine Conversation ist bewundernswert. In jüngeren Jahren war er ein großer Büchersammler, wie sein Sohn itzund.

Ehedem war er ein großer Bärenaufbinder, i.e. einer, der Falsches erzählt, nicht um irgendwem zu schaden, sondern um dessen Verstandeskräfte hinters

Licht zu führen: z.B. bey Mr Farres: daß in einem Wirtshaus in St Albans (er nannte den Namen) der Gastwirt aus einem steinernen Sarg einen Schweine≠Trog gemacht, und daß seither die Schweine nur mager wüchsen, und wie die Ziegen, tanzend & springend, auf den Dächern der Häuser herumliefen. Zwei junge Gents, die Sir H diese *Mär* so ernsthaft erzählen hörten, ritten kommenden Tags nach St Albans, um's zu überprüfen. Dort angekommen, wußte keiner was davon: 's war vollkommen erfunden. Den nächsten Abend, sobald man die Lichter angesteckt, kamen sie in den *Regenbogen* und fanden dort Sir H und fragten ihn mit finsterer Miene, ob er sich nicht schäme, solche Histörchen zu verbreiten, etc. *Also wirklich, Gentlemen!* sagte Sir H., *das sind ja sonderbare Geschichten, die Ihr mir da erzählt. Bey mir hätt's auch nicht eines einzigen Schrittes über die Schwelle bedurft, um herauszufinden, daß Ihr lügt:* wobey die ganze Gesellschaft die beiden jungen Gents auslachte.

Er pflegte zu sagen, er schere sich nicht darum, seine Bedienten zur Kirche zu schicken: denn dort steckten sich die Bedienten gegenseitig an, ins Ale≠Haus zu gehen & das Saufen zu lernen — hingegen hieß er sie nach Tyburn gehen, um sich die Executionen anzuschauen: was besser auf sie einwürke denn alles Reden in den Predigten.

Er ist itzt (1680) fast oder volle 80 Jahr alt: bey noch gutem Verstand & noch recht rüstigem Leibe.

Diese letzte Woche im Sept. 1682 wurde er in London sehr krank; die Füße schwollen ihm an; man hat ihn nach Tittinghanger gebracht.

EDMUND BONNER

BISCHOF BONNER kam von Broadgate hall; er war als Armen=knabe dahin gelangt; war zuerst Spüljunge in der Küche, wurde danach Aufwärter, und stieg also durch seinen Fleiß zu dem auf, was er geworden.

Als er zu seiner Größe aufgestiegen war, stiftete er der Küche in Anerkennung dessen, wo sein Aufstieg begonnen, einen großen Bronze=Kessel, *Bonners-pott* genannt, der in der Zeit des Parlaments entfernt wurde. Ich erinn're mich, Mr Steevens hat mir den Topf gezeigt. Er war womöglich der größte von Oxford.

CAISHO BOROUGH

MR CAISHO BURROUGHS war einer der schönsten Männer in England und sehr tapfer, aber ziemlich stolz & blut=dürstig; damals gab es in London eine reizende italiänische Dame, die sich heftigst in ihn verliebte, so daß sie ihn sich an ihr ergetzen ließ, was sie nie zuvor einem Manne gestattet: Weshalb ich, sagte sie, diese Gunst von Euch erbitte: nimmer jemandem davon zu erzählen. Die edle Frau verschied; hernach, in einer Londoner Taverne, erzählte er davon — und als er da sein Wasser abzuschlagen ging, erschien ihm der Geist der edlen Frau. Noch späterhin beunruhigte ihn ihre Erscheinung, bisweilen gar inmitten seiner Zech=Cumpaney, allein nur er nahm sie wahr; bevor sie erschien, senkte sich ihm eine Art Kälte aufs Gemüt.

Sir John Burroughes, von König Charles I. als Botschafter zum Kaiser entsandt, nahm seinen ältesten Sohn Caisho Boroughes mit sich, und auf einer Reise durch Italien ließ er seinen Sohn in Florenz zurück, allda die Sprache zu erlernen: wo er eine Intrigue mit einer schönen Kurtisane hatte (Maitreß des Groß=Herzogs); ihre Familiarität ward publique, so daß sie dem Herzog zu Ohren kam, der den Entschluß fasste, ihn meucheln zu lassen — Caisho indes, der von des Herzogs Plan durch einen dasigen Engländer beyzeiten unterrichtet wurde, verließ die Stadt ungesäumt, ohne seine Geliebte zu verständigen, und gelangte nach England; worauf der Herzog, dessen Rache vereitelt war, mit schändlichsten Worten über seine Maitreße herfiel, sie hingegen ob der unvermuteten Abreise ihres Galans, den sie aufs leidenschaftlichste liebte, heftig bekümmert ward & sich das Leben nahm. In dem selben Moment, da ihr die Seele entwich, erschien sie Caisho in seinem Londoner Quartier. Collonel Remes war damals mit ihm zu Bette; der sah es so wie jener: wie sie ihm ihre Kränkung vorhielt ob seiner Undankbarkeit — daß er sie so plötzlich im Stich gelassen und der Wut des Herzogs überantwortet — und ließ nicht ihr eigenes tragisches *EXIT* aus — und fügte über allem hinzu, er werde in einem Duell fallen, was auch geschah; und derart erschien sie ihm nicht selten, sogar wenn sein jüngerer Bruder (der spätere Sir John) mit ihm zu Bette war. Wann immer sie erschien, würd er mit gellendem Kreischen & Leibes=zittern, in Seelen=quaal, rufen *O GOtt, hier: sie kömmt! sie kömmt!* und so erschien sie ihm, bis er zu Tode kam, erschien ihm noch am Morgen seines Todes=tags.

Diese Geschichte ward so commun, daß König Charles I. nach Caisho Burroughes Vater sandte, ihn auf den Wahrheitskern der Sache zu examiniren: der schwur (zusammen mit Collonel Remes), es sey Tatsache; so daß der König es für wert befand, nach

Florenz zu schicken, um in Erfahrung zu bringen, zu welchem Zeit=punct jene unseelige Lady sich umgebracht. Man fand, es war die nämliche Minute, da sie Caisho, als er mit Colonel Remes zu Bette gewesen, zuerst erschienen war. Diese Geschichte erzählte mir mein werther Freund Mr Monson, der sie aus Sir John's, Caishos Bruder, eigenem Munde hatte; den selben Bericht hatte er auch von seinem eigenen Vater, der mit dem alten Sir John Burroughes und seinen zween Söhnen privatim verkehrte, und er sagte, wann immer die Rede auf Caisho gekommen, habe er bitterlich geweint.

JAMES BOVEY

JAMES BOVEY, Esq., war der jüngste Sohn von Andrew Bovey, Handelsherr, Kassenverwalter bey Sir Peter Vanore, in London. Er wurde in mitten von Mincing-lane in der Gemeinde St Dunstan, East London, geboren am 7ten Mai anno 1622 um sechs Uhr in der Früh. Ging zu Mercers Chapell in die Schul, unter Mr Augur. Mit 9 in die Niederlande geschickt; kehrte dann heim und vervollkommnete sich im Lateinischen & Griechischen. Mit 14 reiste er durch Frankreich und Italien, die Schweiz, Deutschland und die Nieder=Lande. Kehrte mit 19 nach England zurück; lebte dann 8 Jahre bey einem Hoste, einem Bankier: war 8 oder 9 Jahre lang sein Einnehmer. Betrieb dann (mit 27) auf eigene Faust Handel, bis er 31 wurde; heiratete dann die einzige Tochter von William de Vischer, einem Kaufherrn; lebte 18 Jahre mit ihr, danach wieder allein. Kehrte mit 32 seinem Beruf den Rücken und zog sich aufs Land zurück, infolge seiner Unpäßlichkeit: die Stadt=

luft that ihm nicht gut. Dann schrieb er, im Ruhestand, seine *Active Philosophy* (etwas, das es bis dannen noch nicht gegeben), worin all die Tricks & Kniffe aufgezählt sind, die beym Verhandeln practicirt werden, und wie sie durch Contra⸗Verstandesregeln auszugleichen seyen.

Als er bey Mr Hoste lebte, führte er die Baar⸗Cassa der spanischen Ambassadoren, die hier weilten, und der Landwirte, von diesen *Assentistes* genannt, die die Spanischen & Kaiserlichen Armeen der Niederlande & Deutschlands belieferten; und verwaltete viele andere Baarschaften, etwa die von Sir Theodore Mayern etc. (seine Handelsgeschäfte beruhten ganz auf Geld⸗Angelegenheiten), vermöge dessen er mit den hiesigen wie auch ausländischen Staatsministern bekannt wurde.

Als er im Ausland war, bestand seine Haupt⸗Beschäftigung darin, die Affairen des Staates und sein Rechtssystem zu beobachten, und den politischen Überblick auf jene Länder, die er durchreiste, in eine mehr specifische Relation zum Handel zu setzen. Er spricht, nebst seiner eigenen Sprache, Niederländisch, Hoch⸗Deutsch, Französisch, Italienisch, Spanisch, und Lingua Franca, und Lateinisch.

Als er sich aus dem Geschäftsleben zurückzog, studirte er Handelsrecht und verschaffte sich, um 1600, Zulassung beim Inner Temple, London. Wo es um Aspecte des Handelsrechts ging, fand sein Urteil in den meisten großen Prozessen seiner Zeit Berücksichtigung.

Gesundheitlich ging es ihm nie sonderlich gut — nur so leidlich; er hatte alleweil einen schwachen Magen, was aus der Aufregung seines Hirns resultirte. Seine Ernährung war stets diätisch: viel Huhn.

Vom 14ten Jahr an begann er von allen Klugheitsregeln Notiz zu nehmen, die ihm in den Weg kamen, und sie aufzuschreiben, und dies setzte er bis auf den heutigen Tag fort, den 18. Septembris 1680, aetate sui 59. Er machte es zu seinem Berufe, den Englischen Handel voranzubringen, und seine Ideen wurden von Vielen in Druck gegeben. Er verfasste eine Tabelle sämtlicher Währungen Europas.

Er hat folgende Abhandlungen geschrieben (sie sind in seiner Obhut; ich hab sie gesehen und viele von ihnen gelesen), näml.:

1. *The Characters; sive: Index Rerum:* in 4 Bänden
2. *Eine Einführung in die Praktische Philosophie*
3. *Die Kunst, einen Mann zu bilden; sive: Education*
4. *Die Kunst der Conversation*
5. *Die Kunst der Willfährigkeit*
6. *Die Kunst, die Sprache zu meistern*
7. *Die Kunst, die Feder zu führen*
8. *Wie man das Thätigsein lenkt*
9. *Wie man zur Entschlossenheit kömmt*
10. *Wie man die Reputation meistert*
11. *Wie man die Macht steuert:* in 2 Bänden
12. *Wie man Bedienstete anleitet*
13. *Wie man Unterwürfigkeit regirt*
14. *Wie man Freundschaft lenkt*
15. *Wie man Feindschaft meistert*
16. *Wie man Prozesse führt*
17. *Die Kunst, Reichtum zu erlangen*
18. *Die Kunst, Reichtum zu bewahren*
19. *Die Kunst des Kaufens & Verkaufens*
20. *Die Kunst, den Reichtum zu vergrößern*
21. *Wie man Verschwiegenheit meistert*
22. *Wie man den Amor Conjugalis lenkt:* in 2 Bänden
23. *Von dem Amor Concupiscentiae*
24. *Wie man zur Glückseeligkeit kömmt*
25. *Lebens=Läufte der Atticus, Sejanus, Augustus*

26. *Die Ursachen der Krankheiten des Geistes*
27. *Wie man den Geist curirt, näml. Leidenschafften, Krankheiten, Gebresten, Ausfälle & Defecte*
28. *Die Kunst der Menschenkenntnis*
29. *Die Kunst der Selbsterkenntnis*
30. *Verstandes-Religion:* in 3 Bänden
31. *Das Leben des Cum-fu-zu, bis anjetzt beschrieben von J.B.*
32. *Vita Mahometi, verfasst nach Papieren Sir Walter Raleighs, nebst einem kleinen Anhang, selbige methodisch zu ordnen*

Ich hab ihn gebeten, diese MSS der Bibliothek der Royal Society zu vermachen.

Zu seiner Person: er ist etwa 5 Fuß groß; der Körper fragil, dürr, schlaksig; das Haar pech-schwarz und am Ende gekräuselt; die Augen dunkelbraun, mittelgroß, aber die funkelndsten so ich je gesehen; Brauen & Bart von der nämlichen Farbe wie sein Haar. Ein Mann von großer Mäßigung & tiefer Gedanken voll; und ein reger Kopf, nimmer unthätig. Seit dem 14ten Lebensjahr hatte er eine Kerze bey sich, die brannte die ganze Nacht hindurch, nebst Feder, Dinte & Papier, um niederzuschreiben, was ihm in den Sinn kam: auf daß er nicht *einen* Gedanken verlöre. War immer ein großer Liebhaber der Natur-Philosophie. Sein ganzes Leben war in Prozesse verstrickt (: was aus ihm einen Experten für *Human Affaires* machte), in denen er stets obsiegte. Er hatte viele Prozesse mit mächtigen Gegnern; einer dauerte 18 Jahre. Rothaarige Männer waren ihm nie gewogen.

Auf all seinen Reisen ward er kein einziges Mal ausgeraubt.

RICHARD BOYLE,
1st Earl of Cork

RICHARD, der erste Earle of Cork, zunächst Privatmann aus gutem Hause und jüngerer Bruder eines jüngeren Bruders, mit keinem anderen Erbe denn dem, das in dem Wappenspruch & Motto ausgedrückt ist, das seine demüthige Dankbarkeit allen Palästen einmeisseln ließ, die er erbaute: *GOttes Vorsicht: meine Erbschaft*, erhob sich vermöge dieser Vorsicht und seines emsigen & klugen Fleisses zu derartiger Ehre & Besitzthümern und hinterließ eine solche Familie, wie noch kein Untertan dieser drei Königreiche sie je gehabt, und das mit so unbefleckter Reputation seiner Integrität, daß die scheelsüchtigste Nachforschung, und würde sie auch die ganze Art & Weise seines Aufstiegs aufs gewissenhafteste prüfen, keinen Makel finden könnte.

Thomas, Earl of Stratford, hieß ihn 1500 £ per annum auswerfen, die er der Kirche wiedergab.

Earl of Corke kaufte von Captaine Horsey 40 Pflugäcker in Irland für *vierzig Pfund*. (A. Ettrick versichert mich dessen; ich wiederhole: vierzig Pflugäcker).

Master Boyle, später Earle of Cork (der damals Witwer war) kam eines Morgens, um Sir Jeofry Fenton seine Aufwartung zu machen, einem damals bedeutenden Staats=Officir im Königreich Irland, der ihm, da er in Geschäfte verwickelt, und nicht wußte, wer es sey, der ihn zu sprechen wünschte, eine Weile den Zutritt verzögerte: eine Zeit, die dieser vergnügt mit dessen Tochter in den Armen ihrer Amme vertändelte. Doch als Sir Jeofry kam und sah, wen er da etwas zu lange hatte warten lassen, excusirte er sich artig. Master Boyle indes erwiderte, er habe sich sehr angenehm ergötzt und, sehr zu seiner Satisfaction, die Zeit damit verbracht, seiner Tochter die Cour zu schneiden; ob ihm die Ehre zuteil würde, als sein Schwiegersohn acceptirt zu werden? Woraufhin ihn Sir Jeofrey lächelnd (da er von einem, der zuvor schon verheiratet gewesen, vernahm, daß dieser um ein Weib freite, das auf Armen getragen wurde & noch nicht zwei Jahre alt war) fragte, ob er auf sie warten würde? Worauf dieser freihin antwortete: Ja — und Sir Jeofry ihm ebenso großmüthig versprach: dann solle er seine Einwilligung haben. Und sie hielten beide ihr Wort in Ehren. Und mit dieser tugendhaften Lady hatte er dreizehn Kinder, von denen sich zehn zu seinen Lebzeiten ehrenvoll vermählten, und als das jüngste kam, starb er als Großvater.

Mylady Petty sagt, er habe zuvor ein oder zwei Frauen gehabt; und daß er M^{ris} Fenton ohne Einwilligung ihres Vaters geehelicht.

Dieser Edle Lord ward von seiner verständigen & frommen Gemahlin —: ihren Nachkommen nicht weniger eine Zierde & Ehre denn er selbst — mit fünf Söhnen (von denen zu seinen Lebzeiten vier als Lords & Peers des Königreichs Irland aufstiegen, und der fünfte, mehr als diese Titel bedeuten, zum unumschränkten & unvergleichlichen Herrscher über eine größere Provinz wurde: näml. die ganze Natur, die er seinem Forschergeist unterworfen & willfährig gemacht) und acht Töchtern beschenkt.

THE HONOURABLE
ROBERT BOYLE

DER ehrenwerte Robert Boyle, Esq., jener profunde Philosoph, vollendete Humanist und hervorragende Geistliche, fast hätt ich gesagt Laien=Bischof (wie man Sir Henry Savil titulirt hat) wurde zu Lismor im County Corke geboren. Er wurde von einer irländischen Säug=Amme aufgezogen nach der Sitte der Iren, die die Kinder in eine herabbaumelnde Leinentasche (statt in eine Wiege) legen, mit einem Schlitz für den Kopf des Kindes zum Hindurch= Gucken.

War als Knabe zu Eaton recht kränklich & bleich. Ging auf die Universität von Leyden. Reiste durch Frankreich, Italien, die Schweiz. Ich hab ihn oft sagen hören, nachdem er die Alterthümer & Architectur von Rom gesehen, schätze er keine andre mehr.

Er spricht sehr gut Latein, und sehr bereitwillig, wie die meisten Männer, denen ich begegnet bin. Ich hab ihn sagen hören, er habe in seiner Jugend Cowpers *Dictionary* ganz durchgelesen: was er, denk ich, ziemlich genau getan hat; und für seine Meisterschaft in jener Sprache fühlt er sich ihm, glaube ich, in Dankbarkeit verpflichtet.

Sein Vater, in seinem Letzten Willen, wo es um die Festsetzung & Zuweisung für seinen Sohn Robert geht, also: *Item, meinem Sohn Robert, dem ich von GOtt SEinen besonderen Seegen erflehe, vermache ich &c.* Mr Robert Hooke, der das Pacht=register eingesehen hat, sagt, es seien 3000 £ p.a.: davon der grösste Theil in Irland.

Er ist sehr hochgewachsen (etwan 6 Fuß groß); kerzengerade; ganz enthaltsam, & tugendsam, & frugal: ein Hagestolz; hält sich eine Kutsche; weilt dann und wann bey seiner Schwester, der Lady Ranulagh. Sein grössestes Ergötzen ist die Chemie. Er hat bey seiner Schwester ein vornehmes Laboratorium, und mehrere Diener (seine Gehülfen), die sich darum kümmern. Gegenüber ingeniösen Männern, die bedürftig sind, ist er mildthätig; und fremdländische Chemiker haben so manchen stattlichen Beweis seiner Generosität erfahren, denn er mag keinen Aufwand scheuen, etwelche seltnen Geheimnisse zu erfahren: *vide* Oliver Hills Buch, wo man ihn des krassen Plagiierens angeklagt.

Auf eigne Kosten & Ausgaben bekam er das Neue Testament auf Arabisch übersetzt & gedruckt, um's in die Länder Mahomet's zu schicken. Genießt nicht nur in England, sondern auch im Ausland ein hohes Ansehen; und wenn Fremde hierher kommen, ists eine ihrer Curiositäten, ihm Visite abzustatten.

Seine Werke allein bilden eine ganze Bibliothek.

HENRY BRIGGS

ALS ER einmal die Karte von England betrachtete, fiel ihm auf, daß die beiden Flüsse *Themse* und *Avon* (der nach Bath und weiter nach Bristowe fließt) nicht weit voneinander entfernt sind, *scilicet* etwa 3 Meilen. Er sieht: 's war nur ca. 25 Meilen weit von Oxford — besteigt ein Pferd — schaut's sich an — und entdeckte, daß der Boden eben & leicht aufzugraben war. Dann erwog er die Kosten für den Durchstich, und die Convenienz, zwischen diesen Flüssen eine Ehe zu stiften, die für billigen & sicheren Transport von Gütern zwischen London und Bristow sehr pässlich sein würde; und ob die Kähne gleich langsam &

in Mäandern schwämmen, so wären sie, wenn man in Betracht zöge, daß sie Tag & Nacht unterwegs seien, am Ende der Fahrt annähernd so schnell wie die Last⸗karren, die oft umstürzten und dabey ihre Liquores verschütteten & andere Güter zertrümmerten. Nicht lange danach starb er, und der Bürgerkrieg brach aus.

Durch einen günstigen Zufall traf es sich, daß ein Mr Matthewes aus Dorset mit diesem Mr Briggs bekannt ward und ihn darüber discuriren hörte. Er war ein ehrlicher biedrer Mann, der seinen Grundbesitz verloren hatte; und dieses Projekt ging ihm nun viel im Kopfe herum. Er wollt es wiederbeleben (andernfalls wär es vertan & vergessen worden) und besuchte die Gegend, um eine schlechte Karte von ihr zu verzeichnen (die er drucken ließ), doch ohne große Ermutigung seitens des Landes oder anderer Personen.

Zur Restauration König Charles des II. erneuerte er sein Projekt, und machte sich dafür bey König & Kronrat anstellig. Seine Majestät (erzählte er mir) trat mehr dafür ein als irgendwer sonst. Kurzum — aus Mangel an Zuständigkeit, und seiner Unfähigkeit wegen wurde nichts draus; und nun ist er an Altersschwäche gestorben. Sir Jonas Moore indes (ein erfahrener Mathematiker & praktischer Mann), der den Auftrag hatte, den Herrensitz von Dantesey in Wilts zu kartographiren (der wegen der Thorheit von Sir John Danvers an die Krone gefallen) schaute sich diese Flüsse samt ihren Distanzen an. Er sagte mir, die Flüsse seien zu schmal, ausgenommen im Winter — doch sollte irgendein Fürst oder das Parlament Geld dafür auswerfen, daß durch den Hügel bey Wotton-Basset, der nicht sehr hoch sey, ein Graben gezogen würde, dann gäb es Wasser in Fülle, dann wären die Flüsse breit genug. Er überschlug die

Kosten: ich hab sie vergessen, glaub' aber, es waren ungefähr 200.000 Pfund.

Mr William Oughtred nennt ihn den Englischen Archimedes.

ELIZABETH BROUGHTON

MRIS ELIZABETH BROUGHTON war die Tochter Edward Broughtons von Herefordshire, aus alter Familie. Ihr Vater bewohnte das Herren=haus zu Cannon-Peon. Ob sie da geboren oder nicht, weiß ich nicht; dort aber verlor sie ihren Jungfern= cranz an einen jungen Burschen: damals noch hübsch, glaub' ich, doch dann, 1660, ein erbarmens-werter armer alter Weber & Gemeine=Küster. Er hatte fein gelocktes, aber graues Haar. Ihr Vater entdeckte schließlich ihre Neigungen, und sperrte sie im kl. Turm des Hauses ein — doch sie läßt sich an einem Seil herunter — und weg war sie, gen London, und machte sich selbständig.

Sie war von exquisitester Schönheit, so fein geformt wie Natur es nur zu bilden vermocht; hatte einen delicaten Witz. In London ward man bald auf sie aufmerksam, und ihr Preis war ziemlich hoch: eine zweite Thais. Richard, Earl of Dorset, hielt sie sich (ob vor oder nach Venetia, weiß ich nicht, aber ich schätze: vor). Zuletzt wurde sie gewöhnlich & ehrlos, und zog sich die Franzosen Krankheit zu, an der sie starb.

Ich erinnre mich deutlich an ein altes Lied aus jenen Tagen, das ich in einer Collection gesehen, 's ging nach Art der Litanei, also:

*Von der Turmuhr wenn sie Zwölfe schlägt
Von der Bluse die Bess Broughton trägt
Libera nos Domine*

In Ben Johnson's *Execrations against Vulcan* schließt er so:

*Hol dich die Syph, Vulcan. Pandoras Syphilyx
und alles was da fleußt aus ihrer Büchs
dir an den Hals! Und sind all diese Plagen
   nicht genu',
hol dich dein's Weibes & Bess Broughtons Syph
   dazu.*

Ich sehe, es hat schon vor unserer Zeit berühmte Frauen gegeben.

Ich entsinne mich ihres Vaters im Jahr 1646: fast 80 — der bestgestalte Mann, den meine Augen je gesehn; ein sehr weiser Mann von bewundernswerter Beredsamkeit. Er war Committee-Mann in Herefordshire & Glocestershire und Proviantmeister unter Colonel Massey. War ehmals von der Partey der Puritaner; hatte eine große Begabung in Gebeten etc. Seine Frau (hab ich meine Großmutter sagen hören, die ihre Nachbarin gewesen) war ebenso talentirt wie er. Er war der erste, der zur Bodenverbesserung Seifensiederasche gebrauchte, als er zu Bristowe lebte, wo man's damals wegwarf; und indes der Hafen an der Seifensieder-Asche fast erstickte (wogegen etliche Beschwerden & Anzeigen vorgebracht wurden), machte er im Hinblick darauf, daß Compost den Boden verbessert, das Experiment mit der Verbesserung durch Seifensieder-asche, dieweil er nahe der Stadt Land besaß: und verbesserte es gewaltig. Das hat er mir selbst erzählt.

THOMAS BUSHELL

SIR THOMAS BUSHELL war einer der Edelmänner, die dem Lordkanzler Bacon aufwarteten. 'S war in jenen Tagen bey Herren von Stand die Mode, sich die Kleider mit Knöpfen zu schmücken. Mylord Bacon fiel dann in Ungnade, und da sein Mann Bushell mehr *Buttons* als üblich am Gewande trug, hieß es: Bushell trägt die Köttel, die aus Bacons Hinterschinken gekackt; von daher wurde er *Buttond Bushell* genannt.

Er war nur im Englischen ein Gelehrter, hatte aber einen guten Witz und einen fleißigen & contemplativen Kopf. Sein Lord liebte ihn sehr.

Sein Genius lenkte ihn zumeist auf die Naturphilosophie, insonderheit auf das Auffinden, Drainiren & Verbessern der Silberminen in Cardiganshire etc. Er schrieb eine broschirte Abhandlung über Minen, und wie ihre Zugänge & Blasbälge zur Ventilation zu verbessern seyen.

Mr Bushell war der (wahrscheinlich) größte Künstler im Schulden-machen auf der Welt; und lebte so lange, daß seine Verbindlichkeiten in Vergessenheit gerieten, also daß sie auf die Ur-enkel seiner Creditores übergingen. Er starb mit ein hundert zwanzig tausend Pfund Schulden. Er hatte eine so delicate Art, seine Projecte als ausführbar & profitabel zu beködern, daß ihm nicht nur reiche Männer ohne Arg auf den Leim krochen, sondern auch die gerissensten Schalke des Lands, solche, die andere geleimt & zugrunde gerichtet, z[b] M[r] Goodyeere, der M[r] Nicholas Mees' Vater ruinirt hat, etc.

Er hatte die merkwürdigste Hexenkunst, Leute (jawohl: besonnene & wachsame Männer!) an seine Projecte zu binden, von der ich je gehört. Seine

Zunge war ganz Bezauberung, und zog so viele als Gläubiger an sich, als Teilhaber an seinen Plänen, daß er viele in den Ruin stürzte.

Da er ein Schulden=Künstler war, ward er bisweilen ergriffen & in Prison gesteckt, aber auf seltsame Weise würd er sich wieder aus der Schlinge ziehn.

Nach seines Herrn des Lordkanzlers Tode heiratete er, und lebte zu Enston, Oxfd., wo er etwas Land besaß, gen Süden an einem Hügel=Abhang gelegen, zu dessen Füßen ein schöner klarer Fluß sich im Gefels verliert, und wo eine gefällige Solitude: da sprach er zu seinem Adlatus Jack Sydenham, schaffe Er mir einen Arbeiter, zu seiten des Hügels ein Wäldchen auszuholzen und in den Hügel eine Grotte zu höhlen zum Sitzen & Lesen, oder zur Contemplation. Der Werkmann hatte noch keine Stunde gearbeitet, da entdecket er nicht bloß einen Fels, sondern einen Fels von ungewöhnlicher Form mit Steingehänge gleichwie Eis=zapfen, ähnlich dem zu Wokey Hole, Somerset; aus welchem Anlaß jene reizende Grotte & jene schönen Spazirwege angelegt wurden.

Die Grotte unten geht gerade nach Süd: so daß man, wenn es auf die Krümmung einer Felskrempe künstlich regnet, mit einem Regenbogen ergötzt wird. In einem winzigen Weiher (nicht größer denn ein Bassin) dem Fels gegenüber, dicht nahebey, stund ein Neptun, artig in Holz geschnitten, den Dreizack in der Hand auf eine Endte richtend, die sich beständig um ihn drehete, indem ein Spaniel ihr hinterher schwamm — was ganz entzückend war, aber seit langem schon zerstört ist.

Hier würde er, bey gutem Wetter, die ganze Nacht durch wandeln. Jack Sydenham hatte eine erlesene Sing=stimme, desgleichen sein anderer Adlatus, M\ty. Sie gingen sehr fein gekleidet und er liebte sie wie seine Kinder.

Er beschwerte sich nicht mit einem Weibe, sondern ergötzte sich allhier in diesem Eden, bis der Krieg ausbrach, wo er sich dann nach Lundy Island retirirte.

Anno 1647 oder 8 kam er nach England herüber, und als er zu Chester an Land ging, hatt er nur ein Spanisches 3-Pence-Stück (dies hab ich von einem aus Great Tew, dem er's erzählte) und, so sprach er, gern wär ich bereit gewesen, mir wie ein Armer einen Penny zu erbetteln. Zu jener Zeit, sagte er, stünd er mit ich weiß nicht mehr ob 50 oder sechzig tausend Pfund in der Kreide; aber er war wie Sir Kenelm Digby: und hätte er auch nur 4d. in der Tasche — wohin er käm', er würd Respect & Credit finden.

Er hatte etwas gethan (ich hab itzt vergessen, was) das ihn, um 1650, dem Parlament oder Oliver Cromwell verhasst gemacht; wäre gehenkt worden, falls erwischt; druckte mehrere Adressen an das Parlament etc., mit ausländischer Anschrift, und weilte die ganze Zeit in seinem Hause zu *Lambeth marsh,* wo die spitze Pyramide steht. Im dasigen Dachgeschoss befindet sich eine lange Galerie, die er ganz mit Schwarz aushängte; mit gemalten Todten=schädeln & =gebein. Am Ende, wo seine Liege stund, war in einer alt=gothischen Nische (wie ein altes Grabmal) ein auf einen Stein gelehntes Skelett gemalt. Am andern Ende, wo sein Wachbett war, lag ein ausgezehrter Leichnam hingestreckt. Hier hatte er etliche geistliche & kasteiliche Sinnsprüch (er ahmte seinen Lord nach, so gut er konnte) und aus seinen Fenstern einen sehr lieblichen Ausblick. Des nachts wandelte er im Blumen= & Früchte=Garten. Nur Mr Sydenham und eine alte getreue Wittib waren in seinen Aufenthalt in England eingeweiht.

Er war ein gutaussehender stattlicher Gentleman, als ich ihn in besagtem Hause zu Lambith sah. War circa 70, allein ich hätt ihn kaum auf 60 geschätzt. War in vollkommen gesunder Verfassung: frisch, gerötetes Gesicht, falken=nasig, und enthaltsam.

Mr Edmund Wyld sagt, jener habe den Mount Snowdon in Wales angezapft: was leicht dazu angetan gewesen wäre, das ganze Land unter Wasser zu setzen; und fast hätte man ihm und seinen Männern dafür den Schädel eingeschlagen.

In der Zeit der Bürger=kriege war seine Einsiedeley über den Felsen von Enston mit schwarzem Serge ausgehängt; sein Bett hatte schwarze Vorhänge etc, hatte aber keine Bett=pfosten sondern hing an 4 Seilen, um die schwarzer Serge=Stoff geschlungen war, anstelle von Bettpfosten. Als die Königinmutter nach Oxfd. zum König kam, brachte sie entweder, oder, ich glaub, jemand schenkte ihr eine unversehrte Mumie aus Ägypten, eine große Rarität, welche Ihre Majestät Mr Bushell verehrte — allein mich dünkt, schon vor langem hat die Feuchtigkeit des Ortes sie in Schimmel verwesen lassen.

SAMUEL BUTLER

SEIN Vater war ein Mann von nur schmalem Vermögen: alles, was er aufzubringen im Stande, war, ihn auf die Schule zu schicken. Schon als Knabe würd' er auf alles, was einer sagte oder that, Reflexionen & Bemerkungen machen, und es auf Gut oder Schlecht examiniren. Aus obgenanntem Grund war er nie auf der Universität.

Als junger Mann kam er zu einer Anstellung als Bedienter der Gräfin von Kent, der er mehrere Jahre diente; sie gab ihren Gentlemen 20 £ per annum pro Pers. Dort widmete er seine Zeit, neben seiner Arbeit, oft dem Malen & Zeichnen, wie auch der Musik. Er erwog einst, die Malerey zu seinem Beruf zu machen. Seine Liebe zum (und Fertigkeit im) Malen begründete zwischen ihm und Mr Samuel Cowper (dem Malerfürsten unserer Tage) eine tiefe Freundschaft.

War Secretair des Herzogs von Bucks, als er zu Cambridge Canzler war. Er mochte am Anfang höhere Stellen gehabt haben — doch wollte er stets nur sehr gute annehmen: so daß er am Ende gar keine hatte, und in Nothdurft starb.

Dann studirte er die *Common Lawes* von England, prakticirte aber nicht. Er heiratete eine gute Partie: die Nachfahrin eines Morgan, mit der er ein comfortables Leben führte.

John Cleveland war Fellow am St John's College in Cambridge, wo man auf ihn als einen eher eminenten Disputanten denn guten Dichter aufmerksam ward. Wegen schlechter Führung seines Fellow=Amtes enthoben, kam er nach Oxford, wo des Königs Heer stand, und wo man ihn recht umschmeichelte. Nachdem der König aus dem Felde geschlagen, ging er nach London und zog sich nach Grays Inne zurück. Er & Sam Butler &c von Grays Inne hatten jeden Abend ihren *Clubb*.

Zu meines Vaters Zeit hatte man an der Schul= Thür einen Clubb bzw *fustis,* und zu diesem Knüttel griff man, wenn man um Erlaubnis bat, *exeundi foras* (man ging dann selbzweit). Ich hab gehört, daß dies noch zu meiner Zeit, vor den Kriegen, in Landschulhäusern Usus gewesen. Wenn Mönche oder Kloster=brüder ihr Convent verlassen, erhalten sie diesen Permiß nur zu zweien: um sich gegenseitig bey dem, was der andere thut, oder wie er sich beträgt, zu beaufsichtigen. Itzo gebrauchen wir das Wort *Club* für eine Herrenrunde in einer Taverne oder einem Schank=haus.

Er gab ein witziges Poem in Druck, namens *Hudibras*, das grössesten Erfolg hatte: so daß der König & Lord=Canzler Hyde (der sein Portrait über dem Kamin in seiner Bibliothek hängen hat) nach ihm schicken wollten. Und so sandte man nach ihm. Beide verhießen ihm Großes, doch hat er bis zum heutigen Tage *keine* Anstellung bekommen; immerhin gab der König ihm 300 £.

Nach der Restauration Seiner Majestät, als der Hof zu Ludlowe wieder residirte, war er dann des Königs Hofmeister am Schlosse daselbst.

Er hat oft gesagt, jene Art (z.B. die Mr Edmund Wallers), dem Sinn auszuweichen, werde dereinst so aus der Mode kommen und so lächerlich werden wie das Spielen mit Worten.

Seine Reime auf die Jesuiten (ungedruckt):

Kein Jesuite jemals fand
es wert, die Kirch in armem Land
zu baun, es würd die Mühe löhnen,
den Russen oder Schweden zu versöhnen:
Denn wo sich nicht der Reichtum mehrt,
sind ihre Seelen nicht den Aufwand wert.
Gern tauschte Spanien in America
sein Evangelium für Minen da:
hätt Mexico nichts in der Hand,
kein Spanier wär je angelandt.
Was die Catholsche Religion geprägt, war Gold,
das, hatten sie's verlangt, sie immer mehr gewollt.

Satyrische Köpfe sind ungefällig wider die, mit denen sie conversiren, und schaffen sich folglich viele Feinde und wenig Freunde: und dies war seine Art wie sein Geschick. Er hatte löwen=farbenes Haar; war sanguino=cholerisch, mittelgroß, kräftig; strenges und gründliches Urteil; lebhaft; ein fideler Kerl. Die Gicht machte ihm oft zu schaffen: 1679 zumal rührte er sich von October bis Ostern nicht aus seinem Zimmer.

Er starb an Schwindsucht, am 25. Septembris. Beigesetzt am 27., gemäß seiner Bestimmung, im Kirchhof von Convent Garden, *scil.* im Nord=Abschnitt unweit der Kirche, an der Ostwand, mit den Füßen zur Mauer hin. Sein Grab, 2 Yards vom Tür=Pilaster entfernt, (auf seinen Wunsch) 6 Fuß tief.

Etwa 25 seiner alten Bekannten bey seinem Leichenbegängnis. Ich, einer der ältesten von ihnen, half das Leichtuch zu tragen. Sein Sarg umhüllt von schwarzem Serge.

WILLIAM BUTLER

WILL BUTLER, Arzt; er war von Clare-hall in Cambridge, erwarb nie den Doctor=grad, war aber der grösste Medicus seiner Zeit.

Daß man zuerst von ihm Notiz nahm, geschah folgenderweis: etwa zur Zeit des Eintreffens von König James gab es, einige Meilen vor Cambridge, einen Geistlichen, der zu Newmarket vor Seiner Majestät predigen sollte. Der Pfaff hörte, der König sey ein großer Gelehrter, und studirte so excessiv, daß er nicht schlafen konnte — also gab ihm jemand etwas Opium, das ihn in ewigen Schlummer gesenkt haben würde, hätte Doctor Butler nicht folgendes Remedium in Anschlag gebracht: Des Pfarrers Weib sandte nach ihm. Er kam & sah den Gottesmann und frug, was sie da angerichtet, und sagte, sie sei in Gefahr, wegen Mordes an ihrem Gatten gehenkt zu werden, und ließ sie so in großer Echauffage zurück. Es war die Zeit, da die Kühe hinters Haus schritten, um gemolken zu werden. Er kehrt um und frägt, wessen Kühe das seien. Die ihres Gatten, sprach sie. Sagt er: will sie eine dieser Kühe hergeben, um ihren Mann wieder ins Leben zu holen? Das wollte sie, von ganzem Herzen. Er läßt dann eine ungesäumt tödten & öffnen, und den Pfaffen aus dem Bett tragen und ins warme Eingeweid der Kuh stecken, was ihm nach einiger Zeit das Leben zurückgab, sonst hätt er der Welt unweigerlich Valet gesagt.

Er war ein wunderlicher Kauz, ein Grillenfänger. Einstmalen schickte König James nach ihm gen Newmarket, und als er den halben Weg geritten, ließ er den Boten, und machte kehrt; der Bote hieß ihn dann vor sich her reiten.

Ich glaub, er war nie verheurathet. Er lebte in einem Apotheker=Geschäft zu Cambridge, bei *Crane's*, dem er seinen Grundbesitz vermachte und der ihm, aus Dankbarkeit, das Grabmal aus eig'ner Börse errichtete, nach seiner eignen Vorstellung. Geldgierig war er nicht — aber gierig nach Gold=stücken, oder Raritäten.

Einst, auf dem Ritt von Cambridge nach London, fiel sein Auge auf einen Kammerknecht oder Zapfkellner in seinem Gasthaus, den nahm er mit und machte ihn zu seinem Liebling: nur durch diesen war Zugang zu ihm zu erlangen, und das bereicherte ihn.

Viele Male würd er (hab ich sagen hören) bey denen Knaben von St Mary's Kürch in Cambridge sitzen (grad so wie der berühmte Kronanwalt Noy von Lincoln's Inne, der ähnlich viele Schrullen & Launen hatte).

Er hielt sich eine alte Magd, die hieß Nell. Oftmalen würd der Doctor in die Schenke gehen und daselbst allein vor sich trinken. Bey nacht etwa um 9 oder 10 sucht ihn Old Nell mit Kerze & Laterne heim, und sagt Hopp nach Hause, trunknes Vieh. Nach und nach würd Nell ins Schwanken kommen: dann nannte ihr Herr *sie* ein trunknes Vieh; und so nannten sie einander wechselweis trunknes Vieh den ganzen Heimweg über.

Ein Dienstmann brachte Doctor Butler seines Herrn Urin, da war er in seinem Arbeitszimmer (die Riegel umgeklappt), wollt aber nicht zu sprechen sein. Nach viel fruchtlosen Antechambrirens sagte der Mann dem Arzt, er sey resolvirt ihm seines Herrn Wasser zu zeigen; ließ sich aber nicht vertreiben, und warf's dem D^r an den Kopf. Dieser Humor gefiehl dem D^r, und er ging zu dem Gentleman und heilte ihn.

Ein Herr lag sterbenskrank darnieder und schickte einen berittenen Diener nach dem Arzt. Der Gaul, der größten Durst hat, beugt das Haupt tief übers Wasser, und schüttelt den D^r ab, der kopfüber ins Wasser plunschte. Der D^r geriet in Harnisch und wollte umkehren. Der Mann schwur: keinesfalls!, zog sein Schwert, und gab ihm ein ums anderemal, wann immer er umkehren wollte, einen Picks, und trieb ihn so vor sich her.

Als der D^r zu London im Savoy wohnte, unmittelbar am Wasser, wo's einen Balkon gab, der über die Themse ging, kam zu ihm ein Patient, der vom hitzigen Frieselfieber schwer geplagt. Der D^r heißt ein Boot sich unter seinem Fenster bereithalten, und unterhielt sich mit seinem Patienten (einem Herrn) auf dem Balkon, bis auf ein gegebenes Signal hin zwei oder drei muntere Bursche hinter den Gentleman traten und ihn 20 Fuß hinab in die Themse warfen. Diese Überraschung curirte ihn total.

Ein Gentmn. mit rotem hässlichem, pustelbedecktem Gesicht suchte ihn um Heilung auf. Sprach der D^r, ich muß Sie hängen. Augenblicks hatte er eine Vorrichtung fertig, ihn an einem Zimmer=balken zu henken, und als dieser schon fast tot war, durchtrennte jener die Adern, aus denen sich die Pusteln nährten, und ließ das schwarze widerwärtige Blut ab, und heilete ihn.

Daß er ein Chymist war, weiß ich von daher: daß einmal seine Magd, wie eine Schlumpe & Furie, zu ihm hereingerannt kam; das Haar ihr zu Berge stehend, kreischt sie Butler! Komm & guck dich & deine Teuffel, wenn du willst — die Destillier=kolben sind alle in die Luft geflogen! Sie kümmerte sich um sie, und hatte ihnen, scheint's, zu viel Feuer gegeben. Der alte Dr Ridgely kannte ihn und war zu der Zeit, dünkt mich, bey ihm.

Er war ein Opfer seiner Launen und würd manchmal Personen von Rang stundenlang in ihren Kutschen vor seiner Tür warten lassen, ehe er sie empfing. Dr Gale von Paule's School versichert mich, daß einmal ein Franzos zum Zwecke, ihn aufzusuchen, von London nach Cambridge reiste, den ließ er zwei Stunden in der Galerie auf ihn warten, und dann trat er zu ihm hinaus, in einem alt=blauen Gewande. Der französische Herr entbietet ihm 2 oder 3 Verbeugungen, tief bis zum Boden. Dr Butler schwingt ihm das Bein über den Kopf, und schreitet hinweg in seine Kammer, und sprach nicht ein Wort zu ihm.

Folgende Grabinschrift sandte mir mein gelehrter & geehrter Freund Dr Henry More aus Cambridge:

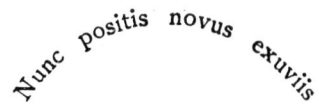

Gulielmus Butlerus, Clarensis Aulae
quondam Socius, Medicorum omnium
quos praesens aetas vidit facile princeps,
hoc sub marmore secundum Christi ad-
ventum expectat, et monumentum hoc
privata pietas statuit, quod debuit
publica. Abi, viator, et ad tuos reversus,
narra te vidisse locum in quo salus
jacet.

LABOR

Nil proh! marmor agis, Butlerum dum tegis, ullum
    Si splendore tuo nomen habere putas.
Ille tibi monumentum est, tu diceris ab illo:
    Butleri vivis munere, marmor iners.
Sic homines vivus, mira sic mortuus arte,
    Phoebo chare senex, vivere saxa facis.

QUIES

Butlero Herôum hoc posuere dolorque fidesque.
Hei! quid agam, exclamas et palles, Lector? At unum
Quod miseris superesse potest, locus hic monet: ora.
      Obiit CIƆIƆCXVII. Janua. XXIX.
          Aeta. suae LXXXIII.

WILLIAM CAMDEN

DR NICHOLAS MERCATOR hat Stadius' *Ephemerides,* das in Mr Camdens Besitz gewesen: sein Name steht darin (ich kenne seine Handschrift) gleichwie einige Annotationen, aus denen ich ersehe, daß er eine astrologische Ader gehabt.

In seiner *Brtiannia* hat es eine bemerkenswerte astrologische Beobachtung: Wann Saturn im Steinbock steht, wird London gewißlich von der Pest heimgesucht. Dies beobachtete er sein ganzes Leben hindurch und hält fest, daß dergleichen auch schon von anderen vor seiner Zeit wahrgenommen worden. So stund Saturn bey der Pest v. 1625, und gleicherweise jüngst bey der Großen Pest v. 1665. Ingleichen schreibt er: wenn im Skorpionen eine Eklipse sey, werde dies für die Stadt Shrewsbury verhängnisvoll sein.

Mr Camden erzählte Sir Robert Filmore, daß er viele Dinge in seiner *Elizabetha* nicht drucken lassen durfte; er übersandte sie seinem Correspondenten & Bekannten Thuanus, der alles getreulich, ohne ein Wort zu ändern, in seinen *Annalls* abdruckte.

Er wurde von einem Höfling der Königin im Kreuzgang von Westminster verprügelt dafür, daß er in seiner *History* Königin Elizabeth verläumdet.

Als mein Großvater in Yatton-Keynell (unweit Easton-Piers) zur Schule ging, kam Mr Camden zu einem Besuch der Kirche, und interessirte sich insbesondere für ein kleines Buntglas-fenster im Hoch-Chor, das schon immer, so weit meine Erinnerung reicht, zugemauert gewesen, um dem Pfarrer die Kosten für eine Neu-verglasung zu ersparen.

Überliefert ist, daß er schlechte Augen hatte (Grauen Star, schätz ich), was für einen Historiker eine große Inkonvenienz bedeutete.

Mr Camden gab sich häufig mit der Walisischen Sprache ab und hielt sich einen Bedienten aus Wales, der ihm in dieser Sprache, behufs besseren Verstehens unserer Alterthümer, weiterhelfen sollte.

Sir William Dugdale sagte mir, er besitze Aufzeichnungen, auf Monat & Tag, über das Leben König James', geschrieben von Mr William Camden (diese Memoiren wurden bis zum Vorabend seines Todestages fortgeschrieben), wie auch, auf Jahr & Tag,

Notizen von seiner eigenen Vita, ziemlich kurz, nur 2 Bogen, in Mr Camdens eigener Handschrift. Sir William Dugdale hat sie von John Hacket, Bischof von Coventry & Lichfield, der sie Mr Camden entwendete, als er auf dem Sterbebette lag.

Er liegt im Südl. Querschiff von Westminster Abbey begraben; sein Bildnis $^1/_2$ auf einem Altar: in der Hand ein Buch, auf dessen Seiten BRITANNIA steht.

Ich hab Sir Wm. Dugdale sagen hören, wiewohl das Ansehen auf seiten Mr Camdens gewesen, sey Mr Glover doch der beste Herold gewesen, der je dem Amte angehört. Ersterer unterzog sich größten Mühen, den Alterthümern etlicher Länder nachzuspüren. Er schrieb mit höchst delicater Schrift, und war ein feiner Maler nach der Natur.

Am oberen Ende des Ball-yard (bzw der Shierlane) hängt (oder hing bis vor kurzem) eine Vedute von Cheshire, *manu propria,* ein äußerst curieuses Stück, das Sir Wm. Dugdale meiner Betrachtung empfahl; und er sagte mir, daß er zu York, in irgendeinem Öffentlichen Haus (ich glaub, einem Vergnügungs=Haus) eine ähnlich elaborirte Ansicht von Yorkshire gesehen. Indes zeichnete jener Ansichten von etlichen Grafschaften, und das mit großer Accuratesse — doch wurden sie nach seinem Tod in alle Himmelsrichtungen zerstreut, und fielen Ignoranten in die Hände.

WILLIAM CARTWRIGHT

GLOCESTERSHIRE ist berühmt für die Geburt William Cartwrights in einem Flecken namens Northway-neer-Tewksbury. Wär er noch am Leben, wäre er jetzt einundsechzig. (Dies hab ich von seinem Bruder, der unweit von mir lebt, und von seinen Schwestern, die ich zu Leckhampton in Glocestershire aufgesucht habe. Seine Schwester Howes war am letzthinnigen 10. März 57 Jahr alt; ihr Bruder William war 4 Jahre älter.)

Sein Vater war ein Gentleman mit 300 £ p.a. Er führte ein Gasthaus, nur etwa ein Jahr lang, in Cirencester, wo er herunterkam & derohalber auch Verlust machte. Von seiner Frau hatte er 100 £ p.a. in Wiltshire: eine Laien=Pfründe, die itzt sein Sohn hat (der indes, da mit vielen Kindern gesegnet, kein gutes Leben führt und sein Wissen eingebüßt hat — er stammte von der zweiten Ehefrau ab, der jener Grundbesitz gehörte).

Er schrieb eine Abhandlung über Metaphysique, sowie Predigten, im besonderen jene Predigt, die er auf königliche Ordre bey Seiner Rückkehr aus der Schlacht von Edgehill hielt.

William Cartwright ward im südl. Schiff von Christ Church Oxfd. beigesetzt. Ein Jammer, daß ein so berühmter Barde ohne Grab=inschrift zu liegen kam.

Man wird nicht vergessen, daß König Charles 1st der Nachricht von seinem Hinschied eine Thräne zollte.

LUCIUS CARY, 2nd Viscount Falkland

ER vermählte sich mit Letice, der Tochter Sir Richard Morisons, mit der er zwei Söhne hatte: der älteste lebte bis zum Mannesalter, starb *sine prole;* der zweite war der Vater des anjetzt lebenden Lord Falkland.

Diese Lady Letice war eine gute & fromme Dame, wie man aus ihrer Vita ersehen kann, die um 1649 oder 50 von John Duncomb D.D. geschrieben. Doch lassen Sie sich eine nette Geschichte erzählen, von William Hawes, Trin. Coll., der mit besagtem Prinzipal gut bekannt gewesen: der erzählte ihm, Mylady sey (nach Art der Frauenzimmer) ganz im Bann der Ammenstube (und nachsichtig gegen sie) gewesen; trug sie Absicht, von Mylord etwas für ihre Mägde, Ammen etc zu erbitten, tat sie's (sofern es sich vermeiden ließ) nie selbst, sondern schickte jenen Gentleman vor, daß dieser es Mylord proponire. Mylord hatte, in Anbetracht seines Titels, nur geringen Besitz; und der alte Herr sagte dann wohl, Madame, das ist ein so unvernünftiges Vorbringen, daß ich sicher bin, Mylord wird es nimmer bewilligen (z.B. einmal, einen Hof für 20 £ p.a., unter Wert, zu verpachten). Zuletzt, wenn sie ihn nicht überreden konnte, sagte sie, Verlaßt Euch drauf, trotz allem werd ich's von Mylord erhalten; *es wird mich nur ein paar Zähren kosten.* Dann machte sie ihre Worte wahr: und wie dieser große Geist, der in Vernunft & Urteilskraft größte Meister seiner Zeit, dann von ihren Thränen (in die sich Küsse & diskrete Zärtlichkeiten mischten, vermut' ich) hartnäckig bestürmt ward, bekam diese fromme Lady von ihrem armen Lord, was sie unvernünftigerweise begehrt.

In seiner Jugend war Mylord ziemlich wild; mutwillig auch, näml. fähig zu Degenstechereien & blutigen Unthaten — über ein kleines aber wurde er ernsthaft, und wuchs zu einem extraordinair zähen Lerner heran. Ich hab Dr Ralph Bathurst sagen hören, daß Mylord als Knabe in Coventrey gelebt (wo er ein Haus hatte) und daß er noch ganz spät zur Nacht über seinen studiis gesessen, und an der dasigen Schule eifrig die Bibliothek frequentirt habe.

Die Studien, so in jenen Tagen (in England) Mode gewesen, waren Dichtkunst — und Glaubens≈Disput mit der Römischen Kirche. Mylords Mutter war eine glühende Papistin, und dieweil sie ihren Sohn unbedingt auf die Seite ihres Glaubens ziehen wollte, war ihr Sohn, auf dem steinigen Weg der Wahrheits≈ Suche, schließlich so weit davon entfernt, es sich in der Römischen Kirche heimisch zu machen, daß er sich lieber in der Polnischen (ich meine: im Socinia≈ nismus) niederließ. Er wurde der erste Socinianer Englands; und Dr Hugh Crescy, von Merton Coll. (Dekan von Leighlin in Irland, später Benediktiner≈ Mönch) sagte mir, er selbst habe als erster Socinus' Bücher ins Land gebracht: kurz darauf kömmt My≈ lord zu ihm — wirft einen Blick auf sie — wollte sie stracks ausborgen, um sie sorgsam durchzulesen — und ward von ihnen so äußerst eingenommen & überzeugt, daß es ihn veranlaßte, zu convertiren.

Mylord lebte überwiegend in Tue, welches ein gefälliger Ort und ohngefähr 12 Meilen von Oxford entfernt ist; mit den besten Köpfen dieser Universität war Seine Lordschaft bekannt, und sein Haus glich einem College voll Gelehrter. Mr William Chilling≈ worth von Trinity College in Oxford (später D.D.) war sein geschätzter & intimster Günstling und stand mit Mylord auf vertrautestem Fuße. Sein Kaplan Charles Gataker war ein ingeniöser junger Gentle≈ man, wenn auch kein Mann der Schrift. Für die Gebildeten des Landes, die mit ihm bekannt, stehen: Mr Sandys, der Reisende & Übersetzer — Ben. John≈ son — Edmund Waller, Esq. — Mr Thomas Hobbes — und alle hervorragende Köpfe jener friedvollen Zeit.

In den Bürger≈Kriegen stand er auf Seiten König Charles I., der ihn (und Sir Edward Nicholas) nach der Schlacht von Edgehill zum Ersten Staats≈Secretär ernannte, ein Amt, das er mit viel Verstand & Umsicht versah — nur daß sein Rat großes Unheil über Seine Majestät brachte, als er Sie (nach dem Sieg bey Rowndway-downe und der Einnahme von Bristowe) überredete, vor Glocester Stellung zu beziehen, eine Stadt, die von jenem unvergleichlich wachsamen Col. Massey und den vor⸗ wie umsichtigen Söldnern & Milizen (Männern wie Frauen) so tapfer verteidigt wurde, daß es die Armee des Königs so aufrieb & schwächte, daß dies die erste Ursache seiner Niederlage ward. Danach geriet die ganze Sache des Königs schlimmer und schlimmer. Bey der Schlacht von Newbery, in der Mylord Falkland keine Attacke zu führen hatte, ritt dieser, als die beiden Heere sich im Gefecht vereinten, wie ein Verrückter (der er war) mitten ins Getümmel, und wurde (wie es nicht anders sein konnte) erschossen. Einige unserer überklug debattirenden Politiker & feinen Herren beeilen sich, als Grund für diese verrückte Handlung, mit der er sein Leben wegwarf, anzusehen, es sey aus Mißvergnügen über den unglücklichen Rat geschehen, den er, wie gesagt, seinem Herrn gegeben — allein, ich weiß zuverlässig, von denen die ihn wie auch die Intriguen ›hinter den Kulissen‹ (wie man sagt) am besten kannten, daß der Schmerz über den Tod von M^{ris} Moray, einer schönen Dame bey Hofe, die seine Maitresse war, und die er mehr als alles was da lebt geliebt, der wahre Grund dafür gewesen sey, daß er seinen eignen Tod, wie schon erwähnt, so irrwitzig verschuldet.

Den kommenden Tag, als man den Todten begraben wollte, konnte man Seiner Lordschaft Leichnam nicht finden: er war zertrampelt & verstümmelt & seiner Kleider ledig; also daß einer, der ihm in seiner Kammer aufgewartet, es unternahm, ihn aus allen anderen Leichen herauszusondern, anhand eines bestimmten Mals, das Seine Lordschaft am Hals gehabt: und vermöge dieses Mals fand er ihn. Er liegt in Great Tue bestattet, allerdings noch ohne Grabmal, glaub ich.

Im Speisezimmer hängt ein Bildnis von ihm: lebensgroß, und ihm ähnlich (von Jacob de Valke, der mich das Malen gelehrt). Er war ein kleiner Mann, ohne viel Körper=kraft; hatte dunkles, schlicht herabfallendes Haar, und ich glaube, schwarze Augen. Dr Earles möcht ihm nicht den Rang eines guten Dichters zugestehen — aber ein geschliffener Kopf sey er gewesen: habe nicht geschmeidige Verse, sondern mit einem gerüttelt Maß Vernunft geschrieben.

SIR CHARLES CAVENDISH

SIR CHARLES CAVENDISH war der jüngere Bruder von William, Duke of Newcastle. Er war ein kleiner, schwächlicher, gebeugter Mann, und da die Natur ihn weder für den Hof noch für das Feld der Ehre bestimmt hatte, ergab er sich dem Studium der Mathematique, worinnen er ein großer Meister wurde. Sein Vater hinterließ ihm einen guten Grundbesitz, dessen Erträge er für Bücher & Gelehrte ausgab.

In Italien, Frankreich &c hatte er, für nicht geringes Geld, so viele handschriftliche Mathematik=Bücher gesammelt, daß sie einen Oxhoft ausgefüllt hätten: er gedachte sie in Druck zu geben, was, wenn es ihm zu Lebzeiten beschieden gewesen wäre, das Mathematische Wissen um 30 Jahre oder mehr über den itzigen Stand hinaus gebracht hätte. Allein, er starb am Scharbock, den er sich durch harte Arbeit zugezogen, um 1652, und beschied einen Anwalt von Clifford's Inne als Nachlaßverwalter, der kurz darauf starb und seine Ehefrau als Nachlaßverwalterin zurückließ, die jene vorbemelte unvergleichliche Sammlung als Abfallpapier, nach dem Gewicht, an einen Kartonmacher verkaufte. »» Eine feine Warnung all jenen, die gute MSS haben: daß sie Sorge tragen sollten, sie noch bei Lebzeiten gedruckt zu sehen.

Er schrieb mehrerley Mathematisches zu seinem eigenen Vergnügen.

CHARLES CAVENDISH

CHARLES CAVENDISH, Colonel, war 2ter Sohn des Sehr Ehrenwerten Earle of Devonshire, Bruder des gegenwärtigen Earle William.

Er erhielt eine gute Erziehung, und reiste dann nach Frankreich, Italien &c; bekam aber ein so unbändiges Vergnügen am Reisen, daß er ganz Griechenland durchquerte, und, damit noch nicht zufrieden, auch nach Babylonien wollte — doch sein Führer wagte es nicht, ihn fürder zu begleiten: wenn er Babylonien sehen wolle, müsse er schon im Heer des Türken marschiren.

Bey seiner Heimkehr nach England brachen die Bürger=kriege aus, und da erhielt er seine Bestallung, als Colonel für die Sache des Königs zu kämpfen, womit er Seiner Majestät einen großen Dienst erwies und außerordentliche Proben seiner Beherztheit abgab.

Er war der Liebling seiner Soldaten, und der Liebling seiner Majestät, der ihn zum General der Nördl. Reiter=truppen ernannte (und das Patent ward ihm ausgehändigt), ein großes Ehren=zeichen für einen von ca fünf und zwanzig: *Also soll es geschehen, für den Mann, welchen der König zu ehren geruht.*

Col. Cavendish war eine fürstliche Gestalt, und sein ganzes Handeln entsprach seinem Wesen: in eminentem Maaße verfügte er über das Air & die Erscheinung eines Mannes, welcher zum Herrschen bestimmt war. Mich dünkt, er zeigte klar, wohin es ihn wies: die Sache des Königs lebte und starb mit ihm; als Cromwell hörte, er sey gefallen, rief er darob *Wir haben unser Geschäft erledigt.*

Und doch — zweierley (wie ich bekennen muß) wußte dieser Commandeur nicht — man pardonnire seine Unwissenheit: er wußte nicht die Flucht zu ergreifen — er wußte nicht um Gnade zu bitten — wie es wohl ein älterer that, ich meine Henderson: denn als jener Kaltblütige auf der einen Seite nach Grantham einritt — floh dieser gewitzte Gentleman, der die Stadt hätte attackiren sollen, aus der andern Seite hinaus. Hielt Cato es bey Caesar noch für Anmaßung, ihm das Leben zu schenken, so hielt Cavendish es bey Verrätern & Rebellen von gemeinem Range für eine größere, ihm das seine zu schenken. Dieser brave Held mochte wohl (wie, zuletzt, von der schieren Überzahl) in Bedrängnis geraten — besiegt werden aber konnte er nicht.

Welche Wunder hätte man wohl von einem so wachsamen, so loyalen, so standhaften Commandeur erwartet, wäre er nicht in der Blüte seiner Jahre hingerafft worden. Doch ob er gleich im Lenz seines Lebens fiel — er fiel als Fürst, und zwar als ein großer, dessen Loyalität zu seinem hohen Herrn nichts ins Wanken bringen konnte.

Hohe Abkunft ist für manch einen wie die Wassersucht: des Mannes Größe ist seine Krankheit und macht ihn unbeholfen; hier indes ist ein Mann hoher

Abkunft, frei von der Überheblichkeit der Größe, so keck & tatkräftig gleich dem schlichtesten Reuter, der unter ihm focht. In manchen Gegenden Indiens, erzählt man uns, hält ein Edler sich für unrein, wenn ein Plebejer ihn berührt — hier aber ist ein Mann solchen Ranges, der die gleiche Familiarität & Freizügigkeit unter den niedrigsten seiner Soldaten pflegte, den ärmsten Minierern, wie unter seinesgleichen: und indem er sich so tief herabließ, stieg er in der allgemeinen Achtung nur um so höher und ward einem Fürsten, einem Großen gleich geschätzt.

Sir Robert Harley, ein ingeniöser Gent. & erfahrener Soldat, hat oft gesagt, daß sich die Commandeure der königl. Truppen (im allgemeinen) nie mit ihren Soldaten gemein gemacht, was der Sache des Königs außerordentlich geschadet habe. Ein guter Blick, ein gutes Wort des Hauptmanns gewönne & verpflichte seine Leute (mitunter) über die Maaßen; und er sagte, es sey bewundernswert, wie die Soldaten für einen verbindlichen Officir ihr Leben in die Schanze würfen.

Erwägt, wie Abner fiel: von Verräterhand — und so fiel auch Cavendish. *Als nun Abner wieder gen Hebron kam, führete ihn Joab mitten unter das Thor, daß er heimlich mit ihm redete; und stach ihn daselbst in den Wanst, daß er starb, um seines Bruders Asahels Bluts willen.* Also fiel Abner — und eben so Cavendish: als des Colonels Pferd in der Schlacht von Gainsborough, 1643, in einem Sumpfe steckenblieb, umzingeln ihn die Rebellen und nehmen ihn gefangen; und da man ihn abführt, tritt ein feiger Schurke hinter ihn und rennt ihm den Degen durch den Leib. Also fielen zwei große Männer von Verräterhand.

Und schließlich: die Stätte seines Falls, sie war in Israel. Dort fiel Abner in seinem und hier Cavendish

in unserem Israel: der Church of England. In dieser
Kürche fiel der tapfre Cavendish, und, mehr noch, in
diesem Glaubens=kampf.

Derart habe ich Colonel Cavendish mit Abner ver-
glichen: einen kämpferischen mit einem berühmten
Mann in Israel — ihr seht, wie er ihm gleicht, wie er
ihn übertrifft.

THOMAS CHALONER

THOMAS CHALONER, Esq, war ein Gentleman
mit guter Erziehung und sehr guten natürlichen Anlagen und angenehmem Temperament. In seinen
Studien vervollkommnete er sich zu Haus; und
machte Reisen nach Frankreich, Italien und Deutschland.

Angelegentlich eines Jagd=Ritts in Yorkshire (wo
itzt die Alaun=Werke sind) fielen ihm auf einer Ge-
meindeweide der Boden & Pflanzenwuchs auf: er
schmeckete das Wasser und fand es ähnlich dem, wo
er in Deutschland die Alaun=Werke gesehen hatte.
Woraufhin er vom König (Charles I) ein Patent für
ein Alaunwerk erhielt (das erste, so je in England
gewesen), welches ihm 2 000 £ p.a. einbrachte oder
mehr; allein manche bey Hofe fanden, der Profit sey
zu hoch vor ihn, und lagen dem König so in den
Ohren, daß er ungeachtet besagten Patents die Hälfte
oder mehr einem anderen (Höfling) zusprach: was
der Grund dafür gewesen, daß Mr Chaloner sich so
in die Parlaments=Angelegenheit mischte und, aus
Rache, zu einem der Königs=Richter wurde.

Von den Puritanern war er so entfernt wie Ost von
West. Sein Glaube war die Natur=Religion: er ge-

hörte zu Henry Marten's Partei; war einer, der lieber die Freuden des Diesseits genoß. Er war (sagt man) ein guter Gelehrter, verfasste aber nichts, was mir zu Gesicht gekommen, bis auf ein anonymes Pamphlet *Bericht von der Entdeckung von Mosis Grab*, das mit ziemlichem Witz geschrieben. Das war etwa 1652. Alle Rabbis der Gemeinde machten sich mit heißen Köpfen darüber her, und es dauerte ein hübsches weilchen, bis der Schwindel entdeckt ward.

Mitunter machte er sich den Spaß, des morgens zur Sitzungszeit in die Westminster-hall zu gehn und irgendeine merkwürdige (Schwindel-) Geschichte auszustreuen: und dann würd er etwa um 11 oder 12 wiederkommen und sich das Vergnügen leisten, zu hören, wie sic sich verbreitet hatte; und manchmal hatte sie sich, mit Hinzufügungen, so verändert, daß er sie kaum als seine eigene wiedererkannte. Er war weder hochfahrend noch habsüchtig, noch ein Heuchler; unfähig, Unrecht zu tun — aber fähig, Vergeltung zu üben.

Nach der Restauration von König Charles dem Zweiten saß er auf dem Schloß der Isle of Man, wo er eine hübsche Dirn hatte, die seine Concubine war, wo er, als man ihm Zeitung brachte, es seyen welche gekommen, die das Castle für Seine Majestät einforderten, zu seinem Mädchen sprach, sie solle ihm eine Molke bereiten, in die er, aus einem Papier das er hatte, etwas Gift streuete, was ihm, nach kürzester Zeit, ein heftiges Erbrechen machte; und nach einiger Zeit erbrach er nur noch Blut. So gewaltsam war sein Würgen, daß die Umstehenden großen Schmerz litten, da sie's gewahrten. Innert dreier Stunden starb er. Die Herausforderer des Schlosses kamen, und sahen ihn todt: er war so ungeheuer aufgedunsen, daß sie seine Augen nicht mehr erkennen konnten, und von seiner Nase nur mehr die Spitze, die wie eine

Warze aussah; und seine Hoden waren zur Größe eines Kopfes angeschwollen.

WILLIAM CHILLINGWORTH

WILLIAM CHILLINGWORTH, D.D., wurde in Oxford geboren. Sein Vater war Brauer.

Etwa anno 1630 wurde er mit einem bekannt, der ihn und andere Scholaren nach Doway hinüber lockte, woran er nicht das Vergnügen hatte, das er, wie er meinte, für seinen großen discursiven Geist verdiente. Man machte ihn zum Pförtner (: um sein Temperament auf die Probe zu stellen, auf daß er sich im Gehorchen übe) — so schlich er sich davon und ging wieder ans Trinity College, wo er Fellow gewesen.

William Laud, ABC, war sein Pate & enger Freund. Jener schickte Seiner Gnaden wöchentlich Rapport über das, was sich auf der Universität ereignete. Sir William Davenant (Poeta laureatus) sagte mir, dieser Doctor habe sich, unerachtet seiner guten Gründe, des schändlichen Verbrechens der Verräterey schuldig gemacht. Dr Gill, Filius D^{ris} Gill (Schulmeister von Paules schoole) und Chillingworth correspondirten wöchentlich mit einander über mehrere Jahre, wobey Staats-Angelegenheiten getadelt wurden. Dr Gill nennt in einem seiner Briefe König James und seinen Sohn den *alten Narr und den jungen,* und diesen Brief übermittelt Chillingworth an W. Laud, AB Cant. Der arme junge Dr Gill ward in Verhaft genommen, und ein schrecklicher Sturm brach wider ihn los, der mittels beredter Fürsprache & Beystands von Seiten Edwards, des Earle of Dorset, im Verein mit den Thränen des armen alten Doctors, seines Vaters, und demüthigem Bitten auf den Knien vor Seiner Majestät, an ihm vorüberging. Es dauert mich, daß an einem so großen Geist solch ein Makel klebt.

Er war ein kleiner Mann; das Haar dunkel; von saturnischer Gesichtsfarbe. Er hat nie auf alle Artikel der Church of England geschworen.

Lord Falkland und er hatten so außerordentlich klare Vernunftgründe, daß man in Ox zu sagen pflegte: müsste man den großen Türken durch natürliche Vernunftschlüsse bekehren, dann wären jene beiden die, die ihn bekehren könnten.

Als Dr Kettle (der Präsident von Trin.Coll., Ox) starb, was sich anno 1643 zutrug, war Dr Chillingworth, mit Dr Hannibal Potter & Dr Roberts, Anwärter auf die Präsidentschaft. Dr Han. Potter war zuvor Kaplan des Bischof von Winton gewesen, der so sehr Dr Potters Freund war, daß, wiewohl Dr Potter (wie Will Hawes mir erzählt hat) nicht rechtmäßig gewählt wurde, der Bischof (Curle), nachdem sie sich auf ihren Besucher (den Bischof von Winton) beriefen, Dr Potters Einsetzung anordnete: sollen ihn die Fellowes doch verjagen, wenn sie können. Dies war kurz nachdem Lord Falkland gefallen, der, wäre er noch am Leben gewesen, wie Dr Chillingworth Will. Hawes versicherte, nicht zugelassen hätte, daß dies gegen ihn durchgebracht wurde; und daß er so außer sich vor Schmerz sey, und um den Hinschied seines lieben Freundes bitterlich geweint habe — allein, nichtsdestotrotz zweifelte er nicht daran, daß die Sterne es mit ihm nicht anders gewollt hatten.

Mein Tutor W. Browne hat mir erzählt, Dr Chillingworth habe nicht oft studirt — wenn doch, dann viel in kurzer Zeit. Viel Freude hatte er an Sextus Empeiricus. Er spazirte oft im College-Wäldchen, um sich dort der Contemplation zu ergeben, oder dem ein oder anderen *Dummbeutel* zu begegnen, mit ihm zu disputiren & ihn zu verspotten. So praeparirte er sich vorderhand. Ich glaub, es war ein epidemisches Übel jener Zeit, das nun, denk ich, aus der Mode gekommen und als unmanirlich & knäbisch gilt. Er war der geistesgegenwärtigste & gewandteste Disputant seiner Zeit auf der Universität; womöglich ist ihm seither keiner gleichgekommen.

Ich hab Mr Thomas Hobbes, Malmsb. (der ihn kannte) sagen hören, er sey gleich einem kecken Fechter gewesen, der seine Gegner vor sich her triebe, allein er sey seiner eigenen Partey oft schmerzlich in den Rücken gefallen.

Er liegt auf der Südseite des Klosters zu Chichester begraben, wo er am *morbus castrensis* (der Syphilis) starb nach der Einnahme von Arundel Castle durch die Parlaments=truppen: wo er von denen Soldaten des Königs für seinen Rath in militärischen Angelegenheiten heftig angegriffen ward, und sie fluchten *diesem Priesterchen* und schrieben den Verlust des Schlosses seinem Rat zu. Da er krank darniederlag, wurde er von Dr Cheynell unmenschlich behandelt, der, als man ihn zu Grabe trug, sein Buch ihm in die Grube hinterherschleuderte und sprach *Verwes' mit dem Verwesnen — das Tote begrabe den Toten!*

GEORGE CLIFFORD,
3rd Earl of Cumberland

DIESER George, Earl of Cumberland, ließ die größte Schiffs=Flotte zimmern, die je ein Unterthan aufgestellt hat. Die Armada der Argonauten war ein Nichts dagegen. Er war der größte Seefahrer und that auf See die erstaunlichsten Dinge, die je ein Mensch auf eigne Kosten zustandegebracht; er hatte eine kleine Flotte von (ich glaub, 20) tüchtigen Schiffen eigener Herstellung & Bemannung: um dies zu erreichen, veräußerte er sein Erbe von über sechzehn tausend Pfund per annum; leistete Bedeutendes wider den Spanier etc. in West=Indien, dessen Gewinn seine Aufwendungen mehr als ausgeglichen hätte. Doch als er dies getan, bemächtigten sich die Königin und der Kronrat seiner ganzen Erträge & seiner Schiffe, indem es hieß, es sey der Sicherheit des Staates nicht förderlich, wenn man einen Unterthan so Bedeutendes leisten ließe.

Er hatte einen riesigen Grundbesitz, und konnte auf seinen eigenen Ländereien von Yorkcshire bis Westmoreland reiten.

Den besten Bericht von der Expedition seiner Flotte nach America findet man in Purchas' *Pilgrim*. Dem Spanier entriß er einen Wert von sieben oder 8 hundert tausend Pfund. Als er mit dieser reichen Fracht heimkehrte (ohne Zweifel der reichsten, die je ein Unterthan angeliefert) steckte der Kronrat der Königin (wo er so manchen hatte, der ihm neidisch gesonnen war — *Virtutis comes Invidia*) die Köpfe zusammen & beschloß, dies sey für den Besitz einer Person zuviel, und beschlagnahmte alles zugunsten der Königin, sogar die Schiffe und alles, und zwecks Wiedergutmachung für den Spanier ward er genötigt, fünfzig tausend Pfund per annum zu veräußern.

Damit war der Untergang dieser alten & edlen Familie besiegelt; doch Robert, Earl of Salisbury (der sein Haupt=Gegner gewesen) heiratete später seine Tochter, da ihn wahrscheinlich sein Gewissen mahnte, eine Art Entschädigung zu leisten, nachdem er so viel Unheil gebracht.

Wie ich glaube, unternahm Sir Walter Ralegh seine kühne Seefahrt mit Seiner Lordschaft; auch mit Mr Edmund Wright, dem excellenten Seefahrer; sehr wahrscheinlich auch mit Mr Harriot.

SIR EDWARD COKE

ALS ich zuerst am Middle Temple war, hörte ich einen alten Anwalt (der sein Landsmann gewesen) bestätigen, daß Sir Edward Coke, Knight, Lord Oberrichter am King's Bench, bey seiner Geburt Ländereien im Wert von 300 £ per annum besessen, und einige aus seiner Grafschaft hab ich wiederum sagen hören, auf ihn seien nur 40 £ p.a. gekommen. Wem soll man da glauben?

Er war am Clifford's Inne gewesen, bevor er zum Inner Temple kam, da's seinerzeit üblich war, zunächst an einer Advocaten=Innung zu practiciren.

Der alte John Tussell (der mein Rechtsbeystand gewesen) hat mir erzählt, daß er in einem Jahr ein hundert tausend Pfund gemacht hat, näml. 1° Jacobi, als er Kron=Anwalt gewesen. Er riet jedem Mann mit Grundbesitz an, sey dieser im Recht oder im Unrecht, eine Supplik um Pardon einzureichen für 5 £, zahlbar an ihn.

Er hinterließ einen Grundbesitz von eilf tausend Pfund per annum. Sir John Danvers, der ihn kannte, erzählte mir, er habe gehört, wie einer ihm im Hinblick auf den großen Wohlstand, den er an sich gerafft, sagte, seine Söhne würden seinen Besitz schneller durchbringen, als er ihn erworben; er gab zurück *Die können beim Durchbringen nicht mehr Vergnügen haben als ich beim Erwerben gehabt.*

Seine zweite Frau, Elizabeth, Hinterbliebene von Sir William Hatton, war schwanger, als er sie heiratete: als er ihr die Hand auf den Bauch legte (da er an ihr Bette trat) und fühlte, daß ein Kind sich regte, sagte er *Was? Fleisch im Pott?* — Jawoll, sprach sie — hätt' ich sonst einen *Cook* geheiratet?

Allzu bäurisch & erbittert war sein Verhalten gegen Sir Walter Raleigh bey dessen Prozeß, wo er *Ihr Verräter!* und *Ihr lügt wie ein Verräter!* sagt, bey jedem seiner Worte.

Mit seinem Fall will er spielen wie die Katze mit der Maus, und so ekelerregend pedantisch sein, daß einen Schul-jungen das Speyen ankömmt. Trifft er aber die Rechtssache, anerkennen alle seine Fürtrefflichkeit.

Als Mr Cuff, Secretär des Earl of Essex, angeklagt wurde, disputirte er mit ihm in Syllogismen, bis schließlich einer seiner Brüder-in-Jure sagte, Mit Verlaub, Bruder, hört auf — Ihr disputirt abscheulich. Cuff war ein scharfer Kopf und ein großer Gelehrter und brachte ihn aus der Fassung. Sprach Cooke *Dominum cognoscite vestrum*, replicirte Cuff, *My Lord, da laßt Ihr den vorangehenden Theil des Verses aus, den Ihr hättet wiederholen sollen: Acteon ego sum:* eine Anspielung darauf, daß er ein Hahnrei sey.

Nachdem er seines Postens als Lord Oberrichter am King's Bench enthoben war, machten sie ihn zu seiner Qual zum Sheriff von Buckinghamshire: in dieser Zeit veranlasste er, daß der Sheriffs-Eid geändert wurde, der bis dahin vorgesehen hatte, daß, unter anderm, alle Ketzer aufzustöbern & zu verhaften seyen. Auch wählte man ihn, nach seiner Absetzung, zum Deputirten im Parlament.

Er war von wunderbarer Penibilität, wie aus seinen Schriften erhellt. War kurz-sichtig, brauchte aber nie eine Brille bis an seinen Sterbe-tag im 83ten Lebensjahr. War ein sehr gut aussehender, stattlicher Mann, von eigenthümlicher Hautfarbe, wie aus seinem Porträt im Inner Temple erhellt, welches sein Sohn ihnen 1668 vermachte: in Lebensgröße, im Prunk=Barchent seines Kronanwalts=Gewandes, das das Haus itzt gegen Richter=Roben ausgetauscht hat.

Die Welt erwartete von ihm einen Kommentar zu Littleton's *Tenures* — und er hinterließ ihr sein Kollektaneen=Buch, das jetzt so *en vogue* ist.

Memorandum: als das Stück mit dem Titel *Ignoramus* (verfaßt von einem Ruggles aus Clare=hall) vor König James mit großem Applaus aufgeführt wurde, kleidete man Sir Ignoramus wie den Lordrichter Coke & schnitt ihm den Bart wie den seinen & ahmte seine Stimme nach. Dieser Jux brachte alle Juristen gegen den Klerus auf, und kurz darauf schrieb Mr Selden, daß Tythes nicht *jure divino* sey.

JEAN BAPTISTE COLBERT

MONSIEUR COLBERT war Handelsherr und ein excellenter Bücherrevisor, i.e. für Schuldner wie Gläubiger. Seine Herkunft ist eher dunkel; er ist schottischer Abstammung, sein Großvater war Dudelsack=Pfeifer im Schottischen Regiment.

Cardinal Mezarin fielen die Kosten seiner Stallungen arg zur Last, und er ließ sich in seinen Rechnungen täuschen. Als er von dem Kaufmann Colbert hörte, daß dieser in jener Kunst ein großer Meister sey, schickt er nach ihm und heischt ihn seine Rechnungsbücher durchzusehen und ihm eine bessere Methode nahezubringen, solchen Betrug zu verhindern. Was er auch tat — und dies so gut, daß jener ihn einstellte, seine Rechnungen in Ordnung zu

bringen; und er fand ihn so nützlich, daß er mit
seiner Hülfe auch in die Königliche Faktura Ordnung
& System brachte. Dies war sein Aufstieg.

JOHN COLET

JOHN COLET, D.D., Dekan von St Paul, London.
Nach der Gr. Feuersbrunst (bey der sein Monument
zerbrochen) machte jemand ein Löchlein nächst der
oberen Kante seines Sarges, welcher gleich dem Napf
einer Pasteten verschlossen, und eines Liquoris voll
war, der die Leiche conservirte. Mr Wyld & Ralph
Greatorex kosteten davon: s' war auf eine Weise ein
fades Arom, etwas vom Schmacke des Eisens. Der
Sarg war aus Blei, und ruhte im Gemäuer ca. zwei
und ein halb Fuß über dem Boden.

Dies war eine sältzam seltne Art, einen Leichnam
zu conserviren: leicht war's eine Beize, gleichwie für
Rind-fleisch, deren Salzigkeit in so vielen Jahren das
Blei mochte gesüsset und fade ausgelassen haben. Die
Leiche fühlte sich mit einem Stecken, den sie probe-
weis durch einen Spalt gestössel, wie gestockte Sül-
zen an.

THOMAS COOPER

DR EDWARD DAVENANT erzählte mir, daß
dieser Gelehrte einen Zankteufel zum Weibe hatte:
die mit ihm unversöhnlich darob haderte, daß er spät
zur Nacht aufblieb, um sein *Dictionarie* zu compiliren.

Als er's zur Hälfte fertig hatte, gelang es ihr, sein
Studir-zimmer zu betreten; sie packte die ganze

Frucht seiner Mühen in ihre Schürze, und warf's ins
Feuer, und es verbrannte. Je nun — des ungeachtet
hatte der gute Mann einen solchen Eifer, die Wissenschaft voranzubringen, daß er von neuem anfing,
und es zu jener Vollendung brachte, die er uns hinterlassen: ein höchst nützliches Werk. Hernach ward
er zum Bischof von Winton ernannt.

RICHARD CORBET

RICHARD CORBET, D.D., war der Sohn von
Vincent Corbet, der Gärtner in Twicknam gewesen.
Er war Westminster=Schüler; der alte Pastor Bussey,
von Alscott in Warwickshire, ging mit ihm zur
Schule. Er sagte, jener sey ein sehr gut aussehender
Mann gewesen, aber ein wenig schmäh=süchtig, und
ein Feigling.

Er war Student am Christ Church zu Oxford. War
sehr witzig, und ein zechfester Commilitone. Einstmals, als er und einer aus seiner Bekanntschaft in
Bruder Bacon's Studierzimmer (wo ein guter Branntewein ausgeschenkt wurde) lustig zuwege waren,
tranken sie auf die Vorsteher des Hauses; und einer
der Scholaren lag im Schlaf, der hatte ein gut Paar
Seiden=Strümpfe an. Dr Corbet (damals M.A., falls
nicht schon B.D.) nahm eine Scheere, und schnitt
lauter Löcher hinein; als der andre erwachte und sah,
wie & von wem er maltraitirt worden, züchtigte er
diesen, und ließ ihn davor zahlen.

Nachdem er Doctor der Theologie geworden, sang
er beim Kreuze zu Abingdon *Ballads,* an einem
Markttag. Er und ein paar Cameraden waren im
Gasthaus beim Kreuze (was, nebenbey, seinerzeit das

schönste von England war: ich erinn're mich aus meiner Ersttrimester=zeit, es war eine bemerkenswert curieuse gothische Architektur; und schöne Figuren in den Nischen; 's war eins von denen, die König Edward I für seine Königin gebaut). Der Bänkel= Sänger klagte, er habe keine Kundschaft, und könne seine Ballads nicht anbringen. Der drollige D^r legt seinen Talar ab und des Bänkel=Sängers lederne Joppe an, und da er ein gutaussehender Mann und mit einer ausgesucht sonoren Stimme begabt, heischte er augenblicks die Aufmerksamkeit vieler, und hatte ein großes Auditorium.

Er ward zum Dekan von Christ Church ernannt. Bei großen Männern stand er in gutem Ansehen, wie aus seinen Gedichten erhellt, auch bei dem seinerzeit großen Günstling, dem Duke of Bucks. Sein excellenter Verstand war sein Recommendations=Brief. Ich hab die Geschichte vergessen, aber zur gleichen Zeit da Dr Fell obsiegt zu haben wähnte, ließ Dr Corbett ihn mit einem netten Trick eine Reise nach London antreten zu einem Zweck, dessen Zinse er selber schon in seine Scheuren gebracht. Seine Gedichte sind klarer, natürlicher Verstand; ergötzlich & mit leichter Hand geschrieben.

Zu Woodstock hielt er eine Predigt vor dem König (König James, vermut' ich) und ohn Zweifel mit größter Anmuth; allein es geschah, daß er den Faden verlor, aus welchem Anlaß diese Verse gemacht wurden:

> *Ew. Hochwürden Dekan,*
> *steife Tellerkrause an,*
>   *hielt die Predigt vor dem King;*
>
> *In sei'm Krausenband erspäht*
> *ward ein Ring, eingenäht:*
>   *War das nicht ein nettes Ding?*

Zweifellos, dieser Ring
war das Ding das ihn verhext:
Wiederholt ward er irr & perplext;

Denn sie alle, die zugegen,
ihre Hand ins Feuer legen: diesen Ring
hätt er mehr in der Hand, denn sein' Text.

Die Conversation mit ihm war äußerst angenehm. Dr Stubbins war einer seiner Busen=Freunde; ein lustiger fetter D^r und ein sehr guter Haushälter; Pastor in Oxfordshire. Als Dr Corbet und er bei nassem Wetter durch die Lob Lane fuhren ('s ist eine extraordinär tiefe, kotige Gasse) stürzte die Kutsche: und Dr Colet sagte, Dr Stubbins sey bis zum Ellenbogen im Schlamm und er selbst bis zum Ellenbogen in Stubbins gewesen.

Er wurde zum Bischof von Oxford ernannt, und ich hab gehört, er hätte ein bewundernswert würdiges & venerables Aussehn gehabt.

Einst, als er am Confirmiren war, und das Land=volk sich hereindrängte, um der Zeremonie ansichtig zu werden, sprach er *Zurücke da — sonst confirmir' ich euch mit meinem Stab!* — Ein andermal, da er seine Hand auf das Haupt eines gänzlich Glatzköpfigen legen sollte, wendet er sich an seinen Kaplan Lushington und sagt *Bitte etwas Sand, Lushington* (um seine Hand vorm Ab=rutschen zu bewahren). Da war ein Mann mit einem großen venerablen Bart: sagte der Bischof, *Du da hinterm Bart.*

Sein Kaplan, Dr Lushington, war ein sehr gelehrter & ingeniöser Mann, und sie liebten einander. Manchmal würd der Bischof den Schlüssel zum Weinkeller holen, und er & sein Kaplan würden hinabsteigen, sich einschließen & lustig sein. Erst legt er seinen Episcopal=Hut ab: *Da liegt der Doctor.* Dann legt er seinen Talar ab: *Da liegt der Bischof.* Dann hieß es *Auf dein Wohl, Corbet* und *Prosit, Lushington.*

Er verehelichte sich mit Alice Hutton, der er, wie es hieß, blind ergeben war. Sie war eine sehr schöne Frau, ingleichen ihre Mutter. Er hatte einen Sohn, der in Westminster zur Schule ging mit Ned Bagshawe: ein ungemein hübscher Jüngling, aber er ist überall ausgerissen und geht nun die kreuz & die quer bei Gentlemen betteln.

Sein Widersacher Dr Price, der Anniversarist, ward zum Dekan von Hereford ernannt. Dr Watts, Canonicus an jener Kürch, erzählte mir, dieser Dekan sey ein mächtiger pontifikal=stolzer Mann gewesen, und einst, als sie in Prozession um die Cathedrale zogen, wollt er's nicht auf die übliche Weise thun, mit weißem Chorhemd, Kappe etc. zu Fuße — sondern hoch zu Roß, im nämlichen Habit, auf einer Mähre, das *Common Prayer* Buch in der Hand, lesend. Da geschah's, daß ein Hengst sich losriß, und die Stute witterte, und im Galopp sie besprang, und Hochwürden Dekan so fest in seiner Umklammerung hielt, daß er sich erst befreien konnte, als der Hengst sein Geschäft erledigt. Danach aber wollte er nimmer wieder in Prozession reiten.

Die letzten Worte, die er sagte, waren *Gut' Nacht, Lushington.*

ABRAHAM COWLEY

MR ABRAHAM COWLEY: er wurde in der Fleet=street in London, unweit Chancery=lane geboren; sein Vater war Gewürz=Krämer.

Als Knabe in Westminster schrieb er Gedichte, und eine Comoedie betitelt *Love's Riddle,* Sir Kenelme Digby gewidmet.

Im Diskurs war A.C. ziemlich schlecht & gehemmt.
December 1648 war König Charles der Erste in großen Schwierigkeiten und zu Caeresbroke inhaftirt, bzw kurz davor, zu seinem Prozeß nach London gebracht zu werden; Charles, der Prince of Wales, weilte damals in Paris, und da er in tiefer Sorge um seinen Vater war, trug ihm Mr Abraham Cowley seine Aufwartung an; Seine Hoheit fragte ihn, ob er mit ihm Karten spielen wolle, zur Zerstreuung seiner trüben Gedanken. Mr Cowley entgegnete, er sey nicht geneigt, Karten zu spielen — aber wenn es Seiner Hoheit beliebe, könnten sie sich einiger *Sortes Virgilianae* bedienen (Mr Cowley hatte immer seinen Virgil in der Tasche). Der Prinz nahm den Vorschlag an und steckte seine Nadel in das 4te Buch der *Æneis*. Der Prinz war des Lateinischen nicht gut mächtig und heischte Mr Cowley, die Verse zu übersetzen, was er mustergültig that, und Mr George Ent (der während der Gr. Pest 1665 in seinem Hause lebte) zeigte mir Mr Cowleys eigne Handschrift.

Der von des kühnen Volkes starker Wehr bedrängt,
Das Land, das er besass, zu lassen war gezwängt,
Dem liebsten Sohn entrissen, lasst ihn umsonsten flehn
um Hülf, und seine Freund' unrechts gemordet sehn.
Lasst ihn sich unterwerfen schandbarer Condizion,
Die Kron zu retten hoffend, doch die Kron
Gleichwie das Leben lassen, lasst ihn dem Henkerbeil
Und unbegraben dann den frechen Blicken feil.

Was die letzte Zeile betrifft — ich erinnere mich: Officire des Heeres &c Granden versicherten ernstlich & wiederholt, daß der Leichnam von König Charles d. Ersten privatim irgendwo in White-hall zur Ruhe gebettet worden sey; und daß der Sarg, der nach Windsor getragen und in die Gruft König Henrys d.

8ten gelegt ward, mit Bauschutt oder Ziegel=steinen gefüllt gewesen. Mr Fabian Philips, der vor dem Prozeß des Königs mit einer Druckerei sein Leben aufs Spiel gesetzt, versichert mich, daß des Königs Todtenkasten nur 6 Shillinge gekostet: ein schlichter Tannenholz=Sarg.

Er war Secretär bey dem Earle of St Albans (damals Lord Jermyn) in Paris. Als Seine Majestät zurückkehrte und George, Duke of Bucks, hörte, daß zu Chertsey ein gutes Gehöft liege, welches der Königin=Mutter gehört, geht er zum Earl of St Albans & den Bevollmächtigten, um es in Pacht zu nehmen. Sagte der Earl zu ihm, Euer Gnaden, das ist unter Eurem Stand: zu pachten. S' ist einerley, sagte der, ich bitte um die Gunst, den Hof mit meinem Gelde zu kaufen. Er zahlte — und bekam ihn — und schenkte ihn freimüthig & großzügig seinem lieben & tüchtigen Freund, Mr Abraham Cowley, für den er ihn gezielt erworben: was nicht vergessen werden sollte.

Er liegt in Westminster Abbey begraben, unweit Sir Jeoffrey Chaucer, wo der Duke of Bucks ein artiges Grabmal hinstellen ließ: darauf eine sehr schöne Urne, um die sich eine Art Efeu=Guirlande rankt. Seine Gnaden, der Duke of Bucks, hielt eine Troddel vom Bahrtuch.

Vide sein Testament, *scilicet,* seine ächte & dauerhafte Mildthätigkeit: er bestimmt nämlich, daß aus seinem Grundbesitz jährlich eine bestimmte Summe für die Wechsel=Prolongirung jener armen Gefangenen zu zahlen sey, die von grausamen Gläubigern um kleiner Schulden willen in Prison gebracht wurden. Ich glaube allerdings, daß diese memorable Wohltat in seiner Vita, am Anfang seiner Bücher, nicht erwähnt wird — es ist bestimmt die beste Form von Nächstenliebe.

*** CURTIN

MADAM Curtin, ein gutes Vermögen von 3000 £, Tochter von Sir William Curtin, dem großen Handelsherrn, verehelichte sich vor noch nicht langer Zeit mit ihrem Lakaien, der sie, kurz nach der Hochzeit, schlägt, ihr Geld an sich rafft, und davonlief.

SIR CHARLES DANVERS

SOMMERFORD magna: die Ermordung Harry Longs ward im Salon der dasigen Pfarre ausgeheckt; R. Wisdome war seinerzeit Pfarradjunkt und predigte an jenem Tag, und in seinen Armen hauchte Henry Long sein Leben aus. Mein Ur-Großvater, R. Danvers, geriet darob in Schwierigkeiten, da seine Pferde & Männer in die That involvirt gewesen. Seine Bediensteten wurden gehenkt.

Sir John Danvers, der Vater, war ein äußerst schöner & guter & wohltemperirter Mensch. Er war von mildem & sanftmütigem Wesen, und seiner Söhne beklagenswertes Ungemach brach ihm das Herz.

George Herberts Zeilen auf dem Bildvorhang des Konterfeis des alten Sir John:

> *Geh nicht weiter! Bleiben lohnt*
> *die Schatzsuch' dir mit einem Fund:*
> *Was, findst du, ward DANVERS zutheil?*
> *In schöner Hüll' ein' schöne Seel.*
> *Sir John Danvers Irdenrest*
> *von KUNST hier konterfeiet ist —*
> *Doch was dem Himmlischen verhaft*
> *scheint hell aus seiner Nachkommschaft:*
> *schon daß sie sprang aus seinem Schooß,*

macht, wisse! den Verdienst ihm groß.
Kein Eingedenken ist dem Sohn geweiht:
So lies es hier — 's war meine Schuldigkeit.

Sein Bildnis ist noch vorhanden: mein Vetter John Danvers (sein Sohn) hat es.

Sir Henry Danvers, Ritter, Earle of Danby & Baron von Dauntesey, war der zweite Sohn des alten Sir John Danvers von Dauntesey Knight. Er war ein prunkliebender & großherziger Mann, und schuf jenen prächtigen medicinisch=botanischen Garten zu Oxford, dem er ein jährliches Legat von, ich glaub', 30 £ aussetzte.

Henry, Earl of Danby, war bey Sir Philip Sidney Page. Im Lateinischen vervollkommnete er sich im Mannesalter unter Pastor Oldham von Dodmerton; beherrschte das Französische perfect; ein Historiker; dürr & hochgewachsen; enthaltsam; ernst & gesetzt; stund bey Prinz Henry in höchster Gunst. Zog mehrere tapfere junge Gentlemen heran und förderte sie, z.^{b} Colonel Leg, später Earl of Dartmouth, und etliche andere; lebte zumeist in Cornbury; ein großer Cultivator seiner Ländereien mit mindestens eilf tausend Pfund per annum, wenn nicht zwölf. Ein großer Haushälter: teilte seiner Küchenhaltung nur drei tausend Pfund p.a. zu. All seine Bedienten waren auf den ihnen zugewiesenen Plätzen anstellig & geschickt.

A.D. 1633 ward er zum Ritter des Hosenbandordens geschlagen. Viele Jahre schon war das S^t.-Georgs-Fest nicht so üppig gefeiert worden wie damals, als dieser Earl und der Earle of Morton die Würde des *Knight of the Garter* empfingen. Da ließ sich gewahr werden, wie die Englischen sich in puncto Aufwartung beschränkten — und wie die Schotten. Der schottische Earl, wie auf des Zeuxis

Bilde, geschmückt mit aller Pracht & Kostbarkeit — während unserem englischen Earl, gleich der leeren Leinwand des Apelles, vermöge der ernsten Würde seiner Erscheinung in den Augen des Gerechten gegenüber seinem Mitbewerber der Galanterie≠Vortritt gebührte.

Er hat nie geheiratet; vermachte in seinem Testament von 1639 den Grundbesitz seinem zu schönsten Hoffnungen Anlaß gebenden Neffen Henry D'Anvers (einziger Sohn Sr John Danvers'), der zum großen Kummer aller Guten, noch eh er ganz zu Jahren gekommen, ihnen entrissen ward.

Alt an Tagen, Wunden & Ehre, starb er Anno Domini 1643 und liegt in einer kleinen Kapelle bestattet, die zu seinem Gedenken erbaut wurde, im Nord≠Abschnitt von Dauntesey≠Kürch, unweit der Gruft, in der sein Vater und seine Ahnen liegen.

Elizabeth Danvers, seine Mutter, eine Welsche, ungeheure Glieder für ein Weib. Sie habe Chaucer in jedem Finger hersagen können, hab ich meines Vaters Mutter sagen hören. Eine große Politikerin; gewitzt & gemüthskräftig, aber rachsüchtig; wußte ihren Besitz zu verwalten wie jeder Mann; verstand von Juwelen so viel wie jeder Juwelier. Sehr hübsch; aber nur kurz≠sichtig.

Um für ihre Söhne Pardon zu erhalten, ehelichte sie Sir Edmund Carey, leiblicher Vetter Königin Elizabeths, ließ ihn aber darben.

Sir Charles Danvers riet dem Earl of Essex, entweder mit der Königin zu verhandeln (allein, Sir Ferdinando Gorges ließ die Geiseln frei) oder sich durchs Tor von Essex≠house zu schlagen und dann nach High-gate zu eilen; dann nach Northumberland (der Earl of Northumberland war mit seiner Mutter Schwester verheiratet), und von da zum König der Schotten: und dort könnten sie Frieden schließen —

wenn nicht: die Queen sei alt und könne nicht lange mehr leben. Doch der Earl folgte seinem Rathe nicht, und so rollten ihrer beider Köpfe auf Towerhill am 6ten Februaris 1600.

Seine nahen Vertrauten waren: der Earl of Ox; Sir Francis und Sir Horace Vere; Sir Walter Raleigh etc.: die Heroen seiner Zeit.

All ihre Schwächen zugegeben — Wilts hat kein Brüderpaar vorzuweisen, das diesem gliche.

SIR JOHN DANVERS

DER Herrensitz von Dantesey in Wilts ging durch Sir John Danvers' Thorheit an die Krone verloren.

Zu Dantesey im Herren=haus wurde ein Raubmord begangen an der Familie des Stradlings; Sir Edward mitsamt allen Bediensteten bis auf einen Ackerbuben, der sich versteckte, wurde hingeschlachtet, infolge dessen alle Ländereien an seine Schwester & Erbin Anne fielen. Diese vermählte sich darauf mit Sir John Danvers (dem Vater), einem gutaussehenden Gentleman, der rasch, noch bevor sie die Nachricht erhielt, mit ihr handelseinig ward, dieweil er durch glückliche Fügung als erster auf den Boten gestoßen war. Zu der Zeit wohnte sie in Paternoster-Rowe zu London, und hatte nur eine gewöhnliche Apanage.

Dieser Raub geschah an einem Samstag Abend; am folgenden Tage wunderten sich die Nachbarn, daß keiner aus der Familie zur Kirche kam; sie gingen zu sehen, was geschehen sey, und ernst schritt mit ihnen der Gemeinde=Pastor einher, der nach dem Zeugnis des Knaben einer aus der Kumpaney gewesen und für seine Beteiligung gehenkt wurde, glaub ich.

Sir John Danvers erzählte mir, daß man in seinen jungen Jahren die Söhne hauptsächlich zu folgendem Behufe auf Reisen schickte: um ihnen die Bekanntschaft & *Familiarität* mit dem Gesinde abzugewöhnen; denn damals waren Eltern so ruppig & finster, daß die Söhne ihren Vätern nicht Gesellschaft leisten durften — aber *irgend*eine Gesellschaft muß der Mensch ja haben: also knüpften sie vertrauliche Bande mit den Bediensteten, die über sie eine Macht gewannen, vor der sie sich später schwerlich wieder losreißen konnten. Ja, Eltern ließen sogar zu, daß Bediente über sie *dominirten;* und manche würden ihnen just in dem widersprechen, was, wie sie wußten, ihren Kindern lieb war.

Dieses jungen Sir Johns erste Ehefrau war Lady Herbert, eine Witwe, Mutter von Lord Edward Herbert of Cherbury und George Herbert, dem Redner. Mit ihr hatte er keine Nachkommen: sie war so alt, daß sie seine Mutter hätte sein können. Er heiratete sie aus Liebe zu ihrem Witz. Der Earl of Danby grollte ihm ob dieser Mesalliance sehr.

Sir John war ein starker Anhänger der Königs=partey und Schutzherr entlassener & notleidender Cavaliers. Allein aus Rache für seine Schwester, die Lady Gargrave, und um sich beim Lord Protector besser in Gunst zu setzen zwecks Annullirung des Letzten Willens seines Bruders, des Earl of Danby, saß er, seiner natürlichen Neigung zuwider, im *High Court of Justice* über den König zu Gericht.

Unseren Ur=Großvätern waren Nutz & Frommen der Gartenkunst noch unbekannt gewesen: sie beschieden sich mit Küchen=kräutern und kümmerten sich überwiegend um ihre Stallungen. Hingegen nahm die Gärtnerey tempore König Charles II[1] einen Aufschwung und wurde commun. 'S war Sir John Danvers von Chelsey (Bruder & Erbe von Henry

Danvers, dem Earl of Danby) der uns zuerst die italiänische Gartenkunst nahegebracht: er hatte Frankreich & Italien weit bereist und gute Beobachtungen gemacht; hatte einen harmonischen Sinn in einem schönen Leib; sein Teint war in seiner Jugend so über die Maaßen fein & schön, daß, wie Thomas Bond Esqr. (der ihn auf seinen Reisen begleitete) erzählte, die Leute ihm auf der Straße nachliefen, um ihn zu bestaunen. Er hatte eine stark phantastische Ader, die er (hauptsächlich) auf Gärtnerey & Architektur richtete. Der Garten zu Chelsea in Middlesex (gleichwie das Haus dort) sind bleibende Dokumente seines Einfallsreichtums. Er war ein guter Bekannter & Günstling des Lordkanzlers Bacon, der sich an jenem eleganten Garten ungemein delectirte.

Sir John, mein Verwandter & getreuer Freund, pflegte an schönen Sommer=morgenden sich den Kastorhut durch Gartenquendel & Thymian zu streichen, die ihn mit ihrem natürlichen Arom parfumirten, und der Duft würd sich einen ganzen Vormittag und länger halten.

MICHAEL DARY

MICHAELL DARY, Mathematiker und Canonir im Tower (von Beruf Taback=Schnitter), ein bewundernswerter Algebraiker, wurde am May=Tag 1679 auf dem Kirchhof unweit Bethlem begraben. Vom Schreiben bey Frost=Wetter waren ihm die Finger verfault und brandig geworden. Ein alter Mann — ich schätze, etwa 66 +.

EDWARD DAVENANT

EDWARD DAVENANT, S. Theol. Dr., war der älteste Sohn Edward Davenants, Handelsherr zu London, der der ältere Bruder des hochehrwürdigen Vaters in GOtt, des gelehrten John Davenant, Bischof von Sarum, war.

Ich werde zunächst vom Vater sprechen, denn der war zu seiner Zeit ein unvergleichlicher Mann und hat es verdient, daß man seiner gedenkt. Er hatte (bis auf die Gicht) eine gesunde Körper=Constituzion, stand um 4 oder 5 in der Frühe auf, so daß er bis 6 oder 7 seinen Studien nachging, während andere Kaufleute sich mählich an ihre Geschäfte begeben: also daß er, da er sich so viel & stille Zeit am Morgen stahl, in seinen Studien den meisten Anderen in nichts nachstand. Er verstand das Griechische & Latein perfect und war ein besserer Graecist denn der Bischof; seine Hand schrieb das erlesenste Griechisch, das ich je gesehen. Er war ein großer Mathematiker und verstand davon alles, was zu seiner Zeit bekannt war. Verstand sehr viel vom Handel, war ein besonnener & guter Organisator — nur daß ihm die Winde & Seen einen Strich durch die Rechnung machten. Seine Verluste wurden so groß, daß er fallirte — doch da seine Creditoren wußten, daß ihn keine Schuld daran traf, daß er ein Mann von großer Tugend & Ehrbarkeit war, gingen sie mit ihm nicht bis zum Äußersten, sondern gewährten ihm, glaub ich, nochmal Kredit: so daß er nach Irland ging und dort, auf Wythy Island, eine Pilchardflotte beschäftigte, die ihm in 20 Jahren 10.000 £ einbrachte, mit denen er seine Gläubiger bezahlte & zufriedenstellte, und zu guter Letzt seinem Sohn einen ansehnlichen Landsitz hinterließ. Sein Bildnis hält einen Mann von Urteilskraft, Begabung und außerordentlichem Ernst fest. Als er im Palast zu Sarum die steinerne Treppe hinabstieg, rutschte er aus: und die Beule war die Ursache seines Tods.

Sein Bruder, der Bischof, hängte den Chor von Sarum mit violettem Sammet aus, der in der Zeit der Kirchenschändungen zur Kriegsbeute ward.

Dr Edward Davenant wurde zu Croydon in Surrey in seines Vaters Hause geboren (wenn man nach Bansted Downes reitet, ganz in der Ferne linkerhand das schöne große Haus). Ich hab ihn sagen hören, er danke GOtt, daß sein Vater nicht die Stunde seiner Geburt wisse: denn dann wäre er versucht gewesen, Astrologie zu studieren, von der er überhaupt nichts hielt.

Zur Schule ging er in *Merchant Taylors School* — von dort aufs Queens Colledge in Cambridge, an dem sein Onkel John Davenant (später Bischof von Sarum) Dekan war und er Fellow. Da war es nicht sein Schade, einen gelehrten Vater zu haben, der ihm in seinen Knabenjahren, wenn er zu später Stund aus der Schule gekommen, sein arithmetisches Wissen eingefüllt hatte.

Ich entsinne mich: Als ich ein junger Oxford-Student war, konnte er's nicht ertragen, von der *Neuen* (Cartesianischen) *Philosophy* zu hören: denn — so sagte er — wird eine neue Philosophie eingeführt, pflegt eine neue Theologie nicht fern zu sein; und so war es denn auch.

Als sein Oheim an die Kirche von Sarum bestallt wurde, machte er seinen Neffen zum Kirchen-Schatzmeister, was ja die beste Würde ist, und überließ ihm die Pfründe von Gillingham in der Gem. Dorset, dazu noch die Pfarre von Paulsholt unweit Devizes, die er vor kurzem, bey den jüngsten Unruhen, an den Bruder seiner Frau, William Grove, abgetreten hat.

Bis an seinen Sterbe=tag war er in seinen Studiis sehr emsig; wohl versirt in allen Arten von Gelehrsamkeit — am stärksten indes zog ihn seine Muse zur Mathematik: einer Wissenschaft, in der er (in einer Handschrift, so leserlich wie gedruckt) einen Stapel $4°$-MSS, mindestens einen Fuß hoch, geschrieben hat. Ich hab ihn (im Scherz) oft sagen hören: einem Manne, der in Mathematiques etwas schriebe, über das schon etwas geschrieben sey, würde er den Schädel einschlagen. — Sir Christopher Wren hab ich sagen hören, jener sey vor 30 oder 35 + Jahren der beste Mathematiker der Welt gewesen. Aber als Theologe wollt er nichts in Druck geben, denn die Welt solle nicht erfahren, womit er seine meiste Zeit zugebracht.

Ich hab seinem Nachlaßverwalter geschrieben, wir bäten um die Gunst & Ehre, seine MSS in der Bibliothek der *Royal Society* aufbewahren zu dürfen, und in Druck zu geben, was sich dazu eigne. Ich hoffe, mein Wunsch wird mir erfüllt. Er besaß eine noble Bibliothek, welche sein Vater, der Bischof, und er selbst zusammengetragen.

Er war von mittelgroßer Statur; etwas schmal; mit schwachen, dünnen Beinen; hatte mitunter die Gicht; war sehr maaßvoll; sein Bier zu den Mahlzeiten trank er, sommers wie winters, mit geröstetem Brot: dies, sagte er, mache das Bier nur besser.

Er war sehr geschickt im Lehren & Unterrichten. Er that mir den Gefallen, mich zuerst in Algebra zu instruiren. Seine Töchter waren Algebraikerinnen.

Er hatte ein ausgezeichnetes Mittel, das Gedächtnis seiner Kinder zu verbessern, und das ging so: er ließ eins von ihnen ein Kapitel oder &c laut lesen, und dann mußten sie (*sur le champ*) wiederholen, woran sie sich erinnerten: wovon sie enorm profitirten; desgleichen bey der Predigt: er ließ sie nicht

Aufzeichnungen machen (was die Mähre ihres Gedächtnisses zuschanden geritten hätte), sondern vivâ voce eine Zusammenfassung hersagen. Als sein Ältester, John, nach der Winton=Schul kam (wo man den Knaben auftrug, Predigt=Notizen zu machen), da hatte er nichts geschrieben; der Schulmeister fragte ihn nach seinen Aufzeichnungen — er hatte keine; sagte aber, ich sollte mich gewaltig irren, wenn ich Ihnen nicht eben so gut berichten kann wie die andern.

Er war der Erbe seines Onkels John Davenant, Bischof von Sarum. Als Bischof Coldwell an diese Diözese gekommen war, hatte er langfristige Pachten vergeben, deren Verträge just verlängert wurden, als Bischof Davenant sein Schiffchen an dieses Ufer brachte: so daß erkleckliche Sümmchen in seine Coffer plumpsten. Sein Vorgänger, Dr Tounson, nahm sich John Davenants Schwester zur Frau, war eine kurze Weile in Seegeschäften unterwegs, und ließ mehrere Kinder unversorgt zurück, so daß der König oder vielmehr der Herzog von Bucks Bischof Davenant sein Bistum aus schierer Nächstenliebe gab: 's war die einzige Diözese, über die er ohne Simonie verfügte, während alle andern zu Handelsgütern gemacht wurden, zum Vorteil seiner Verwandtschaft. Nachdem Bischof Davenant eingesetzt und all seine Nichten an Kirchenmänner verheiratet waren, bedurfte es zu ihrer Förderung keiner Unkosten mehr. Seinem Neffen (jenem D^r) übertrug er die Pacht des großen Landsitzes von Poterne, etwa 1000 £ per annum wert; machte ihn zum Schatzmeister der Kirche von Sarum, deren Körperschaft die Pfarre von Calne ist, die man auf den gleichen Wert schätzte. Er machte etliche Ankäufe, die er alle jenem hinterließ; insofern als die Kirchenmänner von Sarum sagen, er habe mittels dieser Kirche mehr gewonnen als je einer durch die Kirche seit der Reformation, und es ihm ziemlich übelnehmen, daß er bey seinem Tode jener Kirche, die die Quelle seines Wohlstands gewesen, nichts (oder bloß 50 Pfund) hinterließ. Ich weiß nicht, wie's sich zutrug, oder wie man ihn im Alter bearbeitet hat, aber ich hab mehrere Jahre später gehört, er habe in seinem Testament zugunsten der Cathedrale von Sarum 500 £ festgesetzt.

Er war nicht nur ein Mann von reicher Gelehrsamkeit, sondern auch von großer Güte & Mildthätigkeit; die Gemeinde und all seine Freunde werden einen großen Verlust an ihm haben. Er zog keinen Nutzen aus Geld=Verbindlichkeiten. Er war mein einzigartiger guter Freund, und ihm schulde ich mehr denn irgend einem sonst: denn ich borgte mir von ihm über anderthalb Jahre fünf hundert Pfund, und konnte ihn zu keinerlei Zinsen nötigen.

SIR WILLIAM DAVENANT

SIR WILLIAM DAVENANT, Ritter, Poeta Laureatus, wurde in der Stadt Oxford, in der *Crown Taverne* geboren. Er ging in Ox bey Mr Sylvester zur Schule, wurde aber von der Schule genommen, ehe er die Reife erlangte, fürcht ich.

Sein Vater war John Davenant, ein dasiger Weinschenk, ein sehr würdiger & distinguirter Bürger; seine Mutter war eine bildschöne Frau von sehr gutem Witz & äußerst einnehmender Conversation.

Einmal im Jahr pflegte Mr William Shakespeare nach Warwickshire zu reisen und unterwegs in diesem Hause in Ox abzusteigen, wo er aufs höchste verehrt wurde. (Ich hab Pastor Robert sagen hören, Mr William Shakespeare habe jenem ein hundert

Küsse gegeben.) Sir William also würd, wenn er mit seinen engsten Freunden — z.[b] Sam Butler, dem Autor des *Hudibras*, etc — sich bey einem Glase Wein ergötzte, sagen, es käm ihm so vor, als schriebe er im selben Geiste wie Shakespeare, und schien sich ein Vergnügen daraus zu machen, für seinen Sohn angesehen zu werden. Er erzählte diese Geschichte immer wieder, wobey seine Mutter in ziemlich schlechten Ruch geriet, indem sie eine Hure genannt wurde.

Er wurde der ersten Herzogin von Richmond empfohlen, ihr als Page aufzuwarten. Ich erinnre mich, er erzählte mir, sie habe ihn zu einem berühmten Apotheker geschickt um ein Horn vom Einhorn, welches er mit einer Spinne probiren wollte, die er darein fing — doch ohne den erhofften Erfolg: die Spinne kroch darüber hinweg — und ganz & gar gleichgiltig.

Als nächstes war er Diener (soweit ich mich entsinne, auch Page) unter Sir Fulke Grevil, Lord Brookes, bey dem er bis zu dessen Ableben blieb, was eintrat, als einer seiner Bedienten (der ihm seit langem aufwartete, und dem Seine Lordschaft oft gesagt, er wolle etwas für ihn tun, es aber nicht tat, sondern ihn hinhielt), als jener Seines Lords Hosenschnüre, da dieser vom Nachtstuhl kam, aufschürzte (denn damals waren die Hosen an den Wämsern mit Nestel⸗Schnüren befestigt; dann kamen die Haken & Ösen in Gebrauch, die nicht befestigt zu haben in meiner Kindheit als schweres Vergehen galt) ihn erdolchte. Das war zur selben Zeit, da der Herzog von Buckingham von Felton erdolcht wurde, und der Lärm & das Gerede über den Herzog, erzählte mir Sir William, übertönte die Sache mit Seinem Lord so, daß kaum einer davon Notiz nahm. Dieser Sir Fulke G. war ein guter Kopf, und in seiner Jugend ein guter Dichter gewesen. Er schrieb ein Poem in

Folio, das er erst im Alter in Druck gab, und dann verdarb er (wie Sir W. sagte) durch zu viel Skrupel & Raffinesse, was zuvor eine erlesene Sache gewesen.

Er schrieb ein oder mehrere Stücke, oder Verse, was er mit so viel Anmut & Grazie that, daß er damit die Liebe & Freundschaft seiner zwei Mäcene gewann: Mr Endymion Porter & Mr Henry Jermyn (später Earl of St Albans), dem er sein Poem mit dem Titel *Madegascar* gewidmet hat. Auch Sir John Suckling war sein guter, enger Freund.

Nach dem Tode Ben Jonsons wurde er an dessen Statt zum Poeta laureatus ernannt.

Er bekam einen schrecklichen Tripper von einer hübschen Mohren=Dirne, die in Axe-yard hauste, in Westminster, und an die er dachte, als er im *Gondibert* von Dagla spricht: was ihn die Nase kostete, ein Ungemach, mit dem viele gute Köpfe nur zu grausam geschlagen waren, z^b Sir John Menis, Sir John Denham, etc.

In den Englischen Bürger=Kriegen war er im Heer von William, dem Marquis von Newcastle (später Duke), wo er als Ordonnanz=Officir diente. Ich hab seinen Bruder Robert sagen hören, für diesen Dienst schuldete man ihm seitens König Charles des Ersten 10.000 £. In jenen Kriegen traf's sich, daß er zwei Aldermänner von Yorck als Gefangene hatte, die etwas hartnäckig waren & nicht das Lösegeld zahlen wollten, wie es der Kriegsrat befohlen. Sir William behandelte sie civil, und ließ sie in seinem Zelt beköstigen, und placirte sie *à la mode de France* ans obere Ende seiner Tafel; und nachdem er solchen Aufwand eine gute Weile getrieben, sagte er (im Guten & ganz im Vertrauen), er sey nicht im Stande, so aufwendige Gäste zu verwöhnen; und hieß sie, eine Gelegenheit zur Flucht wahrzunehmen, was sie auch taten — allein nach einer kurzen Strecke Weges fanden sie, sie sollten dankbarkeitshalber umkehren und Sir William ihren Dank abstatten: was sie auch taten, und was sie beinah in die größte Gefahr brachte, von den Soldaten eingefangen zu werden — indes, sie gelangten glücklich wieder heim nach Yorck.

Als der König auf dem Felde geschlagen war, ging Sir William Davenant (der die Ritter=Würde vom Herzog von Newcastle *in Commission* empfangen) nach Frankreich; wohnte überwiegend in Paris, wo der Prince of Wales damals weilte. Er begann dann seine Romanze in Versen *Gondibert* zu schreiben, und hatte noch nicht mehr denn das 1. Buch vollendet, da war er schon sehr stolz drauf: gibt es in Druck (noch ehe ein Viertel beendet) mit einer Widmungsadresse von ihm an Mr Thomas Hobbes samt der vorangestellten ausgezeichneten Grußadresse von Mr Hobbes an ihn. Die Höflinge um den Prinzen von Wales konnten sich über dieses Werk schier nicht mehr beruhigen, was George Duke of Bucks, Sir John Denham etc zum Anlaß nahmen für ein sehr geistreiches, aber satyrisches Büchlein in Versen:

Daß Ihr Euch selbst von Speise gleichwie Schlaf
  geschieden,
 und, was mehr zählt, von unserm Seelenfrieden.

Dies letztere Wort, sagte mir Mr Hobbes, habe zu ihrer Schrift den Anstoß gegeben.

Er entwarf in Frankreich einen ingeniösen Plan, eine erkleckliche Zahl Handwerker (vorwiegend Weber) von dort nach Virginia zu verschiffen; und mit Hülfe der Königin=Mutter Mary erwirkte er vom König von Frankreich die Gunst, die Gefängnisse aufsuchen zu dürfen, um sich welche auszusuchen. So daß die armen eingekerkerten Wichte, da sie des Vorhabens innewurden, wie aus einem Munde *Tout tisseran* schrieen, d.h. wir sind alle Weber. Soweit ich mich entsinne, wählte sich Will 36 aus, wenn nicht mehr, brachte sie an Bord, und als er auf dem Weg nach Virginia war, wurden er und all seine Tisseran von jenen Schiffen aufgebracht, die damals unter Parlaments=flagge segelten. Die Sklaven, vermut' ich, wurden verkauft – - Sir William aber wurde als Gefangener nach England gebracht. Ob er zuerst im Caresbroke Castle auf der Isle of Wight oder im Tower von London gefangen lag, hab ich vergessen; er lag in beiden gefangen. Auf Caresbroke Castle wurde sein *Gondibert* vollendet. Vom Parlament erwartete er keine Gnade, und die Hoffnung, mit dem Leben davonzukommen, hatte er nicht. GOtt gefiel's, daß die obengenannten zwei Aldermänner von Yorck, da sie vernahmen, daß er in Banden nach London gebracht, wo er um sein Leben fürchtete, das ersichtlich in großer Gefahr war, von seiner Generosität & Güte so gerührt waren, daß sie auf eigne Rechnung & aus schierer Compassion unternahmen was sie konnten, um Sir Williams Leben zu retten, der sie so civil behandelt hatte, und ohne Rücksicht auf ihr eignes Leben nach London kamen: wo sie dem Parlament die Sache vorbrachten, so daß Sir William, auf ihre Petition hin, das Leben geschenkt wurde.

'S war Harry Martin, der Sir William im Parlament das Leben rettete. Als es hieß, einer müsse geopfert werden, sagte Henry, als Opfer habe man immer Reine & Makellose dargeboten — und itzt wollt ihr diesen alten verrotteten Rotzkopf zum Opfer nehmen. *Vide* H. Martyns Vita, wo Lord Falkland mit diesem, itzund vergessenen, Scherz dem H. Martyn das Leben rettete.

Nach seiner Entlassung aus der Haft bewirkte er, da Schauspiele (näml. Tragoedien & Comedien) in jenen presbyterianischen Zeiten scandalös waren, die

Einrichtung einer Oper im *stylo recitativo,* an der Serjeant Maynard und mehrere Bürger Teilhaber waren: zuerst im Rutland-Haus im Charter-house-yard; dann im Cock-pitt in Drury-lane, wo im *stylo recitativo* sehr gut gespielt wurde, *Sir Francis Drake* und die *Belagerung von Rhodos.* Das entzückte das Ohr wie das Auge ungemein. Hier kamen in England zum erstenmal Coulissen in Mode — zuvor, im Schauspiel, hatte es nur einen Vorhang gegeben.

Anno Domini 1660 war die glückliche Wiedereinsetzung Seiner Majestät Charles des II. Da war Sir William ein gemachter Mann, und der Tennis-Court in Little Lincolns-Inne-fielde wurde für die Schauspieler des Herzogs von York in eine Schaubühne umgebaut, in der Sir William Wohnräume hatte, und wo er starb.

Ich war bey seinem Leichenbegängnis. Er hatte einen Sarg aus Walnuß-holz; Sir John Denham sagte, 's sey der schönste Sarg, den er je gesehen. Sein Leichnam wurde vom Schauspielhaus auf einem Leichen-wagen zur Westminster-abbey gefahren, wo ihn, vor dem großen West-Portal, die Sänger & Chorknaben in Empfang nahmen, die ihm die Kirchenmusik (Ich bin die Auferstehung etc) bis an das Grab sangen, das im südl. Querschiff liegt, wo auf einer marmornen Bodenplatte, in Nachahmung des Epitaphs von Ben Johnson, geschrieben steht *O einzigartiger Will. Davenant.*

Mir aber wollte bedünken, es wäre ziemlicher gewesen, man hätte auf seinen Sarg einen Lorbeerkranz gelegt —: was nicht geschah.

JOHN DEE

ER hatte eine sehr feine, reine, rosige Haut; einen langen Bart wie Milch so weiß; war groß & schlank; ein sehr gutaussehender Mann. Sein Portrait in einem Holz=schnitt befindet sich am Schluß von Billingsleys *Euclid*. Er trug ein Gewand wie ein Künstlerkittel, mit einem Schlitz & weit fallenden Ärmeln; ein mächtig guter Mann war er.

Mein Ur=Großvater Will Aubrey und er waren Vettern, und gut miteinander bekannt. Mr Ashmole besitzt aus ihrer Correspondenz Briefe *manu propria*, näml. einen von Dr W.A. an ihn (mit Witz & Bildung geschrieben), in dem es beiläufig auch um die *Meeres=Oberherrschaft* geht, über die J.D. ein Buch schrieb, das er Königin Elizabeth widmete, und meines Ur=Großvaters Rath dazu erbat. D^r A's Landhaus stand in Kew, und J. Dee wohnte in Mortlack, weniger als eine Meile entfernt. Ich hab meinen Großvater sagen hören, sie seyen oft beisammen gewesen.

Unter den MSS in der Bodlean library von Dr Gwyn liegen mehrere Briefe über Geheimnisse der Alchymie & Magie aus seiner und John Dees Correspondenz.

Meredith Lloyd sagt, John Dees gedrucktes Buch über *Spirits* sey gerade mal ein Dritteil dessen, was er geschrieben, und was sich in Sir Robert Cottons Bibliothek befände; vieles davon sey vernichtet, indem es vergraben worden, und Sir Robert Cotton habe das Feld gekauft, um danach zu graben. Er erzählte mir, daß John Dee et alii sich bey einem Pfuhl in Brecknockshire der Magie hingaben und einen Klumpen Goldes fanden; und daß sie bey den Assisen als Hexer angezeigt wurden & Schwierigkeiten bekamen; daß sich zur Erntezeit ein mächtiger

Sturm & Ungewitter erhoben, dergleichen das Land=
volk noch nie erlebt.

Alt=Hausmütterchen Faldo (aus Mortlak in Surrey
gebürtig) kannte Dr Dee und erzählte mir, er habe
in seinem Hause zu Mortlak den polnischen Gesand-
ten gastlich aufgenommen, und sey nicht lang hernach gestorben; und er habe besagtem Botschafter
mit Hülfe einer camera obscura die Eclipse demon-
strirt. Sie glaubt, er sey 80 Jahr alt geworden, als er
starb. Sie sagt, er habe eine Menge Destillir=Kolben
am Köcheln gehabt. Daß er Stürme beschwichtigt
habe. Daß die Kinder vor ihm Angst hatten, weil er
als Hexer galt. Daß er den gestohlenen Korb Kleider
wiedergefunden habe, als sie & seine Tochter (beide
im Mädchenalter) achtlos gewesen: des war sie
gewiß.

Er pflegte Eier=schalen zu destilliren, und dies gab
Ben Jonson die Anregung zu seinem *Alkimist,* mit
dem er jenen meinte.

Er war ein großer Friedens=stifter: begann einer
der Nachbarn Streit, würd er nicht ruhen noch
rasten, bis sie Freundschaft geschlossen. Einer Frau
(seiner Nachbarin) sagte er, sie litte unter der üblen
Zunge einer anderen Frau, einer bösen Nachbarin,
die in ihr Haus gekomen und, wie er sagte, eine
Hexe sey.

Er wurde, glaubt Mütterchen Faldo, als Gesandter Queen Elizabeths nach Polen geschickt. Auf die
Nachricht von der großen Gelehrsamkeit des Mathe-
matikers hin lud ihn der muskowitische Zar nach
Moskau ein, und offerirte ihm zweitausend Pfund
im Jahr sowie von Fürst Boris ein tausend Mark; und
daß er an des Zaren Tisch beköstigt, mit Ehren empfangen, und als einer der führenden Männer des
Landes angesehen werde. Nichts davon nahm Dee
an.

Sein Wiederfinden des Tafelsilbers; zugunsten eines Freundes Butler, der, als er zu Wasser von London mit einem Korb Tafel=silber gekommen, seinen Korb mit einem anderen, ähnlichen verwechselt hatte. Mr J. Dee hieß sie am nämlichen Tage noch auf dem Wasser fahren & Ausschau halten: und er werde den Mann sehen, der seinen Korb trüge — und jener tat also — allein, die verlorenen Pferde bekam er nicht, ob man ihm gleich etliche Engelsthaler bot.

Arthur Dee, sein Sohn, ein Physicus zu Norwich & enger Freund Sir Thomas Browns, M.D., erzählte Dr Bathurst, er habe sich als Knabe im Wurfscheibenspiel geübt mit den Gold=tafeln, die mittels Projection in der Dachstube von Dr Dees Unterkunft in Prag erzeugt worden seyen, und daß er mehr als einmal den Stein der Weisen gesehen.

SIR JOHN DENHAM

SIR JOHN DENHAM, war von den Pocken verunstaltet; ansonsten von gesunder Hautfarbe. Er war recht hochgewachsen, in den Schultern aber etwas verkrümmt; nicht sehr robust. Sein Haar war nur dünn, und flachsblond, mit einer feuchten Locke. Sein Schritt war gemächlich, und eher ein Staksen (er hatte lange Beine). Sein Auge von einer Art hellem Gänse=Grau, nicht groß; hatte aber etwas Durchdringendes, nicht für Glanz & Gloria, sondern wie wenn er Ihren Gedanken im Gespräch (gleichwie Momus) bis auf den Grund schauen könnte.

Er wurde im Trinity College Oxford immatriculirt: ich hab Mr Josias Howe sagen hören, er sey der verträumteste junge Bursch gewesen; nie habe er das von ihm erwartet, was er der Welt hinterlassen. Damals habe er sich ganz dem Spiel ergeben: wenn er sein ganzes Geld verspielt, habe er um die reich mit Gold durchwürkten Kappen von seinem Vater gespielt. Sey als Student nicht besser gewesen als jeder sonst im Haus. Habe nicht gerade als Erfinder des Schießpulvers gegolten.

Er wurde von Mitspielern fleißig geprellt, und machte sich, zu seinem Ruin, mit dieser unseligen Mannschaft gemein. Sein Vater hegte darob einigen Argwohn und schalt ihn strenge, worauf sein Sohn (einziges Kind) einen kleinen Essay verfasste *Wider das Glücks-Spiel, & von dessen Eitelkeit & Inconvenienz,* den er seinem Vater präsentirte, um ihn seine Verachtung dessen wissen zu lassen. Doch kurz nach dem Hinschied seines Vaters (der 2000 oder 1500 £ in baarem Gelde hinterließ, 2 Häuser, gut meublirt, und viel Tafelsilber) wurde zuerst das Geld verspielt, dann das Silber veräußert. Ich erinnre mich, etwa 1646 verlor er zu New-cutt 200 £ in einer einzigen Nacht.

Im Trinken war er gemeinhin mäßig; doch einst, als Student in Lincolne's-Inne, da er mit seinen Cameraden in einer Schenke lustig gewesen, stieg ihm, spät in der Nacht, der Schalk zu Kopfe: er nahm sich eine Stukkateur-Bürste & ein Faß Dinte, und überpinselte sämtliche Schilder zwischen Templebarre und Charing-crosse, was am nächsten Tag eine sonderbare Confusion verursachte — und das war im Trimester. Doch, wie's sich traf — sie wurden erkannt, und es kostete ihn & sie einiges Geld. Dies weiß ich von R. Estcott, Esq, der das Dinten-faß trug.

Schließlich, näml. 1640, erschien sein Stück *The Sophy,* das ungemein gefiel. Mr Edmund Waller sagte damals von ihm, er sey *ausgebrochen wie die Irische Rebellion: dreimal zwanzig tausend stark,* bevor es irgendeiner merkte.

Zu Anfang der Bürgerkriege machte man ihn zum Gouverneur des Farnham Castle für den König, allein er war ja erst ein junger Soldat, und hielt es nicht. 1643, nach der Schlacht bey Edgehill, wurde zu Oxford sein Poem *Cowper's-hill* gedruckt, auf eine Art braunen Papiers, denn damals konnt man kein besseres kriegen.

1647 verschiffte bzw entführte er die beiden Herzöge von Yorke und Glocester aus St James (aus der Aufsicht des Earle of Northumberland) und überführte sie nach Frankreich zum Prinzen von Wales und der Königin=mutter.

Anno 1652 kehrte er heim nach England und wurde, da er in Verlegenheit war, zu Wilton vom Earle of Pembroke freundlich aufgenommen, wo ich die Ehre hatte mit ihm Bekanntschaft zu knüpfen. Er weilte, wie ich mich entsinne, ein Jahr bey Mylord von Pembroke in Wilton & London — damals hatte er alle Ländereien verkauft, die ihm sein Vater hinterlassen.

Das Pfarr=haus zu Egham (vulgo *The Place* genannt) wurde von Baron Denham erbaut: ein recht bequemes Haus, nicht groß — aber hübsch, und in angenehmer Lage, und an dem sein Sohn (Sir John) sich, wiewohl er beßre Landsitze hatte, höchlichst erfreute. Er verkaufte es an John Thynne, Esq. In dieser Gemeine liegt eine Örtlichkeit, die *Cammomill-hill* heißt: nach der Camille, die dort wild wächst, indes westlich davon Prune-well-hill ragt (einst den Besitzungen Sir Johns zugehörig), wo ein feiner Strauß Bäume wuchs, ein klarer Quell war, und eine gefällige Aussicht nach Osten über die Ebenen von Middlesex und Surrey. Sir John ergötzte sich sehr an dieser Stätte und pflegte (vor den Unruhen) zu sagen, hier wolle er ein Retiro errichten, den Musen zu frönen — allein, die Kriege zwangen ihn, es wie alles andere zu veräußern. Er verkaufte es an Mr Anstey. In dieser Gemeine W. und bey N. (über Runney-Meade) liegt Cowper's Hill, von wo eine erhabene Fernsicht geht, die unvergleichlich gut beschrieben ist von jenem Holden Schwan, Sir John Denham.

Zur Zeit der Bürgerkriege erbat sich George Withers, der Dichter, Sir John Denhams Landsitz zu Egham vom Parlament, für dessen Sache er Cavallerie-Hauptmann war. Wie's sich traf, wurde G.W. gefangengenommen und war in Lebensgefahr, da er strenge wider den König &c geschrieben hatte. Sir John Denham ging zum König und bat Seine Majestät, ihn nicht zu henken, denn *solange G.W. noch am Leben sey, bräuchte er, J.D., nicht der schlechteste Dichter Englands zu sein.*

Er ward von König Charles dem Ersten sehr geschätzt, der ihn für seine Ingeniosität werthielt. Er gewährte ihm die Anwartschaft auf das Amt des Bau-Inspectors Seiner Majestät, nach dem Hintritt von Mr Inigo Jones: eine Position, derer er sich nach der Restauration König Charles des II. bis zu seinem Tode erfreute und die ihm, wie mir Sir Christopher Wren sagte, sieben tausend Pfund einbrachte, seines Wissens. Sir Christopher Wren war sein Bevollmächtigter.

Er machte eine Virgil-Travestie, verbrannte sie aber, indem er sagte, es zieme sich nicht, den besten Dichter so zu mißbrauchen. Von den Versen wider *Gondibert* stammen die meisten von Sir John. Wenn ihm der Sinn danach stand, konnte er satyrisch sein.

Seine erste Frau war eine Tochter & Erbin von Mr Cotton aus Glocestershire, mit der er 500 £ p.a., 1 Sohn und 2 Töchter hatte.

Er heirathete seine 2te Frau, Margaret Brookes, eine sehr schöne junge Lady — Sir John war alt und humpelte. Der Herzog von York verliebte sich unsterblich in sie (wenn man mich auch sittsam versichert hat, er habe nie im Fleische mit ihr verkehrt). Dies begünstigte Sir Johns Anfall von Wahnsinn, der zum erstenmal auftrat, als er sich von London nach Portland in Dorset begab, um da die berühmten Sandstein-brüche zu sehen, und, keine Meile mehr entfernt, nach London kehrtmachte und sie nicht zu Gesicht bekam. Er ging nach Hounslowe, wo er Pacht für Ländereien einforderte, die er vor vielen Jahren schon verkauft; ging zum König, und sagte ihm, er sey der Heilige Geist. Doch GOtt gefiel's, daß er von seiner Krankheit genas und hernach ausgezeichnete Verse schrieb (besonders auf den Tod Mr Abraham Cowleys). Seine 2te Lady hatte kein Kind; wurde von der Countess of Rochester vergiftet: mit Chocolade.

RENE DESCARTES

SIT GLORIA Societate Jesu, daß er seine Educazion in ihrem Orden genossen.

Er war ein zu kluger Mann, als daß er sich mit einem Ehgespons belastet hätte — aber da er ein Mann war, hatte er auch die Bedürfnisse & Sehnsüchte eines Mannes: hiervor hielt er sich eine hübsche Frau in guter Condizion, die ihm gefiel und mit der er Kinder hatte (ich glaub, 2 oder 3). Schade — eigentlich aber müssten sie wohl cultivirt sein, da sie dem Hirn eines solchen Vaters entsprossen.

Er war so eminent gelehrt, daß ihm alle Gebildeten Visiten abstatteten, und viele von ihnen würden dann bitten, daß er ihnen seine Instrumenta zeige (in jenen Tagen beruhte die mathematische Wissenschaft weitgehend auf der Kenntnis von Gerätschaften und, wie Sir Henry Savile sagte, auf der Anwendung von Kunstgriffen): dann würd er unter seinem Tisch ein Schublädgen hervorziehen, und ihnen ein Paar Compasse zeigen, wobei einer der Zeiger gebrochen, und dann benutzte er ein doppelt gefaltetes Blatt Papier als sein Wagscheit.

Mr Hobbes pflog zu sagen, wär Des Cartes ganz bey der Geometrie geblieben, wär er der beste Geometer der Welt gewesen — die Philosopie aber läge seinem Kopf mitnichten. Er bewunderte ihn aufs höchste, sagte aber, er könne ihn nicht pardoniren für die Abfassung einer Verteidigung der Transsubstantiation, welche absolut contrair sey seinem Urteile, und lediglich aus Gefälligkeit vor denen Jesuiten gemacht.

SIR EVERARD DIGBY

SIR EVERARD DIGBY war ein höchst galanter Gentleman und einer der bestaussehenden Männer seiner Zeit.

'S war sein schlimmes Schicksal, fürs *Gunpowder-*Komplott den Tod erleiden zu müssen. Als ihm das Herz vom Scharfrichter heraus gepflückt wurde (der, secundum formam, rief: *Hier ist das Herz eines Verräters!*), sprach's aus ihm, nach glaubwürdiger Überlieferung: *Du lügst!*

SIR KENELM DIGBY

SIR KENELME DIGBY, Ritter, in jeder Hinsicht ein absoluter Gentleman, war der älteste Sohn Sir Everard Digbys, den man vor den schönsten Mann Englands gehalten. Sir Everard wurde als Verschwörer im Gunpowder=Komplott verurteilt, doch seinen Besitz gab der König dem Sohn & Erben zurück.

Er wurde am eilften Junius zu Gotehurst in Bucks geboren, vide Ben Johnson, 2ter Band:

> *Bezeug, was du gethan bey Scanderoon*
> *an deinem Wiegenfest, dem elften Jun'.*

(Mr Elias Ashmole versichert mich, aus zwei oder 3 Nativitäten von Dr Napier, daß Ben. Johnson im Irrtum gewesen und es nur um des Reimes willen gemacht habe.)

Sir Kenelme Digby galt zu seiner Zeit als *der* vollendete Gentleman. Anno 1618 ging er ans Glocester Hall in Ox. Der gelehrte Mr Thomas Allen pflog zu sagen, er sey der *Mirandula* seines Zeitalters gewesen.

Er war ein so schöner Mensch, stattlich & mit kräftiger Stimme, und hatte einen so anmuthigen Vortrag & noble Manir etc, daß man, wo immer auf der Welt ihn die Wolke auf die Erde hätte sinken lassen, ihm Achtung bezeugt hätte. Die Jesuiten indes sagten hämisch, *Wohl wahr — nur daß er da nicht länger als sechs Wochen hätte bleiben dürfen.* Er war Henrietta Marias (einst Königin=Mutter) Gesandter beim Papst, wo man ihn zunächst mächtig bewunderte; allein nach einiger Zeit wurde er anmaassend, prahlte mit seiner Heiligkeit, und machte sich unglaubwürdig. Der Papst meinte, er sey verrückt.

Tempore Caroli I^ml empfing er in der Kapelle von Whitehall das Sacrament, und bekannte sich zum protestantischen Glauben, was bey den Römisch-Katholischen für einen Scandal sorgte — danach aber *hielt er Einkehr.*

Zur Zeit der Wirren machte man aus dem Wohnsitz des Bischofs von Winchester in Southwark, einem mächtigen Klotz von Bauwerk, ein Gefängnis für die Königstreuen; und hier schrieb Sir Kenelm Digby sein Buch *Von denen Leichen,* und ergab sich der Alchymie, und pflog aus Feuer-Stein künstliche Edelsteine zu machen, Rubine, Smaragde &c, wie mir Sir Francis Dodington, der mit ihm zur selben Zeit gefangen lag, erzählte.

Er war gut versirt in jedweder Gelehrsamkeit. Und auch diese Tugend hatte er: keiner wußte besser, wie man zu Überflusse kömmt und dabei demüthig die Augen niederschlägt — und Beides war ihm gleich. Keinem stand die Grandezza besser — mitunter aber lebte er nur mit einem Lakaien, und sein Pferd trug dann nur eine Reitdecke.

Er war sehr generös & freigiebig zu allen, die's verdienten. Als Abraham Cowley erst 19 Jahr alt war, widmete er ihm eine Comoedie namens *Love's riddle,* und schließt in seiner Widmungsaddresse *Die Rute, die ihn peitschte, kam wie sich offenbart, vom Lorbeerzweig.* Sir K. war zu ihm sehr freundlich.

Er war von unverzagtem Muthe, allein nicht im mindesten fähig, zu beleidigen. Seine Conversation war schlicht und scharfsinnig ineins.

Sir John Hoskyns läßt mich wissen, daß Sir Kenelme Digby den Petronius Arbiter ins Englische übersezt.

Er heiratete, gegen den heftigen Widerstand seiner Mutter, jene gefeierte Schönheit und Curtisane, Mrs Venetia Stanley, die sich Richard, Earl of Dorset, als Concubine hielt, mit ihr Kinder hatte, und ihr eine Jahres-Apanage von 500 £ p.a. bestimmte, die nach ihrer Vermählung mit Sir K.D. vom Earle nicht mehr ausgezahlt ward: und um diese Apanage prozessierte Sir Kenelme mit dem Earl nach seiner Verehelichung, und gewann sie zurück. Er sagte immer: ein rechtes Mannsbild, wohlgestalt & vernünftig obendrein, könne aus jeder Hure ein tugendsames Frauenzimmer machen. Diese Lady führte sich makellos, und doch (sagte man) war er eifersüchtig. Richard, Earl of Dorset, lud sie & ihren Gatten einmal im Jahr ein, und betrachtete sie dann, sich in Leidenschaft verzehrend, und küsste ihr, noch in Sir Kenelmes Anwesenheit, nur die Hand. Sie starb unerwartet — und hart-herzige Weiber rügten ihn streng.

Nach Ihrem Tode zog er sich, um übler Nachrede & Scheelsucht aus dem Weg zu gehn, ans Gresham Colledge nach London zurück, wo er sich an seiner Alchymie ergötzte & an guten Discursen mit denen Professores. Dort trug er einen langen Trauer-mantel, einen hohen Hut, den Bart ungeschoren: sah aus wie ein Einsiedler, zum Zeichen der Trauer um seine geliebte Frau, zu deren Andenken er ein prächtiges Grabmal errichtete, welches seit der Gr. Feuersbrunst zerstört ist.

Bey seiner Geburt standen ihm drei tausend Pfund per annum zu. Doch durch die Bürger-kriege und seine Großzügigkeit contrahirte er große Schulden, und ich weiß nicht, wie er, der sich mit seinem damals einzigen Sohn John heftig zerwarf, seinen Besitz auf Cornwalleys übertrug, einen gerissenen Notar und Mitglied des Unterhauses, der John Digby nach dem Gesetz teuer zu stehen kam.

Mr John Digby brachte mir ein dickes Buch, so groß wie die grössesten Kirchen-Bibeln die ich je gesehn; und so, aufs prachtvollste gebunden, mit Silber bossirt und Prägung aus Helmschmuck & Wappen (einem Strauß), wars ein curieuser Band. Es war eine Familien-Chronik der Digby's, entweder von Sir Kenelme selbst verfaßt oder von ihm in Auftrag gegeben. Eingetragen war darin alles, was sich irgendwo auf sie bezüglich finden ließ, aus den Urkunden im Tower, aus Annalen &c. Alle alten Kirchen-Grabmäler waren von einem auserwählten Künstler aufs exquisiteste abgezeichnet worden. Er sagte mir, es habe seinen Vater ein tausend Pfund gekostet, es zu compiliren. Sir Jo. Fortescue sagte, er glaube, 's sey mehr gewesen. Als Mr John Digby mir liebenswürdigerweise dieses auserlesene MS zeigte, sagte er, Dies Buch ist alles, was mir aus dem Besitz meines Vaters geblieben.

Sir Kenelm Digby, jener erlauchte Ritter, Sprachkenner & Mägazen der Künste, ward geboren & starb am 11. Juni, und am selben Tage kämpfte er mit Glück bey Scanderoon. Anbei sein Epitaph, componirt von Mr Farrer:

Unter dem Stein liegt der unvergleichliche Digby,
Digby der Große, der Tapfre, der Weise zumal,
Des Zeitalters Wunder ob seines edlen Charakters,
In sechs Sprachen erfahren, gelehrt in sämtlichen
  Künsten.
Geboren am Tag da er starb, dem elften Juno,
An dem er zu Scanderoon mannhaft gefochten.
'S ist seltsam, daß ein und derselbige Tag
Eines Menschen Geburtstag, Todestag,
  Siegestag sey.

VENETIA DIGBY

VENETIA STANLEY war die Tochter von Sir Edward Stanley. Sie war ein ungemein schönes begehrenswertes Geschöpf, und wurde *maturo viro* von ihrem Vater abgegeben, daß sie bey einem Pächter & Bedienten zu Enston Abbey in Oxfordshire lebe: doch so abgelegen der Ort war — es scheint, daß ihre Schönheit nicht verborgen bleiben konnte. Die jungen Adler hatten sie erspäht, und sie war sanguinisch & willfährig, und von großer *Suavitas* (die zumißbrauchen ein rechter Jammer war).

In jenen Tagen lebte Richard, Earle of Dorset (ältester Sohn und Erbe des Lordschatzmeisters) in dem größten Glanz, den ein Edler in England nur haben konnte. Neben anderen Vergnügen, deren er sich ergötzte, war Venus nicht die geringste. Der Ruf von diesem hübschen Geschöpf kam Seiner Lordschaft bald zu Ohren, der nicht säumte, so eine Gelegenheit beim Schopf zu packen.

Ich hab jetzt vergessen, wer sie zuerst in die Stadt brachte, hab aber meinen Oncle Danvers (der ihr Zeitgenosse gewesen) sagen hören, daß man ihr, und zwar seitens der Granden, so weithin den Hof machte, daß man eines Nachts *in literis uncialibus* ihr über das Logis schrieb:

> Bitte treten's nicht näh'r
> denn Dame Stanley hat hier ihr Quartier

Der ebengenannte Earle of Dorset war ihr grössester Galan; er war aufs heftigste in Liebe zu ihr verstrickt, und hatte ein, wenn nicht mehrere Kinder mit ihr. Er setzte ihr eine Apanage von 500 £ per annum aus.

Neben anderen jungen Stutzern jener Zeit schickte sich auch Sir Kenelme Digby an, ihre Bekanntschaft zu suchen, und verliebte sich so stark, daß er sie heiratete: sehr gegen den guten Willen seiner Mutter — allein er würd' sagen: ein kluger Mann, und keck obendrein, könne sich ein ehrbares Weib aus jeder Hure machen.

Sir Edmund Wyld hatte ihr Bildnis (und war, wie Sie sich vorstellen können, recht familiär mit ihr), welchselbiges nun zu Droitwych in Worcestershire, im Vergnügungs=zimmer eines Gasthofs hängt, wo itzt die Stadt ihre Versammlungen abhält. (Sie war zunächst ein Fräulein bey Sir Edmund Wyld gewesen). Auch bey Mr Rose's, einem Juwelier in Henrietta-Street in Convent Garden, hängt ein excellentes Portrait von ihr, das kurz nach ihrem Tod gemalt ward.

Sie hatte ein höchst liebliches & hold geschwungenes Antlitz, delicates dunkel-braunes Haar. Eine vollkommen gesunde Constitution war ihr zu eigen: kräftig; gute Haut; wohl=proportionirt; (fast zur Gänze) einer *Bona Roba* zu neigend. Ihr Gesicht ein kurzes Oval; dunkel-braune Augenbrauen, um die etwas sehr Süßes war, auch wenn sie die Lider öffnete. Die Farbe ihrer Wangen glich ganz der Damaszener=Rose: weder zu rot noch zu blass. Ihre Statur war grade recht; nicht sehr groß.

Sir Kenelme hatte mehrere Konterfeis von ihr, von Vandyke etc. Von ihren Händen, auch von Füßen & Gesicht hatte er Gips=Abgüsse anfertigen lassen. Vide Ben Johnsons 2ten Bd., wo er ihr in seiner Dichtung, in seinem Portrait ihres Leibes und Geistes, Leben gegeben hat:

> *Sitzend, und zum Portrait bereit — was schon*
> *bedeuten hier Batist und Flor & Seidenkleid,*
> *Stickwerk & Federn, Fransen, Tressen, Litz'—?:*
> *wenn jedes Glied gleich einem Antlitz wirkt, etc.*

Als diese Verse gemacht wurden, hatte sie von Sir Kenelme drei Kinder, die dort Erwähnung finden, näml. Kenelme, George, und John.

Sie starb in ihrem Bett — plötzlich. Manche argwöhnten, sie sey vergiftet worden. Als man ihren Schädel öffnete, fand man nur wenig Hirn, was ihr Gatte auf den Genuß von Vypernwein zurückführte — allein gehässige Weiber sagten, 's sey ein Vipern=Gatte, der eifersüchtig gewesen sey, daß sie einen Seitensprung getan. Ich hab manche sagen hören, z.B. meine Base Elizabeth Falkner, sie habe durch ein strenges Leben nach ihrer Verehelichung ihre Ehre gerettet. Einmal im Jahr lud der Earl of Dorset sie und Sir Kenelm zum Dinner, wo der Earl sie mit großer Leidenschaft betrachtete, und ihr nur die Hand küßte.

Um 1676 oder 5 sah ich, als ich durch die New=gate-street schlenderte, Dame Venetias Grab=Büste in einem Verkaufs=regal beim Goldenen Kreuz, im Laden eines Kupferschmieds, stehen. Ich entsann mich ihrer vollkommen, nur daß die Hitze die Vergüldung hatte abschmelzen lassen; aber dieweil ich die Aufmerksamkeit meines Begleiters auf sie lenkte, konnt ich sie hernach nie wieder in einer Straßen=Auslage sehen. Man hatte sie eingeschmolzen. Wie würden diese Denkwürdigkeiten dem Vergessen anheimfallen, gäb's nicht so müßige Tröpfe wie mich, die sie niederschreiben!

JOHN DRYDEN

JOHN DREYDEN, esq., Poeta Laureatus, 19 Aug. 1631, 5^h 33' 16'' nachmittags
>> Natus insignis poeta
>> 1631
>> Aug. 9°, 5^h 53' nachmittags
>> Latidudo 52° Nord.

Dies ist die Nativität von Mr John Dreyden, dem Poeta laureatus, von Mr John Gadbury, von dem ich sie bekam.

Seine Vita will er für mich selber schreiben.

SIR WILLIAM DUGDALE

SIR WILLIAM DUGDALE, Hosenband=Orden, 12 Sept. 1605, 3^h 15' nachmittags.

»Sir William Dugdale wollte vor mir seine Hand dafür ins Feuer legen, daß sich bey seiner Geburt (10 September, glaub ich: das wäre der Geburts=tag von Francis dem Ersten) ein Bienen=Schwarm unter dem Fenster niederließ, wo er geboren, September 18. Johan. Gybbon.«

»Sir William Dugdale wurde am 12. September 1605 geboren«: Auskunft von Mr Gibbons, Blewmantle. An jenem Nachmittag versammelte sich ein Schwarm Bienen unter dem Kammer=Fenster seiner Mutter, als wär's ein Omen seiner späteren Sammler=Tätigkeit.

DESIDERIUS ERASMUS

SEIN Name war *Gerard Gerard,* was er in *Desiderius Erasmus* übersetzte. Aus Roterdam; Fisch mochte er nicht, und war doch in einer Fisch=Stadt geboren.

Er ward, wie man so sagt, *nicht auf der Straße gezeugt.* Sein Vater unternahm große Anstrengungen, ihn auf eine hervorragende Schule zu schicken: das war zu Dusseldorf, im Land Cleve. Er war ein zartes Pflänzchen; und seine Mutter wollt ihn nicht fremder Kost & Logis anvertrauen, sondern nahm allda selbst Quartier und sorgte für Herz & Magen.

Er gehörte dem Augustiner=Orden an, deren Habit der gleiche ist wie ihn der Vorsteher des Pest=hauses zu Pisa in Italien trug; und da er so durch die Stadt wandelte, forderte man ihn durch Zeichen auf, aus dem Weg zu gehen, in der Annahme, er sey der Herr des Pesthauses; und da er die Bedeutung der Zeichen nicht verstand, schritt er fürder, und wurde von einem nicht übel durchgeprügelt. Darob beschwerte er sich, als er nach Rom kam, und erhielt Dispens von seinem Habit.

Eine Weile studirte er am Queens Colledge in Cambridge: sein Zimmer lag über dem Wasser. In einem seiner *Epistles* erwähnt er, daß er dort geweilt hat, und gibt dafür dem dasigen Biere die Schuld.

Sir Charles Blount von Maple-Durham, in Com. Oxon (unweit Reding) war sein Schüler (deren es in seinen *Epistles* mehrere gibt) und bat Erasmus um die Huld, ihm Portrait zu sitzen: was dieser auch tat — und es wurde ein excellentes Stück, ein Bild, das mein Vetter John Danvers von Daynton (Wilts) hat; die Großmutter seiner Frau war Sir Charles Blounts Tochter oder Enkelin gewesen. 'S war ein Jammer, daß ein so erlesenes Stück dem Familien=besitz verlorenging — aber die männliche Linie ist seit kurzem ausgestorben. Ich werd mich gelegentlich bemühen, es für die Oxford Library zu bekommen.

Er hatte die Pfarre von Aldington in Kent, die eine womöglich dreimal gesündere Lokalität ist als Dr Pells Pfarre in Essex. Ich wundre mich, daß man ihm nicht zu noch besserem Aufstieg verhalf; allein wie ich sehe, befinden sich Sonne und Widder im 2. Haus, also war's ihm bey der Geburt nicht bestimmt, ein reicher Mann zu sein.

John Dreyden, Esq, Poeta laureatus, erzählte mir, zwischen seines Ur-Großvaters Vater und Erasmus Roterodamus habe eine tiefe Freundschaft bestanden, und Erasmus habe einem seiner Söhne Gevatter gestanden, und der Taufname Erasmus sey seitdem immerfort in der Familie gepflegt worden. Des Dichters zweiter Sohn heißt Erasmus.

Es hieß gemeinhin, Erasmus sey ein Interdependent zwischen Himmel & Hölle, bis ihn um das Jahr 1655 das römische Conclave als Häretiker verdammte, nachdem er schon 120 Jahre tot war.

Seine tiefsinnigste Theologie steckt da wo man's am wenigsten erwarten würde: näml. in seinen *Colloquies* in einem Dialog zwischen einem Metzger und einem Fischhändler.

Julius Scaliger wetteiferte mit Erasmus, was aber nicht zu seinem Vorteil geriet, denn jener war, wie Fuller sagt, wie ein Dachs, der die Zähne fletscht, aber nie beißt.

Er war ein Πρόδρομος unseres Wissens: der Mann, der die holprigen & unwegsamen Pfade gangbar & eben gemacht.

THOMAS FAIRFAX, Lord Fairfax

THOMAS, Lord Fairfax von Cameron, Lord=General der Parlamentsarmee. Das erste, was General Fairfax tat, als Oxford capitulirte, war, eine gute Soldaten=Wache aufzustellen zum Schutz der Bodleian Library. Man sagt, mittels Unterschleif & Zernichtung ganzer Reihen von Bücher durch die Cavaliers (während ihrer Stationirung) sey mehr Schaden angerichtet worden als je zuvor. Er war ein Liebhaber der Gelehrsamkeit, und hätte er nicht diese specielle Vorsorge getroffen, jene noble Bibliothek wäre gänzlich zerstört worden, denn es gab ignorante Stadt=väter genug, denen das nur recht gewesen wäre.

CARLO FANTOM

CAPTAIN CARLO FANTOM, ein Kroate, sprach 13 Sprachen; war Rittmeister unter dem Earle of Essex. Er war sehr händelsüchtig & ein großer Plünderer. Er kehrte der Parlaments=Partey den Rücken und schlug sich zu König Ch. dem Ersten in Oxford, wo er wegen Plünderei gehenkt wurde.

Spr. er, Eure Sache scheert mich nicht — ich komme, mich für Euer Halbkronenstück & Eure schönen Weiber zu schlagen; mein Vater war ein Römisch=Catholischer, desgleichen mein Großvatter. Ich hab mit den Christen wider die Türken gefochten, und mit den Türken gegen die Christen.

Sir Robert Pye war sein Colonel: der schoß auf ihn, weil er ein Pferd nicht retournirte, das er vor dem Regiment entführt hatte. Dies geschah auf einem Feld unweit Bedfords, wo das Heer lag, als man auf dem Marsch zum Entsatz von Gainsborough war. Es sind noch viele am Leben, die es sahen. Capt. Hamden war zugegen: Die Kugeln drangen durch seinen Leder=mantel, und Capt. H sahe sein Hemd in Flammen. Capt. Carl. Fantom hob die Kugeln auf und *Hier, Sir Rob.*, sagte er, *habt ihr Eure Kugeln wieder.* Von den Soldaten hätte keiner gewagt, mit ihm zu fechten: mit dem Teufel wollten sie nicht kämpfen, sagten sie.

Edmund Wyld, Esq, war mit ihm sehr gut bekannt, und gab ihm oft einen aus, und gelangte schließlich zur Kenntnis dieses Geheimnisses: Fantom erzählte ihm, daß die Waldhüter in ihren Forsten ein gewisses Kraut kennen, das sie den Kindern geben, was sie unverwundbar macht (man nennt sie *Gefeite*).

In einem Buch über Duell=Händel in Folio (von Segar verfaßt, glaub ich) steht, daß den Combattanten vor dem Kampf vom Herold ein Eid abverlangt wird: er enthält (unter anderem), daß auf ihnen weder Zauber noch Kraut walte.

Martin Luther sagt in seinen Kommentaren zum Ersten (oder Zweiten Gebot, ich glaube: zum Ersten), daß zum Herzog am Sächsischen Hofe ein Gefeiter gebracht wurde: der ward in die große Halle geschafft und auf Befehl mit einer Muskete geschossen: die Kugel perlte ab, und er hatte nur einen blauen Fleck auf der Haut, wo er getroffen. Martin Luther war damals zugegen, und sah die Kugel niederfallen.

Man sagt, eine Silber=Kugel tödtet jeden Gefeiten, auch kann er mit Knüppeln todtgeschlagen werden. Der Fürst von Kurpfalz, Prinz Roberts Bruder, glaubte keineswegs daran, daß man sich unverwundbar machen könne.

Robert Earl of Essex, Parlaments=General, hielt große Stücke auf Capt. Fantom: denn er war ein bewundernswerter Cavallerie=Officir, und lehrte die

Berittenen im Heer, wie man zu Pferde kämpft; zweimal rettete ihn der General vor dem Galgen wegen Plünderei: einmal zu Winchester, das zweitemal zu St Albans — und er begnügte sich nicht damit, selber zu plündern, sondern erlaubte es auch seinen Soldaten, und stund dabey & schaute zu.

Er begegnete (als er spät in der Nacht aus der *Horse-shoe Tavern* in Drury Lane trat) einem Lieutnant von Col. Rossiter, der große klirrende Sporen trug. Spr. er, der Lärm Eurer Sporen ennuyirt mich —: Ihr müsst über den Rinnstein treten und mir Satisfaction geben. Sie zogen blank und fochten — und der Lieutenant ward durchrannt & starb innerhalb einer oder zweier Stunden; und es ward nicht bekannt, wer ihn getötet.

SIR WILLIAM FLEETWOOD

Er war den Strassenräubern ein scharfer Henker, also daß sich die Bruderschaft entschloß, an ihm ein Exempel zu statuiren: welches sie folgenderweis executirten. Da er von seinem Hause zu Bucks kommen sollte, lauerten sie seiner unweit von Tyburn auf, hielten eine Schlinge bereit, schafften ihn unter den Galgenbaum, knüpften ihm den Strick um den Hals & am Baume fest — seine Hände in Banden auf dem Rücken (und seine Diener gefesslet) — überantworteten ihn dann der Barmherzigkeit seines Gauls, den er Ball nannte. Also rief er *Ho, Ball. Ho, Ball,* — und GOtt gefiel's, daß sein Gaul stille stund, bis einer des Weges kam, nach drei Viertel Stunden oder mehr. Da befahl er, daß sein Pferd so lange in Diensten stehn solle, wie es lebe, und also geschah es. Es lebte bis 1646.

An einem Tage schritt er zu Fuß zur Guild=Hall mit seinem Schreiber hinter sich, und ward in Cheapside nahe dem Standard von einem plötzlichen gewaltsamen Durchfalle überrascht. Er schlug seine Hosen gegen den Standard auf und bat seinen Mann, sein Gesicht zu verbergen: denn man soll meinen Arsch nimmer wieder sehen, sagte er.

JOHN FLORIO

JOHN FLORIO ward in London geboren, zu Beginn von König Edward VI. Vater & Mutter aus dem Valtolin ('s ist irgendwo Piedmont oder Savoy) nach London geflohen, glaubenshalber: Waldenser. Die Familie kommt ursprünglich aus Siena, wo's den Namen bis auf den heutigen Tag gibt.

König Edward stirbt; Queen Mary läßt verfolgen: da flohen sie wieder zurück in ihr Heimatland, wo er aufgezogen ward.

Hernach kam er nach England, wo ihn König James zum Hauslehrer von Prinz Henry in der Italiänischen und Französischen Sprache bestallte, und zum Kabinetts=Schreiber von Queen Anne.

Scripsit: *1te & 2te Früchte,* das ist: *Zween Bücher zur Unterweisung im Erlernen der Italiänischen Sprache;* Wörterbuch; übersetzte auch Montagne's Essayes.

Er starb anno 1625 zu Fulham an der Großen Pest.

FRANCIS FRY

Im vergangenen November etwa erschien auf einem Feld in der Gemeinde Spreyton, in der Grafschaft Devon, unweit der Wohnstätte eines Phil. Furze seinem Knechte Francis Fry, der im kommenden Aug° 21 Jahre aetate sui, ein betagter Herr, mit einer Stange in der Hand gleich der, die er zum Töten der Maulwürfe im Leben mit sich zu tragen pflegte, und hieß den jungen Mann, sich nicht zu fürchten: doch solle er seinem Herrn (das war sein Sohn) sagen, daß mehrere Legate, die er vermacht, noch nicht ausbezahlt seien, näml. 10s. an einen, 10s. an einen andern &c. Fry entgegnete, die letztgenannte Partei sey schon verstorben. Das Gespenst erwiderte, es wisse darum — allein, dann müsse jenes an die nächste (und namentlich genannte) Verwandtschaft gehen. Dieses vorgebracht, versprach es, ihn hinkünftig nicht zu behelligen. Diese kleinen Legate wurden demgemäß ausbezahlt. Die 20s. jedoch, die der junge Mann auf Weisung des Gespenstes seiner Schwester Mrs Furze in der Gemeine Staverton bey Totness brachte, wollte die Dame nicht in Empfang nehmen, da's ihr, wie sie sagte, ein Teufels-Geschenk sey. Als Fry dort in der nämlichen Nacht logirte, erschien ihm der Geist aufs neue, worauf ihn Fry an sein Versprechen erinnerte, ihn nicht mehr zu belästigen, und sagte, er habe alles getan, was von ihm verlangt; daß aber Mrs Fry das Geld nicht annehmen wolle. Das Gespenst antwortete, so sey es allerdings. Hieß ihn indes nach Totness reiten und einen Ring von entspr. Wert kaufen, und den würde sie annehmen! Was für sie besorgt & von ihr acceptirt wurde.

Dann ritt Fry in Begleitung eines Dieners von Mrs Furze heim. Als er aber in den Sprengel von Spreyton gelangt war, oder vielmehr kurz davor, kam's ihm so vor, als trüg er hinter sich eine alte Dame, die ihn zu wiederholten Malen vom Pferd drängte, und ihn mit solcher Macht anspornte, daß alle erstaunten, die ihn sahen, resp. hörten, wie schauerlich die Hufe den Boden hämmerten; und da er in seines Herren Hof gekommen, tat Fry's Pferd (eine erbärmliche Mähre) einen Sprung von 25 Fuß auf einmal.

Von da an schwand der Ärger mit dem Gespenstermann. Aber die alte Dame Mrs Furze — Mr Furzes zweite Frau —, die der Geist bey seinem ersten Erscheinen gegenüber Fry *Dies böse Weib meine Frau* nannte (dabey kannt ich sie, und hielt sie für ein sehr gutes Weib) erscheint kurz darauf etlichen im Hause, näml. Fry, Mrs Thomasin Gidley, Anne Langdon, die in meinem Sprengel geboren, und einem kleinen Kind, das aus dem Haus entfernt werden mußte: manchmal in ihrer eignen Gestalt — mitunter in greulicheren Formen, zB der eines Hundes, welcher Feuer speyt, oder eines Gaules, der scheinbar aus dem Fenster sprang, wobey er nur eine Scheibe Glas davontrug und ein Stückgen Eisen.

Danach wurde Fry's Kopf in einen engen Spalt gezwängt, in den nicht einmal eine Männerfaust dringen konnte, zwischen Bett und Wand, und mußte, ganz wund & blut=überströmt, von Männer=kräften herausgezogen werden: drauf hielt man's für ratsam, ihn zur Ader zu lassen, und als dies geschehen, ward ihm das Band vom Arme abgenommen und um den Bauch gewickelt, wo es sich unversehens so fest zusammenzog, daß es ihn fast getötet hätte, und ward entzweigeschnitten, was ein ekles unheimliches Geräusch machte. Des öfteren noch ward er von Taschentüchern, Cravatten und anderen Sachen beinahe strangulirt, so eng zogen sie sich ihm um den Hals.

Eines Nachts lag er (der größeren Sicherheit halber in seines Herrn Kammer) mit seiner Perücke zu Bett, die ganz in Stücke zerrissen wurde. Seine beste Perucke schloss er im Innern einer Schatulle ein, die ein Klappstuhl und anderes Gewicht beschwerten: das Kästchen ward zertrümmert, und die Perucke in tausend Fetzen zerrissen. Sein Herr sah, wie ihm die Schnallen an den Füßen in Stücke brachen — doch zuerst hätt ich Ihnen vom Schicksal seiner Schuhriemen berichten sollen: eine Dame versicherte mich aufs nachdrücklichste, sie habe gesehen, wie einer ohne sichtbares Zuthun aus seinem Schuh gekrochen und sich in einen entfernten Winkel des Zimmers geschleudert habe; der andre seye ebenfalls herausgezüngelt — nur daß eine Magd eingegriffen & ihm herausgeholfen habe, dabey er sich wie ein lebendiger Aal um ihre Hand gewunden & geschlängelt. Die Kleider, die Anne Langdon und Fry getragen (so es ihre eignen waren), wurden hinterrücks in Fetzen gerissen. Die nämliche Dame, i.e. eine Tochter des Gemeinde-Geistlichen Mr Roger Specott, zeigte mir einen von Fry's Handschuhen, der ihm in ihrem Beisein, in der Hosentasche, zerfetzt ward. Ich hab ihn mir deutlich & von nahem angesehen, und gebe ernstlich zu, daß er an den Nähten und anderen Stellen so accurat zertrennt, und so kunstvoll zerlegt, und so behende zerfetzt worden ist (dies alles in Minuten-schnelle, in der Tasche), wie kein menschlich Wesen es vermag; kein Messerschmied könnte einen Apparat ersinnen, der solches zustande brächte.

Weitere fantastische Streiche gab's zuhauf: etwa den Marsch eines großen Fasses voll Salz von einem Raum in den nächsten; einen Kaminbock, welcher sich über einen Topf Milch legte, der brühheiß überm Feuer hing, und zwei geräucherte Speckseiten stiegen den Kamin herab, in dem sie gehangen, und legten sich über den Kaminbock. Das Erscheinen des Gespenstes (in ihrer eignen Gestalt) in scheinbar den selben Kleidern, die Mrs Furze's Schwiegertochter anhat. Das Verknäueln von Fry's Kopf &

Bein um seinen Hals & um den Stuhlrahmen herum, so daß sie nur mit großer Schwierigkeit entwirrt werden konnten.

Aber das Bemerkenswerteste geschah an jenem Tag, da ich bey meiner Rückkehr hier, das war am Abend vor Ostern, an ihrer Thüre vorbeikam: als Fry, auf der Heimkehr von der Arbeit (dem Wenigen was er noch vermag) von der Gespensterfrau beim Saum seines Wamses gepackt, und in die Lufft getragen wurde; jäh war er seinem Herrn und den Feldarbeitern aus den Augen, und große Suche ward nach ihm veranstaltet, doch war von ihm nichts zu hören. Nach einer halben Stunde indes hörte man Fry in einer Art Morast flöten & singen. Da nahm man an, er habe einen seiner üblichen Anfälle, so daß niemand dessen achtete, was er sprach; als er aber nach einer halben Stunde zu sich kam, beteuerte er feierlich, der Dämon habe ihn so weit in die Höhe getragen, daß er unter sich seines Herrn Haus nicht größer denn einen Heuschreck habe liegen sehen; daß er vollkommen bey Sinnen gewesen und zu GOtt gebetet, ER möge es nicht leiden, daß der Teufel ihn zernichte; daß er unversehens in jenem Sumpfe niedergesetzt worden. Die Werkmänner funden auf einer Seite des Hauses einen Schuh, auf der andern Seite den anderen; seine Perücke ward am nächsten Morgen im Wipfel eines hohen Baumes hängend erspäht.

Man merkte bald, daß der Teil von Fry's Leib, der im Schlamm gelegen, stark gelähmt war; und daher brachte man ihn den folgenden Sonnabend, das war vor Sonntag-nach-Ostern, nach Crediton, um ihn zur Ader zu lassen. Gesagt, getan — die Leute ließen ihn eine kleine Weile allein — und als sie zurückkamen, fanden sie ihn in einem Anfall: die Stirn zerschlagen & dick geschwollen, und keiner konnte sich einen Reim drauf machen wie's geschah, bis er sich erholte und ihnen dann erzählte, ein Vogel sey mit großer Macht durchs Fenster geschossen, und sey mit einem Stein im Munde ihm direct gegen die Stirn geflogen. Die Leute hielten Ausschau, und fanden grad unter ihm auf dem Boden, wo er gesessen, keinen Stein sondern ein Bronze- oder Kupfer-Gewicht, das sie zerbrachen und unter sich aufteilten. Er war so schwer krank, daß er in jener Nacht kaum mehr als eine Meile reiten konnte, seitdem ich von ihm nichts weiter vernommen, nur daß man ihn kommenden Tags, also Sonntags, als Kranken pflegte.

Es möcht Sie allerdings wundern, Sir, daß ich jenes Haus und seine armen heimgesuchten Insassen nicht besucht habe, zumal ich ganz in der Nähe gewesen, und ja ihre Thüre passirt habe. Allein, abgesehen davon, daß sie nur Dissidenten-Geistliche zu ihrem Beystand gerufen haben, war ich nicht geeignet, willkommen geheißen zu werden, da ich letztes Jahr Mr Furze viel Grund zum Ärger gegeben, in Anbetracht eines Konventikels in seinem Hause, wo einer aus dieser Gemeinde der Prediger gewesen. Doch bin ich aufs eifrigste von der Wahrheit dessen versichert, was ich geschrieben, und lasse (bei weiteren Erscheinungen) wieder von mir hören.

Ich hatte Ihnen zu berichten vergessen, daß Fry's Mutter zu mir kam und den elenden Zustand ihres Sohnes aufs kläglichste beweinte. Sie sagte mir, am vergangenen Tage seien ihm fünf Nadeln in die Seite gestochen worden. Auf ihr Bitten gab ich ihr den besten Rath, den ich hatte. Insonderheit solle ihr Sohn alles entdecken, was der Geist, die Frau zumal, ihm zum Ausgleich gegeben, denn ich vermute, es ist da *aliquid latens;* und daß sie ihn um jeden Preis von dort fortschaffen solle. Ich fürchte aber, sie wird's nicht tun. Denn ich höre, daß Anne Langdon

zu ihrer Mutter in die Gemeine gekommen, und daß sie da in gequälter Unruh sey. Von ihr hätt ich so viel schreiben können wie von Fry, da ihr — von der Lufftʒreise abgesehn — eben so übel mitgespielt wurde. Ihre Anfälle & Obsessionen scheinen größer zu sein, denn sie kreischt in höllischsten Tönen. Thomasin Gidley soll, wiewohl fortgebracht, in Nöten sein, wie mir zu Ohren kömmt.
(Brief von dem Reverend Mr Andrew Paschal, B.D., Rector zu Chedzoy in Somerset, An John Aubrey, Esq; Gresham College)

THOMAS GOFFE

THOMAS GOFFE, der Dichter, war Rector allhier; beygesetzt ward er in mitten des Chors, doch steht da nichts, was seiner gedächte; sein Weib, scheint's, war ihm nicht eben wohlgesonnen. Aus dem RegisterʒBuch ersehe ich, daß er am 27ten July 1629 bestattet wurde. Seine Frau gab vor, sich in ihn verliebt zu haben, als sie ihn predigen hörte — drauf sagte ein Thomas Timble (einer von den Pedellen des Squire von Oxford, und sein Vertrauter) zu ihm *Heurathet sie nicht — sonst wird sie Euch das Herz brechen.* Diesen nüchternen Rat seines Freundes schlug er in den Wind, und änderte ihr zu Gunsten seinen Stand, und warf hier Anker aus.

Einmal statteten ihm einige Oxforder Freunde Visite ab. Jene sah auf sie mit scheelem Blick, als wären diese gekommen, ihr (wie man sagt) das Dach überm Kopf wegzuessen. Sie trug einen Napf Milch auf, und zum Souper ein paar Eier, und weiter nichts; jene gewahrten ihre Knausrigkeit, und daß ihr Gatte darob innerlich bekümmert war (da sie die Hosen anhatte) — also resolvirten sie sich, bei Tische recht lustig zu sein, und sprachen nur auf Lateinisch, und lachten dröhnend in einem fort. Daß sie Lateinisch redeten, vexirte sie so, daß sie nicht an sich halten konnte und in Thränen ausbrach & die Tafel verließ. Am andern Tag bestellte ihnen Mr Goffe ein besseres Dinner, und schickte nach Wein — sie ließen sich's wohlsein, und seine Freunde nahmen von ihm Abschied.

Es währte nicht lang, bis diese Xanthippe Mr Thimbles Prophezeiung wahrmachte; und als er starb, waren die letzten Worte, die über seine Lippen kamen *Orakel, Orakel, Tom Thimble,* und also gab er seinen Geist auf.

JOHN GRAUNT

CAPTAINE JOHN GRAUNT (später Major) wurde 24° *die Aprilis* in den *7 Sternen* an der Burchin Lane, London, in der Gemeinde St Michaels Cornhill 1/2 Stunde vor 8 Uhr an einem Montag morgen Anno Domini 1620, als um die 12te Stund das Sternzeichen Gemini im 9ten Grade stand, geboren.

Wie seinerzeit Sitte, ward er nach Puritanerweise erzogen; beherrschte flink die Kurz≠schrift, und kam nach etlichen Jahren fortwährenden Zuhörens & Mitschreibens bey Predigten dazu, die besten socinianischen Bücher zu erwerben & zu lesen, und an solcher Meinung hielt er mehrere Jahre lang fest. Zuletzt mauserte er sich zu einem Römisch≠Catholischen und starb als eifriger Zelot dieses Glaubens.

Um der Wahrheit die Ehre zu geben: er war ein sehr ingeniöser & fleißiger Mann und allgemein beliebt, und stand früh am Morgen, vor Laden≠Zeit, zu seinen Studien auf. Er verstand Latein & Französisch. Ein angenehmer, lustiger Gesellschafter, und sehr gastfreundlich.

Dem Gewerbe nach war er Kurzwaren=händler, gehörte aber nicht der Tuchhändler=Innung an. Ein allgemein beliebter Mann, ein treuer Freund. Seiner Klugheit & Gerechtigkeit wegen oft zum Schiedsrichter erkoren — und er war ein großer Friedensstifter. Hatte einen excellent arbeitenden Kopf; und war im Gespräch recht witzig & geschmeidig.

Bis er Mitglied des Stadtrats wurde, hatte er alle Ämter der Stadt durchlaufen. Stadtrat=Mitglied war er für zwei Jahre. Hauptmann der Civil=Garde mehrere Jahre lang, ihr Major zwei oder drei Jahre — und dann legte er um seines Glaubens wegen, da er römisch=catholisch geworden, sein Gewerb & alle übrigen öffentlichen Ämter nieder.

Er schrieb die *Observations on the bills of Mortality* ziemlich scharfsinnig — ich glaub aber (und weiß es z.T.), daß er den Fingerzeig von seinem engen & vertrauten Freund Sir William Petty hatte, für den er *Ergänzungen* verfasste, welche später gedruckt wurden. Und er hatte geplant, wäre er nicht gestorben, zu dem Gegenstande noch mehr zu schreiben.

Er schrieb einige *Observations on the Advance of the Excise,* ungedruckt; und hatte auch die Absicht, etwas über Religion zu schreiben.

Major John Graunt starb am Vorabend zu Ostern 1674 und wurde am folgenden Mittwoch in der St Dunstans Kürch in der Fleetstreet im Schiff besagter Kirche unter dem Kirchengestühl an der Nordseite, zur Galerie hin, d.h. unter den Kirchenbänken (auch *Schweineställe* genannt) des Nord=Theils im Mittelschiff zur Ruhe gebettet (welch ein Jammer, daß diese Zierde der Stadt so ruhmlos verscharrt werden sollte!) *aetatis anno* 54°.

Sein Tod wird von allen Guten beklagt, die das Glück gehabt, ihn zu kennen; und eine große Zahl ingeniöser Männer gab ihm das Letzte Geleit. Da war u.a., thränen-überströmt, jener geniale große Künstler Sir William Petty, sein alter & enger Bekannter, der zuzeiten Student am Brasenose College gewesen.

Er hatte einen Sohn: einen Mann, der in Persien umkam; eine Tochter: Nonne in Gaunt (glaub ich). Seine Witwe noch am Leben.

Er war mein verehrter & werther Freund — *der HErr erbarme sich seiner Seele, Amen.*

EDMUND GUNTER

CAPTAIN RALPH GRETOREX, Verfertiger Mathematischer Instrumente zu London, sagte, dieser sey der erste gewesen, der mathematische Geräte zur Perfection gebracht. Sein Buch *Von dem Quadranten, Proportionalcircel & Jacobsstab* erschloß den Menschen das Verständnis und den jungen Männern die Liebe zu dieser Wissenschaft. Zuvor waren die mathematischen Disciplinen in der griechischen & lateinischen Sprache eingesperrt gewesen: und das hielt sich so, unangetastet, unzugänglich in einer Handvoll Bibliotheken. Nachdem Mr Gunter sein Buch veröffentlicht hatte, nahmen diese Wissenschaften einen rapiden Aufschwung bis zu jener Höhe, die sie itzt (1690) haben.

Als er Student am Christchurch war, fiel es ihm zu, die Karfreitagspredigt zu halten, die mehrere ältere Theologen, die ich kannte, gehört haben — allein damals hieß es an der Universität über ihn, nie habe unser Heiland seit seiner Passion so gelitten wie in jener Predigt, dermaaßen kläglich sey sie gewesen — *Non omnia possumus omnes*. Für das, was er gut gemacht hat, schuldet ihm die Welt viel.

JOHN HALES

GING in Bath zur Schule (wie ich annehme). Fellow am Merton Colledge; danach Fellow am Eaton College.

Er war ein universal-gebildeter Mann und, ich glaub, ein guter Dichter: denn Sir John Suckling führt ihn in seine *Session of the Poets* ein:

Klein-Hales, fortan immer mokanten Gesichts,
da er sieht, wie sie wirrwarn viel Lärmen um Nichts

Als der Hof zu Windsor residirte, hatten die gebildeten Höflinge an seinem Beisein helles Entzücken und pflegten ihn mit ihrer Gesellschaft zu beehren.

Mr Hales war dort der allgemeine Tauf-Pate, und's war nett anzuschauen, wie er durch Windsor wandelte und dabey die Patenkinder auf die Knie fielen. Noch als Schatzmeister gab er all seine Groten für die Schuldlinderung seiner Patenkinder hin; wenn er dann zur Windsor Brücke kam, hatte er stets keinen einzigen Groten mehr.

Er besaß eine erlesene Bibliothek — jedes Buch mit kritischem Geschmack erwählt — die ihn nicht weniger als 2 500 £ gekostet; und die er an Cornelius Bee, Buchhändler in Little Britaine (wie ich hörte, für 1 000 Pfund) verkaufte: was zu seinem Lebensunterhalt bestimmt war, nachdem man ihn aus seinem Fellow-Posten am Eaton College entfernt. M^{ris} Powney sagte mir, sie sey sehr dawider gewesen, die Bücher zu veräußern — denn sie wußte, sie waren sein Leben, seine Freude. Er habe sich dann noch einige zum persönlichen Gebrauch zurückbehalten, mit denen er seine letzten Tage beschloß.

Ich hab seinen Neffen Mr Sloper sagen hören, besonders gern habe er Stephanum gelesen, der ein Familiarist gewesen, der erste, denk ich, der über jene Sekte der Liebes=Familie geschrieben hat: davon war er sehr eingenommen und pflegte zu sagen, früher oder später würden diese schönen Gedanken die Welt mitreißen. Er war einer der ersten Socinianer Englands; ich glaub, der erste.

Lady Salter (bey Eaton) war sehr gnädig zu ihm nach seiner Sequestration: er war Ihrer Gnaden gern willkommen und verbrachte viel Zeit dort (: hab ich von ihrem Neffen).

Er logirte (nach seiner Sequestration) im Hause von M^ris Powneys, einer Wittib zu Eaton, gegenüber dem Kirchhof südwärts nach dem Christopher Inne zu. Sie ist eine sehr gute Frau und von angenehmem Sinn. Sie erzählte mir, Mr Hales sey, als ihr Gatte noch lebte, sehr gütig zu ihnen gewesen, indem er sie in den Stand setzte, ihr irdisches Leben zu führen. Sie war sehr dankbar & hochachtbar wider ihn; eine Frau von schlichter Gutartigkeit: würdig, daß man ihrer gedenke. Sie hat schön ausgesehn; mit guter Auffassungsgabe; reinlich auch. Ich wollte, ich hätt ihren Taufnamen.

Sie hat ein schönes, dunkles, alt=modisches Haus. Die Halle nach Altvätersitte mit bemaltem Linnen über der Wand=täfelung, mit frommen Sprüchen aus den Psalmen etc, gemäß dem gottgefälligen Brauchtum alter Zeiten; einen bequemen Garten, mit Obstbäumen.

Das ist das Haus, wo ich ihn gesehen: einen netten kleinen Herrn, sanguinisch, von leutseeliger Contenance, sehr sanft & höflich; er empfing mich mit großer Milde, gekleidet in eine Art veilchenfarbenen

Tuch=Mantel mit Knöpfen & Ösen (einen schwarzen Talar trug er nicht), und las gerade *Thomas à Kempis;* kaum ein Jahr später war er tot. Er liebte Canariensekt, sich die Lebensgeister zu erquicken — freilich in Maaßen.

Er hatte ein großmütiges Herz. Ich erinnre mich: 1647, kurz nach der Visitation, als Thomas Mariett Esq, Mr William Radford & Mr Edward Wood (alle vom Trinity College) auf Schusters Rappen eine Lustpartie von Ox nach London unternahmen, wo sie nie zuvor gewesen, führte sie der Weg auch durch Windsor, wo sie jenem guten Gentleman, damals Fellow, ihre Aufwartung machten. Mr Edward Wood war Sprecher, wies vor, daß sie Scholaren aus Ox seien; er bewirtete sie artig, und drückte Mr Wood noch zehn Schillinge in die Hände.

Jene M^{ris} Powney versichert mich, daß er, da ihm die Armen (wie man sagen muß) eher schutzbefohlen gewesen, von diesen um so mehr Freundlichkeit empfing als von den Reichen. Daß, was ich über Mylady Salter niedergeschrieben, falsch sey. Zwar habe sie ihn tatsächlich in ihrem Haus gehabt — aber zwecks Unterrichtung ihres Sohnes, der so begriffsstutzig gewesen sey, daß er des Lesens nicht recht fähig gewesen.

Womöglich hätte man ihn wieder in sein Fellow-Amt gesetzt, aber das Angebot hätte er ausgeschlagen. Er war alles andere als ein Geizhals und wollt zu seinem eigenen Begräbnis immerhin X Pfund hinterlassen.

Auf dem Gottesacker zu Eaton hat man ihn beigesetzt, unter einem Altar=Denkmal aus schwarzem Marmor, mit einem zu langen Epitaph, errichtet auf alleinige Rechnung eines Mr Curwyn. Der mit ihm nicht verwandt noch verschwägert war.

EDMUND HALLEY

MR EDMUND HALLEY, Artium Magister, der älteste Sohn von Edmund Halley, Seifen=Sieder & wohlhabender Bürger der Stadt London, von den Halleys aus Derbyshire, einer guten Familie. Er wurde im Sprengel Shoreditch geboren, an einem Ort namens Haggerston, dem rückwärtigen Theil von Hogsdon.

Mit 9 Jahren brachte ihm seines Vaters Gehülfe Schreiben & Arithmetique bey. Er ging auf die Paule's Schul unter Dr Gale: wo er es in den Himmels=Sphären zu solcher Vervollkommnung brachte, daß er, wie ich Mr Moxton (den Globus=Macher) sagen hörte, auf Anhieb entdeckt hätte, falls etwan ein Stern auf dem Himmels=Sphäroid falsch placirt wäre. Er studirte Geometrie, und konnte mit 16 eine Uhr anfertigen, worauf er sich, wie er sagte, für einen wackren Burschen hielt.

Ging mit 16, wohlausgebildet in Latein, Griechisch & Hebräisch, ans Queen's Colledge in Ox, wo er, im Alter von neunzehn, das folgende nützliche Problem löste, was noch keinem vor ihm gelungen, näml. *aus 3 gegebenen Entfernungen von der Sonne und deren Winkeln die Kreisbahn zu ermitteln,* darob man seinen Namen ewig rühmen wird.

Um Hevelius zu besuchen, reiste er nach Dantzick. Am 1sten December 1680 ging er nach Paris: Cardinal d'Estrée hätschelte ihn und schickte ihn mit einem Recommendationsbrief an seinen Bruder, den Admiral. Er hat sich die Bekanntschaft & Freundschaft aller herausragenden Mathematiker Frankreichs & Italiens erworben und steht mit ihnen in Correspondenz.

Er erhielt Urlaub und ein *viaticum* von seinem Vater, auf die Insel *Sancta Hellena* zu reisen, einzig um des Fortschritts in der Astronomie willen, näml. um den Globus der südlichen Hemisphäre zu verbessern, der bis dato ganz fehlerhaft gewesen, da man ihn lediglich nach Beobachtungen unwissender Seeleute gezeichnet hatte. Mit ihm fuhren (nebst anderen) eine Frau und ihr Ehegemahl, welche seit etlichen Jahren kinderlos geblieben; noch eh man die Insel erreichte, ward sie ins Kindbett gelegt. Bey seiner Rückkehr präsentirte er seine Planisphäre mit einer kurzen Beschreibung Seiner Majestät, der davon sehr angetan war, erntete aber nichts außer Lob.

THOMAS HARCOURT

PETRIFICATION einer Niere. — Bei Pater Harcourts Martyrium zu Tyburn, als sein Gedärm etcetera ins Feuer geworfen wurde, griff ein Metzgersbursch, der dabeystand, beherzt nach einem Stück seiner Niere, die im Feuer briet. Er versengte sich arg die Finger — bekams aber zu fassen — und ein Roydon kaufte es, ein Brauer von Southwark, eine Art Presbyterianer. Das Wunder: es ist itzt vollkommen *versteinet*. Wie er's zunächst besessen, wars freilich noch nicht so hart. Da er's beständig im Hosenbeutel trug, verhärtete es sich nach und nach, besser als im Feuer — es ist wie ein geschliffener Achat. Ich habs gesehen. Er hälts in hohem Wert.

THOMAS HARIOT

MR HARIOT ging mit Sir Walter Ralegh nach Virginia und hat die *Description of Virginia* geschrieben, die im Druck erschienen ist. Dr Pell sagt mir, er habe unter seinen Papieren ein Alphabet gefunden, das jener für die Sprache der Americaner entworfen: mit Buchstaben, die wie Teufel aussehen.

Als der Earle of Northumberland & Sir Walter Raleigh zugleich im Tower gefangen waren, schlossen sie Bekanntschaft, und Sir Walter Raleigh empfahl ihm Mr Hariot, dem der Earle dann eine Lebensrente von 200 £ aussetzte, was jenem nicht mißfiel. Dem Hues aber (der *de Usu Globorum* verfaßt) & Mr Warner warf er nur eine Jahresrente von 60 £ p.a. aus. Diese Drei wurden gemeinhin *Die 3 Magier* des Herrn von Northumberland genannt. Sie hatten ihren Tisch an des Earles Tafel, und er selbst zog sie, einzeln oder gemeinsam, ins Gespräch.

Sir Francis Stuart hatte Mr Hariot sagen hören, er habe 9 Kometen gesehn und sieben davon vorhergesagt, ihnen aber nicht verraten, wie. 'S ist recht sonderbar: *excogitent Astronomi*.

Die alte Geschichte von der Erschaffung der Welt mochte (bzw wertschätzte) er nicht. An den alten Standpunkt konnte er nicht glauben; er sagte dann wohl *ex nihilo nihil fit*. Allein es war solch ein Nihilum, was ihm zuletzt den Tod gebracht. Denn auf seiner Nasenspitze erschien ein kleiner roter Fleck (winzigklein), der größer und größer wurde, und ihn am Ende tötete. Ich nehme an, 's war das, was die Chirurgen ein *noli me tangere* nennen.

Er schuf eine philosophische Theologie, in der er das Alte Testament verwarf, so daß dem Neuen (folglich) der Boden entzogen wurde. Er war Deist. Seine Doktrin lehrte er Sir Walter Raleigh, Henry Earle of Northumberland, und einige andere. Den Theologen jener Zeit galt seine Todesart als Strafe dafür, daß er die Hl. Schrift annullirt.

JAMES HARRINGTON

SEIN INGENIUM zielte vorwiegend auf Politik & Democratisches Regiren.

Anno 1647, wenn nicht 6, ward er gemäß Parlaments=Ordre zu Seiner Majestät Kammerherrn bestallt. Mr Harrington und der König disputirten oft über Herrschaftsformen. Der König liebte seine Gesellschaft — nur, daß er's nicht leiden wollte, von einem Commonwealth zu hören; und Mr Harrington liebte Seine Majestät abgöttisch. Er war mit dem König auf dem Schafott, als dieser enthauptet wurde; und ich hab ihn oft von König Charles I. mit der größten denkbaren Innigkeit & Begeisterung sprechen hören, und daß sein Tod ihm so großen Schmerz bereitet, daß er sich davon eine Krankheit zugezogen habe; daß ihm nimmer etwas so nahegegangen.

Er machte mehrere Versuche in der Poesie, näml. Liebes=Verse &c. — doch seine Muse war ungeschlacht, und Mr Henry Nevill, ein ingeniöser & gebildeter Gentleman, Mitglied des House of Commons und ein excellenter Dichter (wiewohl nur im verborgenen) war sein engvertrauter & verlässlicher Freund, und riet ihm davon ab, sich *invita Minerva* mit Poesie abzugeben: stattdessen solle er sein eigentliches Talent, näml Politische Reflexionen, zur Entfaltung bringen.

Woraufhin er seine *Oceana* schrieb: gedruckt London 1656. Mr T. Hobbes pflog zu sagen, in dieser Pastete habe wohl Henry Nevill seine Finger mit drin —: was nur zu wahrscheinlich war. Diese geniale Abhandlung, zusammen mit seinen & H. Nevills gescheiten Discursen & Darlegungen täglich in den Coffee=Häusern, zogen viele Proselyten an.

Insofern als er, anno 1659, zu Beginn des Michaelis=Trimesters, jede Nacht im New Pallace Yard im (damaligen) *Turke's Head* ein Treffen arrangirte: wo ein großer Oval=Tisch aufgestellt ward, sinnvollerweise mit einer Aushöhlung in der Mitten für Miles, daß er den Coffee ausschenkte. Rundherum saßen die Virtuosi und ihre Adepten. Dergestalt waren die Discurse die angeregtesten & geistvollsten, die ich je gehört, oder zu hören je hoffen kann, und die Argumente kreuzten so schwungvoll die Klingen, daß die Streit=Reden im Parlament hiergegen nur platt dünkten.

Hier hatten wir (ganz *pro forma*) eine *Wahl=Urne*, und stimmten, *tentamens*, darüber ab, wie die Dinge ausgeführt sein sollten. Jeden Abend war der Raum gestopft voll. Einmal kamen Mr Stafford & seine Cumpaney betrunken aus der Schank=höhle herein, und affrontirten die Versammlung (Mr Stafford riß ihre Ordres & Notizen in Fetzen). Die Soldaten machten sich anheischig, sie die Treppe hinunter zu treten, aber Mr Harringtons Mäßigung & Überredung ließen es nicht dazu kommen.

Die Doktrin war sehr einnehmend, und um so mehr als es, nach menschlicher Voraussicht, unmöglich schien, daß der König wiederkäme. Aber der überwiegende Theil der Parlamentarier verabscheute diesen Plan einer *Rotation=qua=Wahl* durchaus: denn es waren verfluchte Tyrannen, und in ihre Macht vernarrt; und bis auf 8 oder 10 von ihnen wären sie eher gestorben als dieses Procedere zu gestatten, denn Mr Nevill schlug's im Hohen Hause vor, und tat ihnen dar, daß es ihr Untergang wäre, wenn sie jenes Regirungs=Modell nicht annähmen.

Unerträglich ist der Dünkel von Senatoren=auf=Lebenszeit: sie waren imstand, jeden, dem sie übel wollten, zu Pulver zu zermahlen; sie wurden gehasst von der Armee und von dem Lande, das sie repräsentirten; und ihr Nam & Erinn'rung hat einen üblen

Ruch — 's war schlimmer als Tyrannei. Also dieses Rotations=Modell besagte, daß jedes Jahr 1 Drittheil des Senats qua Wahl centrifugal rotiren sollte: so daß jedes neunte Jahr das Haus zur Gänze ausgewechselt wäre; kein Magistrat sollte mehr denn 3 Jahre amtiren, und alle sollten qua geheimer Wahl ins Amt kommen: denn es kann nichts Faireres & Unparteiischeres gefunden werden als dieser Abstimmungs=Modus.

Nun — diese Treffen hielten sich den November, Dec., Jan. bis 20ten oder 21ten Febr. über — und dann, auf die unerwartete Wendung hin, daß General Monke einmarschirte, lösten sich all diese subtilen Modelle in Lufft auf. Dann galt's als unziemlich, um nicht zu sagen: Verrat, solches geplant zu haben; allein ich erinnre mich gut, daß J.H. mehrere Male (beim Aufbrechen) sprach: Well, der König wird zurückkommen. Laßt ihn nur kommen — und ein Parlament einberufen aus Englands größten Cavaliers, so diese Landbesitz haben, und laßt sie nur 7 Jahre amtiren —: und sie werden sich alle zu Republikanern mausern.

Anno 1660 ward er als Gefangener in den Tower geführt; dann nach Portsey Castle. Seine Gefangenhaltung in diesen Kerkern (er war ein Gentleman von Hohem Muth & ein Hitz=kopf) war die Ursache seines Wahns oder Wahnsinns — der nicht wildwütig war, denn er würd weiterhin vernünftig discuriren & in Gesellschaft ganz vergnügt sein — indes bildete sich in ihm mählich das Hirn=Gespinst, seine Perspiration verwandle sich in Fliegen, mitunter gar in Bienen; und in Mr Harts Garten (gegenüber St James Park) hatte er sich ein drehbares Holz=haus gebaut, um das Experiment zu wagen: er drehte's zur Sonne hin, und setzte sich ihr zugewandt hinein; dann hatte er da seine Fuchs=Schwänze, um alle

Fliegen & Bienen fortzuwedeln & zu massacriren, die sich dort einfänden; und dann schloß er die Fenster. Dies Experiment nun sollte nur in Heissem Wetter versucht werden, und manche Fliegen kauerten so eng in den Spalten & Tüchern, mit denen das Haus ausgehängt war, daß man ihrer nicht alsobald ansichtig ward. Eine Viertelstunde später vielleicht mochten eine Fliege oder zwei, oder mehr, von der Wärme aus ihren Schlupf=winkeln hervorgelockt werden: und dann würd er kreischen *Seht ihr nicht, daß die offenkundig VON MIR kommen?* 'S war die merkwürdigste Art Wahnsinn, die ich je an jemandem gefunden — sprach man von irgendetwas anderem, war seine Rede die geistvollste & angenehmste.

An der Verfassung unserer Regirungsform pflegte er zu rügen, sie sey eine *in Sprüngen,* und erzählte die Geschichte von einem Cavaliero, den er beim Italiänischen Carneval gesehen: der habe einen excellent dressirten Gaul geritten, der schon von der Berührung seiner Zehe rundherum gesprungen sey. Sein Gewand sey auf einer Seite spanisch, auf der andern Französisch gewesen: eine plötzliche Veränderung ein und derselben Person, die die Zuschauer ergötzlich frappirt habe. Grad so, sagte er, ist's bey uns: Wenn kein Parlament — dann eine Absolute Monarchie; und wenn ein Parlament — läuft's auf ein Commonwealth hinaus.

Er sagte immer wieder: Rechte Vernunft in der Contemplation sey Tugend im Handeln, et vice versa. Vivere secundum naturam hieße tugendsam leben — die Geistlichen würden's nicht so haben wollen; und wenn die Geistlichen uns einen Inch über der Tugend glaubten, fielen wir eine Elle *darunter.*

Er ehelichte sein altes Herzliebchen M^{ris} Dayrell, eine ansehnliche & haushälterische Dame. Aus privaten Gründen ergab's sich, daß er sich seiner Liebe nicht in der Blüte & Wärme seiner Jugend erfreuen konnte; er lag ihr nie bey, sondern verehrte sie & huldigte ihr innig: denn als er sie heiratete, war sie schon *vergentibus annis* und hatte ihre Holdseeligkeit eingebüßt.

Zwanzig Jahre bis zu seinem Tod (seine Haft-jahre abgerechnet) lebte er in Westminster im *Little-Ambry* (einem schönen Hauslinkerhand), das in den Dekans-Hof blickt. Im oberen Stockwerk hatte er eine hübsche Galerie, die auf den Hof hinunter schaut: dort pflegte er zu diniren, zu meditiren, und seinen Taback zu nehmen.

Henry Nevill, Esq, ließ ihn bis an sein Sterbe-tag nie im Stich. Schon ein volles Jahr vor seinem Tod schwanden ihm durch eine Krankheit Gedächtnis & Rede ('s war ein betrüblicher Anblick, in einem, den ich noch vor kurzem als frischen, lebendigen Cavaliero kannte, solch ein Muster von Hinfälligkeit zu sehen). Jener Gentleman, den ich um seiner verlässlichen Freundschaft wegen nie vergessen darf, stattete ihm so getreulich & respectvoll Besuch ab wie in der Zeit, als sein Freund noch in der Blüte seiner Vernunft stand —: ein ächter Freund.

WILLIAM HARVEY

WILLIAM HARVEY, D^r der Medicin & Chirurgie, Entdecker der Blut-Circulation, ward in dem Hause geboren, welches itzt das Post-haus ist: ein schönes stein-gebautes Haus, das er, nebst einigen zugehörigen Ländereien, dem Caius college in Cambridge vermachte. Sein Bruder Eliab hätt ihm wohl jeden Geldbetrag oder Tausch-wert dafür gegeben, weil's doch dem Vater gehört, und sie alle dort geboren waren — allein der Doctor glaubte (aufrichtig), auf die Weise werde das Andenken an ihn besser gewahrt sein; denn sein Bruder hat noble Herrensitze hinterlassen und um die 2000 £ p.a. gehabt, mindestens.

William Harvey war immer sehr contemplativ und, meines Wissens, der erste, der in England seine Neugier auf die Anatomie gelenkt. Ich entsinne mich, ich hab ihn sagen hören, er habe ein Buch *De Insectis* geschrieben, über dem er viele Jahre gesessen; und von Fröschen, Kröten & zahlreichen anderen Thieren habe er Sektionen und curieuse Beobachtungen darüber gemacht, deren Aufzeichnungen nebst weiteren Habseligkeiten zu Beginn des Aufstands, als er für den König und mit ihm in Ox gewesen, aus seinem Domizil zu Whitehall geplündert worden seien; doch oft sagte er, von allen Verlusten, die er erlitten, habe kein Schmerz ihn so ans Kreuz genagelt, wie der Verlust dieser Papiere, die er nicht um Liebe noch um Gold je wieder auffinden oder bekommen würde.

Als Charles I der Tumulte wegen London verließ, begleitete er ihn, und war mit ihm in der Schlacht von Edge=hill; und im Verlaufe der Schlacht wurden der Prinz & der Duke of York seiner Obhut unterstellt. Er erzählte mir, er habe sich mit ihnen unter einer Hecke verkrochen, ein Buch aus der Tasche gezogen, und gelesen — doch er hatte noch nicht lange gelesen, da schlug unweit von ihm die Kugel aus einer großen Kanone in den Boden, was ihn zu einem Stellungswechsel veranlaßte.

Er sagte mir, Sir Adrian Scrope sey dort gefährlich verwundet worden und, für tot gehalten, entkleidet und unter den Toten liegengelassen worden: was ihm das Leben rettete. Das Wetter war kalt & klar, die Nacht frostig. Was den Blut=fluß seiner Wunden zum Stehen brachte; und um Mitternacht bzw einige

Stunden nach seiner Verwundung erwachte er und war froh, um der Wärme willen einen Leichnam über sich ziehen zu können.

Ich sah ihn 1642, zu Oxford, nach der Schlacht von Edgehill, zum ersten Male, war aber damals zu jung, als daß ich einem so großen Doctor vorgestellt worden wäre. Ich erinnre mich: er kam mehrere Male ans Trinity College zu George Bathurst, B.D., der in seinem Zimmer eine Henne hatte, die Eier legte, welche sie täglich öffneten, um das Wachstum und die Weise ihrer Genese zu beobachten. Ich hatte erst die Ehre, mit ihm bekanntgemacht zu werden, da er sich 1651 als Arzt & Freund meiner Base Montague vorstellte. Damals stand ich kurz vor einer Reise nach Italien (wurde davon aber zu meinem großen Leidwesen durch meiner Mutter inständiges Flehen abgehalten). Er war sehr gesprächig, und bereit, jeden zu unterrichten, der bescheiden auftrat und ihm Achtung bezeugte. Und betreffs meiner Tour gab er mir auf den Weg d.h. dictirte mir: was ich sehen müsse, an welche Menschen ich mich halten und welche Bücher ich lesen solle und wie mit meinen studiis zu verfahren sey — kurz, hieß mich *ad fontes* gehen & Aristoteles, Cicero, Avicennam lesen; und nannte die Modernen *Scheiß=hosen*.

Er schrieb eine sehr schlechte Handschrift, die ich (mit Übung) ganz gut lesen konnte. Griechisch & Latein *verstand* er ziemlich gut, war aber nicht eben ein Textgelehrter und *schrieb* ein sehr schlechtes Latein. Der *Circuitis Sanguinis* wurde, wie ich annehme, ins Lateinische von Sir George Ent übersetzt.

In Oxford knüpfte er mit Dr Charles Scarborough Bekanntschaft, einem jungen Arzt seinerzeit (später von König Charles II zum Ritter geschlagen), an dessen Conversation er sich sehr delectirte; und dieweil jener zuvor im Heere hin und wider marschirt war, nahm er ihn nun unter seine Fittiche, bot ihm ein Bett in seiner Kammer, und sagte zu ihm, 'bitt Euch, laßt Euer Geballer und bleibt hier — ich werd Euch ins Practiciren einführen.

Seine Majestät König Charles I verlieh ihm das Amt eines Rectors vom Merton College in Oxford: zur Belohnung für seine Dienste — doch die Zeiten erlaubten es nicht, daß er etwelche Freude oder Nutzen draus zöge.

Nachdem Oxford capitulirt hatte, was am 24. Juli 1646 geschah, ging er nach London und lebte bey seinem Bruder Eliab, einem wohlhäbigen Handelsherrn allda, der ca 1654 Cockaine-Haus erwarb, itzt das Accisen-Amt, ein vornehmes Haus, wo der Doctor auf dem Bleidach nachzudenken pflegte und im Hinblick auf Sonne oder Wind dort mehrere Positionen bezog.

Er war gern im Dunkeln, wo ihm, wie er mir sagte, die Contemplation am besten gelänge. Früher besaß er ein Haus zu Combe, in Surrey, mit guter Luft & schöner Aussicht, wo er in den Boden Höhlen gegraben hatte, in denen er zur Sommerszeit zu meditiren liebte.

Ah! mein alter Freund Dr Harvey ... ich kannte ihn ziemlich gut. Er ließ mich bey sich im Meditationszimmer über insgesamt 2 oder 3 Stunden im Diskurs sitzen. Ja, wär er so steif, so gezwungen & gehemmt wie andere förmliche Doctores gewesen, er hätte auch nicht mehr gewußt als sie. Noch von dem niedrigsten Menschen kann der Gelehrteste auf die ein' oder andre Weise etwas lernen. Der Stolz ist stets eines der größten Hindernisse wider den Fortschritt des Wissens gewesen.

Von Bigotterie war er weit entfernt.

Immer wieder sagte er, der Mensch sey nur ein großer böser Pavian.

Er war Arzt von Lordkanzler Bacon, den er um seines Witzes & Geschmacks wegen schätzte, ihm aber nicht den Rang eines bedeutenden Philosophen zuerkannte. Zu mir sagte er einmal *Der schreibt Philosophie wie ein Lordkanzler,* und setzte ironisch hinzu, *aber ich hab ihn geheilt.*

Als Doctor Harvey noch ein junger Mann (und am Ärzte-Collegio zu London) war, ging er Richtung Padua auf Reisen; er fuhr mit mehreren anderen nach Dover, wo er, wie alle übrigen, dem Zollmeister den Paß vorwies. Der bedeutete ihm, er dürfe nicht passiren, vielmehr müsse er ihn in Haft schließen. Der Doctor wünschte zu wissen, aus welchem Grund? was sey sein Vergehen? Nun, es war einmal sein Wille, daß dem so sey. Am Abend (der sehr klar war) setzte das Paketschiff Segel. An Bord des Doctors Gefährten. Da erhub sich ein schrecklicher Sturm, und das Paketschiff samt allen Passagiren ward in die Tiefe gerissen: die traurige Zeitung brachte man am nächsten Tag nach Dover. Der Doctor war dem Zollmeister weder nach Gesicht noch Namen bekannt gewesen — allein in der vorhergehenden Nacht hatte dieser in einem Traum eine vollkommene Erscheinung Dr Harveys gehabt: wie er nach Calais übersetzen wolle — und wie jener ihn unbedingt aufhalten müsse. Dies erzählte der Zollmeister dem Doctor am folgenden Tag. Der Doctor war ein guter gläubiger Mann und hat diese Geschichte mehrmals einigen aus meinem Bekanntenkreis erzählt.

Dr Harvey sagte mir — und jeder, der sich selbst befragt, wird finden, daß es wahr sey — man könne es nicht im Ernst für gut finden, wenn man in irgendeinem *membro* imperfect sey — sei's, *verbi gratiâ,* in Zähnen, Auge, Zunge, Spina dorsi etc. Natur selbst neige zur Vollkommenheit, und in puncto Vererbung sollten wir uns mehr auf Sinne & Instinct concentriren denn auf Vernunft, Berechnung, Landes=Mode oder Nutzen. Wir sähen ja, was für verachtenswerte Producte berechnende Politique hervorbrächte: schwächliche, debile & rachitische Kinder, ein Skandalon der Natur wie ihres Landes. Diese Abstammungs= Ausposauner seyen Schwachköpfe: *tota errant via.* Nur auf einer Liebes=Heirat aus elementaren Antrieben walte Segen.

Wer eine Wittib heirate, mache sich zum Hahnrei. *Exempli gratia,* wird eine gute Hündin zuerst von einer Promenaden=mischung gedeckt, dann mag sie später noch so oft von einem Hunde guter Herkunft begattet werden — sie wird doch immer wieder nur Strassen=coeter gebären, weil ihr Schooß eben zuerst von einem solchen inficirt worden ist. Gleicherweise werden Kinder dem ersten Ehemann ähneln (als zöge man die Kinder seines Bruders auf). So mag der Ehebrecher nach dem Gesetz Verbrechen begehen — die Kinder gleichen doch dem Ehegatten.

Er sagte immer: wir Europäer verstünden uns nicht auf die Herrschaft über unsre Weiber, und daß der Türke der einzige sey, der das Ding verstünde.

Ich erinnre mich, er hielt sich eine hübsche junge Dirn als Aufwärterin, die er, schätz ich, auch als Aufwärmerin brauchte, wie König David: und ihrer in seinem Letzten Willen gedachte, wie auch seines Bediensteten.

Er war sehr cholerisch: und trug ein Rapier in jungen Jahren (wie's damals fashionabel war) — dieser D^r war durchaus imstande, jenen Dolch bey jeder geringsten Gelegenheit zu zücken.

Ich hörte ihn sagen, er habe, seit das Buch von der *Circulation of the Blood* erschienen, im Practiciren mächtig an Sukzeß verloren, weil man *vulgo* glaube, er sey nicht ganz richtig im Kopf; und daß alle

Ärzte gegen ihn seyen und ihm neidisch gesonnen; viele schrieben öffentlich wider ihn. Alles Lärmen um Nichts — etwa 20 oder 30 Jahre später wurde sein Buch von allen Universitäten der Welt recipirt, und wie Mr Hobbes in seinem Buch *De Corpore* sagt, *Unter allen Lebenden ist er vielleicht der einzige, der noch erlebt, wie sein eigenes Werk in der Welt sich behauptet.*

Er war Arzt & großer Günstling des Lord High Marshall of England, Thomas Howard Earl of Arundel & Surrey, mit dem er als sein Leibarzt in dessen Gesandtschaft zum Kaiser nach Wien reiste. Auch im Verlauf der Reise noch machte er Excursionen in die Wälder, Beobachtungen von seltnen Bäumen und Pflanzen, Boden=Arten etc. & *Naturalia*, und ging dabey mitunter verloren, sodaß Mylord der Botschafter richtig zornig auf ihn wurde wegen der Gefahr, die ihm nicht nur von Dieben sondern auch von wilden Thieren drohete.

Oft & lange ward er von der Gicht geplagt, und seine Heil=Methode war die folgende: dann setzte er sich, wenn Frost herrschte, mit nackten Beinen auf das Dach von Cockaine=Haus, steckte sie in einen Eimer Wasser, bis er vor Kälte fast tot war, und begab sich dann wieder an den Ofen —: und so war's vorbey.

Er war hitz=köpficht, und seine Gedanken wollten ihn im Arbeiten oft vom Schlafe abhalten; er sagte mir, sein Mittel dagegen sey dann: aufzustehen und im Nachthemd so lange in der Kammer herum zu wandeln, bis ihm schön kalt geworden, i.e. bis ihn ein Schauern überkäme: dann lege er sich wieder nieder, und schlafe ganz commod.

Er war nicht groß, vielmehr von kleinster Statur; rundgesichtig, olivfarbene Haut; kleine Augen, rund, sehr schwarz, sehr lebendig; sein Haar schwarz wie Raben, doch 20 Jahre vor seinem Tode ganz weiß.

Ich erinnre mich, er pflegte dem Coffee zuzusprechen: was er und sein Bruder Eliab schon taten, ehe in London *Coffee-houses* in Mode kamen.

Seine Praxis war in den letzten Lebensjahren nicht sehr groß; er vernachlässigte sie, es wäre denn, einer seiner Freunde bedurfte der Hülfe, etwa Mylady Howland, die einen Krebs in der Brust hatte, den er ab=sägte & die Wunde ausbrannte, aber sie starb daran.

Um seine Patienten zu besuchen, ritt er zu Pferde auf einem Tuchsattel, indem sein Bediensteter nebenher schritt, wie's damals der Brauch: was sehr bescheiden war, jetzo aber ganz verschwunden. (Auch die Richter ritten zur Westminsterhall auf Tuchsätteln: was mit dem Tode von Lord Oberrichter Robert Hyde eingestellt wurde. Anthony Earl of Shafton wollte diese Sitte wiederbeleben, doch mehrere der Richter, inzwischen alt & schlecht zu Pferde, waren nicht einverstanden.)

All seine Collegae attestirten ihm, ein hervorragender Anatom zu sein, doch noch nie hörte ich, daß einer seine Therapie=Methoden bewundert hätte. Ich kannte mehrere practische Ärzte in London, die für eine seiner Recepturen keine 3d. hingegeben hätten: man könne anhand einer solchen kaum sagen, was er mit ihr eigentlich beabsichtige. (Von Pharmacie hielt er nichts; pflegte über sie nur geringschätzig zu sprechen.)

Gegen das Ende seiner Tage zu hatte er eine Mixtur aus Opium & ich weiß nicht was, das er in seinem Arbeitszimmer aufbewahrte, um's einzunehmen falls es der Lage tunlich sey, ihn von seiner Quaal zu erlösen: was ihm zu verabreichen Sir Charles Scarborough versprochen hatte; dies halt ich für wahr, glaube aber keineswegs, daß er's ihm wirklich gegeben.

Nicht, daß er nicht bereit gewesen wäre, es ihm zu verabreichen, hätte dieser unter starken Schmerzen gelitten — ich streite nicht ab, daß dies bey bestimmten Gelegenheiten seinen Principien gemäß gewesen wäre. Allein seine Todesart war *de facto & bona fide* folgende: näml. an seinem Todes⸗morgen um 10 Uhr wollt er reden, fand aber, er habe die Lähmung in seiner Zunge: da sah er, was es mit ihm werde; wußte, es gebe nun nimmermehr Hoffnung auf Genesung — also schickt er ungesäumt nach seinem Bruder & seinen jungen Neffen, daß sie zu ihm kämen; dem einen schenkt er seine Uhr ('s war eine Minuten⸗Uhr, mit der er seine Experimente gemacht), dem andern vermacht er was anderes, zur Erinnerung an ihn, etc; gab Sambroke, seinem Apotheker, zu verstehen, er solle ihn aus der Zunge zur Ader lassen: was kaum oder gar nicht half; und so beschloß er seine Tage. Leicht hob die Lähmung ihm den Schlagbaum.

20 Jahre lang, bis zu seinem Tode, trug er kein Verlangen, sich um seine weltlichen Angelegenheiten zu kümmern; doch sein Bruder Eliab, der ein sehr umsichtiger & kluger Vermögensverwalter war, ordnete alles nicht nur getreulich, sondern sogar besser als jener selbst es vermocht hätte. Bey seinem Tod hinterließ er ein Vermögen von 20.000 £, die er seinem Bruder Eliab vermachte. In seinem Letzten Willen hinterließ er seinem alten Freund Mr Thomas Hobbes zum Zeichen seiner Zuneigung 10 £.

Er liegt zu Hempsted in Essex in einer Gruft bestattet, die sein Bruder Eliab Harvey mauern ließ; er ward in Blei eingeschlossen — auf seiner Brust in großen Lettern:

Dr William Harvey

Ich war auf seiner Beysetzung und half ihn ins Gewölbe tragen.

EDWARD HERBERT,
Lord Herbert of Cherbury

ICH hab ihn mehrmals bei Sir John Danvers gesehen; er war ein dunkelhaariger Mann.

Das Schloß Montgomery war ein höchst romantischer Sitz: es stand auf einem hohen Vorgebirge, die Nordseite 30+ Fuß hoch. Von hier geht die entzückendste Aussicht in alle 4 Winde. Nach Süden zu, jenseits des Schlosses, liegt Prim-rose-hill; *vide* Donne's Gedicht:

> *Auf diesem Schlüsselblumen=Hügel,*
> *Wo, wenn der Himmel einen Schauer*
> *Von Regen destillirte, jeder Tropfen einzeln*
> *Auf seine eigne Primel fiel', und Manna also wüchs';*
> *Und wo ihr' Form und Anzahl ohne End*
> *Eine terrestrische Galaxis malen*
> *Gleichwie die kleinen Sterne hoch am Firmament:*

In dieser gefälligen Solitude erfreute sich dieser edle Lord seiner Muse.

Dieses stattliche Schloß wurde nach dem letzten Krieg auf Kosten des Landes abgerissen.

Mr Fludd sagte mir, er habe in seinem Hause beständig, zweimal am Tag, gebetet, und Sonntags habe sein Kaplan, Dr Coote (ein gebildeter Mann, der in Cambridge studirt), eine von Smyth's Predigten verlesen.

James Usher, Lordprimas von Irland, wurde nach ihm geschickt, als dieser auf dem Totenbett lag und die Letzte Ölung empfangen wollte. Gleichgültig sagte er, *wenn in irgendwas etwas Gutes sey, dann darin,* oder, *wenn's schon zu nichts nütze sey, würd's doch nicht schaden.* Der Primas verweigerte's ihm, wofür ihm etliche Vorwürfe machten. Da wandte er das Haupt

auf die andere Seite, und gab ganz heiter seinen
Geist auf.

GEORGE HERBERT

IN Brecknockshire, ohngefähr 3 Meilen von Brecknock entfernt, liegt ein Dorf namens Penkelly, wo ein kleines Schloß steht. Dies ist der Stammvätersitz der Herberts. Der dortige Mr Herbert stammte mütterlicherseits aus Wgan. Die Vorfahren Lord Cherberys kamen aus der zweiten mütterlichen Linie, einer Müllers=tochter. Der größte Theil des Besitzes, näml. Montgomery castle & Aberystwith, fielen dieser zweiten mütterlichen Linie zu. Über jene Partie mit der Müllerstochter werden bis auf den heutigen Tag von den Walisern diese Zeilen gesungen bzw aufgesagt:

> O gway vinney (dhyw) râg wilidh
> Vôd vinhad yn velinidh
> A' vôd vy mam yn velinidhes
> A' môd inney yn arglwydhes

In einer Begräbnis=Stätte der Kirche zu Montgomery (die zum Schlosse gehört) steht ein großes Sandstein= Monument von Richard Herbert, Esq (Vater des gebildeten Lord Herbert of Cherbery & des Mr George Herbert, der die *Sacred Poems* schrieb), wo *in effigie* er & seine Gattin Magdalena dargestellt sind, die später von Sir John Danvers von Wilts zur Frau genommen ward und in Chelsey Kürch beigesetzt ist, doch ohne Grabmahl. Dr Donne, Dekan von St Paul's, hielt ihr die Leichenrede, der mehrere Verse auf Latein & Griechisch von Mr George Herbert zu ihrem Gedenken angehängt sind. Zur letzten

Ruhe gebettet wurde sie, wie aus der Predigt erhellt, am 1ten Juli 1627.

Mr George Herbert war ein (entfernter) Blutsverwandter von & Kaplan bey Philip dem Earl of Pembroke & Montgomery und Lordkämmerer. Seine Lordschaft gewährte ihm ein Benefiz zu Bemmarton (zwischen Wilton und Salisbury), eine erbärmliche kleine Tochtergemeinde von Ease bis Foughelston. Das alte Haus war ganz hinfällig. Hier baute er ein sehr schönes Haus für den Pfarrer, aus Ziegel=stein, und legte einen guten Garten und Wege an. Er ruht im Chor, unter einer weder großen noch sonderlich guten marmornen Grab=platte, ohne jede Inschrift.

Im Chor stehen etliche passende Stellen aus der Hl. Schrift. Am Platz seiner Gattin *Mein Leben ist bey Christ im HErrn geborgen* (über diesen Text hat er Verse in seinen *Poems*). Darüber, in einer kleinen Fensterblende, mit einem (schlecht gemalten) Schleier: *Du bist meine Zuflucht.*

Er heiratete Jane, dritte Tochter von Charles Danvers von Bayntun in com. Wilts, Esq, hatte aber mit ihr keine Nachkommen. Er hatte eine ziemlich gesunde Haut — und die Schwindsucht. Seine Ehe, vermute ich, beschleunigte seinen Tod. Meine Verwandte war eine hübsche *bona roba,* und gescheit.

In der ersten Zeit seiner Ehe lebte er ein Jahr oder mehr in Dantesey House. H. Allen von Dantesey war gut mit ihm bekannt; der erzählte mir, jener habe eine sehr gute Hand zum Lautenschlagen gehabt und seine Gedichte oder *Sacred Poems* selbst in Musik gesetzt.

Scripsit: Sacred Poems, mit dem Titel *The Church,* gedruckt Cambridge 1633; ein Buch mit dem Titel *Der Landpfarrer,* gedruckt nicht vor ca. 1650, 8vo. Außerdem schrieb er einen Folioband auf Latein, welcher, da ihn der Pastor von Hineham nicht lesen konnte, von seiner Witwe (damals mit Sir Robert Cooke verheiratet) zu Nutz & Frommen eines guten Küchenhaushalts verurteilt wurde. (Diese Auskunft hab ich von Mr Arnold Cooke, einem von Sir Robert Cookes Söhnen, den ich ersuchte, seine Stiefmutter um Mr G. Herberts MSS zu bitten.)

Zu Grabe getragen ward er (auf eignen Wunsch:) mit einer Trauer=Liturgie, welche von den Sängern von Sarum gesungen ward; Francis Sambroke (Anwalt) assistirte damals als Chorknabe; mein Oheim, Thomas Danvers, war bei der Beerdigung.

'S gereicht der Stätte zur Ehre, daß sie die himmlische & ingeniöse Contemplation dieses Guten um sich hatte, dessen Frömmigkeit ihn gar vorhersagen ließ:

RELIGION auf Zehenspitzen sich itzt stellt,
bereit zur Landung an AMERICAs Gefild.

MARY HERBERT, Countess of Pembroke

MARY, Gräfin von Pembroke, war die Schwester Sir Philip Sidney's; vermählt mit Henry dem Ältesten Sohn des William Earl of Pembroke; allein dieser subtile alte Graf sah, daß seine schöne & geistvolle Schwiegertochter seinem Sohn Hörner aufsetzte, und steckte's ihm, und riet ihm, sie auf dem Lande zu halten und nicht die Gesellschaft bei Hofe frequentiren zu lassen.

Eine herrliche Lady war sie, und hatte einen excellenten Witz und die beste Erziehung, die in ihrer Zeit aufgebracht werden konnte. Hatte ein hübsch oval geschnitten Gesicht. Ihr Haar war von einem rötlichen Blonde.

Sie war ziemlich lüstern und hatte eine List ersonnen, nämlich im Frühjahr, da die Hengste denen Stuten aufsatzig werden, mußte man sie vor einen Tract des Hauses bringen, wo jene ein Guckloch hatte, eine *Vidette*, sie zu beobachten und sich zu ergetzen an ihrem Sport, und dann trieb sie die selbe Kurzweil mit *ihren* Hengsten. Einer ihrer großen Cavaliere war Cecill d. Krummbucklige, Earl of Salisbury.

In ihrer Zeit war Wilton House gleich einem Collegio, so viele gelehrte & ingenieuse Persönlichkeiten gingen dort aus & ein. Von allen Damen ihrer Zeit war sie den Künsten und der Wissenschaft die größte Gönnerin. Sie war groß in der Chymie, mit der sie sich jährlich eifrig befasste. Als ihren Laboranten im Hause hielt sie Adrian Gilbert (gemeinhin Dr Gilbert geheissen), Halbbruder von Sir Walter Raleigh, der in jenen Tagen ein großer Chymist war und ein Mann von ausgezeichneten natürlichen Anlagen, indes recht sarcastisch, und der grösste Buffone im Lande: scherte sich nicht, was oder wie er sprach zu Mann oder Weib. Er war es, der die curiöse Mauer gezogen um den Rowlington Park, welches der Park ist, der an das Haus zu Wilton angrenzt. Des Grafen Secretär war Mr Henry Sanford, ein guter Gelehrter & Poet, der einen Teil der *Arcadia* zu Papier brachte, die (wie aus dem Vorwort erhellt) ihr gewidmet ist. Er hat einen Prolog davor, mit den zwei Initialen seines Namens. Auch spendete sie eine noble jährliche Pension für Dr Mouffet, der ein Buch *De Insectis* geschrieben. Auch ein Boston, ein guter Chymist, geborener Salisburyer, der sich ruinirte da er den Stein der Weisen suchte; und sie hätte ihn behalten — er aber wollte alles Gold für sich haben, und so starb er, glaub' ich, in einem Gefängnis. Und ich kann mir nicht vorstellen, daß Mr Edmund Spenser dort ein Fremder gewesen sein sollte.

Zu Wilton hats eine gute Bibliothek, die in jener gelehrten Lady's Zeit gesammlet worden ist. Da gibt es ein Manuscript, ganz zierlich geschrieben, nämlich alle Psalmen Davids übertragen von Sir Philip Sydney, in karmesinroten Sammet sonderlich eingebunden. Es gibt ein MS von Dame Marian: *Von der Hetz= & Falkenjagd*, in Versen geschrieben auf Englisch, aus der Zeit König Henrici VIII.. Da gibt es das Urkunden=buch von Wilton: eine Seite Angelsächsisch — die andere Latein, welches Mr Dugdale sorgsam durchgesehen. Es war da ein lateinisch Poem, ein MS geschrieben zur Zeit Julii Caesari, worinnen neben Hunden auch von Tümmlern Erwähnung geschieht, und daß sie nirgendwo gefunden denn in Britannien.

Dieser curieuse Landsitz von Wilton und das angrenzende Land sind ein Arkadien & ein Garten Eden. Sir Philip Sydney weilte oft hier, und es war eine so große Liebe zwischen ihm und seiner schönen Schwester, daß mir von älteren Gentlemen zu Ohren kam, jene hätten sich beigelegen, und man glaubte, der 1te Philip Earl of Pembroke sei von ihm gezeugt, ob er gleich weder der Schwester noch des Bruders Witz geerbt.

Nach ihres Lordgemahls Tod verehelichte sich diese Countess mit Sir Matthew Lister, Ritter, einem aus dem Ärzte=Collegio zu London. Jack Markham sagt, sie hätten nicht geheuratet. Es heißt, er sei ein gelehrter & wohlgestalter Herr gewesen. Sie ließ dann ein curiöses Haus in Bedfordshire bauen, Houghton Lodge genannt, nahe Ampthill. Die Architekten wurden aus Italien bestellt. Es folgt der Beschreibung von Basilius' Haus im Ersten Buch der *Arcadia*. Gelegen ist es höchst lieblich, und hat eine Bella Vista in alle 4 Winde: jede Aussicht über 25 oder 30 Meilen. Dies ward verkauft an den Earl of

Elgin. Auf 10.000 £ kam der Bau des Hauses zu kosten.

Ein Epitaph auf Lady Mary, Countess of Pembroke (irgendwo gedruckt) von William Browne, dem Verfasser der *Pastoralls:*

> *Hier unter diesem Leichenstein*
> *Liegt aller Verse Grund allein:*
> *Pembrokes Mutter | Sydneys Schwesterlein.*
> *TOD, eh du wieder mordest ein'*
> *wie sie so gut | gelehrt | und fein,*
> *ziel' ZEIT dir ihre Pfeile ins Gebein!*

WILLIAM HERBERT,
Earl of Pembroke

ER war (wie ich annehme) ein jüngerer Bruder, ein junger wilder Haudegen. Fest steht, daß er im Hause der Worcester Page war und ihren blauen Mantel & Wappenzier trug. Meines Vetter Whitneys Groß=Tante gab ihm einen Sovereign, als er nach London kam. Als er einmal zu Bristowe weilte, wurde er arretirt und tötete einen der städtischen Sheriffs. Er gab Fersengeld — durch die Hinter=Gasse — durch das (damals große) Tor — in die Marschen, und entkam nach Frankreich.

Auf die Tötung des Sheriffs hin ordnete die Stadt an, daß das Tor zugemauert und nur ein kleines rückwärtiges Pförtchen oder eine Tür mit Weg=haspel für Fußgänger gelassen wurde: was so blieb, bis Bristowe königliche Garnison wurde und man das große Tor wieder öffnete. Er wurde *Der Schwarze Will Herbert* genannt.

In Frankreich suchte er seine Zuflucht im Heer, wo er so viel Schneid und in seiner Führung so viel Geistesgegenwart zeigte, daß er in kurzer Zeit aufstieg und mit Huld vom König bedacht ward, der ihn hernach an Henry den VIII. von England recommendirte, welcher große Stücke auf ihn hielt und ihn mit Ehren überhäufte.

Er heiratete Anne Par, die Schwester von Königin Katharine Par, mit der er 2 Söhne hatte: Henry Earl of Pembroke; und Edward, der Ahnherr von Lord Powys.

Er wurde zum Geheimen Staatsrath & Aufseher über König Henrys des Achten Nachlaßbestimmungen ernannt. Er konnt weder lesen noch schreiben, hatte aber zum Signiren einen Stempel. Hatte gute Anlagen; war aber sehr cholerisch. War kräftig gebaut, gleichwohl knochig; rotgesichtig; mit scharfem Auge & finsterem Blick.

Nach der Auflösung der Klöster gewährte ihm jener die Abtei von Wilton nebst zugehörigem Landstrich mit Herrensitzen & Ländereien ringsumher. Er schenkte ihm auch das Kloster Remesbury in Wilts mit viel zugehörigen Ländereien. Er gab ihm Cardiff-Castle in Glamorganshire samt dem zugehörigen alten Kronland.

Zu Queen Marys Zeit, auf die Rückkehr des Catholizismus hin, kehrten die Nonnen wieder heim nach Wilton Abbey: und dieser William, Earl of Pembroke, schritt, die Kappe in der Hand, vor das Tor (das zum Hof an der Straße hinausführt, itzt aber zugemauert ist) und fiel vor der Lady Äbtissin und den Nonnen auf die Knie, indem er *peccavi* schluchzte. Nach Queen Marys Ableben kam der Earl (gleich einem Tigertier) nach Wilton und warf sie hinaus, dieweil er schrie, *Raus, ihr Huren, an die Arbeit, an die Arbeit, ihr Nutten, geht spinnen.*

In unserem Landstrich begegnete man ihm, einem Fremden & Aufsteiger, mit Mißgunst. Und wenn nun in jenen Tagen (den Tagen des Schwerts & des Schilds) die Edlen (so auch große Ritter wie die Longs) zu den Assisen oder Versammlungen in Salisbury etc ritten, hatten sie zahlreiche Lehnsmänner in ihrem Gefolge; außerdem gab es (wie Sie gehört haben) Fehden, d.h. Streitereien & Animositäten zwischen großen Nachbarn. Besonders dieser frischgebackene Earle wurde vom damaligen Lord Sturton von Sturton (einer höchst gesitteten Parklandschaft, reizend & romantisch — einstmals ganz waldicht & verwildert) scheel angesehen; und ritt nun dieser aus oder nach Sarum — sein Weg führte ihn an Wilton vorbey — dann ließ er seine Trompeten schmettern und brüllte lästerliche Herausforderungen: 's war ein Rest Fahrendes Rittertum.

Diesen Lord Stourtons wurde ein großer Grundbesitz im Westen zum Besitz gemacht, bis Lord Stourton in den Tagen Queen Marys zu Tod & Ehrlosigkeit verurteilt wurde dafür, daß er seinen Haushofmeister Mr Hargill tötete und in seinem Keller verscharrte, wofür er zu Salisbury in einer Seiden≠Schlinge gehenkt ward.

Es herrschte eine große Fehde zwischen jenem Lord Stourton und William Herbert dem ersten Earle of Pembroke in der Familie, der im Westen ein gänzlich Fremder war, ein Privatmann ohne Grundbesitz, ein Glücksritter bloß, der, weil er ein Liebling König Henr. des 8ten war, bey der Auflösung der Klöster in wenigen Jahren aus dem Nichts zum wundersamen Besitz von Kirchen≠Ländereien gekommen war: womit er erheblichen Neid auf sich zog seitens dieses Grundherrn aus alter Familie & großem väterlichen Besitztum; von Glaubens≠Differencen ganz abgesehen. Besagter Lord Stourton war ein Mann von hohem Mut & großem Sinn, der sich in seinem Gefolge die markigsten Bursche hielt, von denen er hören konnte: u.a. hörte er von einem gewissen Hargill, einem starken strotzenden Kerl, der kürzlich einen umgebracht habe, und den man Seiner Lordschaft um seines Mumms wegen empfahl; als der in seine Familie kam, gab Lord Stourton am folgenden Sonntag dem Gemeinde=priester 10 Groten, daß er jenem in der Kirche eine Messe lesen lasse zur Exculpation seiner (Hargills) Sünde, den Mann ermordet zu haben. Es scheint, er war ein ungehobelter, mürrischer, bulldoggichter Kerl, dem Seine Lordschaft schließlich, als er ihn zum Hofmeister seiner Besitzungen gemacht, das Herrenhaus zu Kilmanton (Nachbargemeinde) überließ; ich glaub, als Vertrauensbeweis: daher Lord Stourton, auch ein großherziger Mann, als er sah, daß sein ergebner Hargill ihn mit niederträchtigen Kniffen so verhöhnte, daß er ihm womöglich nicht mehr trauen konnte, unfähig, so großen & undankbaren Mißbrauch zu ertragen, ihn — wie gesagt — tötete.

Zu Königin Elizabeths Zeit wurde von Queen & Kronrat ein Bischof (hab vergessen, welcher), der sein Kaplan gewesen, zu ihm ausgesandt, ihm einige schriftliche Fragen vorzulegen. Also zieht jener Feder & Dinte heraus, fragt, und schreibt. Als er schon eine Menge geschrieben, sagte der Earle, Itzt laßt es mich sehen. Wozu, sprach der Bischof, Eure Lordschaft können doch nicht lesen? 'S ist einerley, ich will's sehn, sagte dieser — und ergreifts, und reißt es in Fetzen. Sapperlot, Ihr Halunke, sagte er, glaubt Ihr, ich lass mir die Kehle mit'm Federmesser durchschneiden? Es sieht so aus, als hätte man ihm gern den Mantel durchlöchert, um sich seinen Besitz zu krallen.

Man berichtet, er habe sich selbst einen Aderlaß verordnet, und so geblutet, daß es sein Tod war; und daß er, als er das Zeitliche segnete, *sie wollen Wilton haben, sie wollen Wilton haben* keuchte und also seinen Geist aufgab.

Dieser William (der Familien=Gründer) hatte einen kleinen Hundecoeter, rötlich=spitznasig, keinen von der schönen Sorte — aber dieser liebte ihn, und der Earl liebte den Hund. Als der Earle starb, wollt sich der Hund nicht von den sterblichen Überresten seines Herrn trennen, sondern kümmerte in Trauer dahin, und starb unter der Toten=Bahre. Porträt besagten Hundes hängt unter seinem Bildnis in der Galerie von Wilton.

WILLIAM und PHILIP HERBERT, Earls of Pembroke

'*S IS T* gewiß: die Earls of Pembroke waren die populärsten Peers im Westen Englands, ja, man könnte kühn behaupten, im ganzen Königreich. Bis 1652 betrugen die Einkünfte dieser Familie £ 16.000 per annum. Einschließlich seiner Ämter und all dessen aber hatte er dreißig tausend Pfund p.a. Und so wie die Einkünfte groß waren, zeugte auch das Gefolge von Größe, und entsprechend war die Gastlichkeit. Von einer Familie von ein hundert und zwanzig, die aufstanden und sich zu Bette legten, mögen Sie sechs oder sieben abziehen — der Rest waren Dienstleute & Livrierte.

William der 2te & Philip der 3te Earl waren galante & schöne Männer; Gelehrsamkeit war ihre Sache nicht, dafür waren sie versessen auf Kurzweil an frischer Luft und auf Gastfreundschaft. Earle William bewirtete in Wilton, auf eigene Kosten, König James den Ersten für die Dauer etlicher Monate.

König Charles der 1te liebte Wilton über die Maaßen, und kam jeden Sommer dorthin. ER war es, der Philip (den 1ten) Earle of Pembroke darauf brachte, diesen großartigen Garten und die Grotte anzulegen, und die Garten=Front des Hauses neu zu bauen: mit zwei stattlichen Pavillons an jeder Ecke, alles *al Italiano*. Wilton Garden wurde der dritte Garten im italiänischen Styl. In der Zeit König Charles des IIten indes wurde die Gartenkunst weidlich verbessert & allgemein verbreitet; ich glaube, ich darf in aller Bescheidenheit versichern, daß itzt (1691) um London herum zehnmal so viel Gärtnerey getrieben wird wie A° 1660; und seit dieser Zeit haben wir auch mit fremdländischen Pflanzen große Fortschritte gemacht: besonders seit ca. 1683 sind exotische Pflanzen nach England gelangt, nicht weniger als sieben tausend.

William Herbert, Earl of Pembroke, war ein höchstedler Mann, und eine Zierde des Hofes unter den Regentschaften König James' und König Charles'. Er sah gut aus, war von bewundernswerter Präsenz. Den Gelehrten war er der größte Maecenas zu seiner Zeit, wenn nicht darüber hinaus. War sehr generös & freigiebig: schenkte der Bodlaean Library zu Oxford eine noble Sammlung erlesener Bücher & Manuscripte, die dereinst als ehrenvolles Denkmal seiner Weitherzigkeit gelten wird. Man meinte, hätte ihn nicht (zum Kummer aller Guten & Gelehrten) der Tod dahingerafft, er wäre dem Pembroke Colledge in Oxford ein großer Wohltäter geworden — wohingegen dort von ihm nur ein großer Silber=Teller geblieben ist, den er gestiftet.

Der alte Mr Thomas Allen errechnete seine Nativität: die ihm den Tod prophezeite, der denn auch getreulich zur vorausgesagten Zeit eintraf, daheim in Baynards Castle, London. Er war recht gut bey Gesundheit; wegen der tödlichen Bestimmung jedoch, der er sich unterwarf, gab er den Freunden ein großes Bankett (ein Souper); aß & trank üppig; ging wohlauf zu Bett — und starb im Schlaf.

Earl William war ein grandioser & tapferer Peer, und liebte gebildete Männer. Er war ein guter Lerner, hatte Freude an Dichtung, und schrieb bisweilen (zu seiner Zerstreuung) Sonette & Epigramme, die Empfehlung verdienen; einige sind gedruckt. Er hatte ein heldenhaftes, volksthümliches Herz; war großmütig zu Freunden wie Bediensteten und ein großer Förderer gelehrter Männer.

Philip Earle of Pembroke (sein Bruder) hatte kein Vergnügen an Büchern oder Poesie — liebte aber in herausragendem Maße Malerey & Baukunst, worinnen er über einzigartige Urteilskraft verfügte, und hatte unter allen Peers von England die besten Sammlungen, war auch der große Gönner Sir Anthony van Dycks: von dessen Gemälden er die meisten besaß. Das Haupt-Ergetzen Seiner Lordschaft bestand in Jagd & Falknerey, die er beide von allen Peers im Reiche zur größten Vollkommenheit gebracht.

Es wird sich erweisen, daß Wilton ebenso Akademie wie Palast gewesen ist; es war (sozusagen) ein Bienenstock, in dem Männer, die sich im Harnisch wie in der Kunst hervorgetan, Zuflucht suchten und umsorgt wurden; und viele von ihnen erhielten Ehren-Pensionen.

Wie gesagt, Philip der erste Earl dieses Namens, schätzte, im Unterschied zu seinem Bruder William, Bücher nicht sehr — doch in seiner Jugend verfügte er über eine wunderbare Sagacität bzw Fähigkeit zur Menschen=Beobachtung, d.h. Wahrheit oder Trug an Botschaftern oder Staatsministern auszuspähen, was ihn König James dem Ersten umso mehr empfahl.

Philip Earle of Pembroke (der Sohn obgenannten Philips) hatte bemerkenswerten Witz und war ein Nachdenker — Lectüre interessirte ihn weniger. Seine wesentliche Zerstreuung war die Chymie, von der Seine Lordschaft erkleckliches verstand: er bereitete Arzneyen und curirte mit beträchtlichem Erfolg.

Es war der ehrenwerte Philip (d. 1te) Earl of Pembroke, der Dianen huldigte. In Seiner Lordschaft Tagen *(sc. tempore Jacobi I et Caroli I)* herrschte jene friedensreiche Serenität, in der sich die Jägerey zur größten Höhe aufschwang, die sie in unsrer Nation je errungen. Die römischen Herrscher (denk ich) kannten dies Vergnügen noch nicht — die Saxen waren immer zu unruhig — die Kriege der Barone, und die zwischen den Häusern York und Lancaster, beanspruchten zu viel Zeit nach der Eroberung; also daß die Glorie der Englischen Jagd mit diesem Earle ein letztesmal aufleuchtete: er verschied 1644 — und kurz danach wurden die Forste & Parkanlagen verkauft und zu Ackerland gerodet.

'S war nach Seiner Lordschaft Tagen, daß ich auf die Jagd ging: d.h. bey dem sehr ehrenwerten William, Lord Herbert of Cardiff, besagten Philips Enkelsohn.

Dieser itzige Earl of Pembroke hat (1680) in Wilton 52 Bullenbeißer & 30 Windspiele; einige Bären; einen Löwen; und einen Bestand von 60 Burschen, thierischer noch als jene.

THOMAS HOBBES

Der Tag seiner Geburt war der fünfte April, A.D. 1588, ein Freitag Morgen, welcher in jenem Jahre Kar=freitag war. Aus Furcht vor der Invasion der Spanier kam seine Mutter mit ihm in die Wehen.

Mr Hobbes' Vater war Geistlicher zu Westport *juxta* Malmesbury, wozu Brokenborough & Charlton als Tochter=gemeinden rechnen; das Vikariat von Malmesbury erbringt nur XX Nobles per annum, i.e. 6 £ 13s. 4d. Er war noch einer von der Geistlichkeit aus Königin Elizabeth's Tagen: in jener Zeit ging nur ein kleines an Gelehrsamkeit mit ihm und vielen anderen unwissenden Falstaffen — er konnte nur die Kirch=Gebete & die Homilien lesen und hielt das Lernen (so erzählte's mir sein Sohn Edmund) nur in kleinen Ehren, da er nicht um dessen *Suavitas* wußte.

Westport ist die Gemeine diesseits des West=Tors (welches itzt demolirt ist): dies Tor stand auf dem Landrücken zwischen Malmesbury und Westport. Dort stand bis zum letzten Krieg eine sehr hübsche Kirche, die der Hl. Mary geweiht war, mit 3 Schiffen, bzw. einem Haupt= und zwei Seiten=schiffen und einem schönen Spiz=turm mit fünf gestimmten Glokken, die, als die Stadt von Sir W. Waller eingenommen, zu Mörsern umgeschmolzen wurden; und die Kürche ward dem Erdboden gleichgemacht, auf daß nicht der Feind sich in ihr wider die Garnison verschanze. Der Turm war höher als der, welcher itzo im Sprengel steht: das schmückte den Prospect sehr. Die Fenster waren schön gemalen, und darin standen Inschriften, die ein hohes Alter bezeugten. Was man itzt neu gebaut hat, gleicht einem Viehstall.

Der alte Pfarrverweser Hobs war ein guter Kerl, saß jeden Samstag Abend bey den Spielkarten —

dann, in der Kirche, im Schlafe, schreyet er »*Kreuz ist Trumpf*« und der Küster respondirt »*Dann, Herr, gewinne wer's As hat*«.

Er war ein Choleriker; und ein Pfarrer (welcher, glaub ich, zu Westport sein Nachfolger geworden) forderte ihn (absichtlich) vor der Kirchentür heraus also daß Hobs ihn schlug und darob gezwungen war, zu fliehen, und irgendwo bey London im verborgenen starb, vor etwa 80 Jahren.

Was seines Vaters Unwissenheit & Rohheit betrifft: die waren wie ein gutes Metall in der Schlacke, das nach Abschürfung & Reinigung verlangt. Witz will *raffinirt* werden, bedarf großer Anstrengungen und Kunst & guter Conversation, damit der Mensch sich vervollkommne.

Thomas, der Vater, hatte einen älteren Bruder, des Name war Francis: in seinem Wahlflecken ein wohlhäbiger Aldermann, Handschuhmacher von Beruf, was hier ein bedeutendes Handwerk ist, in vergangenen Tagen sogar mehr noch als itzund. (Soll ich diesen Handschuhmacher vorstellen — oder in Dunkel hüllen? Der Philosoph würd meinen: ersteres). Er war kinderlos, unterstützte indessen sehr oder vielmehr financirte zur Gänze seinen Neffen Thomas am Magdalen=Hall College zu Oxfd., und bey seinem Hinschied vermachte er ihm ein *agellum* (ein Stück Wiesengrund), Gaston=Ground genannt, nahe bey dem Pferde=markt, und 16 oder 18 £ p.a. wert; seine übrigen Ländereien hinterließ er seinem Neffen Edmund. Edmund war nahezu zwei Jahre älter denn sein Bruder Thomas und ihm im Aussehen etwas ähnlich, nicht so hochgewachsen, aber im Verstande weit unter ihm — wennschon ein biederer, verständiger Mann vom Lande. Er war mit seinem Bruder zur Schule gegangen und im Stande, über ein Thema zu schreiben, oder Verse, verstand auch ein wenig Griechisch bis an sein Sterbe-tag. Er starb vor etwa dreizehn Jahren, *aetate circiter 80*.

Im Alter von vier Jahren ging Mr Thomas Hobbes (Philosoph) in Westport-Church zur Schule, bis er 8 war — damals wurde die Kirche ausgemalt. Mit 8 konnte er gut lesen und mit Zahlen von 4 oder 5 Ziffern rechnen. Dann zog er nach Malmesbury zu Pastor Evans. Nach diesem hatte er Mr Robert Latimer als Schulmeister, einen jungen Mann von etwan neunzehn oder zwanzig Jahren, frisch von der Universität gekommen, der damals in Westport eine Privat-schule unterhielt. Dieser Mr Latimer war ein guter Graecist und der erste, der seit der Reformation hier in unsern Landstrich gezogen war. Er war Junggeselle und hatte an seinem Schüler, an T.H.'s Gesellschaft viel Vergnügen, und pflog ihn und zwei oder drei weitere fleißige Alumnen bis abends neun Uhr zu unterrichten.

Als Knabe war er noch ganz verspielt, gleichwohl hatte er schon damals eine contemplative Melancholie: verdrückte sich in eine Ecke, um seine Lectiones *ex tempore* zu memoriren. Sein Haar war schwarz, und seine Schulgefährten pflogen ihn *Krähe* zu rufen.

Mit vierzehn ging er als guter Schüler ab: nach Oxford, ans Magdalen-Hall College. Man sollte nicht vergessen, daß er, ehe er auf die Universität ging, Euripides' *Medea* aus dem Griechischen in lateinische Jamben gebracht hatte: welche er seinem Meister dedicirte. Mr H. sagte mir, wie gerne hätte er sie jetzt, um zu sehen, wie er sich seitdem entwikkelt habe. Vor ungefähr zwanzig Jahren durchkramte ich alle Papier des alten Mr Latimer, konnte sie jedoch nicht finden: der Ofen hat sie wohl verzehrt.

In Oxford pflog Mr T.H., zumal zur Sommers-zeit, sehr früh des Morgens aufzustehn, und knüpfte an

Packzwirn bleierne Zähl=Pennies, die er mit Vogelleim beschmierte und dann mit Käse=bröckchen als Köder bestückte, und die Dohlen würden sie aus großer Höhe erspähen, so weit wie von der Osney=Abtey aus, und auf den Köder hinabstoßen: und die Schnur, die sich vom Gewicht der Zählpennies um ihre Flügel schlang, hangelte er dann ein. (Diese Geschichte erzählte er mir einmal im Verlauf eines Gespräches über Optik, zum exemplum für die Schärfe der Sicht in einem so kleinen Auge.) Um Logik kümmerte er sich nicht sonderlich, allein er studirte sie und hielt sich für keinen schlechten Disputanten. Ein großes Ergötzen war's ihm, in die Buchbinder=läden zu gehn: vertiefte sich allda staunend in Land=karten.

Nachdem er seinen B.A. erworben, recommendirte ihn der damalige Rector von Magdalen=Hall (Sir James Hussee: ein großer Förderer gelehriger junger Männer), nachdem jener Oxford verlassen, an seinen jungen Lord (den Earl of Devonshire), der die Idee hegte, er würd in seinen Studiis mehr profitiren, wann er zu seiner Aufwartung einen Studenten gleichen Alters hätte, als durch den Unterricht eines ehrwürdigen Doctors. Er wurde Page Seiner Lordschaft, ritt mit ihm zur Hatz & auf die Falken=jagd, und führte Aufsicht über seine Privat=Schatulle.

Durch diese Lebensweise hätte er sein Latein beinah vergessen. Daher erwarb er sich Bücher, gedruckt zu Amsterdam, die er mit sich in der Tasche tragen konnte (speciell die *Commentare* Julii Caesari) und die er, während sein Lord Visiten machte, in der Lobby las oder in der Antechambre.

Er brachte zwei Jahre mit der Lektüre von Romanen und Schauspielen zu, was ihn oft gereut hat; er sagte, diese zwei Jahre seyen ihm verlorne Zeit: worin er sich womöglich doch geirrt hat. Denn wer weiß, ob er sich dadurch nicht mit einem großen Wort= schatz bereichert hat.

Lordkanzler Bacon liebte mit ihm zu conversiren. T.H. assistirte seiner Lordschaft beim Übersetzen mehrerer seiner *Essayes* ins Lateinische: eines — ich erinnere mich gut — ist das *Of the Greatnes of Cities;* die andern hab ich vergessen. Seine Lordschaft war ein sehr contemplativer Mann, und pflog bey seinen köstlichen Spaziergängen zu Gorambery ins Nach= sinnen zu fallen und seine Gedanken Mr Thomas Bushell oder einem andern seiner Gentlemen zu dictiren, die ihn mit Dinte & Papier begleiteten und darauf warteten, seine Gedanken ungesäumt festzu= halten. Seine Lordschaft würd oftmals sagen, er hätt's lieber, wenn Mr Hobbes seine Gedanken nie= derschriebe als irgend ein anderer, weil dieser das, was er schriebe, auch verstünde, wohingegen die andern es nicht verstünden; Mylord hatte häufig die größte Mühe, einen Sinn aus dem zu lesen, was sie geschrieben.

1634: diesen Sommer — ich entsinne mich, 's war in der Jagdsaison (Juli oder August) — kam Mr T.H. in seine Heimat=Grafschaft, um seine Freunde zu besuchen, und kam dann unter anderem, um seinen alten Schul=meister zu sehen, Mr Robert Latimer in Leigh-de-la-mer, wo ich als kleiner Junge in die Lateinschule ging und von diesem den ersten Sprach= unterricht erhielt. Hier geschah's zum erstenmal, daß mir die Ehre ward, dieses würdigen gelehrten Mannes ansichtig zu werden, der damals von mir Notiz zu nehmen geruhte und am folgenden Tag meine Verwandten besuchte. Damals war er ein rüstiger Mann, energisch, und in sehr gutem Habit. Sein Haar war noch ganz schwarz. Er weilte in Malmesbury und in der Nachbarschaft eine Woche oder länger. Zu jener Zeit rankte sich seine Con=

versation häufig um Ben. Johnson, Mr Ayton et al.: das war das letzte Mal, daß er in Wiltshire weilte.

Der Geometrie wandte er sich nicht vor dem 40ten Lebensjahr zu: das geschah durch Zufall. Als er sich in eines Gentlemans Bibliothek aufhielt, lagen da aufgeschlagen Euklids *Elements,* und zwar *47 El. libri 1.* Er las die Proposition. *Bey G—,* sagte er (dann & wann pflog er, *qua emphasis,* vehement zu fluchen), *das ist unmöglich!* Also liest er die Beweis= führung, die ihn zu einer Proposition zurückführte. Welchselbige er las. Dies leitete ihn zu einer weiteren zurück, die er gleichfalls las. *Et sic deinceps,* so daß er zuletzt von jener Wahrheit *qua demonstratione* über- zeuget ward. Also verliebte er sich in die Geometrie.

Ich hab Mr Hobbes sagen hören, daß er Linien auf seinen Schenkel und auf die Bett=laken zu zeich- nen pflog, desgleichen im Bette multiplicirte & divi- dirte.

Oft klagte er darob, daß die Algebra (obzwar von großem Nutzen) zu sehr verehrt und derart im Schwange sey, daß die Menschen nicht mehr recht fähig seien, das Wesen & die Macht der Linien zu erwägen & zu betrachten: was für das Fortkommen der Geometrie ein großes Hindernis sey, denn ob die Algebra gleich extrem gut & rasch & leicht bey geraden Linien würke, habe sie bei der Körper=Geo- metrie nicht den rechten Biß (dünkt mich). *Quod N.B.*

'S war ein Jammer, daß Mr Hobbs das Studium der Mathematik nicht früher begonnen: dann hätte er sich nicht so eine Blöße gegeben. Indes kann man von ihm das gleiche wie von Jos. Scaliger sagen: wo er irrt, irrt er so genial, daß man lieber mit ihm irren als mit Clavio ins Schwarze treffen möcht.

Nachdem er begonnen, über das Interesse des Königs von England betreffs seiner Affairen zwischen ihm und dem Parlament nachzudenken, waren seine

Gedanken in summa zehn Jahre gänzlich oder fast gänzlich von der Mathematik abgezogen, was für seine mathematischen Fort=schritte ein großer Rückschlag war, denn bey 10 Jahren Unterbrechung (oder mehr) in (zumal) solchen Studien wird einem die Mathematik reichlich rostig.

Als das Parlament zusammentrat — die ersten Sitzungen im April 1640 — und im folgenden Mai aufgelöst wurde, wobey etliche Aspecte der Königlichen Gewalten, die für den Frieden des Königtums und die Sicherheit der Person Seiner Majestät vonnöten seien, disputirt & abgelehnt wurden, verfasste Mr Hobbes einen kleinen Tractat auf Englisch, in dem er ausführte & demonstrirte, daß besagte Gewalten & Rechte untrennbar mit der Souveränität verbunden seien, welche sie damals dem König nicht absprachen — allein wie's scheint, begriffen sie diese Untrennbarkeit nicht oder wollten sie nicht begreifen. Von diesem Tractat, wiewohl er ungedruckt blieb, hatten viele Gentlemen Abschriften, was zu allerlei Reden über den Autor Anlaß gab; und hätte Seine Majestät nicht das Parlament aufgelöst, hätt's ihn in Gefahr um sein Leben gebracht.

Bp Manwaring (von St David's) predigte *seine Doctrin:* wofür er, nebst anderen, im Tower inhaftiert ward. Da dünkte Mr Hobbes, 's ist itzt an der Zeit, daß ich mich absentire, und entschwand nach Frankreich, und nahm Logis in Paris. Aus diesem Traktätchen erwuchs sein Buch *De Cive,* und daraus erwuchs zuletzt der so furchtbare *LEVIATHAN;* die Art der Niederschrift dieses Buches (erzählte er mir) war also: er sagte, beyzeiten würd' er seine Gedanken auf Nach=forschung & Nach=sinnen setzen, immer mit dieser Regel: daß er nur Eines zu seiner Zeit ganz tief & scharf durchdächte (*scilicet,* eine Woche oder mitunter vierzehn Tage lang). Dann spazirte er viel, und dächte nach, und habe im Knauf seines Stockes Feder & Dinten≠horn, trüge stets ein Notiz≠buch in der Tasche, und sobald ein Gedanke angeflogen käme, gäbe er ihn augenblicks in sein Büchlein, andernfalls er ihn leicht verlöre. Den Plan des Buches habe er in Kapiteln etc. vorgezeichnet, also wüßt er wo's etwan hingehörte. Derart ward dieses Buch geschaffen.

Er schrieb & publicirte den *LEVIATHAN* gewiß nicht mit der Absicht, Seiner Majestät zu schaden oder Oliver zu schmeicheln (der erst drei oder vier Jahre später Lord Protector wurde) zum Behuf, seine Heimkehr zu leichtern, denn es gibt schwerlich eine Seite darin, auf der er ihn nicht critisirt.

Seine Majestät war mit ihm (in Paris) eine Weile, aber nicht sehr lang, ungnädig, da jemand über seine Schriften Klage geführt und sie falsch ausgelegt hatte. Aber Seine Majestät hielt viel auf ihn, und sagte öffentlich, Er glaube, Mr Hobbes habe nie die Absicht gehabt, ihm wehe zu tun.

Anno 1650 oder 1651 kehrte er nach England zurück und lebte meistenteils in Fetter-lane, wo er sein Buch *de Corpore* schrieb bzw. completirte, auf Lateinisch und dann auf Englisch.

Bis zur Wiedereinsetzung Seiner Majestät war er häufig in London, da er hier die Konvenienz nicht nur von Büchern, sondern auch von gelehrten Gesprächen hatte. Ich hab ihn sagen hören, in seines Lords Hause auf dem Lande gäbs eine gute Bibliothek, und Bücher in Fülle vor ihn, Seine Lordschaft stocke die Bibliothek mit so viel Büchern auf wie er nur zu kaufen im Stande; er sagte aber auch, der Mangel an gelehrter Conversation sei eine beträchtliche Inkonvenienz, und obwohl er glaube, er könne sein Denken vielleicht eben so gut in Ordnung halten als irgendeiner sonst, fände er darin ein großes

Hemmnis. Mich dünkt, auf dem Land setzt eines Mannes Witz, aus Mangel an guter Conversation, Schimmel an.

1660. Die Winters-zeit von 1659 verbrachte er in Derbyshire. Im folgenden März war die Morgendämmerung der Ankunft unseres gnädigen Souveräns, und im April die Morgenröte. Damals sandte ich ihm aufs Land einen Brief, ihm die Ankunft seines Herrn des Königs zu melden, und bat ihn, um Himmels-willen vor dessen Eintreffen in London zu sein; und da ich Seine Majestät als großen Liebhaber guter Malerey kannte, müsse ich praesumiren, er käme nicht umhin, Mr Cowpers curieuse Werke zu sehen, von dessen Ruhm er im Ausland viel gehört und manch Stück von ihm gesehen, und *item,* daß er ihm Portrait säße, bei welcher Gelegenheit er die beste Konvenienz haben würde, sich aufs neue der Gnade Seiner Majestät zu versichern. Er erwiderte seinen Dank für meinen freundlichen Hinweis, und kam im folgenden Mai nach London.

Es geschah nun, etwan zwei oder drei Tage nach Seiner Majestät glücklicher Heimkehr, daß Mr Hobbes, als jener in seiner Kutsche durch den *Strand* fuhr, beim Little Salisbury-House Tor stund (wo sein Lord residirte). Der König erspähte ihn, zog vor ihm leutselig den Hut, und frug nach seinem Ergehen. Etwa eine Woche später hatt er bei Mr S. Cowper eine mündliche Unterredung mit Seiner Majestät, wo sich dieser, dieweil er dem Maler saß, an Mr Hobbes' gefälliger Unterhaltung ergötzte. Indeme wurde Seiner Majestät Huld ihm wieder erneuet, und Ordre gegeben, daß er zu Seiner Majestät freien Zutritt haben sollte, der von seinem Witz und seinen schlagfertigen Antworten stets entzückt war.

Gewöhnlich leimten ihn die Witzlinge bei Hofe. Aber er fürchtete keinen von ihnen, und hielt stich.

Der König nannte ihn *den Bär:* Hier tappt der Bär auf den Leim (: ein Witz, zu flau um publicirt zu werden).

Er hatte wunderbare Geschicklichkeit & Fertigkeit im Repliciren, und dann ohne Rancune (es sey denn, sie wäre provocirt worden) — doch jezo spreche ich von seiner Schlagfertigkeit in geistreichen & komischen Entgegnungen. Er würde sagen, es sei ihm einerley, auch sei er nicht behende genug, auf ein ernstes *quaere* eine sofortige Antwort zu geben — genau so gut hätte man von ihm die ex-tempore-Lösung eines arithmetischen Problems erwarten können, denn in Philosophie, Politik etc. drehte & wandt & verschlang er sich, als hätt er's mit einer Analysis zu tun. Er vermied stets, so gut er konnte, das übereilte concludere.

1665. In diesem Jahr sagte er mir, er wolle für die Stadt, in der er geboren, etwas Gutes tun; seine Majestät sey ihm wohlgesonnen, und wenn ich etwas für unsern Landstrich fände, das er geben könne, dann — glaubte er — könne er's von seiner Majestät erbitten; und angesichts daß er ein Gelehrter geworden, hielte er es für das passendste, dort eine Freischule zu stiften, an welcher es itzo gebräche (denn vor der Reformation hatten die Klöster große Schulen, zB Magdaleen=School oder die New=College=Schoole). Ich erkundigte mich, und fand ein Stückgen Lands in Bradon-forest (ca. 25 £ p.a. wert), das zum Schenkungsbesitz Seiner Majestät zählte, und das er um das Salär eines Schul=meisters von Seiner Majestät zu bekommen plante — allein die Pfaffen der Königin erschnüffelten den Plan, und da sie seine Feinde waren, machten sie diesem publiquen & karitativen Vorhaben den Garaus.

Mr. Samuel Cowper (letzthin ein Fürst der Malerey und mein ewig geehrter Freund, ein — von seiner

Kunst ganz abgesehen — ingeniöser Mann, und von großer Menschlichkeit) malte sein Bildnis so treffend wie Kunst es nur vermag, und es ward eins der besten Stücke so er je gemalt: welches seine Majestät bey seiner Rückkehr von ihm erwarb und als eine seiner Raritäten in seinem Kabinettzimmer zu Whitehall hütet.

Sein Lord, der ein Verschwender war, schickte ihn die kreuz & die quer, um Geld zu borgen und Gentlemen aufzutreiben, die ihm ein Darlehen gäben, da er sich schämte, selbst mit ihnen zu sprechen.

In seiner Jugend kränkelte er; hatte einen ungesunden (gelblichen) Teint: zog sich Erkältungen zu, da er nasse Füße hatte (damals gab's noch keine Miet=kutschen auf den Straßen) und ging in beiderseits ausgetretenen Schuhen. Ansonsten war er sehr beliebt: man mochte seine Gesellschaft um seiner angenehmen Liebenswürdigkeit & Gutherzigkeit willen.

Ab vierzig, oder darüber hinaus, wurde er gesünder und hatte dann eine frische, gerötete Gesichtsfarbe. Er war ein *Sanguineo-melancholicus:* was, wie die Physiologen sagen, die geistreichste Säffte=mischung ist. Er würd sagen: in jeglichem Temperamente gäbe es gute Köpfe — unmöglich aber gute Charaktere.

Im Alter war er zur Gänze kahlköpfig (was Ehrfurcht heischte), doch in seinen vier Wänden pflog er barhäuptig zu sitzen & zu studiren, und sagte, er verkühle sich nimmer den Kopf; die größte Mühe sey es nur, die Fliegen von seinem Kahlschädel fortzuscheuchen.

Das Gesicht nicht sehr groß; die Stirne breit; der Schnauz=bart gelblich-rötlich, sich in natürlichem Schwunge aufwärts zwirbelnd: was ein Zeichen für lebhaften Witz ist. Am Kinn war er glatt rasiert, bis auf ein kleines Bärtgen unter der Unterlippe. Nicht, als hätte Natur ihm nicht einen venerablen Bart gönnen wollen! — allein da er im Wesen von heiterem & gefälligem Gemüth war, wollte er nicht Würde & Gravität ausstrahlen, um streng zu scheinen. Seine Reputation von Weisheit wollte er nicht am Schnitt seines Bartes erkenntlich machen, sondern an seinem Verstand.

Er hatte ein gutes Auge, u.zw. von haselbrauner Farb, welches bis zuletzt voller Leben & Geist war. War er in lebhaftem Diskurs, dann leuchtete (gleichsam) ein glühender Kohlen=schein darin. Er hatte zwei Arten zu blicken: lachte er, war er witzig, in lustiger Laune, konnte man seine Augen kaum sehen — nach und nach, wenn er ernst & eindringlich wurde, öffnete er die Augen rund (i.e. die Augen=lider). Er hatte mittelgroße Augen, nicht sehr groß, nicht sehr klein.

Beim Earl of Devonshire in Derbyshire gab es einen guten Maler, nicht lange bevor Mr Hobbes starb, der konterfeite ihn mit allen Anzeichen des Verfalls im Alter.

Obwohl er seine Heimat=region mit 14 verlassen hatte, und so lange lebte, mochte man gelegentlich doch einen Anflug unseres Dialekts bei ihm finden. — Der alte Sir Thomas Malette, einer der Richter vom Kings's Bench, kannte Sir Walter Ralegh, und sagte, daß ohngeachtet seiner weiten Reisen, Conversation, Bildung etc dieser bis an sein Sterbe=tag ein breites Devonshire gesprochen.

Er hatte sehr wenig Bücher. Weder Sir William Petty noch ich sahen mehr denn ein halb Dutzend um ihn in seinem Zimmer. Gewöhnlich lagen Homer & Virgil auf dem Tisch; manchmal Xenophon oder ein glaubwürdiges Geschichtswerk, und das Griechische Testament oder dergl.

Er hatte viel gelesen, erwägt man sein langes Leben; aber seine Contemplatio überstieg seine Lecture bey weitem. Er pflog zu sagen, hätte er so viel gelesen wie andere Menschen, hätte er nicht mehr wissen können als sie.

Wiederholt sagte er, lieber seien ihm der Rat & die Medicin einer Alten Frau, die schon an vieler Kranker Bett=statt gesessen, denn die des gelehrtesten, aber unerfahrenen Arztes.

Es verträgt sich nicht mit einer harmonischen Seele, ein Frauenhasser zu sein, auch hatte er nie eine Abhorreszenz vor gutem Wein, doch war er sogar in seiner Jugend (im allgemeinen) mit Wein wie Weib enthaltsam. Ich hab ihn sagen hören, er gläube, er habe in seinem Leben hundertmal einen Excess gehabt, was, wenn man sein hohes Alter bedenkt, auf nicht mehr denn einmal-im-Jahr hinausliefe. Wenn er denn tränke, dann tränk er bis zum Excess, um die Wohltat des Erbrechens zu genießen — was ihm leicht gelänge: durch welche Leichterung sein Witz nicht länger verwirrt sei als er tränke, noch sein Magen beschwert; aber er war nie, und hätt's auch nicht gelitten, ein habitueller *good fellow*, i.e. jeden Tag in Gesellschaft zu trinken, was, ob es gleich nicht zur Trunkenheit führt, das Hirn verwüstet.

Seine letzten 30+ Jahre über war seine Ernährung etc. ganz frugal & regelmäßig. Er stand um etwa sieben Uhr auf, nahm ein Frühstück mit Brodt & Butter; und ging spaziren, wobey er bis zehn seinen Gedanken nachhing; dann machte er von seinen Gedanken Notizen, die er am Nachmittag niederschrieb. Er dachte viel, und mit ausgezeichneter Systematik & Continuität, was ihn selten zu einem falschen Schritt verführte.

Sein Tisch war 1 Zoll dick und maß ca 16 Zoll im Quadrat; war mit Papier beklebt. Auf diesem Tisch strichelte er seine Zeilen (Entwürfe). Wenn ihm eine Zeile einfiel, nahm er, im Spaziren, ein Roh=Notat von ihr auf, um sie im Gedächtnis zu behalten, bis er heimkäme. Müßig ging er nie — sein Geist war immer am Arbeiten.

Um punct eilf wurd ihm sein Dinner bereitet, denn nun konnte er nicht bis zu Mylords Stunde ausharren: *scil.*, etwa um zwei: dies konnte sein Magen nicht vertragen.

Nach dem Dinner nahm er eine Pfeife Toback, lockerte sich den Hosen=bund, warf sich dann ungesäumt aufs Bette, und schlief (hielt ein Nickerchen von ca. einer halben Stunde).

Am Nachmittag schrieb er seine Morgen=Gedanken nieder.

Neben seinen täglichen Gängen spielte er zwei- oder dreimal im Jahr Tennis (noch mit ca. 75), ging dann zu Bett und wurde gut abgerubbelt. Dies, wähnte er, würde ihn zwey oder drei Jahre länger leben lassen.

Auf dem Lande pflog er, in Ermangelung eines Tennis=platzes, im Park die Hügel hinauf & hinunter zu wandern, bis er in Schweiss gebaadet, und dann dem Diener etwas Geld zu geben, daß dieser ihn abrubbele.

Er hatte stets Bücher mit *Prick-Song* auf dem Tisch liegen: den er bei Nacht, wenn er zu Bett war, und die Tür geschlossen, und er sicher war daß niemand ihn hörte, laut sang (nicht, daß er eine sehr gute Stimme gehabt hätte!), nur um seiner Gesundheit willen: er glaubte, es täte seiner Lunge gut und sey der Verlängerung seines Lebens förderlich.

Er hatte die Schüttel=lähmung in den Händen, was in Frankreich vor dem Jahr 1650 einsetzte und seitdem nach und nach stärker geworden ist, so daß er seit 1665 oder 1666 nicht mehr sehr lesbar zu schreiben in der Lage gewesen, wie ich aus einigen Briefen entnehme, mit denen er mich beehrt hat. Mr Hobbs war, ehe er starb, über mehrere Jahre so paralytisch, daß er kaum im Stande war seinen Namen zu schreiben, und da er in Abwesenheit seines Amanuensis nichts mehr zu schreiben vermochte, malte er Kringel auf ein Blatt Papier, um sich an Entwürfe seines Geistes zu erinnern, die er zur Niederschrift bestimmt hatte.

Seine außerordentliche Furchtsamkeit wird von Mr Hobs sehr klug zugegeben: er schreibt sie dem Einfluß seiner Mutter zu, welche in Angst vor der Spanischen Invasion '88 war, als sie damals mit ihm schwanger ging: es ist ganz erstaunlich, daß weder die Furchtsamkeit seines Wesens seit seiner Kindheit, noch das Absinken seiner Lebens=wärme im höchsten Alter, im Verein mit dieser gewalttätigen Lähmung, ihm die kräftige Glut & Energie seines Geistes kühlen konnten, die ihn bis zuletzt so wundervoll begleiteten.

Sein Werk ward Gegenstand des Neides, der ihm etliche Anschwärzungen & Verleumdungen anhängte. Zum Beispiel ging die (weit verbreitete) Rede, er hätte Angst, des Nachts allein in seinem Zimmer zu liegen; ich hab ihn oft sagen hören, er fürchte sich nicht vor *Gespenstern,* sondern vor einem Schlag aufs Haupt um 5 oder 10 £ wegen, die Spitzbuben in seiner Kammer vermuten mochten; auch mehrere andere Geschichten, genau so unwahr.

Als Mr Hobbes in Frankreich krank darniederlag, besuchten ihn die Geistlichen und quälten ihn (die Römisch=katholischen, die von der Church of England, die Calvinisten). Sprach er zu ihnen: laßt mich in Frieden — oder ich decke all eure Trügerei auf von Aaron bis zu euch selbst!

Mr Edmund Waller sagte mir, als ich ihn bat, ein paar Verse zu seinem Lobe zu schreiben, er habe vor den Kürchen=männern Angst: weil seine Eloge hauptsächlich davon Notiz nehmen müßte, daß jener, nur als *einzelner,* nur als Privat=person, all ihre Kirchen abgerissen, die Nebel der Unwissenheit zerstreut und ihre Pfafferey offengelegt habe.

Es wurde berichtet (und stimmt sicher), daß im Parlament, nicht lange nach der Einsetzung des Königs, einige Bischöfe einen Antrag einbrachten, den guten alten Herrn als Häretiker auf den Scheiter=haufen zu bringen. Er, als er solches vernahm, fürchtete, seine Aufzeichnungen möchten auf ihren Befehl durchsucht werden; und zu mir sagte er, er habe einen Teil davon verbrannt: unter anderem ein Poem in lateinischen Hexametern & Pentametern über die Eingriffe des Klerus (des katholischen wie des reformirten) in die bürgerlichen Gewalten.

Daß er ein Christ war, ist klar, denn er empfing das Sacrament von Dr Pierson, und in seiner Beichte bei Dr John Cosins, auf seinem Sterbe=bett (wie er glaubte), erklärte er, er zöge die Religion der Church of England allen anderen vor.

Bey seinem Tode hinterließ er annähernd 1 000 £; was (wenn man seine Mildtätigkeit in Rechnung stellt) mehr war, als ich erwartet hatte: denn zu denen, die die wahren Empfänger seiner Freigebigkeit waren, war er sehr mild=tätig. Als er einmal, fällt mir ein, durch den *Strand* ging, heischte ein armer & hinfälliger alter Mann von ihm ein Almosen. Er sah ihn an — in seinem Auge standen Mitleid & Erbarmen — steckte die Hand in die Tasche und gab ihm 6d. Sprach ein Pfaffe, der dabeystand, Hättest du das auch getan, wenn es nicht Christi Geheiß wäre? Allerdings! sagte er. Warum? frug der andere. Weil es mir, sagte er, wehe tat, den elenden Stand des alten Mannes zu sehen; und itzo erleichtert mein Almosen, das ihm Hülfe bringt, auch mich.

Thomas Hobbs sagte, manche Menschen wären, gäb es den Galgen nicht, von so grausamer Natur, daß sie sich am Töten von Menschen mehr ergötzten als ich am Erlegen eines Vogels. Ich hab ihn hefftig wider die Grausamkeit Mosis wüten hören, da dieser so viele Tausende, weil sie sich vor dem Goldenen Kalb verbeugt hatten, dem Schwerte geopfert habe.

Mr Benjamin Johnson, *Poeta laureatus,* war sein lieber und vertrauter Freund & Bekannter.

Sein Neffe Francis war seinem Oheim Thomas recht sehr ähnlich, besonders um die Augen, und wäre, hätte er eine gute Educazion genossen, ein gescheiter Mann geworden — so aber ertränkte er seinen Witz im Ale.

Als T.H. in Florenz war, schloß er mit dem berühmten Galileo Galileo Freundschaft, den er aufs höchste verehrte & rühmte: und dies nicht nur, weil dieser ein erstaunlicher Kopf war, sondern auch um den Charme seines Wesens & Benehmens willen; wie aus ihren Konterfey's erhellt, ähnelten sie sich in ihrer Art sehr: beide waren heiter und melancholisch-sanguinisch, und beide hatten in ihren Fata ein Gemeinsames: von den Männern der Kürche gehasst & verfolgt zu werden.

Mr Robert Hooke liebte ihn, war aber nur einmal in seiner Gesellschaft.

William Harvey, Doctor der Physik & Chirurgie, Entdecker der Blut=circulation, vermachte ihm in seinem Letzten Willen 10 £, als Liebes=Angebinde.

Mr John Dreyden, *Poeta Laureatus,* ist sein großer Bewunderer und macht in seinen Stücken oft von dessen Lehre Gebrauch —: so Mr Dreyden selbst.

Sir Jonas Moore, Mathematicus, Aufseher über Seiner Majestät Kriegs=ausrüstung, der für Mr Hobbes große Verehrung hegte, pflog häufig zu beklagen, daß dieser so spät zum Studium der Mathematik gekommen.

Lucius Carey, Lord Falkland, war sein großer Freund & Bewunderer, desgleichen Sir William Petty; die beiden hab ich hier unter jenen Freunden aufgelistet, von denen er mir erzählt hat — Dr Blackburn hat sie aber (zu meinem Erstaunen) ausgelassen. Ich fragte ihn, warum? Weil beide, antwortete er, Ausländern unbekannt seien.

Des Cartes und er waren miteinander bekannt und hegten vor einander Respect. Er sagte, wär jener bey der Geometrie geblieben, wär er der beste Geometer der Welt gewesen — die Philosophie jedoch läge ihm nicht.

Ich hab ihn sagen hören, Aristoteles sei der schlechteste Lehrer, den es je gegeben, der schlechteste Politiker & Moralphilosoph — jeder Stenz vom Lande, der mit beiden Beinen auf der Erde stünd, wär eben so gut — seine *Rhetorik* und seine *Abhandlung von den Thieren* indessen hätten schwerlich ihresgleichen.

Er hatte eine hohe Meinung von der *Royall Societie,* indem er einmal sagte, die Natur=Philosophie sey aus den Universitäten ans *Gresham Colledge* überführt worden, womit er die Royall Societie meinte, die sich allda versammlet; und die Royal Societie hielt ihn (im allgemeinen) in eben solchen Ehren: und er wär dort schon längst ein eingeschriebenes Mitglied geworden, wärs nicht um eines oder zweier Männer wegen, die er für seine Gegner ansah: nämlich Dr Wallis (sicher stehen ihre Merkure in Opposition) und Mr Boyle. Ich könnte noch Sir Paul Neale anfügen, der gegen jeden ungefällig ist.

1675 verließ er London *cum animo nunquam revertendi* und brachte den Rest seiner Täge in Derbyshire beim Earl of Devonshire in Chatsworth & Hardwyck zu, in Contemplation & Studien.

Dieses Liebes=gedicht verfasste er kurz vor seinem Tod:

Obschon nun über neunzig, und zu alt
am Hofe Cupidonis noch auf Orden
zu hoffen, und nach vielen Wintern kalt,
daß ich beinah ganz töricht worden,

kann ich doch lieben, eine Liebste hegen:
so schön wie irgend nur, so weis' wie hold
und doch nicht stolz. Und nichts soll mich bewegen
daß je ich zweifelte an ihrer Lieb' Gewalt.

Euch sagen, wer sie sey, wär ja Vermessenheit —
doch wenn eu'r Wesen euch ihr Bild entrollt,
scheltet nicht ›Narr‹ den Mann, der, ob gleich alt,
in schönem Leib den Geist liebt schöner weit.

Etwa Mitte Oktober 1675 wurde er krank. Seine Krankheit war der *Harnzwang,* der nach dem Urteil seiner Ärzte in Anbetracht seines hohen Alters & natürlichen Verfalls unheilbar sei. Als sich um den 20ten November Mylord von Chatsworth nach Hardwyck begeben wollte, wollte man Mr Hobbes nicht zurücklassen, daher ward ihm ein Feder=bett in die Kutsche gelegt, und so ward er, warm ein=gepackt, sicher transportirt und war nach dieser kurzen Fahrt so wohlauf wie zuvor. Allein sieben oder acht Tage später ergriff eine schwere Lähmung seine ganze rechte Seite, und gleichzeitig verlor er die Sprache. Er lebte dann noch sieben Tage, nahm sehr wenig zu sich, schlief gut, und mühte sich in Abständen zu sprechen, konnt aber nicht. In der ganzen Zeit seiner Krankheit war er frei von Fieber. Und so schien er eher an einem Mangel an Lebens= safft (der in ihm aufgebraucht war) und schierer

Schwäche & Hinfälligkeit zu sterben, denn an der Macht seiner Krankheit, die man lediglich für eine Würkung seines Alters und seiner Schwäche ansah. Er ward in ein wollen Leich=tuch & einen Sarg gelegt, der mit einem weißen Laken bedeckt war, über das ein schwarzes Bahr=tuch gebreitet wurde, und also, aufgeschultert, eine kleine Meile weit zur Kirche getragen. Die Trauer=gemeine, die aus der Familie und Nachbarn bestand, die zu seinem Be-gräbnis gekommen, und ihm das Geleit gaben bis an sein Grab, wurden sehr artig bewirtet mit Wein, Rohem & Gebratenem, Kuchen, Gebäck etc.

Wahrhafftige Ab=schrift von Mr Hobbes' Testament

Item, da es meinem guten Herrn dem Earle von Devonshire gefallen, mir ehdem oft zu gebieten, und itzt, da ich diesen meinen Letzten Willen aufsetze, zu verfügen, daß von Seiner Lordschaft ein hundert Pfund ausgezahlt werde, wofür ich ihm ergebensten Dank schulde, so gebe & verfüge ich darüber wie folgt: mein Bruder Edmund Hobbes hat funf Enkel, deren Ältestem, mit Namen Thomas Hobbes, ich einstmalen ein Stückgen Land gegeben, was ihn zufrieden stellet, wie mich dünkt; dahero verfüge ich, daß den andern vier, die jünger sind, besagte 100 £, das Geschenk meines Herrn von Devonshire, zu gleichen Anteilen aufgeteilt werde, als Unterstützung vor ihre Lehrlings=Verträge.

Mylord von Devonshire hat die hundert Pfund, über die er Mr Hobbes in seinem Testament zu verfügen bat, seinen Angehörigen ausgezahlt.

WILLIAM HOLDER

ER ist ein schöner, eleganter Mann, von zarter Constitution und ausgeglichnem & mildem Gemüt, also daß, wollte man sich anschicken, einen vollkommen guten Menschen zu schildern, man nur dieses Doctors Charakter nachzuzeichnen bräuchte. Er ist sehr musikalisch, in Theorie wie *in praxi,* und hat eine wohllautende Stimme, anmuthigen Vortrag; ist ein guter Dichter. Für seine Position als Sub=Almosenier der King's Chapell ist er in höchstem Maaße qualificirt, da er ein Mann ist, der Geiz perhorrescirt und voll Barmherzigkeit ist.

Der einzige Sohn Edward Pophams, des Parlaments=Admirals, der taub=stumm auf die Welt gekommen, wurde, um sprechen zu lernen, zu ihm geschickt: was dieser ihm beybrachte — mit welcher Methode, und wie schnell, möge man aus dem Appendix zu seinen *Elements of Speech* ersehen, der darauf Bezug nimmt. Es ist eine äußerst ingeniöse & eigenartige Abhandlung, beeinflußt von keiner anderen: nicht bey anderen Autoren schlug er nach — nur bey Natur selber. Jenes Gentlemans Sohn war danach für kurze Zeit (nach Dr Holders Berufung nach Ely) Schüler von Dr Wallis (einem Mann von äußerst schlechten Anlagen, einem Erz=Lügner & Afterredner, Schmeichler & Kriecher vor Mylord Brouncker & seiner Maitresse, auf daß dieser seine Reputation hochhielte), unter dem er vergaß, was er zuvor gelernt, dieweil das Kind sein sauertöpfisch=pedantisches Naturell nicht ertrug. Nicht lange hernach erschien irgendwo in den *Philosophical Transactions* ein langer marktschreierischer Panegyrikus zum Lobe des Doctors dafür, daß er so Merkwürdiges vollbracht, ohne Dr Holders auch nur einmal zu erwähnen. Als D[r] H (ich war zufällig zugegen) Oldenburgh fragte, räumte der (wiewohl ein guter Freund Dr Wallis') ein, dieser selbst habe jedes Wort geschrieben: was Dr Holder Gelegenheit bot, in einem Pamphlet in 4to wider ihn zu schreiben.

Mr Thomas Hobbes schreibt mir: Es soll mich nicht wunder nehmen, wenn Dr Wallis oder jeder andere, der Mathematik einzig zu dem Zweck studirt, Carriere zu machen, dann, wenn seine Unwissenheit entdeckt wird, seine Studien in Gaukelwerk verkehrt, in den Erwerb von Reputation im Geisterbeschwören, Geheimnis-Entziffern und dergleichen Künsten. Was die Sache selbst betrifft, so meine ich: Einen, der taubstumm geboren, das Sprechen zu lehren, halte ich für ausgeschlossen. Den aber rechne ich nicht unter die Tauben & Unbelehrbaren, der ein Wort, welches so laut als möglich direct vor seinem Ohr-Eingang gesprochen wird, vernehmen kann; und der, welcher ihn hörend machen konnte — ein grosser & allgemeiner Gewinn — verdiente wohl, geehrt wie auch reich belohnt zu werden. Wer ihm lediglich eine Handvoll Wörter beybrächte, verdiente nichts. Wer hingegen viel Wind um die Sache macht — sie aber nicht vermag, verdient die Peitsche.

Doch um auf jenen aufrichtig-werthen Gentleman zurückzukommen: etwa Anno 1646 ging er nach Bletchington auf seine Pfarre, wo seine Gastfreundschaft & Gelehrsamkeit im Verein mit großer Courtoisie ihm leicht die Herzen aller Nachbarn gewannen.

Er war eine große Hülfe bey der Educazion seines Schwagers Mr Christopher Wren (nunmehr geadelt), eines jungen Mannes von ungeheuer erfinderischem Geist, und um den er so zart besorgt war, als wär's sein eigen Kind — dem er den ersten Unterricht in Geometrie & Arithmetique gab — und dem er, als dieser ein junger Scholar auf der Universität Oxford war, ein unentbehrlicher & liebenswerter Freund wurde.

Das Pfarr-Haus zu Bletchington war Mr Christopher Wrens Heimstatt & Zufluchts-ort: hier ergab er sich der Contemplation — studirte — und entwickelte vielerley Curieuses in der Mathematique. Um das Haus herum baute er, mit eignen Händen, mehrere curieuse Uhren, die dort noch zu besichtigen sind. Würdig des prüfenden Blicks, prüfen sie selber die Zeit.

Man sollte nicht die große & beispielhafte Liebe zwischen diesem Doctor und seiner kunstsinnigen Frau vergessen: ihrem Rang & Geschlecht nicht minder eine Zierde wie ihr Bruder Sir Christopher dem seinen — und, was man bey einem Frauenzimmer selten findet: ihre trefflichen Eigenschaften sind ihr nicht zu Kopfe gestiegen. Neben vielen andern Gaben ist ihr eine besondere Sagacität im Wund-Heilen eigen, was sie nicht so sehr nach Gewohnheitsregeln & Recept-Büchern als nach eignem Erdünken betreffs Ursachen, Würkungen & Umständen tut. Seine Majestät König Charles II hatte sich die Hand verletzt und vertraute sie seinen Chirurgen zur Heilung an — diese indes behandelten ihn so, daß es viel schlimmer wurde: die Hand schwoll, und schmerzte ihn bis zur Schulter hinauf; und that ihm so außerordentlich weh, daß er nicht schlafen konnte & zu fiebern begann. Da verriet einer dem König, was für eine einzigartige Wundheilerin er im Haus habe; man schickte augenblicks nach ihr, um eilf in der Nacht. Sie bereitete ungesäumt eine Tinktur und applicirte sie — und dies verschaffte Seiner Majestät eine plötzliche Linderung, und er schlief wohl; am nächsten Tag verband sie ihn — und heilte ihn in kurzer Zeit vollkommen — zum großen Leidwesen aller Hofärzte, die sie hassen und beneiden.

WENCESLAS HOLLAR

WINCESLAUS HOLLAR, Böhme, wurde in Prag geboren. Sein Vater war Ritter des Deutschen Reiches & Protestant, und verlor, weil er einen Konventikel abhielt oder bei einem ertappt ward, seinen Besitz und wurde von den Römisch=Catholischen in den Ruin getrieben.

W.H. erzählte mir, schon als Schul=knabe habe er sich am Zeichnen von Landkarten ergötzt: diese Zeichnungen hatte er aufbewahrt; sie waren hübsch. Sein Vater bestimmte ihn zum Juristen, und in diesen Beruf ward er eingeführt, als seines Vaters Schwierigkeiten im Verein mit den Kriegen ihn zwangen, das Land zu verlassen. Also daß, was in seiner Schulknaben=zeit einzig zur Recreation des Gemüths geschaffen, dem Manne nun zum Lebensunterhalt ward.

Ich glaub, er blieb eine Weile in Nieder=Deutschland; dann kam er nach England, wo er von jenem großen Schutzherrn aller Maler & Zeichner aufgenommen ward, von Thomas Howard Lord High Marshall, Earl of Arundell & Surrey, wo er die Zeit mit dem Abzeichnen & Copiren von Raritäten verbrachte, welche er radirte (d.h. mit *aqua fortis* in Kupferplatten ätzte). Als der Lord Marshall als Gesandter beim Deutschen Kaiser nach Wien ging, reiste er mit reicher Equipage, und neben anderen ging Mr Hollar mit ihm (sehr gut gekleidet), um aufzunehmen, was auf ihrer Reise pittoresk sey, Ansichten, Landschaften, Bauwerke etc: welche wir itzund in denen Bilder=Läden betrachten können.

Er hat bekommen, was einer nur bekommen kann: insofern als, wie ich Mr John Evelyn, RSS, hab sagen hören, bei Sixpence pro Druck seine Arbeit auf ... Pfund käme (*quaere* JE). Er war ziemlich kurzsichtig, und arbeitete so eigentümlich, daß die Eigentümlichkeit seines Werkes nicht ohne Vergrößerungs=glas beurteilt werden kann. Auch wenn er seine Landschaften zeichnete, musste ein Glas seinen Augen zu Hülfe kommen.

Zu Arundel House verehelichte er sich mit Myladys Kammer=Mädchen, M^{ris} Tracy, mit der er eine Tochter hat, die eine der größten Schönheiten war, so ich je gesehn; sein Sohn, den er mit ihr hatte, starb an der Pest: ein ingeniöser Junge von zartem Wuchs.

Als die Bürger=Kriege ausbrachen, mußte der Lord Marshall aufs Festland fliehen. Mr Hollar ging in die Nieder=lande, wo er bis etwa 1649 blieb.

Ich erinnre mich: er sagte mir, daß das Volk, als er zum erstenmal nach England gekommen (was eine heitre Friedenszeit gewesen war), fröhlich dreingeschaut habe, u.zw. arm wie reich — bey seiner Wiederkehr hingegen habe er das Benehmen der Menschen völlig verändert gefunden: melancholisch; finster; wie verhext.

Er war ein sehr freundlicher, gutherziger Mann, aber für die Welt nicht wendig genug; im Reichtum starb er nicht. Wie ich schon sagte, wurde sein Vater um seines protestantischen Glaubens wegen in den Ruin getrieben. Winceslaus starb als Katholik: ein Glaube, den er, vermute ich, schon hatte, als er nach Arundel House kam. Hätte er bis zum 13ten des folgenden Juli gelebt, wär er just 70 Jahr alt geworden.

JOHN HOLYWOOD

DR. Pell ist sich ganz sicher, daß sein Name *Holybushe* war.

ROBERT HOOKE

MR ROBERT HOOKE, Curator der Royall Societie zu London, ward in Freshwater auf der Insel Wight geboren — sein Vater war ein Geistlicher allda und stammte aus der Familie der Hookes aus Hooke in Hants, an der Straße von London nach Saram, eine uralte Familie und seit vielen (3 oder mehr) hundert Jahren dort ansässig. Sein Vater starb, indem er sich erhängte.

Als John Hoskyns, der Maler, zu Freshwater weilte um des Zeichens willen, schaute ihm Mr Hooke über die Schulter, und, Warum kann ich das nicht auch? dachte er. Also greift er zur Kreide, & Rötel, & Kohle, und pulverisirt's & tut's auf ein Holzbrett; nahm sich die Feder und ging ans Werk & machte ein Bild; alsdann copirte er die Bilder, so im Salon aufgehenkt waren, auf die nämliche Art. Auch machte er sich, noch als Knabe, zu Freshwater, auf einem runden Brett eine Sonnenuhr — ohne je unterwiesen worden zu sein. Sein Vater hatte keinerley Sinn für Mathematik gehabt.

Als sein Vater starb, war sein Sohn Robert erst 13 Jahr alt: ihm vermachte er hundert Pfund, die ihn nach London begleiteten zu dem Zwecke, daß er bey Mr Lilly dem Maler in die Lehre ging; bey diesem blieb er eine kleine Weil zur Probe, und jener hatte ihn sehr gern — allein, Mr Hooke begriff rasch, was zu tun war — also dachte er, Warum kann ich das nicht selber und behalte meine hundert Pfund?

Er ging zu Mr Busby, dem Schulmeister von Westminster, bey dem er Logis nahm und der große Stücke auf ihn hielt. Daselbst legte er seine 100 £ an. Und lernte 20 Lectionen auf der Orgel zu spielen. Und meisterte, zur Bewunderung Mr Busbys, innert einer Woche die ersten VI Bücher des *Euclid.* In dieser Schule war er ein trefflicher Mechanicus und entwickelte (unter anderem) dreißig verschiedene Flug=techniken.

Er war nie ein *King's Scholar,* und Sir Richard Knight (der sein Schul=camerad gewesen) hab ich sagen hören, er habe ihn selten in der Schule gesehn.

Anno Domini 1658 wurde er an das Christ Church nach Oxford geschickt, wo er eine Chorsänger=Stelle hatte (in jenen Tagen da die Kirchen=Musique darniederlag), die ein ziemlich gutes Auskommen bot. Am Christ Church schlief er in dem Zimmer, das einst Mr Burton gehörte, von dem man sich flüstert, er habe, *non obstante* all seine Astrologie und sein Buch von der *Melancholie,* in jener Kammer seine Tage beschlossen, indem er sich erhängte.

Dort war er Chemie=Assistent von Dr Thomas Willis, der ihn hernach an den Ehrwerten Robert Boyle, Esqre, recommendirte: daß er ihm bey dessen chemischen Experimenten von Nutzen seye. Mr Robert Boyle empfahl Mr Robert Hooke Anno Domini 1662 als Aufseher über die Experimente der Royall Society, womit er der Gelehrten=Republique einen bewundernswert guten Dienst erwies, alldieweil er ihnen den bestgeeigneten Mann der Welt recommendirte.

Anno Domini 1666 ereignete sich in London die große Feuersbrunst, und danach ward er zu einem der beiden Bau=Inspectoren der Citie of London bestallt: womit er sich einen großen Besitz erworben hat. Er baute Bedlam, das Ärzte=Collegium, Montague=House, die Säule auf dem Fish-street-hill gleichwie das Theater daselbst; er wird häufig zum Entwerfen von Bauwerken herangezogen.

Er ist nur von mittlerer Statur, etwas verkrümmt, bleichgesichtig und mit hängendem Antlitz; der Schädel aber groß; das Auge voll & glotzend &

unbeweglich, von grawer Farbe. Er hat einen delicaten Haar⸗Schopf: braun, und in excellent schimmernden Locken. Er ist und war immer sehr enthaltsam, und mäßig im Essen etc.

So ungeheuer erfinderisch sein Kopf, so tugendsam & gütig ist der ganze Mensch. Nun ich aber gesaget, daß sein Erfindungsvermögen so groß seye, dürfen Sie sich seine Gedächtnis⸗kraft nicht bedeutend vorstellen, denn sie sind zween Eimern gleich: da der eine steigt, senkt der andre sich nieder. Mit Sicherheit ist er der größte zeitgenössische Mechanicus der Welt.

'S war Mr Robert Hooke, der die Pendel⸗Uhren erfand, die so viel nützlicher sind als die andern Uhren. Er hat eine Maschine erfunden zur schnellen Teilungs⸗Berechnung, etc, oder zum geschwinden & sofortigen Auffinden des Divisors.

Bevor ich diese Stadt verlasse, will ich mir von ihm ein Verzeichnis dessen, was er geschrieben, und so vieler Erfindungen wie möglich geben lassen. Allein, es sind viele hundert; er meint, nicht weniger als tausend. Es ist so eine harte Sache, Menschen dazu zu bewegen, sich selbst gerecht zu werden.

Mr Robert Hooke schrieb Anno 1670 eine Abhandlung mit dem Titel *An Attempt to prove the Motion of Earth,* den er dann der Royal Society vorlas: worinnen er die Theorie entfaltet hat, wie die Himmelsbewegungen mechanisch zu erklären seien; in seinen eigenen Worten: Ich will ein Welt⸗System erklären, das in etlichen Besonderheiten von allen schon bekannten differirt und in allen Teilen den allgemeinen Gesetzen von den mechanischen Bewegungen folgt. Dies hängt von 3 Voraussetzungen ab: erstens, daß alle Himmelskörper etwelcher Art eine Attraktions- bzw. Gravitationskraft gegen ihren eigenen Mittelpunkt zu haben, wobey sie nicht allein ihre eignen Theile attrahiren und sie davon abhalten, vor ihnen zu fliehen, wie wir es auf der Erde beobachten können, sondern daß sie auch alle andern Himmelskörper anziehen, die innerhalb ihrer Wirkungssphäre liegen, und daß folglich nicht nur Sonne & Mond auf Körper & Bewegung der Erde einwirken, gleichwie die Erde auf jene; sondern daß auch Merkur, Venus, Mars, Saturn & Jupiter vermöge ihrer Anziehungskraft einen beträchtlichen Einfluß auf sie ausüben, so wie auf gleiche Weise die correspondirende Anziehungskraft der Erde einen erklecklichen Einfluß auf jede ihrer Bewegungen ausübt. Die zweite Voraussetzung besagt, daß alle Körper etwelcher Art, die in eine directe & einfache Bewegung versetzt werden, sich in gerader Linie weiter bewegen, bis sie von irgendwelchen anderen Kräften deflectirt und in eine Bewegung gebracht werden, welche einen Kreis, eine Ellipse, oder eine andere unzusammengesetzte Krümmungs-linie beschreibt. Die dritte Voraussetzung lautet, daß diese Anziehungskräfte um so machtvoller wirken, je näher der Körper, auf den eingewürkt wird, sich an ihren Centren befindet.

Vor etwa 9 oder 10 Jahren schrieb Mr Hooke an Mr Isaac Newton vom Trinity College, Cambridge, um ihm jene Theorie vorzuführen, doch ohne ihm im vorhinein die Proportion zwischen Schwerkraft und Entfernung oder die Krümmungslinie, die dabey entsteht, zu sagen. In seiner Antwort auf den Brief gab Mr Newton dem Bedauern Ausdruck, daß er daran nicht gedacht; und in seinem ersten Versuch damit calculirte er die Kurve, indem er voraussetzte, die Anziehungskraft sey auf allen Distanzen dieselbe: worauf ihm Mr Hooke in seinem nächsten Brief seine ganze Hypothesis sandte, *scil.* die Schwerkraft sey reciprok dem Quadrat der Entfernung: und so lautet die ganze Himmels-Theorie, betreffs welcher M[r]

Newton eine Demonstratio gemacht, ohne im mindesten zu bekennen, daß er seinen ersten Hinweis darauf von Mr Hooke bekommen. Desgleichen hat Mr Newton in dem selben Buch andere Theorien & Experimente von Mr Hooke drucken lassen, ohne Verweis darauf, von wem er sie hatte.

Dies ist die größte Entdeckung in der Natur seit der Welt=Schöpfung. Nie zuvor hatte jemand auch nur einen Fingerzeig darauf gegeben. Ich wollt, er hätte deutlicher geschrieben und sich ein wenig mehr Papier geleistet.

JOHN HOSKYNS

ER hatte einen Bruder: John, D.D., ein gelehrter Mann, Rector zu Ledbury & Chor=herr von Hereford: den hatte man für die gelehrte Laufbahn bestimmt — doch unser John (der Serjeant) wollt keine Ruhe geben, er müsse denn auch ein Scholar werden. In jenen Tagen brachte man Knaben, die nicht in den Gelehrten=Stand treten sollten, kaum je das Lesen bey. Also, auf sein inständiges Flehen, lernte er — er war damals zehn Jahr alt — Lesen, und versenkte sich binnen Jahresfrist in seine griechische Grammatik. Charles Hoskyns hieß ein Bruder des Serjeanten & des Doctors: ein sehr ingeniöser Mann, der weder dem einen noch dem andern unterlegen sein wollte und sich durch hartes Studiren ums Leben brachte.

Er war 1 Jahr in Westminster, ohne sich zu sputen: so daß man ihn auf die Winton Schole schickte, wo er die Blüthe seiner Zeit war. Er war von kräftiger Constitution und hatte ein erstaunliches Gedächtnis. Ich entsinne mich, daß man mir erzählte, er habe einmal seine Übungen (in Versen) nicht gemacht, und zu einem aus seiner Classe gesagt, er solle ihm seine zeigen: die sah er sich an. Nun fordert der Schulmeister die Übungen: und Hoskyns sagte ihm, er habe sie zwar geschrieben, aber verloren, indes könne er sie repetiren: und sagte die Übungen des andern Jungen auf (12 oder 16 Verse, glaub ich), nach nur einmaligem Überfliegen. Als der Bub, der sie tatsächlich geschaffen, sie dem Meister zeigte und nicht aufsagen konnte, bekam er die Peitsche dafür, daß er Hoskyns Übungen stibitzt. Es gab viele nette Geschichten von ihm als Schuljunge; ich hab sie vergessen.

Die lateinischen Verse im Schulhof von Winton=colledge bey dem Wasserbecken, allwo die Knaben sich die Hände waschen: da ist ein Guter Diener gemalt, mit Esels=Ohren & den Hufen einer Hindin, einem Schloß vor den Lippen etc, eine treffliche *Grotesque*, mit einem Hexastichon auf Latein darunter (der mir nicht einfällt). Ist das Werk des Serjeanten, als er da zur Schule ging; itzo jedoch zur Gänze überstrichen.

Als er ans New College kam, wurde er *Terrae filius* — war aber so ätzend satyrisch, daß man ihn hinauswarf und ihm das Leben sauer machte.

Er ging nach Somersetshire und unterrichtete etwa ein Jahr lang an einer Schule in Ilchester. Dort compilirte er ein Griechisch=Lexicon — ich habs gesehn — bis zum *M*. Er heiratete (dort in der Nähe) eine reiche Wittib, mit der er nur einen Sohn und eine Tochter hatte.

Nach seiner Eheschließung verschaffte er sich Zulassung beim Middle Temple, London. Er trug gute Kleider und pflegte guter Gesellichkeit. Sein hervorragender Witz trug ihm Recommendations=briefe an alle ingeniösen Personen ein. Gleich nach

seiner Ankunft in London wurden ihm die Unter=
Secretaire bey Hof vorgestellt, denen er bey der
Abfassung lateinischer Briefe oft zur Hand gehen
konnte.

Tempore Regis Jacobi kam er in strenge Tower=Haft,
da er im Parlament allzu freimütig von des Königs
überströmender Freizügigkeit gegen den Schotten
gesprochen. Die verglich er mit einer Leitung, in
die Wasser fließt, das weit entfernt ausläuft. Diese
Wasser=leitung reicht bis nach Edinburgh, sagte er.
Man hielt ihn als *close prisoner*, d.h. man mauerte ihm
die Fenster zu. Durch einen schmalen Spalt sah er
einmal eine Krähe, und ein andermal einen Milan:
ein Anblick, der ihm, wie er sagte, große Freude
gemacht.

Mit viel Mühe erlangte er endlich die Gunst,
seinen kleinen Sohn Bennet bey sich zu haben; und
dann machte er ein Distichon auf Latein, von ihm
also ins Englische gebracht:

Mein kleiner Ben, du bist noch jung
und weißt nicht, wie du deine Zung'
bezähmst —: nimm sie, solang du frei, gefangen —
sonst läßt sie dich, wie mich, in Ketten hangen.

Ich hab gehört, daß man ihm, als er aus dem Tower
entlassen wurde, sein Wappen für seinen kühnen
Sinn (denk ich) zuerkannte, das er vermutlich selbst
entworfen hat, näml. einen geschweiften oder feuer-
speyenden Löwenkopf. Der Serjeant pflegte im
Scherz zu sagen, es sey das einzige Löwen=Haubt
Englands, das Taback rauche.

Sein großer Witz machte, daß man rasch auf ihn
aufmerksam ward. Ben Johnson nannte ihn *Vater*.
Sir Bennet erzählte mir, Mr Johnson habe einst, als
er den Wunsch äußerte, als sein Sohn adoptirt zu

werden, *Nein, das trau ich mich nicht* gesagt, 's ist für mich genug der Ehre, Euer Bruder zu sein; ich war ja Euers Vaters Sohn, und es war er, der mir den Schliff gegeben. Kurzum, alle guten Köpfe der Stadt zählten seinerzeit zu seiner Bekanntschaft, z.[b] Sir Walter Ralcigh (der sein Mit≠Gefangener im Tower gewesen, wo jener im Revidiren & Poliren von Sir Walters Stil sein *Aristarchus* war); John Donne, D.D.; Sir Benjamin Ruddyer, mit dem er einmal einen Streit hatte & ein Duell mit ihm ausfocht und ihn am Knie verwundete — danach aber waren sie wieder Freunde; Sir Henry Wotton, Provost am Eaton College; *cum multis aliis*.

Seine Verse über den Furz im Parlament sind irgendwo in den *Drolleries* gedruckt. Er hatte ein Buch mit Gedichten, von einem seiner Schreiber artig geschrieben, größer als die Gedichte von Dr Donne, das sein Sohn Benet etwa 1653 er-weiß-nicht-wem auslieh, und seither nichts mehr davon hörte.

Pflegte zu sagen, alle die nach London kämen, seyen entweder Gerippe oder Gekröse.

Die Conversation mit ihm war äußerst angenehm; gern schmiedete er Verse auf der Straße, wo er der beste Umgang von der Welt war. Er war ein großer Meister im Lateinischen & Griechischen; ein großer Theolog; machte die besten lateinischen Grabinschriften seiner Zeit. Er verstand viel vom Recht, das ihm doch übel mitgespielt hatte.

Er schrieb seine eigene Vita, um zu zeigen, daß er, während Plutarch die Biographien vieler Generäle etc Edelmänner geschrieben, wie jeder Tüchtige mit persönlicher Fortüne, vermöge Fleiß & Klugheit, zur Würde eines Rechts≠Serjeanten aufsteigen konnte; allein, er hätte hinzufügen sollen: nicht ohne die Anlagen, wie er sie gehabt.

Er war ein recht starker Mann, dazu tapfer, und ein Frühaufsteher (*scil.* morgens um vier). Er war schwarz=äugicht und hatte schwarzes Haar.

Nun will ich seinen Landsitz zu Morhampton (Hereff.) schildern. Am Torhaus das Bild von dem alten Burschen, der Feuer machte, mit einem Klotz auf dem Rücken, mit Schlägel, Keil & Beil. In der Kapelle, über dem Altar, stehen zwei hebräische Wörter וְשָׁמַעְתָּ וְסָלַחְתָּ und darunter ein Distichon. Da auch eine Orgel, die Königin Elizabeth gehörte. In der Galerie das Porträt seines Doctor=Bruders, auf der Kanzel, der Serjeant im Amtsrock, Haus, Park etc; und darunter Verse. Auf dem ersten Blatt seines Einnahmen=Buchs zeichnete er das Bild einer Geld=katze

und schrieb κ᾽ δῶμεν ὄσχινδω.

Im Garten: das Portrait des Gärtners an der Wand des Hauses, mit Harke, Spaten & seinem Wasser=Topf in der Linken. Unter mehreren venerablen & schattichten Eichen im Park hatte er Bänke aufgestellt; und wo eine Quelle fein rieselte, hatte er sie in Stein eingefaßt.

Nur wenige Monate vor seinem Tod (als er bey den Assisen bzw Versammlungen in Hereford weilte) trat ihm ein massichter Land=Pursch auf den Zeh, was einen Wundbrand auslöste, der ihn das Leben kosten sollte. Ein Mr Dighton von Glocester, ein erfahrener

Chirurg, der einst in den irischen Kriegen Feldscher gewesen, wurde zu seiner Heilung herangezogen — allein dessen Kunstfertigkeit & Sorgsamkeit konnten ihn nicht retten. Zuerst sägte man ihm die Zehen ab. Der Geistliche seiner Gemeinde hatte einen Stump=Fuß (bzw. =Füße) (ich glaub, sein Name war Hugh). Zu diesem sagte er, nachdem man ihm die Zehen abgetrennt, *Sir Hugh, Ihren Schuhmacher muß ich kennenlernen!*

Ich entsinne mich: vor den letzten Kriegen hatten die Geistlichen in Herfordshire etc (in etl. Grafschaften) den Titel eines *Sr*, wie ihn die Baccalaurii Artis in Oxford haben, z^b Sir Richard von Stredford, Sir William von Monkland. Und so war es auch in Wilts, als mein Großvater Lyte noch ein Knabe war; und anderswo in alter Zeit. In allen alten Testamentschriften vor der Reformation steht es so geschrieben.

Sir Robert Pyle, Anwalt am Vormundschaftsgericht, war sein Nachbar; doch waltete unter ihnen kein gutes Einvernehmen —: Sir Robert war anmaßend. Zufällig starb er am Weihnachtstage — als man dem Serjeanten die Nachricht überbrachte, sagte der, *Nun hat der Teufel seinen Christmas=Pudding.*

HENRY ISAACSON

MR HENRY ISAACSON war Secretär bey Lancelot Andrews, Lordbischof von Winton. Thomas Bourman, D^r der Theologie, von Kingston upon Thames, kannte Mr Isaacson, und sagte mir, er sey ein Gelehrter gewesen, was ich ohne weiters glaubte, als ich hörte, daß er jenes gelehrten Prälaten Secretär gewesen, was ihm nur zum Verdienst gereichen konnte.

Der D^r erzählte mir, wie jener seine *Chronologie* Seiner Majestät König Charles dem Ersten praesentirte, 's war in der mattirten Galerie zu White-hall. Der König verstand rasch den Zweck der Abhandlung, und wandte sich seinem eignen Geburtsdatum zu; der König sprach *Und hier fangen wir mal mit einer Lüge an.* Es scheint, Mr Isaacson hatte es einem Ausländer entnommen, der die andere Berechnung zugrundegelegt hatte. Bey diesem unglücklichen *Rencontre* schämte sich der arme Mr Isaacson so, daß er sich augenblicks davonschlich und keiner Belobigung oder Belohnung harrte, die er vielleicht bekommen hätte, denn Seine Majestät war davon sehr angetan.

'S ward in einer schlechten Stunde präsentirt. Ein Astrologe gäbe etwas darum, *den Tag & die Stunde* zu erfahren.

DAVID JENKINS

ER war hohen Muths; ritt in Pembrokeshire in Lord Gerards Armee auf verlorenem Posten, den langen Stoßdegen gezogen: hielt ihn an der Spitze. Wurde zu Hereford gefangen genommen. Lange Zeit in Haft: im Tower, in Newgate, Wallingford & Windsore. Unterwarf sich nie den usurpatorischen Mächten (als einziger, glaub ich). Sein ganzer Besitz wurde confiscirt, und stets rechnete ihn das Parlament zur ersten Garde der Übelthäter.

In seinem Waliser Gerichtsbezirk veranlasste er, zu Anfang des Bürgerkriegs, daß mehrere Männer aus der Gegend (aus der Parlaments=partey etc, gegen den König engagirt) wegen Hoch=Verrats angeklagt wurden. Die Grand Jury klagte sie an. Als er später in Newgate gefangen lag, kamen welche von jener Gentry zu ihm, frohlockten sein, und sagten, wären sie also in seiner Gewalt, hätt er sie hängen lassen. *Das walte GOtt,* erwiderte er: eine Antwort, über deren Unerschütterlichkeit sie sich sehr verwunderten.

Das Parlament hatte im Sinn, ihn hängen zu lassen — und nichts anderes erwartete er, entschlossen, sich mit der Bibel unter dem einen Arm und der Magna Charta unter dem andern henken zu lassen. Und er wär auch gehängt worden — hätte nicht Harry Martin im Rednerhaus gesagt *Sanguis martyrum est semen ecclesiae* und daß sie sich auf die Weise noch mehr Unheil aufladen würden. Also ward ihm das Leben geschenkt; man schaffte ihn aus dem Weg, nach Wallingford Castle.

Ein Jammer, daß man ihn um seiner langen Leiden willen nicht zum Richter in Westminster-hall machte; man hätte's ja getan, sagte er mir, wenn er dem Kanzler Hyde Geld gegeben hätte. Aber des habe er nur geschnaubt. Des brauchte er nicht; denn er bekam seine Ländereien zurück (1500 £ p.a.), auch war er alt & *carceribus confractus.* Mr T. Hobbes, Malmesburiensis, sagte ihm eines Tages beim Dinner, *für jemandes historische Ehre schlüge das hinkünftig nicht gut zu Buche.*

SIR LEOLINE JENKINS

SIR LLEUELLIN JENKINS, Ritter, wurde in Llantrithid in der Grafschaft Glamorgan geboren. Sein Vater (den ich kenne) war ein rechtschaffen⸗ biedrer Mann vom Lande, ein Lehnbesitzer von Sir

John Aubrey, Ritter & Baronet (ältester Sohn von Sir Thomas), dem die Ländereien gehören.

Er ging in Cowbridge zur Schule, ganz in der Nähe.

David Jenkins, der (mit einer Schwester Sir John Aubreys verheiratet) im Tower inhaftirt war, war ein entfernter Verwandter von ihm, und da dieser als Knabe ihm fügsam, fleißig & redlich vorkam, steuerte er etwas zu seiner Ausbildung bey.

Anno Domini 1641 war er am Jesus College Oxford immatriculirt, wo er so lange blieb, bis er (glaube ich) den Grad eines *Bac. Artis* erwarb.

Etwa um diese Zeit schickte Sir John Aubrey nach ihm, daß er seinen ältesten Sohn Lewis Aubrey (später gestorben: 1659) daheim in den Sprachen unterrichte; und um mit dem Lernen besser zurechtzukommen, ward er im Kirch=Haus unterrichtet, wo mehrere Jungen Schulunterricht erhielten; unter anderem 6 oder 7 Söhne von Gentlemen (Sir Francis Maunsell, Bart; Mr Edmund Thomas; etc), die ihr Quartier in der Stadt hatten. Die jungen Herren waren fast alle im gleichen Alter, insgesamt reif für die Universität, und nach Oxford gingen sie alle unter Mr Jenkins' Aufsicht ca. anno 1649 oder 50 — aber weil es eine Zeit der Wirren war, wollte Sir John seinen Sohn auf keinem College haben. Sie alle aber studirten in M[r] (nun Sir) Samson Whites, eines Krämers, Hause gegenüber dem University College. Hier weilte er mit meinem Vetter etwa 3 Jahre oder länger; und dann, *anno* 1655, reiste er mit meinem Vetter und zwei oder 3 der andern Gentlemen nach Frankreich, wo sie etwa 3 Jahre blieben, bis sie die Sprache beherrschten.

Er fing mit Bürgerlichem Recht an, d.h. er kaufte sich Vinnius über Justinian.

Nachdem er Mr Lewis Aubrey nach Hause begleitet, kehrte er ans Jesus College zurück. Nach der

Restauration Seiner Majestät wurde Dr Maunsell wieder als Rektor des Hauses bestätigt, aber da er schon sehr alt war und weltliche Sorgen ihn zerrüttet hatten, behauptete er die Stellung nicht lang, sondern trat sie bald an Mr Jenkins ab.

Gilbert Sheldon, Erzbischof von Canterbury, und Sir John Aubrey waren co-etani, und schlossen in ihrer Jugend zu Ox eine enge Freundschaft, die bis zu ihrem Tode hielt. In den Jahren der Wirren war Dr Sheldon nach seinem Hinauswurf ein Jahr (glaub ich) oder zwei bey Sir John in Llantrithid, wo er auf die Tüchtigkeit & Unverdrossenheit dieses jungen Mannes —: Mr Jenkins — aufmerksam ward. Nach der Wiedereinsetzung des Königs empfahl Sir John Aubrey ihm Mr Jenkins; setzte sich für ihn ein. Anno 1668 war Sheldon Erzbischof von Canterbury: Sir William Meyric, LL.D. & Richter am Prärogativ=Gericht von Canterbury, starb — und der Erzbischof übertrug die Position an Mr Jenkins.

Als Mary die Königin=Mutter zu Paris starb, veranlasste der König von Frankreich, daß ihre Juwelen & Schätze verschlossen & versiegelt wurden. Seine Majestät von Groß Britannien sandte Sir Llewellin (welches auf Lateinisch Leoline heißt) nach Paris zur Testaments=Vollstreckung. Anno 1670 erhielt er den Adelstitel.

Anno 1673 wurden er und Sir Joseph Williamson als Bevollmächtigte nach Nemeghen gesandt: ich erinnre mich, daß genau zu der Zeit, da sie fuhren, Saturn und Mars in Opposition standen. Damals sagte ich zum Earl von Thanet, sollte diese Gesandtschaft irgendeinen Succeß haben, würd' ich der Astrologie nie mehr Glauben schenken.

Am 25. März 1680 wurde er zum Ersten Staats=Secretär ernannt. Als ich kam, ihm meine Honneurs zu machen, ihm zu der Ehre zu gratuliren, die Seine

Majestät ihm so gnädig hatten angedeihen lassen, empfing er mich mit seiner üblichen Courtoisie und sagte, *Gott geruhte einen armen Wurm so zu erhöhen, daß dieser Seiner Majestät unterthänigster Knecht seye.*

Für seine Arbeit hat er einen kräftigen Körper; ist unverdrossen, maßvoll & tüchtig. Gott segne ihn.

BEN JONSON

MR BENJAMIN JOHNSON, Poeta laureatus, war ein Warwickshire=Mann. 'S ist verbürgt, daß sein Vater Geistlicher gewesen; und aus seiner Widm.=Epistel an Mr William Camden in *Every Man...* geht hervor, daß er Westminster=Schüler war und daß Mr W. Camden sein Schulmeister gewesen.

Nach seines Vaters Ableben heiratete seine Mutter einen Ziegel=Maurer; und es heißt gemeinhin, er habe eine Weile mit seinem Stiefvater gearbeitet (insbesondere an der Gartenmauer von Lincoln's Inne, nächst der Chancery Lane), und daß ein Adliger, ein älteres Mitglied der Advocaten=Innung, ihn im Vorbeigehn Griechische Verse aus Homer repetiren hörte, und da er mit ihm ins Discuriren kam & fand, jener habe einen extraordinairen Verstand, setzte er ihm ein Stipendium aus, daß er das Trinity College in Cambridge besuche.

Dann ging B.J. in die Niederlande, und verbrachte einige Zeit (nicht sehr lange) in der Armee: nicht zu seiner Schande, wie man aus seinen *Epigrammes* schließen darf.

Dann kam er nach England herüber, und schauspielerte & schrieb, doch beides schlecht, am *Green Curtaine*, einer Art Pflanzschule oder obscurer Schaubühne irgendwo in den Vorstädten (ich denk, bey Shoreditch oder Clarkenwell gelegen).

Er tödtete Mr Marlow, den Dichter, auf Bunhill, als er aus dem Greencurtain=Schauspielhaus kam.

Dann ließ er sich erneut darauf ein, ein Stück zu schreiben, und es geriet ihm überaus trefflich, näml. *Every Man. . .*, welches sein erstes gelungenes wurde.

Serjeant Hoskins von Herefordshire war sein *Vater*. Ich entsinne mich, daß sein Sohn (Sir Bennet Hoskyns, Baronet, der in seiner Jugend eine poetische Ader gehabt) mir erzählte, daß, als er den Wunsch äußerte, als sein (Johnsons) *Sohn* adoptirt zu werden, dieser sagte: Nein — es sey mir genug der Ehre, Euer *Bruder* zu sein; ich bin Eures Vaters Sohn — Er war's, der mir den Schliff gegeben: dem trag ich wohl Rechenschaft.

Er hatte (bzw hatte gehabt) eine reine & helle Haut; seine Kleidung war ganz schlicht. Ich hab Mr Lacy, den Schauspieler, sagen hören, daß er einen Mantel wie eine Kutscher=Pelerine zu tragen pflog, mit Schlitzen unter den Achseln. Sehr oft trieb er das Zechen bis zum Exzeß (sein Lieblings=Liquor war *Kanariensekt*): dann würd er heim in sein Bett wanken, und dann, nachdem er sich tüchtig ausgeschwitzt, seiner Arbeit obliegen. Ich hab seinen Arbeits=Stuhl gesehn, der aus Strohgeflecht war, wie ihn Alte Frauen in Gebrauch haben, und gleich dem, auf welchem *Aulus Gellius* gemalt ist.

In reiferen Jahren kam er, nachdem er in Cambridge studirt, auf eigne Rechnung nach Ox, wo er sich am Christ Church immatriculirte und seinen Master=Grad in Ox anno 1619 erwarb (bzw verliehen bekam). Als ich in Ox war, pflegte Bischof Skinner v. Oxford, der in unserm College hauste, zu sagen, jener habe seine Autores so gut verstanden wie kaum ein zweiter in England.

Früher, zu König James' Zeit, hab ich meinen Oncle Danvers sagen hören (der ihn kannte), habe jener vor dem Zollthore gewohnt, in einem Kammmacher=Laden, nahe dem *Elephant & Castle.* In späteren Jahren lebte er in Westminster, in jenem Haus, unter dem Sie vorbeikommen, wenn Sie vom Kürch= Hof in den Alten Palast gehen; dort starb er auch.

'S war eine treffende Bemerkung von Mylady Hoskins, B.J. schriebe nie von Liebe — und wenn doch, dann unnatürlich.

Ben Johnsons eines Auge saß tiefer als das andre, und war größer: wie bey Clun dem Schauspieler — womöglich war er Cluns Erzeuger. In seinen *Epigrammes* erwähnt er einen Sohn, den er gehabt; *vide* seinen Epitaph.

Von Mr Lacy (dem Schauspieler) verzeichnete er sich ein Register des Yorkshire Dialects. 'S war jener, der für seine Comoedie *The Tale of a Tub* Hinweise auf Possen=Effecte gegeben: dies hab ich von Mr Lacy.

König James ließ ihn wider die Puritaner schreiben, die zu seiner Zeit lästig zu werden begannen.

Eine Gefälligkeit von Ben Johnston, extempore, vor König James:

> *Queen und König ein »God bless!«*
> *Den Pfalzgraf und die Lady Bess*
> *schütz' GOtt, und jedes lebend' Ding*
> *das Odem hat, und liebt den King.*
> *GOtt geb dem Staatsrat seinen Segen,*
> *schütz' Buckingham auf seinen Wegen,*
> *GOtt segne all, und halt sie brav,*
> *GOtt segne mich — GOtt segne Raph.*

Der König war mächtig begierig zu erfahren, wer dieser Raph sey. Ben sagte ihm, 's sey der Zapfer im

Gasthof Zum Schwanen am Charing-crosse, der ihm guten Kanariensekt zapfe. Für diesen drolligen Einfall gab ihm Seine Majestät ein hundert Pfund.

B. Johnson hatt 50 £ p.a. über zusammen viele Jahre, um Sir W. Wiseman von Essex vom Sheriff=Amt abzuhalten. Zuletzt ernannte ihn König James doch, und Ben kam zu Seiner Majestät und sagte ihm, er habe seinem Herzen einen Stich gegeben und erklärte sich dann: *innuendo,* weil Sir W.W. zum Sheriff ernannt: und erwirkte dessen Entlassung.

Als Ben Johnson durch Surrey ritt, fand er die Weiber am Weinen & Heulen, da sie den Hinschied eines Advocaten beklagten, der dort gelebt; Er fragte: Warum so viel Schmerz um das Ableben eines Anwalts? Oh, sagten sie, wir können uns keinen größeren Verlust vorstellen: er ließ uns all in Ruh' & Frieden und war ein höchst mildthätiger, guter Mann — Woraufhin Ben dieses Distichon machte:

GOtt wirkt Wunder dann und wann;
Dies Wunder läugne, wer es kann:
Hier ruht ein Rechtsanwalt und *ein anständger Mann*

'S ist ein Jammer, daß dieses guten Mannes Name nicht überliefert ist.

Diesen Bericht erhielt ich von Mr Isaac Walton (der die Vita von Dr John Donne &c verfaßt) am 2ten Dec. 1680, da war er siebenundachtzig Jahre alt; ich citire wörtlich: Ich war mit Ben Johnson nur bekannt — allein, Mylord von Winton kannt ihn sehr gut, der sagt, er seye in der 6ta gewesen, i.e. die höchste Stuffe in Westminster Schul: zu welcher Zeit seyn Vatter starb, vnd sein Mutter einen ZiegelMaurer heurathete, der ihn (sehr wider seynen Willen) ihm helffen hieß in seinem Handwerck. Binnen kurtzem indeß verschaffet ime sein SchulMeister, Mr. Camden, eine bessere Beschäfftigung, nemlich: einen Sohn von Sir Walter Rauleyes auff seinen Reisen in Gesellschaft zu begleiten. Bald nach irer Rückkehr schieden sie voneinand (nicht kalten Blutts, dünkt mich) und mit einer Anhänglichkeit, die der, so sie auff Reisen gepflegt (unnötig zu rühmen) wol anstand, und dann hub Ben an, sich in dem Gewerb zu etabliren, mit deme er seyn Unterhalt vnd Ruhm erworben. Was zu berichten sich erübriget. Beyzeiten kam er dahin, vom König 100 Pfund im Jar zu bekomen, dazu von der Stadt eine Pension, und dergleichen von vielen auß dem Hohen Adel und einigen aus der Gentry: gutes Geld, aus Liebe zu oder Furcht vor seiner LästerZunge in Vers oder Prose — oder aus beidem. Mylord von Winton erzählte mir, jener habe ihm gesagt, er sey (in sein langwährendem Ruhstand vnd Kranckheit, als er ihn gesehn, was häufig vorkam) hefftig betrübt gewesen daß er die Hl. Schrift in seinen Stücken profanirt, und es in Seelen-Pein beklagt; daß er indessen während der langen Zeit seines Retirements seyne Pensionen (alles an Eynkünfften) einer Frau gegeben, die ihn umsorgte, mit der er lebte, vnd starb nahe dem Abie in West mimster; vnd daß weder er noch sie um die je kommende Woche sonderlich Sorge getragen, sondern einzig fürgesorgt daß es am Wein nicht mangle: dem er gewöhnlich allzu krafftig zusprach, eh er zu Bette ging, wann nicht öfter vnd schneller. My Lord sagt mir, er wisse nicht, glaube aber, er sey in Westminster geboren. Soviel zum braven Ben.

Als B.J. im Sterben lag, sandte ihm König Charles immerhin X Pfund.

Er liegt im nördlichen Seitenschiff begraben, unter dem Gang von rechteckigen Stein=Platten (die übrigen sind Rhomben), gegenüber dem Wappen=schild von Robertus de Ros; mit folgender Inschrift nur für ihn, in einem Boden=Geviert von blauem Marmor, etwan 14 Zoll im Quadrat:

O EINZIGER BENN JOHNSON!

was auf Kosten von Jack Young (später geadelt) geschaffen ward, der, als er dort wandelte, während das Grab verschlossen wurde, dem Burschen 18 Pence dafür gab, daß er es einmeißele.

RALPH |KETTELL

RALPH KETTELL, D.D., wurde in Hartfordshire geboren. Lady Elizabeth Pope nahm ihn als Schüler in ihr Haus, als er eilf Jahre alt war (wie ich Dr Ralph Bathurst habe sagen hören).

Ich hab Dr Whistler sagen hören, er habe ein gutes Latein geschrieben, und Dr Ralph Bathurst (dessen Großmutter er heiratete), von allen die er je gekannt, habe jener am besten auf Lateinisch zu schimpfen verstanden. Er habe eine bewundernswert gesunde Constitution gehabt.

Er starb ein Jahr nachdem ich aufs College gekommen, und war damalen ein gut Stück über 80, und hatte zu der Zeit eine gerötete frische Gesichts= farbe. Er war ein recht hochgewachsener, gutgebau= ter Mann. Im Talar, mit Stola & Kappe, und mit seinen scharffen grawen Augen bot er einen furcht= einflößenden, gigantesquen Anblick.

Mr Edward Bathurst von Trinity College, Oxfd., malte von Dr Kettle etwa 3 Jahre nach dessen Able= ben ein Konterfey allein kraft seiner Erinnerung, und da sich sein Abbild ihm so stark in die Seele geprägt hatte, geriet es sehr ähnlich.

Er hatte ziemlich bald, wie man sagt, weißes Haar; war eine sehr venerable Erscheinung und ein excellenter Erzieher. Eine seiner Erziehungs=maximen war, den *Juvenilis Impetus* niederzuhalten. Wurde zum Präsidenten gewählt, dem zweiten seit Gründung des Colleges.

Er war ein rechter Church-of-England-Mann, und jeden Dienstag=morgen im Trimester mussten die Nichtgraduirten (hab vergessen, ob auch die Baccalaurii) in die Kapelle gehn und seine Auslegung der 36 Artikel der Church of England hören. Ich erinnre mich, daß er viel über den Kreuz=Himmel & die Hostien zu reden pflog: jene Zeiten beschwor er herauf. Wenn einer an jenem Tag einen Fehl begangen hatte, konnte dieser sicher sein, davon in der Kapelle, vor seinen Commilitonen, zu hören.

Er knöpfte sich einen jeden vor, der eine weiße Kappe trug: da er folgerte, dieser habe erst poculirt und nun Kopf=Wehe. Sir John Denham hatte sich von Mr Whistler, dem Archivar, Geld geliehen, und nach langer Zeit bat der Archivar um Rückgabe. Mr Denham lachte nur darob, und sagte, er habe nie die Absicht gehabt. Der Archivar wandte sich an den Präsidenten, der jenen, während einer Lesung in der Kapelle, rüffelte und ihm sagte, *Sein Vater* (Richter) *hat manch ehrlichen Mann an den Galgen gebracht.* Zu meiner Zeit schüchterten Mr Anthony Ettrick und ein paar andere einen armen jungen Neuling von Magd. Hall mittels Geisterbeschwörung ein, was dem alten D^r zu Ohren kam; am nächsten Dienstag sagte er: *Mister Ettrick* (ein sehr kleiner Mann) *wird uns seinen Urgroßvater heraufbeschwören: sieh da, ein Äffchen!*

Die religiösen Flügelkämpfe seiner Zeit entgingen ihm nicht; er hielt sich aber heraus. Einst schickte ihm W. Laud, Erzbischof von Canterbury, einen seiner Diener mit Wildpret, welches der alte D^r mit großem Nachdruck zurücke wies, und sagte, er sey ein alter Mann; und habe einen schwachen Magen; und habe von solchem Fleisch schon lang nicht mehr gegessen; und wollts auf keinen Fall acceptiren — allein der Diener drang seinerseits auf ihn ein, und sagte dem Präsidenten, er traue sich nicht, es wieder zurück zu bringen. Nun, da er sah, er müsse sich ins Unvermeidliche schicken, fragte der Präsident den Diener im Ernst, ob der Erzbischof von Canterbury etwan beabsichtige, seinem College etweiche Studenten oder Fellows zuzuführen?

Einer der Graduirten (zu Mr Francis Potters Zeit) pflegte zu sagen, Dr Kettels Hirn gliche einem Milch-Mehl-Brei, in dem Gedächtnis, Urteilskraft & Phantasie ineinander gerührt sey. All dies besäße er in hohem Maasse — doch alles nur so durcheinander geschüttelt. Habe man mit ihm zu tun, fände man in ihm, wenn man ihn für einen Narren gehalten, großen Scharfsinn & viel Fassungskraft — *è contra*, habe man ihn für einen Weisen genommen, würd' man ihn dann als einen Narr erkennen. Ein Nachbar von mir, M^r St Low, hörte ihn, sagte er, einst in St Marie's Kürch in Ox predigen. Ich weiß nicht, ob's das einzige Mal war oder nicht, daß er da die folgende Art zu schließen gebrauchte: *Doch itzo sehe ich, daß es Zeit für mich ist, das Buch zu schließen, denn ich sehe, hier kommen die Männer unserer Doctores: — aus dem Bierhaus und wischen sich den Bart.* Er konnte sie von der Canzel aus klar sehen: 's war ihr Brauch, während der Predigt dort hin zu gehen und ohngefähr zum Ende der Predigt zurückzukommen, um ihren Herren aufzuwarten.

Er hatte zwei, wenn nicht drei Frauen, aber keine Kinder. Sein zweites Gemahl war eine Villiers (oder vielmehr, ich glaube, die Witwe von Edward Villiers,

Esq.), die zwei bezaubernde Töchter hatte, Mit: Erbinnen. Über die Älteste, die so mancher aus gutem Haus gern geheiratet hätte, wollte er selbst disponiren, und hielt für dies engelhafte Wesen keinen so passend wie einen Mr Bathurst vom College: ein 2. Bruder mit ca. 300 £ p. a., indes ein laulichter Lerner, rotgesichtig, überhaupt nicht gutaussehend. Es war aber des Doctors Gewohnheit, im College umher zu streifen und durch die Schlüssel:löcher zu linsen, ob wohl die Knaben ihren studiis oblägen oder nicht. Bathurst fand er selten über den Büchern, dafür beim Flicken seines alten Wamses oder seiner Hose. Er war sehr geizig & filzig: und aus diesem Grund ward dieses sonderliche Individuum entfernt. Sie aber war sehr glücklich über diesen Ausgang: all ihre Kinder waren später hochbegabt, erfolgreich in der Welt, und die meisten schön anzusehen.

Ein Mr Isham (älterer Bruder von Sir Justinian Isham), ein Gentlemans-Commoner, starb an den Pocken. Er war ein ganz feiner Mann, und im ganzen College sehr beliebt, und etliche Fellows hätten gern seine Leichen:rede gehalten, aber Dr Kettel wollts nicht erlauben, sondern es selbst tun: was die Fellows sehr bedauerten, da sie wußten, was er daraus machte, würd' zum Lachen sein. Aber predigen *mußte* der D^r: nimmt einen Text & predigt eine Weile draufzu — nimmt einen andern Text zur Satisfaction der Mutter des Herrleins — nimmt einen weiteren Text zum Plaisir der Großmutter des Herrleins — und als er zum Panegyrikus kam, sagte er, *Er ist der feinste liebe junge Herr gewesen, meinem Herzen tat's wohl, ihn auf dem Campus wandeln zu sehen. Wir haben ein altes Sprichwort »Hungrige Köter fressen auch dreckige Puddings«; aber von diesem jungen Edelmann muß ich sagen, daß er immer süße* — er sprach's mit quäkender Stimme — *Sachen mochte:* und damit schloß er.

Er beobachtete, daß die Häuser mit dem schlechtesten Biere die meisten Trunkenbolde beherbergten, denn das nötigte sie, zwecks Magen=Tröstung die Stadt aufzusuchen; weswegen Dr Kettel in seinem College immer ein ausgezeichnetes Bier hatte, das in Ox nicht besser zu bekommen war, so daß wir's an anderer Stätte nur schlechter hätten treffen können, und von allen Häusern Oxfords hatten wir die wenigsten Saufköpfe.

Mit Lang=Haarigen war er unversöhnlich: nannte sie Zottel=Hirnschalen; und was Perucken betraf (die seinerzeit noch sehr selten getragen): die hielt er für Kopfhäute von Todten, die vom Galgen abgeschnitten, und dann zum Gebrauche gerbt & frisirt wurden. Kam ihm zu Augen, daß Studenten das Haar länger als üblich trugen (zumal wenn sie Residents waren), würd er in seinem Muff (den er gewöhnlich trug) eine Scheere mitbringen: dann wehe denen, die außen am Tische saßen! Ich erinn're mich, wie er Mr Radford die Haare schnitt mit dem Messer, mit dem man auf dem Mensa=Tische das Brodt absäbelt, und dann sang er (das ist aus dem alten Stück *Gammer Gurton's needle*):

Und ward nicht Grim der Zottel nett gestutzt?
Tonedi, Tonedi.

Mister Lydall, sagte er, *wie declinirt er »tondeo«? Tondeo, tondes, Tonedi?*

Bey Lesungen & Seminaren weilte er beständig in der Hall, um sie im Auge zu behalten, und hatte sein Stunden=Glas dabei; und einst, da ihn die Jungen ärgerten, drohte er ihnen, daß, wenn sie ihre Übungen nicht besser täten, er ein Stundenglas brächte, so zween Stunden lang.

Als er einst um den Tisch strich, wo die Logik=Vorlesung gehalten ward, wo der Docent den Jungen sagte, daß ein Syllogismus *quoad formam*, aber nicht *quoad materiam* wahr sein könne, sagte der Präsident (der sich dann & wann in die Rede mischte): *Es war einmal ein Fuchs, der eine Krähe auf dem Baum erspähte, und die wollt er gern schnappen: also springt er mit einem Satz unter den Baum, und legt seine Rute aus gleichwie ein Horn gekrümmet, und meint, die Krähe möchte kommen und nach ihm hacken, und dann würd er sie packen. Jetzt kommen wir* (so seine Worte) *und ich sage »Die Rute des Fuchses ist ein Horn«: ist das eine wahre Propositio oder nicht?* (zu einem der Jungen). Ja, sagte der (der D^r erwartete, er solle Nein sagen — denn so brachte's ihn aus der Fassung). *Na dann*, sagte er, *nimm dein Horn und blas rein* — und schritt fürder.

Bey einer Lesung über das Be- & Umschreiben von geometrischen Figuren sagte er: *ich werd euch zeigen, wie man ein Triangulum in einem Quadrangulum beschreibt. Schafft ein Schwein zwischen die 4 Ecken des Campus, und ich werd ihm den College-Hund beigeben, der wird das Schwein am Ohr packen, dann komm ich und pack den Hund beim Schweif und das Schwein am Schwanze: dann habt ihr ein Triangulum in einem Quadrangulum; quod erat faciendum.*

Er schleifte den einen Fuß ein wenig nach: womit er (gleichwie die Klapper-Schlange) sein Kommen anzeigte. Will Egerton (Major General Egertons jüngerer Bruder), ein witziger Kopf & guter Schauspieler, konnte seinen Gang so nachahmen, daß er bisweilen die ganze Capelle, die wähnte, jener sey eingetreten, dazu brachte, sich zu erheben.

Jeden Sonntag predigte er in seinem Sprengel zu Garsington, ca. 5 Meilen entfernt. Er ritt auf seinem braunen Wallach, sein Junge Ralph vor ihm, mit sich (gewöhnlich) eine Hammelkeule & etwas College-Brod. Um ländliche Lustbarkeiten scheerte er sich nicht, da diese meist in Sauferey mündeten. Beim

Lustgelage zu Garsington sprach er: *Hier heißt es* »*Prosit, Garsington!*« *und* »*Zum Wohl' Cuddesdon!*« *und* »*Auf Hockley*« — *aber keiner brüllt hier mal* »*Auf dein Wohl, Gott Allmächtiger!*«.

Auf Sonntag Trinitatis (unser Feier=tag) pflog er im College öffentlich zu predigen: hierzu strömten etliche Studenten aus anderen Häusern, um über ihn zu lachen. In sein Gebet (in dem er, natürlich, an Sir *Thomas Pope* erinnerte, *unsern Gründer,* und an Lady Elizabeth, seine dahingegangene Gattin) würd er häufig einen absichtlichen Versprecher einflechten und sagen, *Thomas Pope, unser Sünder,* sich dann aber augenblicks selbst corrigiren.

Er sang einen dünnen schrillen hohen Diskant, aber es gab da einen J. Hoskyns, der einen noch höheren hatte und mit dem D^r zu wetten pflegte, dieser würd' seine Stimme so hochschrauben können wie er.

Er war ein Mann von großer Mildthätigkeit. Wo er in seinem College inneward, daß fleißige Jungen von ihren Freunden nur ein (wie ihn dünkte) schmales Stipendium erhielten, legte er ihnen oft Geld ins Fenster: daß seine Rechte nicht wisse, was die Linke tue. Wenn Stipendiaten, die als Aufwärter dienten, eine gute Handschrift hatten, würd er sie beschäftigen: für ihn zu transcribiren, und sie generös entlohnen, und ihnen guten Rat geben.

Zum College gehört der Pfarrsprengel von Garsington, und jener gute alte D^r wollte, als einer aus seiner Gemeinde, ein redlicher tüchtiger Mann, durch ein Mißgeschick zufällig in weltliche Nothdurft geriet, ihm seine Pfarrstelle für ein, zwei oder drei Jahre abtreten, für 40 £ p.a. unter Wert.

Sie müssen wissen, daß es zwischen Dr Kettle und den Fellows erhebliche Reibungen gab, und einst, bey einem Skrutinium, schalt sie der D^r für ihre Mißachtung, er sagte *Oh ja, ihr seid tapfre edle Herrlein, und ihr gelahrten Männer, ihr verachtet euren armen Präsidenten, ihr schnaubt & furzt seiner, ich bin für euch der letzte Scheiß-kübel* — *Aber wer war es denn, der euch aus dem Stande armer Lumpenhunde zu Tutoren & Aufwärtern hochgebracht hat? War das nicht euer Präsident? Und doch war von euch, Freunde, keiner je mal so dankbar, mir wenigstens eine gestickte Nacht-hauben zu schenken. Ja wohl (Mr Dr Hobbs!), erbarmt euch mein. Ich weiß noch, wie mir Eure Mutter einst einen geräucherten Schincken gesandt.*

M^ris Howe, von Grendon, sandte ihm zum Geschenk Hippokras & feine Käse-kuchen, durch einen schlichten Bursch vom Lande, ihren Diener. Der D^r kostet den Wein: *Was!* sagte er, *hat er diesen Trank aus dem Graben geschöpft?* und als er die Käsekuchen sah, *Ey was haben wir denn hier: Crinkum, Crankum?* Der arme Bursch glotzte ihn an, und wunderte sich ob der ungehobelten Aufnahme solch artiger Präsente, ward aber gleich darauf mit einem guten Dinner und einem Halb-Kronen-Stück bedacht.

(Dr Thomas Batchcroft übertraf Dr Kettle noch. Diesem D^r schickte jemand eine Tauben-Pastete aus New-market oder so, und er fragte den Überbringer, ob sie *warm oder kalt* sey?)

Im August 1642 kam (auf Geheiß des Parlaments) Lord Viscount Say & Seale zu Visiten in die Colleges, um zu schauen, ob man in den Kapellen etwelche newe Päpsterey entdecken würde? In unserer Capelle hatten hinter der Chorschranke zwei Altäre gestanden (die Malerey für jene Zeiten nicht übel; und die Farben bewundernswert frisch & lebhaft). Der zur Rechten, wenn man die Kapelle betritt, war St Katherine geweiht — der linker Hand schilderte die Kreuzabnahme unseres Heilands. Mylord Say sahe, daß dies in alter Zeit gemalt, und Dr Kettle sprach zu Seiner Lordschaft *Traun, my Lord, wir achten ihrer nicht mehr als eines schmutzigen Tischlappens:* also blieben sie unangetastet bis zu Harris' Zeit und wurden dann mit Grün überstrichen.

'S ist wahrscheinlich, daß dieser ehrwürdge D^r einige Jahre länger gelebt und seine hundert Jahre erreicht hätte, wären nicht die Bürger=kriege gekommen: die ihn tief bekümmerten, da er, der als Principal übers College zu herrschen gewohnt war, von ruppigen Söldnern affrontirt & unehrerbietig behandelt wurde. Ich entsinne mich, in der Hall bey einer Rhetorik=Lesung gewesen zu sein: ein Fußsoldat kam rein und zerbrach sein Stundenglas. Allerdings war der D^r grad hinaus geschritten, aber Jack Dowch zeigte's an.

Unser Wäldchen war für die Damen & ihre Cavaliere die Daphne zum Spazieren, und oft würd Mylady Isabella Thynne (die im Balliol College lebte) ihr Entrée machen mit einer Theorbe oder Laute, die man vor ihr schlug. Ich selbst hab sie im Wäldchen darauf spielen hören, was sie selten tat: wofür sie Mr Edmund Waller in seinen *Poems* auf ewig berühmt gemacht hat. Sie war äußerst schön, höchst demütig, mildtätig etc., konnte sich aber nicht beherrschen. Ich erinnre mich, daß diese Lady & die schöne M^{ris} Fenshawe (ihre enge & vertraute Freundin, die in unserm College wohnte) sich einmal den Spaass machten, unsern Präsidenten zu besuchen. Der alte D^r wurde rasch gewahr, daß sie gekommen waren, um ihn zu verführen: er richtete seine Rede an M^{ris} Fenshawe, indem er sagte *Madame, ich habe hier Ihren Gatten und Ihren Vater großgezogen und kannte noch Ihren Großvater. Ich weiß, Sie sind eine Lady — ich will nicht sagen, Sie seyen eine Hure — erweisen Sie sich lediglich als ein echtes Frauenzimmer!*

M^{ris} Fenshawe & Mylady Thynne pflogen morgens in unsere Kapelle zu kommen, nur halb bekleidet wie lose Weiber. Die Auflösungserscheinungen unserer Zeit, wie gesagt, schmerzten den guten alten D^r und schnitten ihm die Lebenstage ab: er starb & ward zu Garsington beigesetzt.

Senecas Schüler Nero critisirte seinen Styl, er sagte, dieser sey *arena sine calce* — Dr Kettel pflog zu sagen, *Seneca schreibt wie ein Eber pisst*, nämlich ruckweise.

Mir geht die Geschichte nicht aus dem Kopf, die uns Robert Skinner, Lordbischof von Oxford, erzählt hat: ein gewisser Slymaker war schon seit geraumer Weile Tutor am College, ein Stenz von kleinem Wissen & großer Unverschämtheit — 's war in jenen Tagen Sitte, jeden Sonntag=abend (glaub 'ich) zum Laden von Joseph Barnes zu pilgern, dem Buchhändler: gegenüber dem Westend von St Mary's, wo aus London die Neuigkeiten eintrafen, etc. Dieser impertinente Bursch würd alleweil beim Flüstern der Leute die Ohren spitzen und ihnen beim Briefelesen über die Schulter lugen, was männiglichen auffiel. Sir Isaac Wake, ein sehr gewitzter Kopf, war resolvirt, ihm eine Finte zu legen, und vernahm nun, daß diesen Sonntag Herr Klügmacher in St Mary's predigen sollte. Also verliest Sir Isaac am Samstag zuvor einen ganz formellen Brief an eine Person von Stand: daß Kardinal Baronius ein convertirter Protestant sey, und mit einem Heer von 40.000 Mann wider den Papst marschiere. Slymaker lauschte mit gierigen Ohren, und barmte kommenden Tags in seinem Gebet vor seiner Predigt zu GOtt *in seiner unendlichen Gnade & Barmherzigkeit, der Armee des Cardinal Baronius seinen Seegen zu geben, der ein convertirter Protestant sey, und itzt mit einer Armee von vierzig tausend Mann marschire, und so weiter:* er hatte eine Stentorstimme, und donnerte es heraus. Die Zuhörer rissen alle die Augen auf & waren verblüfft; George Abbot (später Bischof von Sarum) war damals Vice=Canzler, und als Klügmacher von der Kanzel stieg, sandte er nach ihm und frug nach seinem Namen: Slymaker: Klügmacher, sagte er. Nee, sagte der Vice=Canz, Lyemaker: Lügmacher.

Wenn Dr Kettel die jungen Knaben an seinem College rüffelte, gebrauchte er diese Namen: *viz. Koth=batzen; Tranlappen* (das war die schlimmste Sorte: rauhe Lüderjane), *Halunken; Pappgroschen; Schnarchtuten* (: diese taten kein Harm, waren nüchtern, trödelten indessen, die Hände in den Taschen, müßig durchs Wäldchen, und zählten da die Bäume oder so).

Zur Erheiterung will ich Ihnen eine Geschichte erzählen, die uns Dr Henry Birket anderntags bey seinem Vetter Mariet berichtet hat, daß näml. ca. 1638 oder 1640, als er im Trinity College war, Dr Kettel ihnen in seiner Predigt, die er wie immer am Trinitatis Sonntag hielt, sagte: sie sollten ihre Leiber keusch & heilig halten. *Aber ihr Tutoren an diesem College*, sagte er, *ihr esst gute Mensa=Kost, trinkt gutes Doppel=Bier, pflanzt eure Saat, und die wird aufgehen.* Wie hätte der gute alte D^r sich ereifert und die Kettelpauke getrummelt, hätt er den Luxus am College gesehen, wie er itzo herrscht. *Tempora mutantur.*

LUDOLPH VAN KEULEN

LUDOLPHUS VAN CEULIN war zunächst Fecht= meister von Beruf; doch als er taub wurde, widmete er sich dem Studium der Mathematique, worin er eine Capacität wurde.

Er schrieb ein gelehrtes Buch in 4°, gedruckt zu ***, über die Relation zwischen Kreisdurchmesser und ⹀Umfang; das Frontispiz zeigt sein Portrait, ringsherum mit Schwertern & Korbsäbeln & Hellebarden u.a. Waffen drapirt: deren Sinn ich erst verstand, nachdem mir Dr Pell die obige Auskunft gegeben, der sie selbst von Sir Francis Godolphin hatte, welcher dessen Fecht⹀Schüler gewesen und in seinem Hause Logis gehabt.

Er starb zu Leyden anno ***, aetat. 56, soweit ich mich erinnere (vide); und auf seinem Grabstein ist, seinem Testament gemäß, jene o.a. Proportion zwischen Diameter und Peripherie eingemeißelt.

RICHARD KNOLLES

LORD Burleigh war, als er Knolls *Turkish history* las, ganz besonders von der Bataille bey Lepanto encharmirt; schickte nach Knolles, der ihm erzählte, ein ingeniöser junger Mann habe ihn aufgesucht, habe vernommen, was dieser beabsichtige, und gebeten, dies zu schreiben, da er an jener Schlacht teilgenommen.

Mylord jagte ihm nach, verfolgte seine Spur von Ort zu Ort, zuletzt bis *Newgate:* zu solcher Nothdurft war er heruntergekommen. Er war vor erst 14 Nächten gehenkt worden. Das Unglück wollte es, daß er eine gute Gelegenheit versäumte, zu Gunsten zu kommen.

GIDEON DE LAUNE

*** De Laune: — war Apotheker unter Mary der Königin⹀mutter; kam ... nach England.

Er war ein sehr lebenskluger Mann, und hinterließ zum Beweis dessen £ 80.000.

Sir William Davenant war gut mit ihm bekannt und erzählte mir von ihm — auch, daß er ihn, der damals schon die Achzig überschritten, nach seiner Rückkehr nach England besucht und ihn zwar von der Gicht verkrümmt, aber bey klarem Verstand & ungetrübtem Augenlicht angetroffen. Man hatte ihm einen Platz am Küchen=Kamin angewiesen, und, *non obstante* daß er der Herr über den ganzen Grundbesitz war, straften ihn, wie Sir William sah, nicht nur seine Schwiegertochter sondern auch das Küchenmensch mit Geringschätzung, was ihn heftig bekümmerte —: das Elend des Alters!

Er schrieb ein Buch mit klugen Ratschlägen, in 8° Quadrat, auf Englisch in Versen, das ich gesehen habe und in dem gute Sachen stehen.

SIR HENRY LEE

DER ALTE SIR Henry Lee von Ditchley aus Oxon, Ritter des Hosenband=Ordens, war ein Gentleman mit gutem Grundbesitz, und ein kräftiger & kühner Mann; und man nahm an, er sey ein Bruder von Queen Elizabeth. Traf Anordnung, daß alle aus seiner Familie den Taufnamen *Harry* bekamen.

Er war Flurwächter von Woodstocke Park und streifte in seinen jüngeren Jahren (hab ich meinen alten Vetter Whitney sagen hören) oft bey Nacht mit seinen Wildhütern durch die Wälder.

Dieses Sir Henry Lee's Neffe & Erbe (an den ich mich sehr gut erinnere: er kam oft zu Sir John Danvers) wurde *Aufunddavon* genannt. Der Anlaß dazu war folgender: Als dem alten Kämpen im Alter die

Kräfte schwanden, er mithin nicht mehr fähig war, einem Unrecht, das ihm angetan, zu wehren — da hatte ihn irgendeine Person von Stand beleidigt. Also sprach er zu seinem Erben, er solle diesem in der Nähe des Bell Inne, im Strand, mit mindestens einem Halbdutzend verwegener Burschen in der Hinterhand, auflauern und, wenn die Partie des Weges käme, ihm mit dem Stock eins überziehen und dann *auf-und-davon;* den Rest der Rache sollten die langen Kerls besorgen. Sei's aus Gewissens-Skrupel oder aus Feigheit — aber Sir Henry d. Jüngere wies das strikt von sich. Wofür er enterbt wurde und der ganze Grundbesitz einem Wildhüters-Sohn eigenen Namens aus Whitchwood Forest überschrieben wurde, einem ein-äugichten jungen Manne, nicht verwandt mit ihm, von dem der itzige Earl of Lichfield abstammt wie auch die Lady Norris und Lady Wharton.

Er war nie verheiratet, hielt sich aber Frauen zum Zwecke, ihm vorzulesen, wenn er zu Bette lag. Eine seiner Vorleserinnen war Pastor Jones' Weib, aus Wotton. Ihre Tochter (die auch nicht mehr Witz gehabt) hab ich rühmen hören, was für eine tüchtige Vorleserin ihre Mutter gewesen, und welch Entzükken Seine Gnaden, Sir Harry, daran gehabt, ihr zu lauschen. Sein liebster Schatz aber war M^{ris} Anne Vavasour. Er ließ ein nobles Altar-Monument aus Marmor errichten: darauf sein Bildnis im Harnisch, und zu seinen Füßen die *Effigies* seiner Geliebten M^{ris} Anne Vavasour. Was zu diesen Versen Anlaß gab:

Der liebestüchtge Ritter Harry liegt allhier,
Doch Heirat war nie sein Plaisier.
Wenn er im Leben so Gefühle kriegte,
Dann kniete er dieweil sie liegte.
Nun da er nicht mehr fühlen kann,
Kniet die Frau und liegt der Mann.

Irgendein Bischof hat angedroht, dieses Grabmal entstellen zu lassen, zumindest M^ris A. Vavsours *effigies* zu entfernen.

WILLIAM LEE

ER war der erste, dessen Scharfsinn eine Apparatur zum Strümpfe-Weben ersann. Er war aus Sussex gebürtig; oder lebte jedenfalls da. War ein unbemittelter Kurat; und als er einmal mitangesehen hatte, welche Müh' es seine Frau gekostet, ein Paar Strümpfe zu stricken, kaufte er einen und einen halben Strumpf und maß die Abfolge der Stiche, die er für seinen Strick-stuhl bestimmte: an dem, mag auch manch beiläufige Apparatur an der Maschine abgewandelt worden sein, bis auf den heutigen Tag nichts geändert worden ist. Er ging nach Frankreich und starb, noch ehe sein Strickstuhl dort zur Herstellung gelangte. Also daß bis vor kurzem diese Technik nur in England bekannt war. Oliver Protector machte ein Gesetz, daß es ein Kapitalverbrechen sey, diese Maschine zu exportiren. Diese Information gab mir 1656 ein Weber (an diesem Gerät) in der Pear-poole lane. Sir John Hoskyns, Mr Stafford Tyndale und ich waren zu dem Zweck hingegangen, sie uns anzuschauen.

Man sollte nie vergessen, was unser ingeniöser Landsmann Sir Christopher Wren den Londoner Seidenstrumpf-Webern proponirte, näml. ein Verfahren, sieben Paar oder neun Paar Strümpfe auf einmal zu weben (es muß eine ungerade Zahl sein). Für seine Erfindung verlangte er vier hundert Pfund; doch die Weber lehnten ab, weil sie kein Geld hatten; und davon abgesehen würd es ihnen, sagten sie, das

Geschäft verderben; womöglich dachten sie nicht an das Sprüchwort Leichter Gewinn mit schnellem Umsatz macht die Geldkatz fett. Als Sir Christopher sah, daß sie nicht so viel Geld einzusetzen wagten, war er so nobel, sein Modell der Maschine vor ihren Augen in Stücke zu brechen.

SIR JAMES LONG

SIR JAMES LONG, Baronet: — ich müsste Rhetoriker und Kriegsmann ineins sein, um diesem meinem verehrten Freund, einem in jeder Hinsicht Absoluten Gentleman, wirklich gerecht werden zu können.

Einziger Sohn von Sir W.L.; geboren zu South Wraxhall in Wilts. Westminster=Schüler; vom Magd. Coll. Ox; dort Fischer. Ging nach Frankreich. Heiratete anno *** D. Leech, eine höchst elegante Schönheit und geistvolle Tochter von Sir E.L., 25 aetat. Im Bürgerkrieg Reiter=Colonel in Sir Fr. Dodingtons Brigade. Guter Schwert=Fechter; gut zu Pferde; bewundernswerter extempore=Redner *pro harangue;* gußeisernes Gedächtnis; großer Historiker & Romancier; großer Falkner; große Kenntnisse von Pferden & Insecten; außerordentlich wißbegierig und schon seit langem ein Erforscher der Natur.

Als Protector Oliver in Hownselowe heath auf der Beizjagd war und mit ihm ins Gespräch kam, vernarrte er sich in seine Gesellschaft und trug ihm auf, seines Schwertes zu walten und ihn bey der Falknerei zu begleiten, woraufhin die Cavaliers der Alten Schule ein scheeles Auge auf ihn warfen.

Scripsit: »Geschichte & Ursachen der Bürger=kriege« oder »Reflexionen« (quaere), »Hexen=Verhöre in Malmesburie«.

RICHARD LOVELACE

RICHARD LOVELACE, Esq; er war ein überaus schöner Gentleman.

Obiit in einem Kellerverschlag in Long Acre, kurz vor der Restauration Seiner Majestät. Mͬ Edmund Wyld & cetera haben Sammlungen für ihn veranstaltet und ihm Geld gegeben. George Petty, Posamentier in der Fleet Street, brachte ihm jeden Montagmorgen XXs von Sir John Many & Charles Cotton, Esq, über etliche Monate, bekam's aber nie retour.

Einer der hübschesten Männer Englands. Er war ein extraordinair hübscher Mann, aber dünkelhaft. Schrieb ein Gedicht, betitelt *Lucasta.*

WILLIAM MARSHALL

WILLIAM MARSHALL, Skulptor, natus Oct. 7, horâ 0 min. 23 p.m., 1606. — Die Conjunction von Merkur und Löwe machte ihn zu einem Stotterer.

HENRY MARTEN

HENRY MARTIN, esq, Sohn & Erbe Sir Henry Martins, Ritter, Richter bei den Arches, kam von der Universität Oxford, bereiste Frankreich, jedoch nie Italien. Von nur mittelgroßer Statur; sein Habit mäßig; sein Gesicht nicht gut. Sir Edward Baynton pflog zu sagen, seine Gesellschaft sey unvergleichlich, allein er sey allzu bald betrunken gewesen.

Sein Vater suchte ihm eine Frau mit Vermögen, die er, etwas unwillig, ehelichte. Er war ein großer

Liebhaber hübscher Mädgen, denen er so gut war, daß er für sie den größten Theil seines Grundbesitzes veräußerte. Als er sich eine verheiratete Frau ausgeguckt hatte, die ihm gefiel (und er hatte seine Emissäre, männliche wie weibliche, die Ausschau hielten), brachte er einen so oder so guten Handel in Anschlag, 20 oder 30 £ p.a. unter Pacht, sie in der Nähe zu haben. Er lebte lange Zeit von seiner Frau. Wenn ich mich nicht irre, war sie von seiner Unfreundlichkeit ihr gegenüber manchmal etwas zerrüttet.

König Charles I hatte an seiner Hurerey einiges auszusetzen. Es begab sich, daß Henry einst im Hyde Park weilte, als Seine Majestät dort einem Rennen zuschauen wollte. Der König erspäht ihn, und sagt laut *Man mache, daß dieser ekle Lüderling sich aus dem Park entferne, dieser Huren=meister; sonst schau ich mir den Sport nicht an.* Also schritt Henry geduldig von hinnen, *sed manebat alta mente repostum.* Dieser Sarkasmus brachte die ganze Grafschaft Bucks gegen ihn auf. Vom Puritaner war er so weit entfernt wie vom Dunkel das Licht. Kurz hernach (1641) ward er dort zum Grafschafts=Vertreter gewählt, *nemine contradicente,* und erwies sich als Todfeind des Königs.

Er war ein großer, wahrer Liebhaber seiner Heimat, und erhielt nie einen Farthing vom Parlament. Für schlagfertiges Repliciren verfügte er über unvergleichlichen Witz; war ganz und gar nicht habsüchtig; bescheiden, überhaupt nicht arrogant, wie die meisten sonst; hielt viel auf Gerechtigkeit und nahm im Hause stets Partey für die Unterdrückten.

Seine Reden im Haus waren nicht lang, aber wunderbar bissig, treffsicher & geschliffen. Mit passenden Vergleichen hatte er eine ungemein glückliche Hand. Er allein hat mitunter das ganze Haus in Bann geschlagen. Hielt einst eine Schmäh=Rede wider den alten Sir Henry Vane — als er ihn erledigt hatte, sagte er *Was aber den jungen Sir Harry Vane betrifft...* — und setzte sich. Mehrere riefen: Was haben Sie über den jungen Sir Harry zu sagen? Er erhebt sich: *Nun? Wenn der junge Sir Harry alt wird, wird er der alte Sir Harry sein!* und nahm wieder Platz, und das Haus brach — wie so oft bei ihm — in Gelächter aus. Oliver Cromwell nannte ihn einst, im Scherz oder aus Spott, *Sir* Harry Martin. Seine Majestät erhebt & verneigt sich: *Ich danke Eurer MAJESTÄT. Ich dacht immer, wenn Er KÖNIG wäre, sollt Er mich zum Ritter schlagen.* Ein geistliches Mitglied stellte den Antrag, alle profanen & ungeweihten Häupter des Hauses zu verweisen. S.M. erhob sich und beantragte, alle Dummköpfe gleicherweis zu entfernen: und dann würd's ein ausgezehrtes Haus sein. Dieser pflog im Hause häufig zu schlummern (zumindest ein Nickerchen zu halten). Aldermann Atkins stellte den Antrag, jene scandalösen Mitglieder, die schlummerten & die der Obliegenheiten des Hohen Hauses nicht achteten, des Saales zu verweisen. S.M. legt los: *Mr Speaker, hier ist ein Antrag gestellt worden, die Schlummerköpfe zu entfernen; darf ich den Wunsch äußern, daß auch die Dummerköpfe relegirt werden?*

Seinen kurzen Brief an seinen Vetter Stonehouse von Radley bei Abingdon, daß *Seine Majestät nie Frieden haben wird, solange er sich bey seinen Pulverschmieden & Büchsenmachern Rat holt:* hab ich von Sir John Lenthall; desgleichen seinen Entwurf der Parlaments-Erklärung zur Bildung eines Commonwealth: in 5 oder 6 Zeilen, am Anfang, sagt er: *wiederhergestellt* in seiner alten Herrschaft als Commonwealth. Als dies verlesen ward, stand Sir Henry Vane auf und sprach einen Verweis aus & gab seinem Erstaunen Ausdruck über die Schaamlosigkeit, mit der solch notorische

Unwahrheit bekräftigt worden. S.M. erhob sich und erwiderte leutselig, es sey hier *ein Text, der sein Gemüth über mehrere Tage & Nächte beschattet habe, von jenem Manne, der vom Mutterleibe an blind gewesen, dessen klarer Blick anjetzt doch WIEDERHERGESTELLT sey,* näml. wiederhergestellt zu jener Sichtweise, die er haben *sollte.*

Henry Martin stellte im Parlament den Antrag, die Unterzeichner der Adresse zur Rechenschaft zu ziehen (näml. die, die sich Richard Cromwell, dem Protector, verschrieben hatten, für ihn mit ihren Leben & Gütern einzustehen) und daß alle Unterzeichner, die diesem Hause angehörten, als Feinde des Commonwealth von England hinauszujagen seien, als Verräter, da sie an die Einsetzung von Herrschaft durch eine Einzelperson glaubten. Hätt sich Dick Cromwell damals nicht just absentirt, das Rumpf-parlament — das ist gewiß — hätte jenen um einen Kopf kürzer gemacht, wie mich ein lieber Freund lebhaft versicherte.

S. M. sagte, er habe gesehen, daß nun die Schrift sich erfülle: *et exaltavit humiles; esurientes implevit bonis: et divites dimisit inanes.*

Anno 1660 war er verhasst dafür, daß er einer der Richter des seel. Königs gewesen, und in größter Gefahr, das gleiche zu erleiden wie die andern (er bekannte sich lediglich zur königl. Proclamations-Acte von Breda, die er in der Hand hielt & vorwies), doch (da er selbst ein gewiefter Kopf) rettete ihm Lord Falkland durch Schlauheit das Leben: er sagte *Gentlemen: Sie sprechen hier davon, jemanden zu opfern — bey den Alten war es Gesetz, daß alle Opfer rein & makellos zu sein hatten. Und nun wollen Sie diesen alten verrotteten Rotzkopf zum Opfer nehmen?* Dieser Schachzug gewann die Sympathien des Hauses und rettete ihm das Leben.

Zuerst ward er im Tower inhaftiert, dann zu Windsore (von dort entfernt, da er Seiner Majestät ein Dorn im Auge), von da nach Chepstowe, wo er sich itzund (1680) befindet. Während seiner Haft entband ihn seine Frau von ihrem Wittum; sie starb indes.

Als man sein Studir-zimmer durchsuchte, fand man Briefe an seine Concubine, gedruckt in 4°, aber nicht zu seiner Schande: aus ihnen sprechen Gutmüthigkeit & Witz.

ANDREW MARVELL

ER war von mittelgroßer Statur; ziemlich stark gebaut; rund-gesichtig; kirschrote Wangen; haselfarb'nes Aug; braunes Haar. Im Gespräch war er ganz bescheiden, brauchte nur wenig Worte — und wiewohl er gern dem Weine zusprach, war er in Gesellschaft kein starker Trinker und pflegte zu sagen, er würde niemals den Good Fellow im Beisein eines Mannes spielen, dessen Händen er nicht sein Leben anvertrauen würde. Einen festen Bekanntenkreis hatte er nicht.

Zur Zeit von Oliver Protector war er Latein-Schreiber. Er war ein großer Meister der lateinischen Sprache; ein excellenter Dichter in Latein oder im Englischen; in lateinischen Versen gab es keinen, der sich mit ihm hätte messen können.

Ich erinnre mich, ich hab ihn sagen hören, der Earl of Rochester sey in England der einzige, der eine wahre satyrische Ader habe.

Seine Geburtsstadt Hull liebte ihn so sehr, daß man ihn zu ihrem Parlaments-Abgeordneten wählte und, um ihn zu halten, ihm eine Ehren-Pension gewährte.

In seiner Wohnung bewahrte er Wein≠Flaschen auf, und oftmals würd er extra zu dem Zweck trinken, sich die Geister zu erquicken und seine Muse zu exaltiren. (Ich entsinne mich, man hat mir erzählt, der gelehrte Goclenius (ein Hoch≠Deutscher) pflegte in seinem Arbeitszimmer Flaschen mit Rheinwein zu stapeln und, wenn die Geistes≠kräfte erschöpft waren, einen guten Humpen zu leeren).

Obiit Londini, 18. Aug. 1678; und liegt in der St Giles Church-in-the-fields etwa in der Mitte des Süd≠Schiffs bestattet. Manche argwöhnen, er sey von denen Jesuiten vergiftet worden, doch das kann ich nicht bestätigen.

THOMAS MAY

Was TOM MAY betrifft, so erzählte mir Mr Edmund Wyld, daß er mit ihm in seiner Jugend bekannt gewesen, und damals sey er wie andere junge Männer seiner Stadt gewesen: *scil.* debauchirt *ad omnia* — aber merken Sie sich das auf keinen Fall; wir sind ja alle mal jung gewesen. Allein Mr Marvel in seinen Gedichten auf Tom May's Ableben fällt sehr heftig über ihn her.

Ein enger Bekannter von Tom Chaloner. Sprach, wenn er *inter pocula* war, ziemlich geringschätzig von der Trinität.

War Poeta laureatus Candidat nach B. Jonson; die Ehre ging aber an Sir William Davenant.

Amicus: Sir Richard Fanshawe. Mr Emanuel Decretz (Hofmaler bey König Charles Ist) war bey dem Streit zugegen, als sie schieden: bevor Sir Richard zum König ging, wo beide Lager aufs engste sich zusammenschlossen.

Seine Übersetzung von Lucan's exellentem Poem erschloß ihm die Liebe zur Republik: diesen Ruch wurde er nicht mehr los.

Kam zu Tode, nachdem er getrunken, dieweil seine Kappe unter seinem Kinn verknotet war (er war fett): erstickte.

SIR HUGH MIDDLETON

MR INGELBERT war der erste Entwickler bzw Erfinder eines Verfahrens, Wasser von Ware nach London (itzt *Middleton's Water* genannt) zu leiten. Er war ein mittelloser Mann, doch Sir Hugh Middleton, Alderman in London, financirte das Project — führte es aus — und strich den Gewinn gleichwie den Credit auf jene äußerst nutzbringende Erfindung ein, für die man in memoriam jenes Mittellosen aus der Stadt London eine Statue hätte errichten sollen.

Ein Land≠bursch, da er sahe, wie man für den neuen Fluß einen Canal aushub, sagte, er würd' ihnen 2.000 £ ersparen, d.h. er würd die Erde mit einem Pflug aufgraben; und hatte extra zu dem Zweck starke Pflüge & Pflugschaaren angefertigt, die von 17 Pferden gezogen wurden, und sparte so Auslagen in erklecklicher Höhe.

Dieser Sir Hugh Middleton hatte sein Bildnis in Goldsmyth's hall hängen: mit einem Wassertopf ihm zu Seiten, als wär er der alleinige Erfinder. Mr Fabian Philips sah Ingolbert später noch, in einem erbärmlichen Lumpen≠Kleid wie ein Almosen≠empfänger, neben einem Apfelweib auf den Stufen des Parlaments sitzen.

Memorandum: daß itzo (1682) die Bevölkerung Londons so groß & zahlreich geworden ist, daß Middletons New River die Wasserleitungen der Privat-Häuser nur mehr zweimal die Woche versorgen kann.

JOHN MILTON

MR JOHN MILTON kam aus einer Oxfordshire-Familie. Sein Großvater war ein Römisch-Katholischer aus Holton in Oxfordshire, unweit Shotover.

Die Ausbildung seines Vaters vollzog sich am Christ Church, an der Universität Oxfd.; und sein Großvater enterbte ihn, weil er nicht beim Katholischen Glauben blieb (er fand eine Bibel auf Englisch in seiner Kammer). Also kam jener hierauf nach London, und wurde öffentl. Schreiber (ohne Lehrling gewesen zu sein; ein Freund verhalf ihm dazu) und erwarb sich damit einen großen Besitz, und schied viele Jahre vor seinem Tod aus dem Amte. Er war ein tüchtiger Mann; liebte die Musique: componirte etliche Lieder, die jezt in Druck sind, das von *Oriana* zumal. Man hat mir gesagt, der Vater habe für den Landgrafen von Hessen ein Lied zu 4 Stimmen geschrieben, für das Seine Hoheit eine goldene Medaille, oder ein nobles Präsent schickte. Er starb um 1647: von seiner Wohnstatt im Wachtturm zur Beisetzung überführt nach *Cripple-gate*-Kürch.

Sein Sohn John ward am 9ten Decembris 1608, *Die Veneris*, ein halb Stund nach 6 am Morgen in Bread Street in London geboren, im Hause *Spread Eagle*, welches seinem Vater gehörte (der noch ein weiteres Haus in der Straße: die *Rose*, und weitere Häuser an anderen Orten besaß). Anno Domini 1619 war er zehn Jahre alt: und da war er schon ein Dichter. Sein Schulmeister damals war ein Puritaner, in Essex, der ihm das Haar kurzschor.

Zur Schule ging er beim alten Mr Gill, in die *Paule's Schoole*. Ging mit fünfzehn — ganz auf eigne Rechnung — auf das Christ's College in Cambridge, wo er mindestens acht Jahre verblieb. Dann reiste er nach Frankreich & Italien (hatte Sir H. Wottons Recommendations=briefe dabei). Zu Genf schloß er mit dem gelehrten genfer Dr Deodati enge Freundschaft. Man machte ihn mit Sir Henry Wotton bekannt, Botschafter in Venedig, der sich an seiner Gesellschaft ergötzte. Er blieb mehrere Jahre auf dem Continent, und kehrte just bey Ausbruch der Bürger=kriege heim nach England.

Von seinem Bruder, Christopher Milton: als jener zur Schule ging, als er noch ganz jung war, studirte er eisern, und saß bis ganz spät auf, gemeinhin bis zwölf oder ein Uhr des nachts, und sein Vater hieß die Magd mit ihm aufbleiben; und in jenen Jahren (mit 10) schrieb er zahlreiche Gedichte, die einem reiferen Alter wohl anstünden. Und war auf der Universität ein sehr fleißiger Student, und absolvirte alle Übungen mit bestem Applauso. Sein erster Tutor dort war Mr Chapell: als er von diesem eine Unfreundlichkeit erfuhr (er peitschte ihn aus), ward er hernach, wiewohl's den College=Regeln contrair schien, der Unterweisung eines Mr Tovell überstellt, der als Pastor von Lutterworth starb. Ging um das Jahr 1638 auf Reisen und war für die Dauer etwan eines Jahres im Ausland, hauptsächlich in Italien.

Unmittelbar nach seiner Rückkehr nahm er Logis bey Mr Russell's, einem Schneider in St Bride's Churchyard, und nahm seiner Schwester zween Söhne unter seine Fittiche, Edward & John Philips, der erstere 10, der andere 9 Jahre alt: und setzte sie im Laufe eines Jahrs in den Stand, einen lateinischen Autor prima vista zu übersetzen. Und im Laufe dreier Jahre gingen sie die besten lateinischen und Griechischen Autoren durch: von den Lateinern Lucretius und Manilius (und damit den Gebrauch der Himmels-Sphären, und etwas rudimentäre Arithmetik & Geometrie). Hesiod, Aratus, Dionysius Afer, Oppian, die *Argonautica* des Apollonii, und Quintus Calaber. Cato, Varro und Columellae *De re rustica* waren die allerersten Autoren, die sie lernten. Wie streng er einerseits auch war — er war doch höchst zutraulich & frei im Gespräche mit denjenigen, denen seine Erziehungs-methode äußerst sauer ward. N.B. Er machte aus seinen Neffen Singe-knaben, und lehrte sie, solange sie bey ihm waren, den Gesang.

Seine erste Frau (Mrs. Powell, eine Königstreue) wuchs auf & lebte da, wo's mit Geselligkeit & Kurzweyl, Tanzen etc. hoch herging. Und als sie mit ihrem Gatten bey Mr Russell's, in St Bride's Churchyard, lebte, da fand sie's sehr einsam: keiner kam ihr Gesellschaft zu leisten; oft hörte sie die Neffen geprügelt & heulen. Dies Leben war ihr ein Graus, und so ging sie zu ihren Eltern nach Fost-hill. Nach einer Weile schickte er nach ihr; und ich glaub', mit seinem Bedienten sprang man übel um; doch im Hinblick auf eine Schändung des Ehebetts hab ich nie den geringsten Verdacht gehört; noch hatte er, in diesem Betracht, die mindeste Eifersucht.

Zwei Anschauungen auf *einem* Kissen vertragen sich nicht: sie war Royalistin und ging zu ihrer Mutter zum Quartier des Königs bey Oxford. Ich hab immerhin so viel Nachsicht mit ihr, daß sie wohl kaum sein Ehelager schändete — allein welcher Mann, der nachdenkliche zumal, sieht gern sein Weib umschwärmt & bestürmt von den Söhnen des Mars, u. zw. aus dem feindlichen Lager? Er trennte sich von ihr und schrieb den *Triplechord* zwecks Scheidung aus.

Er hatte eine zweite Frau, namens Katharin Woodcock. Kein Kind von ihr am Leben.

Er heiratete seine dritte Frau, Elizabeth Minshull, im Jahr vor der Gr. Pest: eine sittsame Person; friedlicher & umgänglicher Charakter.

Hat zwei Töchter, die noch am Leben: Deborah war sein Amanuensis (er lehrte sie Latein, und brachte ihr bey, ihm Griechisch vorzulesen, als er sein Augenlicht verloren).

Daß ihm das Augenlicht schwand, kündigte sich zuerst an, als er versus Salmasium schrieb: und bevor dies ganz vollendet war, war ein Auge gänzlich blind. Beim Schreiben weiterer Bücher, hernach, ließ die Seh=kraft des anderen Auges nach. Etwa 20 Jahre vor seinem Tod erlosch sein Augen=licht. Sein Vater hatte mit 84 noch ohne Brille gelesen. Seine Mutter hatte ziemlich schwache Augen gehabt, und recht bald nach ihrem 30ten Lebensjahr Augengläser gebraucht.

Seine harmonische & ingeniöse Seele wohnte in einem schönen & wohlproportionirten Körper. Er war ein frugaler Mann. War kaum so groß wie ich (*quaere,* wieviel Fuß ich groß bin — resp., von mittlerer Statur).

Er hatte braunes Haar. Hatte ungemein zarte Haut — so zart, daß sie ihn *Unsere Lady von Christ's College* nannten. Ovales Gesicht. Sein Auge ein dunkles Grau.

Er war sehr gesund und frei von allen Gebresten; nahm selten Arzney (nur bisweilen etwas Manna): erst gegen sein Ende zu ward er, im Frühjahr & Herbst, von der Gicht heimgesucht.

Er hatte eine köstliche wohlklingende Stimme und ein gutes (musikalisches) Handwerk. Sein Vater lehrte es ihn. Hatte in seinem Haus eine Truhenorgel: auf der spielte er meist. Von sehr heiterem Gemüth. Sogar in seinen Gicht‹Anfällen war er stets heiter, und sang.

Seine Witwe hat ein Bildnis von ihm als Cambridge‹Scholar: recht gut gemalt, und ähnlich: man sollte es stechen lassen, denn die Frontispize in seinen Büchern gleichen ihm ganz und gar nicht.

Er hatte ein sehr gutes Gedächtnis; jedenfalls glaube ich, daß seine Methode des Denkens & Ordnens seinem Erinnerungsvermögen sehr zugute kam.

Seine Leibes‹übung bestand vorwiegend aus Spaziren. Er war ein Früh‹Aufsteher *(scil.* um 4 Uhr *manè)*, ja sogar als er sein Augenlicht verloren. Zum Vorlesen hatte er einen Bedienten. Der las ihm zuerst aus der Hebräischen Bibel vor, und das war um 4 h, manè, plus 1/2. Dann dachte er nach.

Um 7 kam sein Mann wieder zu ihm, und las ihm erneut vor, und schrieb bis zum Dinner; an Umfang war das Schreiben dem Vorlesen gleich. Seine Tochter Deborah konnte ihm auf Lateinisch, Italiänisch & Französisch, und Griechisch vorlesen; heiratete nach Dublin, einen Mr Clarke (verkauft Seiden etc.), ist dem Vater sehr ähnlich. Die andere Schwester heißt Mary, ist mehr nach der Mutter geschlagen.

Nach dem Dinner pflegte er 3 oder vier Stunden auf einmal zu spaziren (wo er lebte, hatte er stets einen Garten); ging gegen 9 zu Bett.

Enthaltsamer Mann, trank selten zwischen den Mahlzeiten. Ungemein angenehm im Gespräch und beim Dinner, Supper etc. — aber ein Satyriker. (Er prononcirte den Buchstaben R *(littera canina)* sehr hart: unfehlbares Indiz für einen satyrischen Witz: *sagte mir John Dreyden.)*

In der ganzen Zeit der Niederschrift seines *Paradise Lost* setzte sein schöpferischer Antrieb jeweils zum herbstlichen Äquinoktium ein und endete jeweils zu den Vernalien oder um die Zeit (etwa im May, glaub ich) und dies währte 4 oder 5 Jahre so. Er begann damit etwa 2 Jahre vor der Ankunft des Königs, und schloß die Arbeit circa drei Jahre nach der Restauration des Königs ab.

Im 4ten Buch des *Paradise Lost* stehen etwa 6 Verse, wo Satan die Sonne anruft, welche — wie sich Mr E. Philip erinnert — ca. 15 oder 16 Jahre schon vor dem ersten Gedanken an dieses Poem als Anfang einer Tragödie vorgesehen waren, die er entworfen, von der er indes durch andere Geschäfte abgelenkt worden war.

Die Gebildeten statteten ihm zahlreiche Visiten ab — mehr als ihm lieb war. Durch anhaltende Bitten drang man in ihn, nach Frankreich und Italien zu gehen. Ausländer kamen zuhauf, ihn zu sehen, und wunderten sich sehr über ihn und boten ihm große Vorzüge, wenn er zu ihnen herüber käme; und der einzige Beweggrund mehrerer Ausländer, nach England zu kommen, war überhaupt: Oliver Cromwell zu sehen und — John Milton; wollten auch das Haus & Zimmer sehen, wo er geboren. Im Ausland wurde er viel mehr bewundert als zu Hause.

Seine vertrauten, gelehrten Freunde waren: Mr Andrew Marvell, Mr Skinner, Dr Pagett, M.D.

John Dreyden, Poeta laureatus, der ihn sehr bewundert, besuchte ihn zum Zwecke, seine Genehmigung einzuholen dafür, daß er sein *Paradise Lost* für ein Versdrama bearbeiten wollte. Mr Milton empfing ihn höflich und sagte ihm, er gäb ihm die Erlaubnis, seine *Verse reimzuschmieden*.

Seine Witwe versichert mich, daß Mr T. Hobbs nicht zu seiner Bekanntschaft zählte, daß ihr Gatte ihn nicht ausstehen konnte, ihn jedoch als Mann von großen Anlagen und als Gelehrten anerkannte. Ihre

Interessen & Lehrmeinungen liefen einander zuwider. Was immer er gegen die Monarchie schrieb: es entsprang keiner Animosität gegen die Person des Königs, oder irgendeinem Partey=Interesse, sondern seinem Streben nach der Feiheit des Menschen, von der er glaubte, sie sey unter einem freien Staatswesen größer als unter der Herrschaft der Monarchie. Was ihn zu dieser Erkenntnis hatte kommen lassen, waren sein vertrauter Umgang mit Livius und den römischen Autoren, und die Größe, zu der die römische Republique sich erhoben, sowie die Tapferkeit ihrer großen Feld=herren.

Mr John Milton machte zwei, in ihrer Sublimität bewundernswerte, Panegyriken: einen auf Oliver Cromwell, den anderen auf Thomas, Lord Fairfax; beide sind im Besitz seines Neffen, Mr Philip. Aber er sträubt sich nun schon zwei Jahr lang, mir Ab=schriften für meine Sammlung zukommen zu lassen. Und wären sie auch zum Lobe des Teufels gemacht — 's wär mir einerley: es ist ihr ὕψος, nach dem mich verlangt. Ich hab mir sagen lassen, sie überträfen Vergleichbares von Waller oder anderen erheblich.

GEORGE MONK, Duke of Albemarle

GEORGE MONK wurde in Devon geboren, als zweiter Sohn einer alten Familie, die (wie er selbst erzählte) ungefähr zu Henry's d. 8ten Zeit 10.000 £ per annum gehabt.

Er war ein kräftiger, kecker, wohlgebauter junger Bursch; und da's sich traf, daß er in seiner Jugend einen Mann getödtet, floh er in die Niederlande, wo er das Söldner=Handwerk lernte.

Zu Beginn der jüngsten Bürger=kriege lief er auf die Seite des Königs über, wo er Commando führte.

Er kam im Tower in Prison, wo seine Nähterin, Nan Clarges, eines Schmieds Tochter, sich seiner annahm: in doppeltem Betracht. Man muß daran erinnern, daß er damals, als sie ihm half, in Nöthen war. (Die Wahrheit ist, daß man ihn bei Hofe vergessen & übersehen hatte; daß man gar nicht daran dachte, ihn auszulösen). Dort ward sie schwanger. Hübsch war sie ganz und gar nicht. Ihre Mutter war eine der *Fünf Bartscheererinnen* gewesen.

In Drury Lane lebte einst eine verheiratete Frau, die ›es‹ einem ihrer Nachbarn, einem verheirateten Mann, ›gesteckt‹ (d.h. ihm die Franzosen Krankheit angehängt) hatte. Dies klagte sie dem Klatsch ihrer Nachbarinnen, also daß sie zu dieser Rache schritten: näml. sie zu ergreifen und auszupeitschen, und ihr von den *Pudenda* alles Haar zu scheren: was ohne Nachsicht executirt ward und in eine Ballad Eingang fand. 'S war die erste Ballad, die ich je nachlesen wollte; der Refrain ging so:

> *Habt ihr sowas schon gehört*
> *oder jemals schon gesehn*
> *wie die Fünf den Bart gescheert*
> *in der Straße Drewry-Lane?*

Ihr Bruder, Thomas Clarges, kam zu G.M. an Bord und sagte ihm, seine Schwester habe entbunden. *Von was?* frug er. *Von einem Sohn. Na dann,* sagte er, *sey sie mein Weib.* Er hatte nur dieses Kind.

Ich hab vergessen, wodurch er seine Entlassung und unter Oliver (glaub ich) eine Bestallung zur See gegen den Holländer erwirkte, wo er seinen Dienst gut versah — er war tapfer genug. Ich erinnre mich aber, daß die Seeleute lachten, weil er statt *Backbord!*

oder *Steuerbord!* immer *Lenket nach links,* oder *nach rechts* sagte.

Er hatte den Oberbefehl in Schottland, wo er von seinen Soldaten und von diesem Land (für einen Feind) recht geschätzt wurde. Protector Oliver trug Verlangen, ihn heimzurufen, und sandte ihm ein schönes Höflichkeits=Schreiben, er möge als sein Berater nach England kommen. Er ließ Seiner Hoheit ausrichten, er käme, wenn es ihm recht sey, und erwarte ihn an der Spitze von 10.000 Mann. Also ward dies Vorhaben vereitelt.

Anno 1659/60 (wenn ich mich recht entsinne) ritt er mit seinem Heer in London ein, um etwa 1 Uhr mittags auf Ersuchen des Parlaments, um Lamberts Armee aufzulösen. Kurz darauf ward er zum Parlament ausgesandt, wo das Hohe Haus ihm einen Sessel bereitstellte, doch wollt er sich nicht bescheidentlich hineinsetzen. Das Parlament (: der Rumpf des Hauses — 's war die hölzerne Erfindung General Brownes, eines Holzhändlers) machte ihn vorsätzlich der Stadt verhasst, indem es ihre Tore niederreißen & verbrennen ließ (was ich selbst gesehen habe). Das Rumpfparlament invitirte ihn kurz darauf zu einem großen Dinner, von dem er nimmer heimkehren sollte (dessen mich einer aus jenem Parlament versichert hat). Die Mitglieder harrten bis 1, 2, 3, 4 Uhr aus — schließlich aber ließ Seine Exzellenz ihnen ausrichten, er sey verhindert. Ich glaube, er witterte irgend einen Hinterhalt.

Sie müssen wissen, daß lange vor diesen Tagen Colonel Massey & Thomas Mariett, von Whitechurch in Warwickshire, Esqre, mit Seiner Majestät in Correspondenz standen, der ihnen *manu propria* Briefe schrieb, die ich gesehen habe. Diese beiden waren nun heimlich in London. Tom Mariett logirte bey mir (ich war damals am Middle Temple), G.M.

wohnte in Drapers Hall in der Throckmorton Street. Col. Massey (später Sir Edward) & T. Mariett unterhandelten Tag für Tag heimlich mit G.M., desgl. mit Col. Robinson (später Lieutenant im Tower), den sie, wie ich mich entsinne, nicht grad für so weise wie König Salomo hielten; und in G.M. konnten sie weder Hang noch Neigung für ihr Vorhaben finden: näml. bey der Einsetzung des Königs behilflich zu sein. Jeden Tag bekam ich spät in der Nacht, am Bett, einen Rapport von all diesen Transactionen, die ich — betrunken wie ich war — nicht zu Papier brachte, als sie noch frisch im Gedächtnis waren (auch T.M. that's nicht) — indes erinnre ich mich im wesentlichen, daß sie gewiß waren, er habe die Restauration des Königs (wenn dieser nach England käme, oder zuerst nach London) eben so wenig im Sinn gehabt wie sein Gaul. Allein, kurz darauf habe er sich auf der Verlierer=seite gefunden; und sey vorsätzlich vom Parlament der Stadt verhasst gemacht worden, wie schon erwähnt — und daß er ein verlorener Mann sey — und daß die Majorität der Stadt und des Landes, die lange unter der Tyrannei anderer Herren geächzt hatten, für die Wiedereinsetzung des Königs sey; er sähe keinen andern Weg, sich zu retten, als mit der Stadt sich wieder ins Einvernehmen zu setzen etc.

Die Thredneedle Street war tagein-nachtaus von Menschen=schaaren verstopft, die *Ein freies Parlament! Ein freies Parlament!* riefen, daß die Luft von ihrem Geschrey erzitterte. Eines Abends, als er einen Ausritt machte, waren sie so gewalttätig, daß er um sein Leben bangte, und so rief er (wie man mit zudringlichen Kindern umgeht) *Bitte gebt Ruhe, ihr sollt ein freies Parlament haben.* Dies, wie ich mich erinn're, um 7 oder 8 des abends. Sogleich erscholl ein lautes Holla & Hurra, alle Glocken der Stadt läuteten, und die ganze Stadt sah aus, als stünde sie in Flammen, so zahlreich & gewaltig waren die Freudenfeuer, die eins nach dem andern in der Stadt entzündet wurden, und ich sah einige Balkonen, die angesengt wurden. Man stellte kleine Kranbalken auf und röstete Hammel=rücken daran, ja sogar ein paar gute Rinderrücken. Auf den Straßen bey denen Feuern wurde, sogar auf den Knien, auf das Wohl des Königs, Charles II, getrunken: und diese Stimmung sprang am folgenden Abend auf Salisbury über, wo ähnlicher Jubel herrschte; desgleichen auf Chalke, wo man auf der Kuppe des Hügels ein grosses Freuden= feuer entfachte; von dort auf Blandford & Shaftesbury, und so bis Land's End — und womöglich wars also in ganz England. So daß die Rückkehr Seiner Durchlauchtigsten Majestät eine Gabe GOttes — durch jenen Mann hingegen lediglich Zufall war, was auch immer das pompöse Geschichtswerk in 8vo behauptet.

Wohlan! Ein Frei=Parlament ward gewählt & einberufen; Sir Harbottle Grimston, Ritter & Baronet, zum Sprecher gewählt. Die erste Frage, die er aufwarf, lautete: ob nach Charles Stuart geschickt werden solle, oder nicht? Yea, yea, *nemine contradicente*. Sir John Greville (jetzt Earle of Bath) war damals in der Stadt und eilte nach Brüssel, fand den König beim Essen, der von so guter Zeitung sich nichts träumen ließ: dieser erhebt sich von der Tafel, hat ohne Säumen seine Kutsche bereit, und verläßt noch in der gleichen Nacht das Herrschaftsgebiet des Königs von Spanien in Richtung Breda, denk ich, ins Land des Prinzen von Oranien.

Nun, gleichwie der Morgen lichter und lichter wird und immer glorioser, bis der Tag vollkommen angebrochen, so war es mit dem Jubel der Menschen. Maibäume, die aufzustellen in den Tagen der Heuchelei eine Sünde gewesen war, wurden itzt an jeder Wege=kreuzung errichtet; und am *Strand,* nahe Drury Lane, wurde der an Höhe gewaltigste aufgestellt, der (womöglich) je zu sehen gewesen; ich erinnre mich, man war froh, dabey auf die Hülfe von Seeleuten rechnen zu können; der Überrest von einem, den ein starker Wind, ich glaube ca 1672, geknickt hat, ist nur ein Zweidrittel der Gesamthöhe vom Boden, nicht mitgerechnet das, was im Boden steckt. Die Jugend & das Landvolk fanden damals in dergleichen so sehr die Erfüllung ihrer Wünsche, daß seither, denk ich, nur wenige noch aufgestellt worden sein können. Die Auszeichnungen, mit denen G.M. bedacht ward, sind männiglich bekannt.

Sein Verstand mochte gut genug gewesen sein, allein er war behäbig & corpulent. Er starb und erhielt ein grandioses Begräbnis, angemessen seiner Bedeutung. Seine mit großer Kunst nachgebildete Gestalt wurde in seinen Kleidern in (oder bey) dem Ost=Flügel von Westminster Abbey auf einem Katafalk unter einem Baldachin einen Monat oder sechs Wochen lang ausgestellt. Seth Ward, Lordbischof von Sarum (sein enger Bekannter) hielt ihm die Leichen=rede.

Sein ältester Bruder starb *sine prole,* um die Zeit der Rückkehr des Königs. Sein anderer Bruder wurde **Bischof von Hereford**. G.M. und seine Herzogin verstarben im Abstand von einem oder zwei Tagen. Der Bischof von Sarum sagte mir, er habe Seiner Gnaden als Beichtvater den letzten Dienst erwiesen und ihm die Augen zugedrückt (wie Seine Lordschaft höchstselbst mir erzählt hat.)

Einige Monate vor G.M.'s Ankunft in England schickte ihm der König Sir Richard Grenvill (später Earl of Bath), um mit ihm zu verhandeln, daß er unter ihm diene, und mit ihm zu correspondiren.

Sprach er: wenn sich die Gelegenheit erweist, werd ich ihm dienen, aber unter gar keinen Umständen will ich mit ihm correspondiren: und darin erwies er sich als kluger Mann, denn er wäre bestimmt verraten worden.

'S war ein übler Rat, den Wyld, damals Archivar von London, den Bürgern gab: sie sollten sich ihre Börsen fest verschnüren, denn sonst hätte das Parlament die Armee bezahlt und den König ausgesperrt.

Er war in den Nieder=landen zuerst Fähnrich, dann Hauptmann, und wäre für Schein=Recrutierungen fast ... worden, was er hernach nie vergaß.

Dies Nachstehende ward an die Thür des Unterhauses geschrieben:

Bis die Welt ausgeheckt
Was Monks Mütze verdeckt,
  Bläst die Bürgerschaft in ihre Hornen;
Bis die Woche verstreicht
Hat der Sprecher die Gicht,
  Und das Rumpfparlament sitzet auf Dornen.

SIR JONAS MOORE

SIR JONAS MOORE wurde in Whitelee in Lancashire, nach dem Bistum Durham zu, geboren. Als Knabe hatte er eine Vorliebe für die Mathematique, die ihm einige gute Freunde nahebrachten & ihn darin unterwiesen, und später unterrichtete ihn Mr Oughtred darin ausführlicher; und dann war er es, der in London Gentlemen Unterricht gab: was sein Lebensunterhalt war.

Er war einer der vortrefflichsten Gentlemen seiner Zeit; ein guter Mathematiker, und ein lustiger Zechgenosse.

Als die große Marschen=Ebene vermessen werden sollte, trug Mr Wyld, sein Schüler & Parlaments=Mitglied, nach Kräften dazu bey, ihm zu der Anstellung als Landvermesser zu verhelfen, mit der sein Aufstieg begann, was ich ihn, nachdem er geadelt worden, vor mehreren Personen von Stand mit großer Dankbarkeit oft habe rühmen hören, was für sein gutherziges Wesen Zeugnis ablegt.

» Beym Vermessen der Marschen fiel ihm auf, daß die See am Strande eine Linie zog, welche eine Kurve beschrieb: vermöge dieser Beobachtung er sich um die Abdämmung der See in Norfolk große Verdienste erwarb: er ließ die Deiche gegen die See in der gleichen Krümmung wie die See am Strande machen; bey jedem anderen wäre das Meer durch die Dämme gebrochen.

Für Oliver Cromwell schuf er das Modell einer Zwingburg über der City of London; es ist in Mr Wylds Besitz. Diese Zitadelle sollte das Gegenstück zu St Pauls Kürch bilden.

Hüftweh: heilte er, indem er sich den Hintern kochte.

Der Duke of York sagte folgendes: Mathematiker & Ärzte hätten keinen Glauben: was Sir Jonas More hinterbracht wurde, der sich dem D.Y. empfahl und von ganzem Herze dem Wunsche Ausdruck gab, *Seine Hoheit möchten auch ein Mathematicus sein:* derohalber weil man in ihm einen Römisch=Catholischen vermutete.

Er starb zu Godalmyng und ward, begleitet von 60 Personen von Stand (der Anzahl seiner Jahre gemäß), in der Turm=Capelle beigesetzt. Es war immer sein Wunsch gewesen, seine Bibliothek mathematischer Bücher der Royall Societie zu vermachen, deren Mitglied er war; doch traf's sich, daß er starb, ohne ein Testament gemacht zu haben: wodurch der Royall Societie ein großer Verlust entstand.

Seinem einzigen Sohn, Jonas, wurde am 9. August 1680 zu Windsor die Ritter-Würde verliehen: wobey es Seiner Majestät beliebte, ihm seinen Gunstbeweis *in Ansehung seiner eigenen Meriten gleichwie der treuen Dienste seines seeligen Hrn. Vaters* zu erzeigen — doch wird der junge Sir Jonas, wenn er alt ist, nimmer *der Alte Sir Jonas* sein, mögen ihn die Gazetten noch so hochjubeln.

Ich erinnre mich, Sir Jonas erzählte uns, ein Jesuit (ich glaub, 's war Grenbergerus, vom Römischen Collegio) habe eine Flug-Methode entwickelt, und einen Jungen sie ausführen lassen. Auch Mr Gascoigne hatte es einem irischen Jungen beigebracht, und der flog irgendwo in Lancashire über einen Fluß — allein als er hoch in Lüfften war, kam ein Schrey aus der Menge, worauf der Knabe sich entsetzte, jenseits des Flusses niederstürzte & sich die Beine brach; und als er wieder zu sich gekommen, sagte er, er hätte geglaubt, die Leute hätten eine wundersame Erscheinung gesehen: ein Trug, der ihn aus der Fassung gebracht. Das war anno 1635 geschehen; und S.J. sprach darüber in der Royall Societie, angelegentlich der Flugversuche zu Paris, zwei Jahre später.

SIR ROBERT MORAY

SIR ROBERT MORAY, Ritter, aus der alten Familie der Morays aus Schottland. Wurde (wie man mir gesagt) im Hochland geboren. Die *Highlanders* können sich (gleich den Schweden) ihre Kleider selber machen; und Sir Robert hab ich sagen hören, er könne es auch. Einige aus Ol. Cromwells Heer hab ich sagen hören, die Highlanders ernährten sich nur von Hafer=Mehl & Wasser & Milch; ihre Flüsse quöllen vor Forellen schier über — sie zu fangen hätten jene aber erst verstanden, nachdem's ihnen die Engländer beygebracht.

Er brachte seine Zeit hauptsächlich in Frankreich zu. Nach seiner Erziehung in jungen Jahren auf Schule & Universität trat er unter Lewis dem 13ten in den Militärdienst ein. Brachte es bis zum Lieutenant=Colonel. War ein großer Meister im Lateinischen und sehr belesen. Man sagt, er sey ein excellenter Kriegsmann gewesen.

Der ruppige Stil des Heerlagers war ihm fremd; vielmehr war er als Person bey Hofe aufs äußerste zuvorkommend, und der einzige, der eine Gefälligkeit auf Freundschafts=Rechnung, *gratis* tat. Ein Lakai hätte nicht willfähriger & beflissener sein können. Was ich im folgenden behaupte, ist wahr, wie mir aus eigenen wie fremden Aufzeichnungen bestätigt wird. Er war ein sehr ergebener & gütiger Mann, von Lüsternheit so frei wie ein Karthäuser. Er war enthaltsam und perhorrescirte Frauen. Seine Majestät pflegte ihn zu hänseln. Schade, daß er Presbyterianer war.

Er war die Haupt=Stütze seiner Landsleute und ihr Schutzengel. Zwischen ihm und dem Duke of Lauderdale herrschte zunächst eine gute Freundschaft, bis er, ein oder zwei Jahre vor seinem Tod, auf dem Rückzug von Schottland zum Herzog ging und ihm ins Gesicht sagte, er habe sein Land verraten.

War einer der ersten Urheber & Gründer der Royall Societie und unser erster Präsident, und waltete trefflich seines Amtes.

Er war mein hochverehrter & verbindlichster Freund, dem ich mehr als allen anderen bey Hofe anhing. Sein Tod war für mich ein herber Verlust, denn wäre er am Leben geblieben, hätte er für mich die ein oder andre Anstellung erwirken können. Der König lieh ihm sein Ohr nicht weniger als anderen; und in seinen Unternehmungen ließ er sich nicht entmutigen. Ich war oft bey ihm. Ich war drei Stunden am Morgen seines Todes bey ihm; da schien er noch wohlauf. Ich erinnre mich, er trank mindestens 1/2 Pint klaren Wassers, wie er's nicht anders gewohnt.

Seine Sterbe=Stätte war der bleigedeckte Pavillon im Garten von Whitehall. Er starb unerwartet: am 4ten Juli ca. 8 Uhr p.m. A.D. 1673. Hatte bloß einen Shilling in der Tasche, d.h. *alles in allem*. Der König ließ ihn zu Grabe tragen. Ruht neben Sir William Davenant in der Westminster Abbey.

Er war ein guter Chymist und assistirte Seiner Majestät bey deren alchymischen Versuchen.

SIR THOMAS MORE

SIR THOMAS MORUS, Lord=Kanzler: sein Landhaus stand zu Chelsey in Middlesex, wo Sir John Danvers sein Haus gebaut hat. Wo jetzt das Tor ist, geschmückt von zwei noblen Pyramiden, stand in alter Zeit ein Tor=Haus, mit einem bleigedeckten Flach=Dach, von dem eine höchst entzückende Aussicht auf die Themse und die jenseitigen Felder geht. An diesem Ort ergab sich Lord Canzler More der Muße & Contemplation. Einst trug es sich zu, daß ein Tollhäusler zu ihm herauf kam und ihn von den

Zinnen stürzen wollte, wobey er sprach *Hüpf', Tom, hüpf'*. Der Kanzler war in Amtskleidung, obendrein alt und unfähig, sich mit solch kräftigem Kerl auf ein Handgemenge einzulassen. Mylord hatte ein Hündgen. Sprach er, Laß uns erst den Hund hinunterwerfen und zusehen, wie der Sport sich mache. Also ward der Hund über die Brustwehr geworfen. Das ist ein sehr schöner Sport, sagte Mylord, wir wollen ihn heraufholen und's nochmal probiren. Indem der Wahnsinnige hinabstieg, verriegelte Mylord die Thür, und rief um Hülfe, hielt hernach aber stets die Tür verschlossen.

(Bis zum Ausbruch der Bürger=Kriege zogen *Tom-o'-Bedlam's* übers Land: dies waren arme verwirrte Männer, die man ins Narrenhaus gesteckt hatte, wo man sie, wenn sie eine gewisse Vernunft wiedererlangt hatten, kennzeichnete und in die Betteley entließ; sie hatten zB am linken Arm einen Ring oder ein ca. 4 Zoll langes geprägtes Stück Blech, dessen sie sich nicht entledigen konnten. Um den Hals trugen sie ein großes Ochsen=Horn, an einem Strick oder Lederriemen, in das sie bliesen, wenn sie ein Haus um Almosen angingen: und den Trunk, den man ihnen bot, ließen sie sich in dieses Horn gießen, wozu sie es mit einem Stöpsel verkorkten. Seit dem Krieg hab ich, wenn mich mein Gedächtnis nicht trügt, keinen mehr gesehn.)

In seiner *Utopia* besagt sein Gesetz, daß die jungen Leute sich vor ihrer Verheiratung splitter=nackt sehen sollen. Sir William Roper von Eltham in Kent kam eines Morgens, ganz in der Frühe, zu Mylord mit dem Ansinnen, eine seiner Töchter zur Frau zu nehmen. Zu der Zeit lagen Mylords Töchter gemeinsam zu Bett, und schliefen in einem Rollbett in ihres Vaters Kammer. Dieser führt Sir William in die Kammer, und greift das Bettuch an einem Zipfel und zieht es mit einem Ruck weg. Jene lagen auf dem Rücken, und ihre Hemden waren bis an die Achseln hochgerutscht. Sie erwachten darob, und drehten sich flugs auf den Bauch. Sagte Roper, Itzt hab ich beide Seiten gesehn, und suchte sich eine aus, der er einen Patsch auf den Hintern gab & sprach *Du bist mein.* Und das war die ganze Mühe der Brautwerbung. Diese Erzählung hab ich von meiner verehrten Freundin, der alten M^ris Tyndale, deren Großvater, Sir William Stafford, ein enger Freund jenes Sir W. Roper gewesen, welcher ihm die Geschichte erzählt.

Der Discurs mit ihm war ungemein amüsant. Eines Nachts, beim Reiten, bekreuzigte er sich plötzlich *majori cruce,* und schrie *Jesus Maria! Seht ihr nicht am Himmel den ohngeheuren Drachen?* Sie blickten empor, aber weder der ein' noch der andre sah ihn. Nach einer Weile hatte einer ihn erspäht — und zuletzt sahen ihn alle. Jedennoch gab es kein solches Phantom; er hatte es nur ihrer Phantasie eingepflanzt.

Nach seiner Enthauptung wurde sein Rumpf in Chelsey Kürch beygesetzt, unweit der Mitte der Süd=Wand, wo man ein kleines Grabmal errichtete. Sein Kopf wurde auf der London Bridge ausgestellt. In der Familie cursirt die Geschichte, näml. daß eines Tages eine seiner Töchter unter der Brücke vorüberging, und als sie ihres Vaters Kopf betrachtete, sagte sie, Dies Haupt hat so oft in meinem Schoße geruht — wollts GOtt, es fiel in meine Schürze, wenn ich drunter vorbey gehe. Ihr Wunsch ging in Erfüllung: er fiel ihr in die Schürze, und wird anjetzt in einem Gewölbe der Cathedrale von Canterbury aufbewahrt.

Der Nachfahr von Sir Thomas ist Mr More von Chilston in Herefordshire, wo zu einer großen Menge wertvoller Dinge, die von den Soldaten geplündert wurden, auch Sir Thomas' Kiefer=knochen zählt, den sie für eine Reliquie hielten. Mich dünkt's seltsam, daß man ihn all die Zeit noch nicht heiliggesprochen hat, denn er hat sich um die Kirche große Verdienste erworben.

SIR THOMAS MORGAN

LITTLE Sir Thomas Morgan, der große Kriegs=mann, war niederer Herkunft aus Monmouthshire. Mit etwa 16 schlug er sich zu den nieder=ländischen Kriegen, wobei er daselbst von einem Freunde an einen Commandeur empfohlen ward, der, als er das Schreiben las, sagte: *Was! Hat mir mein Neffe ein Schoß=Pflänzgen recommendirt?* — was jener übelnahm, und seine Fortüne (als Söldner) in Sachsen=Weymar suchte.

Er sprach Walisisch, Englisch, Französisch, Hoch=deutsch und Niederländisch — aber keines gut. Ließ sich zu Cheuston nieder, in Herefordshire.

Sir John Lenthall erzählte mir, daß bei der Einnahme von Dünkirchen Marschall Turenne und, ich glaub, Cardinal Mezarine begierig waren, diesen berühmten Krieger zu sehen. Sie statteten ihm einen Besuch ab, und dieweil sie wähnten, einer Achilleischen oder gigantesken Person ansichtig zu werden, erblickten sie ein Männleyn, nicht viel höher als ein Zwerg, mit seinen Cameraden in einer Torf=Baude sitzen und eine (ohngefähr) 3 Inches lange Pfeife schmauchen, und wenn er in Rage auf seine Soldaten war, dann kreischte er *Kerls, ich spalt' euch den Schädel!* wie mit der Stimme eines Eunuchen.

ROBERT MURRAY

SIR ROBERT MURRAY ist Bürger der Stadt London, ein Putzmacher aus der Gilde der Tuchwürker. Sein Vater Schotte; Mutter englisch. Geboren im Strand.

Mr Murray war zunächst Schreiber der Generalfinanzgenossenschaft von Irland und später Secretair im Groß=Akzisen=Komitee von England; und der erste, der in der Stadt hier die Handels=Kammer ersann & gründete, in der jedes Gewerbe je einmal vertreten war, woraufhin später noch etliche mehr ins Leben gerufen wurden und in dieser Stadt noch weiter bestehen. Desgleichen das Bureau bzw die Credit= Bank im Devonshire House jenseits Bishopsgate Street, wo Personen, die ihre Güter & Handelswaare deponiren, mit Warencredit=Briefen von $2/3$ oder $3/4$ des Wertes besagter Güter gemäß realem Geldwert ausgestattet wurden, wobey das Münz=Deficit zur Gänze nachgetragen werden konnte; und zur Verrechnung des nämlichen Betrages hatte sich eine bestimmte bzw hinlängliche Anzahl Händler (näml. 10 oder 20 von jedem Gewerbe, deren es 500 verschiedene in der Stadt gab) zu associiren bzw eine solche Handels=Genossenschaft zu bilden, aus denen sich dann die ganze Handels=Kammer zusammensetzte, wobey jegliche Nutzung besagten Waaren-Credits untereinander mit allen Arten von Gütern oder Handelswaaren wechselseitig so verrechnet werden konnte wie andernorts nur gegen Geld.

Die Pennypost wurde anno Domini 1680, am Verkündigungs=Tage, einem Freitag, gegründet, ein höchst ingeniöses & nützliches Projekt. Zuerst von Mr Murray ersonnen, dem sich dann Mr Dockery anschloß.

RICHARD NAPIER

MR ASHMOLE erzählte mir, daß eine Frau auf den Rath von Dr Napier hin von einem Zauber Gebrauch machte, um sich von einem hitzigen Frieselfieber zu curiren. Kam ein Geistlicher zu ihr und tadelte sie streng dafür, daß sie teuflische Hülfe in Anspruch genommen, und sagte, sie sey darum in Gefahr ewiger Verdammnis, und hieß sie ihn verbrennen. Das that sie — und ihre Unpässlichkeit kam kräftig zurück: so sehr, daß sie den D^r bedrängte, ihn noch einmal einzusetzen. Sie nutzte ihn, und es ward ihr besser. Als aber der Pastor davon vernahm, kam er wieder zu ihr, und donnerte Hölle & Verdammnis, und entsetzte sie so, daß sie ihn erneut verbrannte. Woraufhin sie schwer krank wurde: und sie hätte's wohl ein drittes Mal gebraucht, hätt's nicht der D^r mit den Worten verweigert, sie habe *die Macht & Güte der Seeligen Geister (oder Engel) verachtet & geringgeschätzt,* und also starb sie. Der Grund für Lady Honywoods Verzweiflung war, daß sie einen Zauber in Anspruch genommen hatte, sich zu heilen.

In Dr Boltons *Sermons* ist ein Bericht von Lady Honywood, die an ihrer Rettung verzweifelte. Dr Bolton that sein Möglichstes, sie zu trösten. Sagte sie (wobei sie ein Venezianisches Glas in der Hand hielt): ich werde so gewiß verdammt sein, wie dieses Glas zerschellen wird — und mit diesen Worten warf sie's hart zu Boden, und das Glas blieb heil: was ihr großen Trost brachte. Das Glas wird annoch unter den *Cimelia* der Familie aufbewahrt. Diese Lady lebte so lange, daß sie noch eine Nachkommenschaft von (ich glaub) neunzig erlebte, was bey Dr Bolton erwähnt wird.

Dr Napier war der Oheim & Pate von Sir Richard Napier: er war kein Arzt, sondern Geistlicher & Heilpracticus: gab aber das meiste dessen, was er davon einnahm, den Armen. Kam ein Patient oder Klient zu ihm, begab er sich augenblicks zum Beten in sein Kabinett: aus seinen Papieren erhellt, daß er mit dem Engel Raphael Conversation pflog, der ihm Antwort gab, und ihm auf bewundernswürd'ge Weise die Genesung oder den Tod des Patienten weissagte. Vom häufigen Beten hatten seine Knie eine Hornhaut. Gewiß ist, daß er seinen eignen Tod auf Tag & Stunde voraussagte: er starb beim Beten auf den Knien, in sehr hohem Alter, am ersten April 1634.

Sir Richard Napier ist zu Lindford begraben, starb aber in Besels-leigh. Ehe er indes dorthin kam, nahm er in einem Gasthof Quartier, wo, als der Kammerknecht ihn auf sein Zimmer führte, und der D^r zum Bett blickte und in bzw auf dem Bett einen Todten sah — *Was?* sagte er, *Er bringt mich da unter, wo ein Toter liegt?* Sprach der Kammerknecht: *Hier ist kein Toter, Sir.* Der D^r schaute noch einmal hin, und sah sich selbst dort liegen. Und von da an ward er krank, ging nach Besil's-leigh, und starb.

WILLIAM NOY

VON Fabian Philips, esq.: —

Mr General-Staatsanwalt Noy war ein großer Rechtsgelehrter & ein großer Witzbold. Ein ganzer Cranz komischer Geschichten rankt sich um ihn.

Ein Land-Bursche aus Cumberland ...

Wie er seine Spielmarken mit dem Schank-buben um die Wette warf.

Ein Trottel vom Lande fragte nach einem guten Gasthof, und er heißt ihn nach Lincolne's Inne reiten; und fragte, ob sein Gaul ins Heu oder ins Gras bisse.

Er ließ die Hose eines älteren Advocaten von Lincolne's Inne von einem Schneider einnähen, und machte jenen glauben, er hätte Hydropsie.

Einmal begegnete er beim Earle of Suffolk (Lord Schatzmeister) zufällig dem berühmten Arzt Butler aus Cambridge. Sie waren einander unbekannt, und schritten gerade die Galerie entlang. Noy war müde und wollte eigentlich schon gehen. Butler kannte nur seinen Namen. Noy nahm ihn mit in die Schenke Zum Pfauen in der Thames Street und soff mit ihm den ganzen Tag durch.

Ein andermal gingen Noy & Pine von Lincolne's Inne zu Fuß nach Barnet: mit Knütteln in der Hand, wie Bauernburschen. Sie gingen in den Roten Löwen — dort ängsteten sich die Leute; trauten ihnen nicht; fürchteten, sie würden die Zeche prellen.

Ex registro Brandford, folgendes: —»William Noy, King's Attorney, beygesetzt den 11ten Augusto 1634.« Begraben unter dem Communions=Tisch, nicht gen Westen, im Chor zu New Brentford in der Grafschaft Middlesex, unter einem zerbrochenen Stein; Bronzetafel & Inschrift verloren.

JOHN OGILBY

MR JOHN OGILBY wollte nicht sagen, wo in Schottland er geboren sey. Er sagte im Scherz, um seinen Geburtsort werde dereinst so viel Streit entstehen wie um den von Homer.

Er kam aus einer Gentlemans=Familie und lernte Lesen. Sein Vater hatte seinen Besitz durchgebracht, war in Armut gesunken & saß im King's Bench gefangen, aus dem ihn und seine Mutter der Sohn, damals etwa 12 oder 13 Jahre alt, aus eigner Hände Arbeit (Gold=Flitter, Nadeln) erlöste. Durch den Fleiß seines Sohnes brachte jener eine kleine Summe Geldes auf, die er in der Lotterie zugunsten der Virginischen Pflanzungen einsetzte: und vermöge dessen befreite er sich aus der Haft. Das Motto (auf seinem Los) lautete:

> *Ich bin in Haft, GOTT kennt mein arm Los*
> *ER send' mir'n gut Los:*
> *Werd erlöst aus der Haft und der Schulden dann los.*

Zufällig zog er ein sehr gutes Los, mit dem sich seine Schulden begleichen ließen.

John (der Sohn) ging bey einem Mr Draper in die Lehre, der in Grayes-Inne-lane eine Tanz=Schule leitete, und gelangte in kurzer Zeit zu solcher Meisterschaft in dieser Kunst, daß er Mittel fand, sich von seinem Herrn zu beurlauben und selbständig zu machen. Mr John Lacy, der Musiker, von dem ich diese Information habe, war sein Gehülfe.

Als bey Hofe die große Masque des Duke of Buckingham in Scene gesetzt wurde, wählte man ihn (aus allen anderen) für die Aufführung eines ganz besonderen Parts darin; und sintemal *high-dancing*, d.h. Voltigiren & Luftspringen damals in Mode waren, geschah es, daß er sich, als er sich mit irgendetwas Extraordinairem abmühte, vermöge eines unglücklichen falschen Tritts, da er zu Boden kam, eine Ader an der Bein=Innenseite verrenkte, darnach er auf immer lahmte, was zu dem Spruche Anlaß gab *Er war ein excellenter Tanz=Lehrer, aber nie ein guter Tänzer.*

Er lehrte zwei von Lord Hoptons (später Sir Ralphs) Töchtern das Tanzen; und Sir Ralph brachte ihm bey, Pike & Muskete zu handhaben, *scil.* alle Haltungen.

Er ging nach Irland zu Thomas, Earle of Strafford, allda Lord Lieutenant. Mr J.O. war in des Lord Lieutenants Schutz=Truppe, und unterrichtete dessen Lady & die Kinder im Tanzen: das war sein Platz. Und dort geschah's, daß er zum erstenmal eine Probe seiner Neigung zur Poesie ablegte, indem er einige von Aesops Fabeln paraphrasirte.

Woraufhin ihn Mr Chantrel zum Erlernen des Lateinischen anhielt (: in 40 + aetate suo) und ihn selbst unterrichtete und sich viel Mühe mit ihm gab. Das war das erste Mal, daß er mit seinem Latein begann. Er gab Virgil in Druck, von ihm selbst in Englische Verse gebracht, 8vo, gewidmet dem Sehr Ehrenwerten William, Lord Marquesse von Hertford, der ihn sehr schätzte. Danach Aesop, in 4to. Er hatte eine schöne Handschrift.

Vom Lord Lieutenant erhielt er die Bestallung als Ceremonien=meister dieses Königreichs; und ließ in der St Warburgh street, Dublin, ein kleines Theater bauen. Das war kurz bevor der Aufstand losbrach, der ihn ruinirte & etlichen Gefahren aussetzte; insbesondere wär er fast einmal in die Luft gesprengt worden, im Refarnum Castel bey Dublin.

Nach dem Ausbruch der Bürger=kriege blieb er eine gute Weil in Irland; kam etwa im Jahr 1648 nach England. Erlitt Schiffbruch auf See, und kam ganz arm nach London, und ging zu Fuß nach Cambridge.

Nachdem er Virgil übersetzt, lernte er 1653 von Mr Whitfield, dem Sohn eines Schotten, Griechisch, und brachte es darin so weit, daß er sich 1660 in eine Übersetzung von Homers *Ilias* stürzte.

Sodann, als wär's aus prophetischem Geiste, da er die Restauration König Charles II. voraussah und daß es ein Bedürfnis nach Kürchen=Bibeln geben werde, druckte er auf *Royall & Imperiall* Papier die schönste & fehlerfreiste Auflage aller Englischen Bibeln, die je erschienen ist.

1662 ging er wieder nach Irland, diesmal *qua Patent* (zuvor nur *qua Vollmacht*) als Kgl. Inspizient aller Lustbarkeiten (nachdem er sich um sein Recht mit Sir William Davenant gestritten, der eine Bewilligung erhalten hatte) und ließ in Dublin ein nobles Theater bauen, das 2000 Pfund kostete, nachdem das frühere im Verlauf der Unruhen ruinirt & zerstört und aus der Bühne ein Kuhstall gemacht worden war.

Sein *Odysseus* kam 1665 heraus. Damals argwöhnte man bzw wollte nicht glauben, daß er der Autor der Paraphrase von Æsop sey, und um sie zu überzeugen, veröffentlichte er einen 2ten Band, den er seine *Æsopiques* nennt, die er während seiner Krankheit machte, als er sich nach Kingston upon Thames zurückgezogen hatte.

Vor der Feuersbrunst: seine *History of China*, in folio; dann seine *History of Japan*. In dem Großen & schrecklichen Feuer verbrannte alles was er hatte, so daß er genötigt war, seine Verhältnisse, mit höchstens 5 Pfund in der Tasche, neu zu ordnen.

Als er also vom Feuer wiederum zur Gänze ruinirt war, unterbreitete er seine Vorschläge für den Druck eines schönen Englischen *Atlas*, von dem zu seinen Lebzeiten jeweils die *History of Africa, America*, und eines Teils *of Asia* fertiggestellt wurden. Und als ihn dann König & Adel ermutigten, eine aktuelle Kartographie Englands & Wales' vorzunehmen, gelangte er damit bis zu einer Vermessung der Straßen von England & Wales auf neuestem Stand, aus der sich der Band seiner *Britannia* zusammensetzte.

Er verfügte über eine so hervorragende, bedachtsame Klugheit und so gewandte Manieren, daß er sich nicht nur in seiner Not elegant zu helfen verstand (was eine große Kunst ist), sondern auch so vernünftige Projecte auf den Tisch legte, die von wohlhabenden & großen Herren begeistert aufgegriffen wurden, daß er sich in kurzer Zeit wieder einen ansehnlichen Besitz erwerben konnte und in keiner Angelegenheit, die er unternahm, je scheiterte, sondern aus allem mit Ruhm & Gewinn hervortrat.

WILLIAM OUGHTRED

SEIN Vater unterrichtete Schreiben in Eaton, war öffentlicher Schreiber, und kannte die Grundlagen der Arithmetique: und darin unterrichtet zu werden war für seinen Sohn, als dieser zur Schule ging, keine geringe Hülfe & Förderung. Sein Großvater war aus dem Norden gekommen, da er jemand getödtet hatte. Der letzte Adlige in der Familie war ein Sir Jeffrey Oughtred gewesen. Eine Northumberland-Familie, glaub ich.

Anno Domini 1610 war seine Einsetzung bzw. Einführung in die Pfarre von Albury, in com. Surrey, die ihm 100 £ p.a. eintrug: hier war er Pastor fünfzig Jahre lang.

William Oughtred, ein Name, der der Englischen Nation zur Ehre gereicht, heiratete Mrs Caryl (aus alter Familie ebenda), mit der er 9 Söhne (von denen die meisten das Mannesalter erreichten) und 4 Töchter hatte. Keinen dieser Söhne konnte er auf die gelehrte Bahn schicken.

Er war ein kleiner Mann, hatte schwarzes Haar und schwarze Augen (aus denen das Feuer leuchtete). Sein Kopf war immer am Arbeiten. Zeichnete Linien & Diagramme in den Staub.

Seinen ältesten Sohn Benjamin, der bey meinem Vetter Boothby lebt (welcher sich zärtlich um ihn sorgt, ihm Essen gibt und zur Unterkunft ein kleines Haus nebenbey), nun ein alter Mann, gab er einem Uhrmacher in die Lehre, wo er tüchtig arbeitete — doch itzund sind seine Augen für solche Fein=Arbeit zu schwach. Der erzählte mir, sein Vater habe gewöhnlich bis 11 oder zwölf Uhr, mit seinem Wamse an, im Bett gelegen, so weit seine Erinnerung reicht. Studirte spät in der Nacht; ging nicht vor eilf Uhr zu Bett; hatte seine Zunder=Büchse neben sich; am Kopf=Ende seines Bettes hatte er sein Dinten=horn befestigt. Er habe nur wenig geschlafen. Bisweilen sey er über zwei oder drei Nächte gar nicht zu Bett gegangen und zu den Mahlzeiten erst wieder heruntergekommen, wenn er sein *quaesitum* gefunden.

War ob seiner Gelehrsamkeit im Ausland berühmter & angesehener als zu Haus. Etliche große Mathematiker kamen nach England zu dem Zweck, mit ihm zu conversiren. Seine ländlichen Nachbarn wußten, wiewohl sie seinen Rang nicht erkannten, daß etwas Außerordentliches an ihm sey, da er so oft von Fremden besucht wurde.

Als Mr Seth Ward, M.A. & Mr. Charles Scarborough, D.M. zu ihm pilgerten, um ihn zu sehen & zu bestaunen, hatte Mr Oughtred zu ihrer Ankunft ein gutes Dinner bereiten lassen, und sich feingemacht, näml.: mit einem alten langen, enganliegenden Priesterrock aus rotbraunem grobem Tuch, das vor alters schwarz gewesen, gegürtet mit einem bejahrten Leder=gürtel; einem alt=modischen Hut aus bäurischem Tuch, der in den Tagen *Reginae Elizabethae* ein Kastorhut gewesen. Als gelehrte Ausländer kamen und sahen, wie eingezogen er lebte, da erstaunten sie & schlugen das Kreuz, daß für einen

Mann solchen Ranges & Geistes nicht besser gesorgt wurde.

Seth Ward, M.A., ein Fellow vom Sydney College in Cambridge (itzt Bischof von Sarum) besuchte ihn und lebte ein halbes Jahr bey ihm (der für das Essen nicht einen Farthing annehmen wollte) und lernte seine ganze Mathematique von ihm. Sir Jonas More war eine gute Weil bey ihm & lernte von ihm; zuvor war er nur ein schlichter Rechner gewesen. Sir Charles Scarborough war sein Schüler; auch Dr John Wallis war sein Schüler; desgleichen Christopher Wren; ditto Mr Smethwyck, R.S.S. Allein, er mochte nicht so unterrichten wie jene, die alle Kraft aufwenden & sich abmühen, Problemata zu lösen. Er lehrte ganz frei.

Ein Mr Austin (ein höchst ingeniöser Mann) war sein Schüler: der studirte so hart, daß er wahnsinnig wurde, in Gelächter ausbrach, und zum Leidwesen des alten Herrn das Zeitliche segnete. Mr Stokes, ein weiterer Schüler, wurde verrückt; ihm träumte, der gütige alte Herr käme zu ihm und gäb ihm guten Rath: so kam er wieder zu Sinnen und ist weiterhin wohlauf.

Er konnte nicht leiden, wenn ein Schüler eine schlechte Handschrift schrieb: ihnen allen brachte er unverzüglich bey, ihre Schrift zu verbessern. U.a. einem Mr Thomas Henshawe, der eine erbärmliche Handschrift hatte, als er zu ihm kam: ihn lehrte er recht gut zu schreiben. Er selbst hatte eine sehr elegante Handschrift und zeichnete seine Figuren fein säuberlich, als wären sie in Kupfer gestochen. Sein Vater war (zweifelsohne) ein talentierter Künstler der Feder: 's war er, der ihm so gut zu schreiben beygebracht.

Er war ein Astrolog und sehr geschickt darin, über Nativitäten sein Urteil abzugeben; er gestand, nicht zufrieden zu sein damit, wie es dazu käme, daß einer anhand der Sterne weissagen könne, und doch erweise es sich oft als wahr, wie er aus Erfahrung sähe; er glaube, da käme irgend ein Genius oder Geist zu Hülfe.

Das Land=volk glaubte, er könne hexen, und es ist nicht unwahrscheinlich, daß er ganz einverstanden war damit, sie in diesem Glauben zu belassen.

Zu Bischof Ward & Mr Elias Ashmole (der sein Nachbar war) hat er gesagt: grad an diesem Platz (bzw als ich mich gegen diese Eiche oder jene Esche lehnte) kam mir, nachdem ich ein, zwei oder drei Jahre danach gesucht, die Lösung dieses oder jenes Problems in den Sinn, als wär sie mir von einem göttlichen Genius eingegeben worden.

Ben Oughtred erzählte mir, er habe seinen Vater zu Mr Allen (dem berühmten Verfertiger mathematischer Geräte) sagen hören, er sey der Entdecker der Longitudo: *sed vix credo*.

Ich habe Mr Hobbes, und zwar ganz im Ernst, sagen hören, bey all seinen großen Fähigkeiten in Algebra habe jener doch die Geometrie nie um einen einzigen Lehrsatz bereichert, da könne er einpacken.

Er war ein großer Liebhaber der Alchymie, die er früher studirte als die Erinnerung seines Sohnes Ben zurückreicht, und nicht von ihr abließ; und zu John Evellyn von Detford, Esq, R.S.S., sagte er knapp ein Jahr vor seinem Tode: wäre er nur fünf Jahre (oder drei Jahre) jünger, könne er zweifellos den Stein der Weisen finden. Der werde aus dem sauersten klaren Wasser gemacht, das er kriegen könne, welches er stehen ließe, bis es in Fäulnis überginge, und dann durch Köcheln zum Verdunsten brächte.

Sein Weib war eine Geizhälsin und wollt ihm nicht erlauben, sich nach dem Abendessen Kerzen anzuzünden, wodurch so manch guter Einfall verlorenging und so manches Problem ungelöst blieb; so daß Mr Henshaw bey seinem Besuch Kerzen mitbrachte, was für den alten Mann ein großer Trost war.

Der sehr ehrw'te Thomas Howard, Earle of Arundel & Surrey, Lord High Marshall of England, war sein großer Gönner und war ganz und gar vernarrt in ihn. Einmal wären sie gemeinsam fast zu Tode gekommen, als in Albury eine Grotte einstürzte, die, grad als sie heraustraten, niederbrach. Mylord hatte zahlreiche Grotten bey seinem Haus, die in die sandigen Flanken von Hügeln gehöhlt waren, wo er gern saß & der Conversation pflegte.

In der Zeit der Bürger=kriege lud ihn der Herzog von Florenz zur Übersiedlung ein und offerirte ihm 500 £ p.a., aber er wollt's, um seines Glaubens willen, nicht acceptiren.

Ungeachtet all dessen, was von diesem hervorragenden Manne gesagt worden, war er doch in Gefahr, sequestirt zu werden; und ein gewisser Onslowe, ein großer Eiferer wider die Royalisten & Mitglied des Unterhauses, der unweit von ihm lebte: dessen *Clavis* übersetzte er ins Englische und widmete ihm die Übertragung, um sich einzuschmeicheln, und das tat seine Würkung und bewahrte ihn vor der Sequestration.

Ich habe seine Nachbar=Geistlichen sagen hören, er sey ein jämmerlicher Prediger gewesen: aus dem Grunde, weil er es nie studirt, sondern all seine Gedanken auf die Mathematique gerichtet habe; als er jedoch in Gefahr war, als Royalist sequestrirt zu werden, stürzte er sich in das Studium der Theologie und predigte (sagten sie) bewundernswert gut, sogar im hohen Alter noch.

Er war ein guter Latinist & Graecist, wie aus einem kleinen Traktat von ihm wider einen Delamaine, einen Schreiner, erhellt, der so unverschämt gewesen, gegen ihn zu schreiben (ich glaub, über seine *Circles of Proportion*).

Nicolaus Mercator besuchte ihn ein paar Jahre vor seinem Tod. 'S war zur Mittsommer=zeit, und das Wetter sehr heiß, und der alte Herr hatte ein gutes Kaminfeuer brennen und begegnete Mr Mercator (der von seinem hervorragenden mathematischen Witz außerordentlich eingenommen war) mit großer Milde, und eine Besonderheit seiner Courtoisie war, daß er mächtig in ihn drang, er möge seine Hand= Außenseiten dicht ans Feuer halten: da ihn das hohe Alter frösteln machte, wähnte er, jenem ginge es ebenso.

Bevor er starb, verbrannte er einen Haufen Papiere und sagte, die Welt sey ihrer nicht würdig: so stolz war er. Auch etliche gedruckte Bücher verbrannte er, und rührte sich nicht, bis sie in Asche zerfallen. Sein Sohn Ben war sich ganz sicher, daß er etwas von Magie verstand.

Er starb am 13ten Tage des Juni 1660, aetate suo 88 (plus ein paar Tage). Ralph Greatrex, sein enger Freund, der Hersteller mathematischer Instrumenta, sagte, er habe den Eindruck gewonnen, jener sey in Freuden über die Ankunft des Königs gestorben, die am 29ten des vorhergehenden Mai gewesen. *Seid Ihr auch sicher, daß Er wiedereingesetzt? Dann gebt mir ein Glas Sekt, auf das Wohl Ihrer Hl. Majestät zu trinken.* Und dann spannte seine Seele ihre Flügel aus.

Am 15ten Juni wurde er im Hoch=Chor von Albury zur letzten Ruhe gebettet. Es kostete mich viel Mühe, die genaue Stätte zu localisiren, an der die Knochen dieses gelehrten & guten Mannes lagen (und das war erst 16 Jahre nach seinem Tod!). Als ich seinen Sohn Ben zunächst fragte, sagte dieser, der Schmerz um seines Vaters Ableben sey wahrlich so groß gewesen, daß er die Stelle vergessen habe — nun, ich sollte

meinen, um so eher hätte er sich erinnern müssen —
doch nachdem er sich seine Nachdenkermütze aufgesetzt (die nimmer der des Vaters glich), kam er auf
die obengenannte, was von anderen bestätigt ward.

 Ich habe Mr John Evelyn et cetera gebeten, mit
unserm Schutzherrn, dem Duke of Norfolk, ein Wörtchen zu reden, daß er jenem eine anständige Marmor₌Inschrift stifte, sintemal diese auch den Ruhm
Seiner Gnaden verewigen würde.

JOHN OVERALL

ICH WEISS NICHT, was er geschrieben hat, oder
ob er mehr denn ein Doctor des *Common Prayer* gewesen — doch höchst Denkwürdiges weiß ich von
seinem Weib, welches seinerzeit die größte Schönheit
von England war. *Daß* sie's gewesen, ist mir von dem
berühmten Maler Mr Hoskyns und anderen Künstlern von einst, daneben von früheren Höflingen attestirt worden. Sie war nicht minder schön wie liebenswürdig & gewinnend, und hatte ein so zartes Herz,
daß sie sich (wirklich) kaum jemandem versagen
mochte. Sie hatte (erzählte man mir) die lieblichsten
Augen, so je zu sehen waren, doch wundersam
lüstern. Wenn sie zum Hofe oder ins Schauspielhaus
kam, scharten sich die Galane um sie. Richard,
Earle of Dorset, und sein Bruder Edward (hernach
Earle) verehrten sie heftig. Und nach deren Darstellung mußte ein Herz aus Stein haben, wer sie nicht
anbetete. Bischof Hall sagt in seinen *Meditations,* es
sey keiner so alt, daß ihn ein schöner Mensch nicht
mit Liebe erfülle — und keiner so jung, daß ihn eine
holde Gestalt nicht rührte.

Wiewohl der gütige alte Dekan gut genug wußte, daß ihm Hörner aufgesetzt wurden, liebte er sie über die Maaßen: insofern es sein Wille war, sie möge sich an allem ergetzen, wonach ihr der Sinn stünde.

Zu denen, die von ihr encharmirt waren, zählte Sir John Selby von Yorkshire. Die alte M^ris Tyndale (die sie kannte) erinnert sich an ein Lied, das über sie & Sir John gemacht ward, worin es u.a. heißt:

> *Sankt Pauls Dekan vermisst sein Weib:*
> *Wo hat er es gefunden? —:*
> *Just auf Sir John Selbys Bett*
> *So flach wie eine Flunder.*

Über diese beiden Liebenden wurden die folgenden Schäfer=Verse gemacht:

> *Drunt' der verliebte Schäfer da*
> *So trübe und so fremd*
> *Wünscht sich, sein Mädchen wäre nah*
> *So munter und so rein.*
> *Sein Haupt ruht' auf dem Hügelein,*
> *Die Arme in die Seit gestemmt,*
> *Und alls, weil er verloren sein*
> *hye nonny nonny noe.*
>
> *Die Thränen tropften nieder gar*
> *So wie die Quelle rann,*
> *Und auf der Haut da wuchs sein Haar*
> *Wie auf dem Hügel Thymian,*
> *Die Kirschenwangen bleich wie Schnee*
> *Bezeugeten sein tiefes Weh*
> *Und alls, weil er verloren sein*
> *hye nonny nonny noe.*
>
> *Süß war sie, so hold ein Lieb*
> *Wie nie eins Schäfers Bann,*
> *Nimmer soll ein Herzensdieb*

Also den Mann erfreun.
Stellt ein tausend auf die Reihn,
Ich bestreite, daß nur ein'
Etwas zeigt, das gliche ihr'm
hye nonny nonny noe.

Das Antlitz braun wie Haselstrauch
Der Busen gleich dem Schwan
Der Rücken gleich dem Lämmchen auch
Gekrümmt um eine Spann.
Das Haar hing ihr so schwarz wie Kräh'
Von dem Scheitel bis zum Zeh
Hinab hinab all über ihr
hye nonny nonny noe.

Den Mantel aufgeschürzt so frisch
Der Heerde hütet' sie
So lockend & verführerisch
Wölbt unterm Rock ihr Knie
So hurtiglich schritt sie einhie
So luftig zehenspitzelt' sie,
Daß alle Männer liebten ihr
hye nonny nonny noe.

Sie lächelt' wie ein Feiertag
In Frühlings Einfalt prahlt,
Sie putzt' es wie ein Papagey
Und wie die Schwalbe dahlt:
Sie zeigt's so läufig wie ein Reh,
Stolzierte gleich der Rabenkräh,
Was jeden Mann zum Schwärmen bracht
Fürs nonny nonny noe.

Zu Kurzweil auf dem Rasen weit
Im Heu zum Sommertanz
Zum Balgen um ein grünes Kleid
In Tages Hitze ganz:
Nimmer sagte sie mir »nee«

Allein mich dünkt, daß niemals je
Ich ganz genug gehabt an ihr'm
hye nonny nonny noe.

Doch fort ist sie: der hübschste Wicht
So jemals lebt' allhier.
Was ihr auch blüht, die Schuld gebt nicht
Verliebtem Schäfer mir.
Was solls? Sie hat sich selbst blamirt
Und närrisch sich compromittirt
Da sie so frei herumgereicht
ihr nonny nonny noe.

JOHN PARTRIDGE

JOHN PARTRIDGE, der Sohn eines biedren Fährmanns zu Putney in Surrey. Man brachte ihm Lesen und ein wenig Schreiben bey. Wurde Lehrling bey einem Schuhmacher, der ihn in seinem Handwerk zu großem Fleiß anhielt. Mit 18 verschaffte er sich Lillie's Grammatik und Goldmans Dictionair, und eine Lateinische Bibel, und Ovids Metamorphosen. Er ist von unermüdlichem Fleiß, und machte sich in wenigen Jahren zu einem competenten Meister der Lateinischen Sprache, gut genug zur Lectüre jedes Astrologischen Buches, und ward in jener Wissenschaft rasch zum Meister. Dann studirte er die Griechische Sprache, und auch das Hebräische, und keines blieb ihm fremd. Dann studirte er die guten Autoren der Medicin, und beabsichtigt diese zu seiner Profession & Thätigkeit zu machen — ist aber immer noch (1680) ein Schuhmacher in Convent Garden.

JOHN PELL

JOHN PELL, S.T. D^r, war der Sohn von John, der seinerseits der Sohn eines John gewesen. Sein Vater starb, als sein Sohn John nur 5 Jahre und sechs Wochen alt war, und hinterließ ihm eine ausgezeichnete Bibliothek.

Er ging auf die Frei=Schule in Stenning, einem Wahlflecken in Sussex, unmittelbar nach ihrer Gründung. Im Alter von 13 ein Viertel Jahren ging er aufs Trinity Colledge, Cambridge: gleich qualificirt wie die meisten Masters of Arts an der Universität (er verstand Latein, Griechisch & Hebräisch), so daß er nicht, wie man annehmen sollte, mit seinen Schul= Cameraden Kurzweil trieb — denn wenn sie ihre Spiel=Tage hatten, oder wenn die Schule aus war, brachte er seine Zeit in besagter Bibliothek zu.

Bevor er das erstemal England verließ, verstand er sich auf folgende Sprachen (von seiner Mutter= Sprache noch abgesehen), näml. auf Latein, Griechisch, Hebräisch, Arabisch, Italiänisch, Französisch, Spanisch, Hoch=Deutsch & Nieder=Ländisch.

Anno Domini 1632 verehelichte er sich mit Ithamara Reginalds, zweiter Tochter von Mr Henry Reginalds aus London. Mit ihr hatte er 4 Söhne und 4 Töchter, geboren in der Reihenfolge S, T, T, S, T, S, T, S.

Durch Vermittlung Mr S. Hartlibs machte Mr Theodore Haake zum erstenmal im Jahre 1638 die Bekanntschaft Mr Pells: jener, der von dessen hervorragendem Anteil an allen Arten der Gelehrsamkeit, der Mathematique zumal, gehört hatte, und in der Überzeugung, es wäre dem Fortschritt des Wissens weitaus förderlicher, wenn er eine öffentliche Anstellung erhielte, wurde nie müde, seinen Freunden ans Herz zu legen, Mr Pell anstelle zu weiterem Schul=

dienst, wie seinerzeit in Sussex, zur Übersiedlung nach London zu bewegen, wo er sich unter den gelehrtesten Männern, Einheimischen wie Fremden, mit denen er conversirte, bald der größten Wertschätzung erfreute. Allein, da er im Geiste weiterhin der Cultivirung seiner eher abstracten Studien frönte, und von Natur aus eher abgeneigt war, um seinen Rang sich groß zu kümmern oder gar zu kämpfen, dauerte es eine gute Weil, eh' er sich zu einer geeigneten Anstellung niederließ.

Mr Haake recommendirte ihn einst an Mylord Bischof von Lincoln (*quondam* Großsiegelbewahrer von England), der sehr begierig war, den Mann zu sehen, und ihn einmal einlud, mit Seiner Lordschaft zu diniren um des freieren Austausches über allerart Literatur & Wissenschaft willen, auf daß er ein Gespür für und einen Geschmack von der Satisfaction bekäme, die Mr Pell ihm vielleicht gäbe. Welche sich also füglich, ja reichlich herausstellte, daß Mylord ihn frug, ob er ein Benefiz annähme, das er ihm zu seiner Förderung gern & willig gäbe. Mr Pell dankte Seiner Lordschaft, indem er erwiderte, dafür sey er nicht qualificirt, habe er doch die Mathematique und nicht die Theologie zu seinem Haupt=Anliegen gemacht zu Nutz & Frommen des ganzen Volkes, welch ersterer er sich bis zum Äußersten seiner Kräfte, zu deren Fortschritt & Vervollkommnung, verschrieben habe: eine Antwort, die Mylord so behagte, daß er entgegnete: Ach GOtt! was für ein Jammer ist es doch, daß es in diesem großen & wohlhäbigen Königreiche keine publique Förderung für die Vervollkommnung in einer Profession gibt, es sey denn für Jus & Theologie. Wär ich noch in der Position, die ich einmal hatte, ich würde nicht müde werden, Seine Majestät zu beknien & zu bedrängen, daß für eine so wichtige, grundlegende & universell nützliche

Wissenschaft wie die Mathematik eine noble Stiftung, ein Fonds gegründet werde. Woraufhin S. Lordschaft Mr Pell seiner Freundschaft versicherte mit der Bitte, ihn so oft zu besuchen wie er Zeit fände, und ihm ein immer herzliches Willkommen in Aussicht stellte. Allein Mr Pell war kein Günstling, und kam nie wieder.

Unterdessen stellte er den Freunden auf einem halben Bogen Papier seine ausgezeichnete *Idea Matheseos* vor, die ihm im In- wie Ausland ein gut Teil seiner Reputation, doch keinen weiteren besonderen Vorteil verschaffte, bis Mr John Morian, ein sehr gelehrter & kundiger Gentleman, Mr Haake davon in Kenntnis setzte, daß Hortensius, der Mathematik- Professor zu Amsterdam, gestorben sey mit dem Wunsch, Mr Pell möge sein Nachfolger werden. Theodor Haake setzte sich dann mit Sir William Boswell, Botschafter Seiner Majestät in Holland, ins Benehmen, als dieser hier weilte, und der versicherte ihn seines vollen Beystands: und mittels dieser beiden erging 1643 an Mr Pell ein Ruf aus Amsterdam; und im Mai 1644 traf T.H. diesen, wo er sich niedergelassen hatte, bey seiner Rückkehr aus Dänemark. Wo er von Gerardus Joannes Vossius und anderen herzlich empfangen ward.

Und bald darauf verbreitete sich sein Ruf weiter, als er ein großes Buch von Longomontanus, *Quadratura,* widerlegte: was den Fürsten von Oranien (Henry Frederick), der zu dieser Zeit in Breda eine Akademie gründen wollte, veranlaßte, sich aus dem Magistrat von Amsterdam Mr Pell auszuleihen, um seine neue Akademie für ein paar Jahre mit einem Manne solchen Rufes zu schmücken. Und da dieser, der gelehrteste unter den Mijnheers des Parlaments, comfortabel etablirt war, sparten sie aus Scheelsucht darauf, daß sich andere an einem Landsmann von ihnen ergetzen wollten, nicht mit Angeboten & Versprechungen, bis sie ihn herbekamen, auf daß er — wie sie ausstreuten — Mijnheer Honorar=Professor wurde. Doch der Erfolg stellte sich bald als unzureichend heraus und bereitete ihm manche Inkonvienz, da er nun für eine ziemlich große Familie Sorge trug, näml. für Weib & 4 oder 5 Kinder. Und das ging so fort, bis ihn 1654 Lord Protector Oliver als Envoyè in die protestantischen Cantone der Schweyz sandte; er residirte vorwiegend in Zürich. Ausgesandt ward er mit dem Titel eines *Ablegatus,* erhielt dann aber Ordre, fortan den Titel eines *Residenten* zu führen.

1658 kehrte er nach England zurück, u.zw. so kurz vor dem Tode Oliver Cromwells, daß er ihn, nachdem dieser Protector geworden, nie zu Gesicht bekam.

Memorandum: daß er in seiner Unterhandlung weder König Charles dem IIten noch der Kirche Schaden zufügte, wie aus seinen Briefen erhellt, die sich im Bureau des Secretairs befinden.

Protector Richard Cromwell entlohnte ihn für seine Tätigkeit in Piedmont nur zum Teil, so daß er in Schulden geriet — und daher überredete ihn Dr Sanderson, Bischof von Lincoln, nachdem König Charles II schon 10 Monate im Lande weilte, das Priesteramt zu ergreifen.

Gilbert Sheldon, Lordbischof von London, wies Dr Pell die räudige Pfarre von Lanedon cum Basseldon an, in den berüchtigten, ungesunden (gichtmachenden) Hundreds of Essex (man nennt's sarkastisch den *Priestertod*), und König Charles der Zweite gewährte ihm die Pfarre zu Fobing, 4 Meilen weiter.

In Fobbing starben innert der ersten zehn Jahre sieben Kurate; sechs von den Unterpfarrern, die er in Laindon hatte, haben das Zeitliche gesegnet; nicht mitgerechnet die, so ihn an beeden Orten verließen;

nicht mitgezählt auch der Tod seiner Frau, seiner Diener und Enkelkinder.

Nachdem Gilbert Sheldon zum Erzbischof von Canterbury ernannt wurde, bestimmte er John Pell zu einem seiner Cambridge-Kaplane (er hat 2 Oxford=Kaplane und 2 für Cambridge), und als sich dieser eines Tags bey Ihrer Gnaden zu Lambith über besagte Ungesundheit seiner Pfründe beschwerte, sagte Mylord, Ich habe nicht die Intention, daß Er dort leben solle. Nein, sagte Pell — Euer Gnaden wollen, daß ich da sterben soll.

Lord Brereton wurde anno 1647 von seinem Großvater (George Goring, dem Earle of Norwich) nach Breda geschickt, um sich von diesem werten Manne unterweisen zu lassen, und brachte es ziemlich weit, in Algebra zumal, für die er eine besondere Inclination hegte und in der er sich bis an sein Sterbe=tag übte, der am 17. März 1680 war; wurde in St Martin-in-the-fields Kürch beigesetzt. Ich kann dieses edlen Lords nicht ohne heftige Gemüthsbewegung Erwähnung tun, denn einen trefflicheren Menschen (von seiner großen Gelehrsamkeit ganz abgesehen) habe ich nie gekannt. Es geschah nach seiner Ankunft aus Breda in England, daß er mir die Ehre seiner Bekanntschaft gewährte. Nie waltete eine größere Liebe zwischen einem Meister und seinem Schüler als die, so zwischen Dr Pell und seinem Schüler währte, dessen Ableben diesen würdigen Doctor eines ingeniösen Gefährten & nützlichen Freundes beraubt hat.

In diesen Tagen nun (1680) würde man kaum zweifeln, daß dieser große Gelehrte, hoch angesehn im Ausland wie daheim, in der Kirche zu beträchtlichen Würden aufgestiegen ist. Wenigstens zu einem Dekanat, sollte man bescheidenerweise annehmen. Weit gefehlt! Er ist immer noch an seinen erbärmlichen Posten gekettet! Denn wiewohl die Gemeinden umfangreich sind, zieht er aus ihnen (nach Entlohnung des Kuraten etc) nicht mehr denn 60 (schwerlich 80) Pfund per annum und hat ein finstres Logis, drei Stockwerke hoch, in der Jermyn Street, unweit dem Wirts-Schild *Zum Schiff*, und ermangelt nicht nur der Bücher, sondern auch der eignen MSS, von denen es viele gibt.

Er war nicht der Mann, der buckelte & dienerte um des Fortkommens willen, obwohl andererseits keiner ergebener oder mitteilsamer war als er. Am 7. Sept. 1680 kam er im King's Bench in Schuld-Haft.

Im März 1682 lud ihn Daniel Whistler, M.D., sehr freundlich ein, bey ihm im Ärzte-Collegio in London Quartier zu nehmen, wo er die wohlwollendste Aufmerksamkeit erführe, was der Doctor, der so wie jener gutem Humor & gutem Liquor gleich zugetan war, annahm & hochschätzte, und wo zuviel Essen & Trinken zur Ursache seiner Lebensverkürzung ward. Etwa Mitte Juni erkrankte er aufs schwerste an einer Erkältung und zog zu einer Enkelin, die mit einem Mr Hastings verheiratet war (welcher itzt, 1684, in der Brownlow Street in Drury Lane lebt) nach St Margaret's Churchyard, Westminster, unweit des Tower: wo er einmal durch eine Kerze beinahe in seinem Bett verbrannt wäre. Am 26. November setzten ihm Krampf-Anfälle zu, die ihn fast umgebracht hätten.

Dr Pell hat mir oft gesagt, beim Lösen eines Problems spanne sich in ihm jede Nerve an, und dieß habe ihm im Alter eine Erschlaffung gebracht.

Dr J. Pell war der erste, der die excellente Art bzw. Methode der *Marginalrechnung* in der Algebra entwickelt hat. Er hat mir gesagt, er glaube, einige Probleme habe er *non sine Divino auxilio* gelöst.

Dr Pell hatte einen Bruder, einen Chirurg & praktischen Arzt, der den Ansässigen von New-York Land abkaufte, das er, als er starb, seinem Neffen John Pell, dem einzigen Sohn des Doctors, vermachte, der in New Yorke Friedensrichter ist und ein gutes Leben führt. Es sind große Ländereien: 8 Meilen breit und mehrere Meilen lang. Dr Pell erwog, zu ihm überzusiedeln.

Seine beiden Pfarreien haben einen Wert von (in summa circa) zweihundert £ p.a., allein der Doctor war in weltlichen Angelegenheiten äußerst unbeholfen, und seine Pächter & Anverwandten betrogen ihn um den Gewinst und ließen ihn in derartiger Dürftigkeit zurück, daß er des Nöthigsten, etwa Dinte & Papier, ermangelte; und als er starb, hatte er keine 6d in der Tasche und fand ein Begräbnis nur kraft der Nächstenliebe Dr Richard Busby's & Dr Sharp's: der eine Rector von St Giles-in-the-fields, der andere Dekan von Norwich, die Anordnung trafen, daß seine sterblichen Überreste in einer Gruft, die dem Rector gehörte, beigesetzt wurden (zum Preise von X Pfund).

Er starb an gebrochenem Herzen.

WILLIAM PENN

WILLIAM PENN war der älteste Sohn von Sir William Penn, Ritter, vor der Restauration des Königs Admiral der Englischen Marine, und 1665 Captain-General unter Befehl des Duke of Yorke wider die holländische Flotte. Sein Vater war ein sehr guter Mann, aber kein Quäker; war sehr gegen den Sohn.

Er war äußerst lebhaft — doch mit Unschuld; und höchst empfindsam, wenn man ihn züchtigte; und zog sich gern schon ganz frühe zurück, widmete sich ganz der Lectüre & Meditation über der Hl. Schrift, und hatte mit 14 die Bibel durch. Wurde mit 13 oder 14 in seinen Meditationen oft von Freude überwältigt und in Thränen aufgelöst.

Den ersten Eindruck von GOtt empfing er im Alter von 11 Jahren in Chigwell, als er sich allein in seine Kammer zurückgezogen: da brachen eine innere Tröstung und (wie ihm schien) ein äußeres Leuchten so jählings über ihn herein, daß er immer wieder gesagt hat, von da an trüge er das Siegel der Göttlichkeit & Unsterblichkeit; daß es einen GOtt gäbe; und daß des Menschen Seele im Stande sey, sich der Communication mit IHm zu erfreuen. Sein Schulmeister war dieser Überzeugung nicht.

Um die Zeit der Gr. Pest, da er gänzlich eingezogen lebte, brachte ihn der Vater auf einer Reise nach Irland am Hof des Duke of Ormond unter: wo die Zerstreuungen allda die kräftigeren Antriebe seiner Seele zu einem eher frommen & abgesonderten Leben nicht zu unterdrücken vermochten, so daß er, als er einmal 1667 zu Cork einen gewissen Thomas Lowe, Händler aus Oxon, reden hörte, von der Simplicität & Selbstverleugnung im Leben derjenigen, die Quäker genannt wurden, so durch & durch überzeugt ward, daß er sich von da an dieser Auffassung, diesem Glauben von Herzen anschloß.

Seit dem er ein Leben von großer Varietät der Umstände geführt hat, je nach gut- oder böswilligem Bericht, mit verschiedenen Controversen, mündlichen wie schriftlichen; mehreren Inhaftierungen: eine in Irland; eine im Tower; die 3te in Newgate.

Ungeachtet dieser vielen eigentümlichen Aventüren seines Lebens ist ihm zu wiederholten Malen die

Gunst Seiner Majestät und des D.Y. sowie diverser Personen von Rang & Stand & Gelehrsamkeit in diesem Königreiche zuteil geworden.

Reiste nach Germanien (: Hoch- und Niederlande), annis 1671 und 1677, wo mehrere von seiner Art angesteckt wurden. Ob er sich welche in Frankreich gewonnen? *Negat.*

Seine Majestät, der seinem Vater 10.000 £ schuldete (was mit Zinsen sich auf nicht weniger denn 20.000 £ rechnete) schenkte ihm und seinen Erben in Ansehung dessen am 4ten Tag des März 1681 eine Provinz in America, die Seine Majestät *Pennsylvania* zu nennen geruhte. Sein Patent für Pennsylvania umfaßt den 40ten bis 43ten Breitengrad und 5 Längengrade ab Chisapeak-Bay.

26. August 1682, Sonnabend. An diesem Tag um 4 Uhr nachmittags machte sich W. Penne Esq nach Deale auf, um sich nach Pennsylvania einzuschiffen. GOtt schenke ihm eine glückliche & sichere Überfahrt.

Das Lateinische & Französische spricht er gut, und seine eigene Sprache ganz meisterhaft. Mit tiefem Respect ward er, *nemine contradicente,* zum Fellow der Royal Society gewählt. Oft erklärt er sich in den Versammlungen seiner Freunde, und dann mit großer Eloquenz & geistiger Inbrunst: womit er, wie auch durch seine häufigen Aufwartungen bey König & Prinz zum Wohle der Freunde, oft seine Gesundheit aufs Spiel setzt.

W. Penn, Esq, heiratete Gulielma Maria Springet, Tochter von Sir William Springet, von den Springets von den Broyles aus Sussex. Sie war eine *posthuma* ihres Vaters, eines jungen Gent. von Mut & Glauben, der bey der Belagerung von Arundel fiel. Seine Tochter war in Gestalt & Eigenschaften sein Ebenbild: tugendsam, generös, klug, bescheiden, freimütig; allseits beliebt ob dieser guten Eigenschaften — und einer weiteren: sie curirt sehr heilsam; hat in Medicin & Wundarznei, die sie kostenlos practicirt, eine sehr glückliche Hand.

Etwa anno 1657 schloß sie sich dem gleichen Wege an. Ihrem Gatten war sie ein stattliches Vermögen wert, nämlich *de claro* mehr als 10.000 Pfund. Ihr Vermögen, Stand & gutes Temperament trugen ihr die Aufdringlichkeit vieler Freier von bedeutendem Range ein, z.[b] Lord Brookes oder Lord Vaughan etc., aber da sie die Gemeinsamkeit im Glauben und Selbstgenügsamkeit ihres Berufs für mehr wert hielt als alle Glorie der Welt, widerstand sie deren Anträgen, bis ihr die Vorsicht einen Mann gleichen Standes & Vermögens zur wahren Vereinigung im Glauben sandte, dessen Ehe von unwandelbarer Zuneigung gekrönt worden ist.

Sir William Penn, Ritter, sein Vater, war ein Mann von excellenten natürlichen Anlagen, dem seinerzeit an Kenntnissen in Dingen der Seefahrt keiner gleichkam, und der etlichen Familien beim Emporkommen half. Erzog seinen Sohn religiös, aber da die Zeiten lüderlich wurden, wollte er seinen Sohn *à la mode* haben und war darum äußerst bitter, als sich dieser zurückzog. Allein dies währte nicht ewig: denn am Ende seines Lebens wurde er nicht nur freundlich, sondern zärtlich=besorgt; machte ihn zum Richter & Regenten seiner Familie; war traurig daß er ihm nicht mehr hinterlassen konnte (und vermachte ihm doch, in England & Irland, 1500 £ per annum). Doch was das Erstaunlichste ist: er, der sich zeitlebens dem Wege des Sohnes entgegengestemmt hatte, weil dieser der weltlichen Freiheit sein *Apage!* entgegenschleuderte, gewann jenen Glauben lieb, indem er dem Sohn dessen Schlichtheit & Selbstbeschränkung anempfahl, wobey er sagte *Laß dich auf deinem Wege nicht beirren, dann wirst du der Pfäfferey ein Ende machen bis ans Ende der Welt.* Und so gab er seinen Geist auf; mit dem Wunsch, daß nur sein Sohn William ihm die Augen schließen dürfe. Was dieser auch tat.

SIR WILLIAM PETTY

SEIN Vater war von Beruf Tuchmacher, färbte zudem seine Tuch=waaren selbst; er hinterließ Sir William keinen oder nur wenig Grundbesitz. Mit 12 oder 13, i.e. vor dem 15ten Lebensjahr, widerfuhr ihm, wie er mir erzählt hat, der *bemerkenswerteste Zufall* seines Lebens — was für einer, hat er mir nicht gesagt — der zu all seiner künftigen Größe & Erlangung seines Reichtums den Grundstock legte. Er hat mir gesagt, er habe nie eine Erbschaft gemacht — bis auf X Pfund, die nie ausgezahlt wurden.

Er erzählte mir, mit 15 Jahren sei er zu Schiffe, im März, nach Caen in die Normandie gereist, wo er mit einer geringen Baarschaft als Kaufmann begann und so guten Sukzeß hatte, daß er sich behaupten und überdies Mittel zu seiner Educazion aufbringen konnte: was, wie ich annahm, jene *bemerkensweteste* Begebenheit gewesen war, die er gemeint. Dort lernte er Französisch und vervollkommnete sich im Lateinischen (worin er zuvor nur oberflächliche Kenntnisse gehabt) und eignete sich ein für seine Zwecke hinlängliches Griechisch an. Dort (zu Caen) studirte er die Künste; eine Weile war er am Jesuiten= Collegio von La Flesshe. Mit 18 sey er (wie ich ihn sagen hörte) ein besserer Mathematicus gewesen denn heutzutag — doch ist er bey Bedarf annoch im Stand, auf seine mathematischen Kenntnisse zu recurriren.

In Paris studirte er Anatomie und las gemeinsam mit Mr Thomas Hobbes, der sich an seiner Gesellschaft ergötzte, *Vesalius*. Mr Hobbes schrieb damals seine *Optiques,* indes Sir W. P. im Zeichnen & Skizzieren eine glückliche Hand hatte und für jenen die Optischen Darstellungen ausführte: was Mr Hobbes wohlgefiel. Einmal widerfuhr ihm in Paris, daß er in große financielle Bedrängnis geriet und eine Woche lang, wie ich ihn sagen hörte, von Walnüssen im Werte von 2 Pennies (oder 3, ich hab vergessen wieviel, aber ich glaube 2) lebte.

Er ging nach Ox und inscribirte sich am Brasennose College. Dort unterwies er die jungen Studenten in der Anatomie. Anatomie wurde damals von der Universität noch kaum verstanden; und ich entsinne mich, daß er einen Leichnam hatte, den er eine Weile lang von Reding zu Schiffe herschaffte um darüber Vorlesung zu halten, und welcher irgendwie eingesalzt oder gepökelt war. Um diese Zeit stand da die Experimental=Philosophie in ihrer ersten Blüte, und jene *Virtuosi* waren es, die sie in diesen dunklen Zeiten zum erstenmal cultivirten.

Anno Domini 1650 ereignete sich jene denkwürdige Begebenheit, jenes memorable Experiment, bey dem Nan Green wieder ins Leben geholt wurde, ein Dienstmensch, das für die Tödtung ihres Bastard= Kindes zu Ox im Schlosse gehenkt wurde. Nach der Vollstreckung des Urteils schnitt man sie ab & karrte sie fort, um sie von einigen Jung=Ärzten seciren zu lassen — doch da Dr William Petty noch Leben in ihr fand, wollt er mit ihr nicht mehr riskiren als sie ins Leben zurückzuholen. Was als großes Wunder angesehen wurde: ein Bericht von ihrer Errettung ward gedruckt, dem am Ende mehrere Verse aus den Händen der jungen Dichter von der Universität beigefügt wurden.

Um 1650 wurde er zum Professor für Musique am Gresham Colledge per Fürsprache seines Freundes Captaine John Graunt (der die *Observations of the Bills of Mortality* schrieb) ernannt, und besaß zu jener Zeit auf der ganzen Welt nicht mehr denn 40 £.

Kurz hernach ward er dem Parlament als Landvermesser für Irland recommendirt: eine Anstellung, die sich gleichfalls der Einflußnahme Capt John Graunts verdankte; auch Edmund Wyld, Esq, seinerzeit Parlaments-Mitglied & großer Gönner ingeniöser & talentierter Männer, erwies ihm nur aufgrund seiner Verdienste (da er mit ihm zuvor gar nicht bekannt gewesen) einen großen Dienst, wovon Sir W. P. womöglich nichts weiß.

Etliche Personen unterbreiteten dem Parlament (als dieses die Landvermessung angeordnet hatte) Angebote: für 4000 £ — 5000 £ — 6000 £ — doch Sir William (damals nur Dr.) unterbot sie alle und bekam den Auftrag. Den Sir Jonas More als gefährlich verdammte: er fand's besser, sich den Hals aus der Schlinge zu ziehn: hatte Angst vor denen Irischen Banditen.

Diese Anstellung als Vermesser trug ihm (vor der Wiedereinsetzung König Charles des II.) in Irland einen Grundbesitz von 18.000 £ p.a. ein, von dem er danach den größten Theil wieder erstatten mußte, da dann die einstigen Eigenthümer als Unschuldige declarirt wurden. Noch aber ist er dort im Besitz von 7 oder 8000 Pfund p.a. und kann vom Mt Mangorton in der Grafschaft Kerry 50.000 Acres eigenen Landes überblicken. In jeder Provinz Irlands gehört ihm ein Landsitz.

Er hat das Königreich Irland ausgemessen: und dies mit solcher Genauigkeit, daß es dort keinen Landsitz von dreimal zwanzig £ p.a. gibt, den er nicht samt seinem Wert verzeichnet hätte; und die, denen die geometrischen Arbeiten oblagen, waren ordinaire Burschen, manche (vielleicht) Fuß=Söldner, die mit ihren *Box & Needles* umhertappten und nicht wußten, was sie da taten — Sir William indes wußte sehr wohl um den Zweck der Sache.

Ich erinnere mich: etwa 1660 gab es zwischen ihm und Sir Hierome Sanchy, einem von Olivers Rittern, heftigen Streit. Sie gaben Schriften wider einander in Druck; jener Knight pflog in Dublin zu predigen. Er war Soldat gewesen und forderte Sir William zum Duell. Sir William ist äußerst kurz=sichtig, und da er der Herausgeforderte war, oblag es ihm, Ort & Waffe zu bestimmen. Als Ort bestimmt er einen dunklen Keller, und als Waffe eine große Zimmermanns=Axt. Dies gab der Herausforderung des Ritters eine Wendung ins Ridiküle, und so löste sie sich ins Nichts auf.

Bevor er nach Irland ging, war er als Anwalt tätig gewesen und zweifellos ein bewundernswert guter Rechtsbeystand. Ich hab ihn sagen hören, er könne bey seiner Anwaltstätigkeit (bey gleichem Aufwand) mehrere Geschäfte gleichzeitig besorgen, ja u. zw. besser als bloß eines allein, denn im Discurs mit mehreren Personen könne er mehr Wissen erlangen: und um so mehr Macht.

In der Zeit des Krieges gegen den Holländer schloß man am Rats=Tisch zu London, man benötige eine bestimmte Anzahl Matrosen (1500, glaub ich) aus Irland. Ungesäumt setzte man jemand mit einem Auftrag gen Irland in Marsch, der mit Sir William Verbindung aufnahm. Sagt Sir William: Diese Menge werdet Ihr hier niemals ausheben. Oho, sprach der Andre, ich versichere Euch, Ihr werdet mir auch nicht einen einzigen Mann abmarkten. Allein Sir William wußte, daß es unmöglich sey, denn er kannte die Schiffs=Tonnage von Irland und die

Regel, die da lautet ›soundsoviel Tonnage = soundsoviel Seeleute‹. Von diesen Schiffen befand sich die Hälfte auf See; und von den Einheimischen waren soundsoviele Männer untauglich. *Enfin,* der Beauftragte konnte bey aller Mühe unmöglich mehr denn 200 Seeleute ausheben. Woraus wir ersehen, wie sich Staatsmänner irren können, wenn sie der politischen Arithmetique ermangeln.

Ein andermal machte der Dubliner Stadtrat viel Aufhebens um die Prohibition von Kohle aus England & Wales, im Hinblick darauf, daß rings um Dublin so eine gewaltige Menge Torf lagere: mit dem sie ihre Pachteinnahmen verbessern, den Armen Arbeit geben und die Stadt billiger mit Brennstoff versorgen könnten. *Prima facie* wußte Sir William, daß diesem Project kein Erfolg beschieden sein würde. Er sagte, Wenn Sie Ordre geben, die Kohle=Einfuhr auf ausländischen Schiffen zu verbieten, um sie stattdessen auf heimischen Schiffen zu importiren, bin ich gern *d'accord;* so Sie aber annehmen, der Torf wäre billiger? Wohl wahr: zunächst billiger — allein erwägen Sie den Transport, bedenken Sie die Flächen, die für den Haus=Brennstoff nötig wären: diese müssen gepachtet werden — und was wird das kosten? Sie überprüften die Rechnung und fanden, daß es sie alles in allem viel wohlfeiler käme, die Kohle aus Wales etc herüberzubringen.

Sir W. Petty war ein Angehöriger des Obersten Gerichtshofes und verstörte Mr James Harrington mit seinen Arithmetischen Proportionen, mit denen Politik auf Zahlen reduziert wird.

Anno 1660 kam er nach England und wurde sofort von Seiner Majestät huldreich empfangen, der sich an dem Gespräch mit ihm sehr delectirte. Sir W. P. kann (wenn ihm der Sinn danach steht) ein excellenter Witzbold sein, und unvergleichlich *extempore* predigen: nach Presbyterianerweis', als Independent, Capuciner=Mönch oder Jesuit.

Ich erinnre mich, daß ich an einem St Andrewe's Tag (an dem die Royall Society die General=Versammlung zur Jahreswahl abhält) sagte, mich dünkts nicht recht, daß wir uns auf den Tag des Schottischen Schutzheiligen festgelegt haben — wir hätten besser St George oder St Isidore wählen sollen. Nein, sagte Sir William, ich würde den St Thomas Tag praeferiren: denn der hat nichts geglaubt, eh er nicht nach der Devise *Nullius in verba* etwas gesehen und den Finger auf die Wunde gelegt hat.

Anno Domini 1663 baute er sein doppel=bödiges Schiff (welches zur Neujahrs=Flut vom Stapel gelassen): ein von eigner Hand gefertigtes Modell schenkte er der Royall Societie; es wird anjetzt im Repositorium vom Gresham College aufbewahrt. Es diente seinen Zwecken vorzüglich, ging dann aber auf der Irischen See in einem horriblen Sturm verloren. Um 1665 praesentirte er der Royall Societie seinen Tractat über den Schiffs=Bau (im Manuscript ca. 1 Bogen Papier), den Lord Brounker (damals Vorsitzender) an sich nahm und annoch verwahrt: indem er sagte, es sey ein zu großes Staats=Arcanum, als daß es von allen *en detail* gelesen werden dürfe; Sir William aber sagte mir, Dr Robert Wood, M.D., habe eine Copie davon — er selbst hingegen nicht.

Anno Domini 1667 heiratete er am Sonntag Trinitatis die Witwe Sir Maurice Fentons aus Irland, Knight, Tochter Sir Hasdras Wallers aus Irland, eine sehr schöne & talentierte Lady, brünett mit strahlenden Augen, mit der er ein paar Söhne & Töchter hat, ganz reizende Kinder, doch alle nach der Mutter geschlagen. Er hat eine leibliche Tochter, die ihm sehr ähnlich sieht, ein uneheliches Kind, Actrice in Duke's Schauspielhaus.

Er ist ein stattlicher gutaussehender Mann, sechs Fuß groß, mit einem guten Schopf braunen Haars, das sachte absteht. Seine Augen sind auf eine Weise gänse=grau, doch sehr kurz=sichtig; und im Betrachten schön: verheißen ein mildes Wesen und trügen darin nicht, denn er ist ein wunderbar gutherziger Mensch. Augen=Brauen buschicht, dunkel & in gerader (waagrechter) Linie.

Er ist ein Mann von bewundernswert erfinderischem Geist & praktischer Veranlagung. Er hat mir gesagt, er habe nur wenig gelesen, soll heißen, seit 25 *aetate suo* nichts mehr: was der Ansicht von Mr Hobbes entspricht, der meinte, hätte er so viel gelesen wie die andern, hätte er nicht so viel gelernt wie er jetzt wisse, und nicht solche Entdeckungen & Fortschritte gemacht.

Er hatte bereits sein Patent als Earle of Kilmore & Baron of Shelbrooke, das er jedoch, um keine Mißgunst zu erregen, allzeit zurücke hält — sein Sohn aber wird aus dieser Erhöhung den Nutzen ziehn. (Ich hatte erwartet, seinen Sohn als Lord oder Earle hervorgehen zu sehen; allein es scheint, als habe er in Dublin bey Hofe Gegner, die aus Neid die Verabschiedung seines Patents hintertrieben.)

Am Montag, d. 20ten März, wurde er von Mr Vernon affrontirt: am folgenden Dienstag droheten diesem Sir William & sein Schwager (Mr Waller) und hieben ihm eins über.

Er hat mir gesagt, während manche qua Zufall in den Genuß des Aufstiegs kämen, etwa indem sie in einem Gasthof logirten & dort eine Bekanntschaft machten — oder auf der Straße — oder so wie's andere getan, habe er nie eine solche Gelegenheit gehabt, sondern sich seine Fortüne selbst geschmiedet. Kurzum, er ist ein Mann solchen Ranges und so großer Gelehrsamkeit und hat einen so überreich tatkräftigen Verstand, daß er für das höchste Ehrenamt nicht lediglich geeignet sondern geradezu eine Zierde wäre.

Sir William Petty hatte einen Jungen, der unvergleichlich gut Flöte spielte. Dieser wartete später einer Lady auf, einer Witwe mit gutem Vermögen. Jeden Abend mußte dieser Junge seine Dame in den Schlaf flöten. Zuletzt konnt sie nicht länger an sich halten — heißt ihre Zimmer=Magd sich entfernen — befiehlt ihn zu ihr ins Bett, daß er sich ans Werk mache — und heiratet ihn den folgenden Tag. Dies ist gewißlich wahr.

Sir William Petty starb in seinem Hause in der Peccadillystreet (annähernd gegenüber St James Kürch) am Freitag, d. 16ten Tage im December 1687, an einem Brand im Fuß, der von einer Gicht=Schwellung verursacht wurde, und ward neben Vater & Mutter in der Kirche von Rumsey, einer kleinen Hafenstadt in Hampshire, zur letzten Ruhe gebettet.

KATHERINE PHILIPS

SIE weihte ihre Jugend ganz der Frömmigkeit & Andacht; betete für sich so manche ganze Stund, und nahm Predigten verbatim, als sie gerade mal 10 Jahr alt war. (Thomas Randolph schrieb, in Englischen Versen, die Geschichte von der Fleischwerdung unsers Heilands im Alter von neun Jahren: sein Bruder John hat's in seiner eigenen Handschrift zu zeigen — nie gedruckt; als große Rarität aufbewahrt.)

Als Kind war sie sehr gegen die Bischöfe, und betete zu GOtt, ER möge sie zu Sich nehmen, söhnte sich aber später mit ihnen aus. Betete laut, wie's damals die bigotte Façon war, und man hörte ihr zu.

Von ihrer Cousine Blacket, die von den Windeln bis 8 bey ihr lebte und ihr das Lesen beigebracht hat: sey als Kind ungemein gelehrig gewesen; und sie versichert mich, noch vor dem 4ten Lebensjahr habe sie die Bibel ganz durchgelesen; habe ich weiß nicht wie viele Stellen der Hl. Schrift & Kapitel hersagen können. Sey eine fleißige Zuhörerin von Predigten gewesen; habe ein hervorragendes Gedächtnis gehabt und eine Predigt in ihrer Erinnerung heimtragen können. Sehr gutmütig; ganz und gar nicht hochmütig; hübsch dick, nicht groß; sommersprossiges Gesicht; schrieb sich in Gasthöfen Verse ab, oder Motti aus Glasfenstern, für ihr Schreibheft.

Mr J. Oxenbridge, ihr Oheim, ist itzt um ihretwegen im Fleet in Prison für Schulden ihres Gatten, für die er vor 28 Jahren die Bürgschaft übernommen.

SIR WILLIAM PLATERS

SIR WILLIAM PLATER, Ritter, war ein Gentleman aus Cambridgeshire. Er hatte guten Landbesitz, ca. 3000 £ p.a. Ein Gentleman mit sehr guter Erziehung, wie die meisten seinerzeit; hatte Frankreich, Italien etc bereist und verstand diese Sprachen gut. War zur Zeit der jüngsten Kriege einer aus dem *Long Parliament.*

Er war ein lustiger Mann im Reiche der Heiligen.

War ein großer Bewunderer & Liebhaber schöner Frauen, und hielt sich mehrere. Henry Marten und er waren dicke Zechfreunde; doch einmal (etwan 1644) gab es Streit zwischen ihnen: H.M. lud ihn zu einem Gastmahl ein, wo sich Sir William in eine seiner Gespielinnen verliebte und sie ihm entwand: und Sir John Berkinhead machte es dann in seinem *Mer-*

curius Aulicus publiq, wie die Heiligen aus allen Wolken fielen. In allen andern Belangen war er mäßig & sparsam.

Er hatte nur einen einzigen Sohn, der hübsch & talentiert war und den er mit aller erdenklichen Umsicht & Educazion großzog; und da er wußte, daß dieser Apfel nicht weit vom Stamme gefallen, trug er Sorge, ihm gesunde & gefällige Frauenzimmer zuzuführen. Er gestand seinem Sohn Freiheiten zu — machte ihm aber Mäßigkeit im Trinken zur Pflicht: auch um seine Kosten zu senken.

Sein Sohn entlohnte ihm die Erziehung aufs trefflichste. Er wurde Colonel im Heer der Königlichen und fiel im Felde: was sich sein Vater so zu Herzen nahm, daß er hernach seines Lebens nicht mehr recht froh ward.

SIR JOHN POPHAM

ETLICHE Jahre hindurch widmete er sich kaum dem Studium der Rechte — dafür lüderlicher Gesellschaft, in der er den Anführer zu spielen pflegte. Seine Frau bedachte ihre & seine Lage, und redete ihm schließlich zu, daß er ein neues Leben beginnen und dem Studium der Rechte treu bleiben möge: was er auf ihr Drängen hin auch tat. Er versprach seinem Weib, den Cumpanen eine ganz gute Beschäftigung zu verschaffen, sich von ihnen loszusagen — und am Tage darauf stürzte er sich aufs verbissenste auf seine Studien und profitirte darin über die Maaßen. Er war ein starker, kräftiger Mann und konnte Tag & Nacht drüber brüten; erwarb sich einen bedeutenden Ruf; bekam gut zu tun; wurde zum Serjeanten, dann zum Richter berufen.

Als Sir John Dayrell von Littlecote in Com. Wiltshire seiner Lady Zofe geschwängert, schickte er, als diese in die Wehen kam, einen Bediensteten mit einem Pferd zu einer Hebamme, auf daß sie solle mit verbundnen Augen hergeschafft werden. Sie ward gebracht und zu dem Weib geführt; doch kaum war das Kind entbunden, sah sie, wie der Knight es packte & tödtete & im Kamin=feuer einäscherte. Nachdem sie ihren Dienst versehen, wurde sie für ihre Arbeit aufs reichlichste belohnt und mit verbundenen Augen fortgeschickt. Diese grauenvolle Tat ging ihr nicht mehr aus dem Sinn, und nur zu gern hätte sie sie angezeigt, wußte aber nicht, wo sie sich zugetragen. Sie überdachte, wie viele Stunden sie geritten und wie viele Meilen es in Proportion zu jener Dauer sein mochten — und daß es, weil der Raum 12 Fuß hoch gewesen, das Haus einer Person von Stand gewesen sein müsse — und daß sie es, wenn sie es sähe, wiedererkennen würde. Sie ging zu einem Friedens=Richter, und die Suche ward aufgenommen — das nämliche Zimmer entdeckt — der Ritter vor Gericht gestellt; und jener Richter nahm, um's kurz zu machen, sein nobles Haus, Park & Ländereien und mehr (glaub ich) als Bestechung dafür, daß jenem das Leben geschenkt werde; Sir John Popham urteilte nach dem Gesetz — aber da jener eine Person von Stand und ein Mann mit Beziehungen war, gewährte er ein *Noli prosequi*.

Ich hab sein Portrait gesehn: er war ein riesiger, massiger, hässlicher Mann. Seinem Sohn Sir Francis hinterließ er einen ausgedehnten Besitz (zehn tausend £ p.a., glaub ich); der lebte wie ein Schwein; sein Sohn John indes war ein großer Verschwender und starb noch zu Lebzeiten des Vaters. Er führte das größte Haus Englands: hatte in Littlecote zu Zeiten vier oder fünf oder mehr Lords. Seine Frau (Harvey) war ihm, glaub ich, 60.000 £ wert; die war nicht minder eitel wie er, und sagte, sie habe diesen Besitz in die Ehe gebracht, und höhnte, sie würde so aufwendig leben wie er und in ihres Gatten Abwesenheit alle Frauen des Landstrichs einladen, bewirten & so betrunken machen wie sich selbst. Sie starben beide an Unmäßigkeit; und als er starb, hinterließ er, durch Völlerey & Betrügereien ihrer Bediensteten, ein hundert tausend Pfund Schulden, glaub ich.

Sir Francis lebte im Alter alldieweil von einem bescheidenen Unterhalt, wie ein Schwein, zu Hownstret in Somerset.

Mr John pflegte zu sagen, der Besitz seiner Frau sey auf üble Weise erworben, und dies sey der Grund dafür, daß sie nicht besser prosperirten. Sie pflegte zu sagen, der alte Richter habe den Besitz auf unrechte Art an sich gerafft: und derart verhöhnten sie einander — nicht ganz zu Unrecht.

Ich entsinne mich dieses Grabspruchs, der auf Mr John Popham gemacht:

Hier ruht, der noch kürzlich erst
Tafel hielt gleichwie ein Fürst,
Bis DER TOD sie ab dann trug.
»Was bin ich schuldig?« er ihn frug.

Lord Chief Justice Popham führte in London als erster das Bauen mit Ziegelsteinen ein (d.h. wiederbelebte es, näml. nach Lincolne's Inne & St James') und bevölkerte als erster die Pflanzungen, z.^{b} Virginia, indem er sie aus allen Gefängnissen Englands bepflanzte bzw. aufstockte.

In der Hall zu Wellington (dem alten Sitz der Pophams) in der Grafschaft Somerset, wo dieser Sir John, Lord Chiefe Justice, residirte, hängen eiserne Fesseln: die Überlieferung des Landstrichs will es so, daß vor langer Zeit einer der Pophams (Herr über diesen Ort) von den Türken gefangen und eine gute Weil als Sklave gehalten wurde — und daß er vermöge des tiefen Mitleids & unausgesetzten Betens seiner Lady von einer unsichtbaren Macht an diese Stätte gebracht ward, die Beine in jene Fesseln geschlossen, die zum Gedenken aufgehängt wurden und dort blieben, bis das Haus (da es als Garnison diente) niedergebrannt wurde. Das ganze Landvolk glaubt beharrlich daran, daß es sich tatsächlich so zugetragen hat.

FRANCIS POTTER

ANNO AETATIS 15 ging er in Ox aufs Trinity Colledge, wo sein Bruder Hannibal sein Tutor wurde. Hier war er siebenundzwanzig Jahre lang Commoner und, bis auf Dr Kettle und seinen Bruder, Ältester im ganzen Hause.

Sein Ingenium neigte sich hauptsächlich den mechanischen Wissenschaften zu: er hatte einen bewundernswert mechanischen Erfindergeist, ermangelte in jenen dunklen Tagen aber der Ermutigung; und als sein Vater starb, trat er in der Pfarre von Kilmanton (ca. 140 £ wert) dessen Nachfolge an.

Als er Anno Domini 1625 in seine Kammer trat, kam ihm 25 als Wurzel von 666 = Wurzel der Zahl des Thiers in der Offenbarung, in den Sinn, daher er 25 zur Zahl 12, der Wurzel von 144, in Opposition stellte.

Er veröffentlichte nichts anderes als seine *Interpretation of the number 666,* gedruckt in 4° zu Oxford 1642, die zweimal ins Lateinische, ins Französische und in andere Sprachen übersetzt worden ist. M^r

Launcelot Moorhouse, ein sehr gelehrter Mann und ein solider & profunder Mathematiker, schrieb gegen Mr Francis Potters Buch über 666; und zieht über ihn her, weil 25 nicht die richtige Wurzel, sondern die benachbarte Wurzel sey; Mr Potter replicirte darauf nicht ohne Schärfe, und daß es gar nicht die genaue Wurzel sein müsse, da dies sogar besser mit seiner Absicht übereinstimme.

Als er den Grad eines Baccalaureus der Theologie erwarb, wurde ihm das Thema *An Papa sit Anti-Christus?* gestellt. In jüngeren Jahren konnte er leicht in Ohnmacht fallen, und das tat er auch, als er über dieses Problem disputirte. Ich erinnre mich, daß er mir erzählt hat, er habe einmal des Aristoteles *De Natura Animalium* gelesen, wo dieser beschreibt, wie die Löwinnen, wenn sie schwer-trächtig & kurz vor dem Gebären sind, sich zwischen zwei eng beieinander stehende Bäume zwängen und ihre Jungen aus dem Bauch heraus-quetschen: da habe er eine so deutliche Vorstellung davon, und von dem Schmerz der Löwin, gehabt, daß er in Ohnmacht gefallen sey.

Er hatte eine ganz zarte Constitution und war seit seinen jüngeren Jahren leicht am Kränkeln. Dann, wenn sich ihm die Krankheit nahte, pflegte er eine gute Weile *kräftig durchzuatmen*, was, wie er meinte, die schädlichen *vapores* austriebe. So wie er nie ein starker Mann war, war er indes in späteren Jahren bey bester Gesundheit — nur daß ca. vier oder fünf Jahre vor seinem Ableben das Augenlicht schwächer wurde, und noch eh' er starb, ganz erlosch.

Er sah am ehsten einem Mönch ähnlich, und glich einem der alter-thümlichen Pastoren so sehr, wie ich es sonst nie gesehn. Hatte ein ziemlich langes Gesicht & bleiche reine Haut & graue Augen. Seine Rede war staunenswert und gänzlich originell & ungewöhnlich. Sein Haus war so karg wie eine

Mönchs=Zelle; doch hatte er da so viele ingeniöse Gerätschaften, daß es zum Entzücken war. Noch nie hab ich mich solchen Vergnügens erfreut, noch mich an derart philosophischer & von Herzen kommender Gastlichkeit ergötzt wie bey ihm.

Auf die Speisekammer=Thür in seinem Wohngemach hatte er ein Bildnis seines Vaters in Lebensgröße gemalt: mit seinem Buch (verkürzt dargestellt); und in den Augengläsern in seiner Hand spiegelt sich das gothische Süd=fenster. Ich erwähne dieses Bild deswegen, weil die Überlieferung es im Lauf der Zeit irrtümlich als Portrait seines Sohnes Francis, Autoris besagten Buches, ansehen könnte. Seit dem Knabenalter widmete er sich dem Zeichnen & Malen. Das Bildnis des Gründers (Sir Thomas Pope) in der Speisehalle von Trinity Colledge ist von seiner Hand.

Er war immer ein großer Nachdenker und hatte einen excellenten philosophischen Kopf. Sehr belesen war er nicht; besaß hinlängliche Kenntnisse im Lateinischen, Griechischen & Hebräischen, war aber kein Textgelehrter. Griechisch lernte er erst im Mannesalter anhand von Montanus' *Interlineary Testament*, ohne Grammatik, und dann las er Homer. Er verstand nur einfache Arithmetik, und kam in Geometrie nie weiter als bis zu den ersten sechs Büchern des Euklid — hatte aber einen so erfinderischen Geist, daß er auf dieser Grundlage im Stande war, in den Mechanischen Wissenschaften Großes zu leisten und in Natur=Philosophie *phaenomena* zu enträtseln. Er besaß nur wenige Bücher, die nach seinem Tode für sechsundfünfzig Shillinge verkauft wurden: nicht gerade ein üppiger Ertrag.

Er erfand & construirte mit eigner Hand ein paar Stangen=Zirkel, die ein Inch in hundert oder tausend Theile zerlegen können. Ich hab ihn sagen hören, er habe noch nie Wasserhaus=Spritzen zu Gesicht bekommen, mache sich aber anheischig, eine bessere zu erfinden.

Zu Epiphanias 1649, als ich bey ihm daheim weilte, sprach er mit mir über seine Idee, Krankheiten etc mit einer Transfusion von Blut aus einem Menschen in einen andern zu heilen, und daß ihm der Einfall gekommen sey, als er über Ovids Geschichte von Medea & Jason nachgedacht, und daß dies schon vor zehn Jahren gewesen. Etwa ein Jahr später begaben sich er & ich an das Experiment, jedoch nur mit einer Henne; das Wesen war zu klein und unser Instrumentarium nicht gut; ich sandte ihm dann eine Chirurgen-Lanzette. Anno 1652 erhielt ich von ihm einen Brief behufs dieser Sache, den ich Jahre später zeigte, der verlesen ward und in die Bücher der Royall Societie einging, da Dr Lower die Erfindung für sich in Anspruch nahm; und itzo publicirt ein R. Griffith, D^r der Medicin, aus Richmond, ein Buch über die Blut-Transfusion. (Mr Meredith Lloyd sagt mir, Libavius spräche von der Transfusion von Blut — ich lege aber meine Hand ins Feuer, daß Mr F. Potter dieses Buch nie im Leben gesehen hat.)

In der Zeit der Unruhen hatte er das Glück, nie seine Sequestration befürchten zu müssen. Einmal wurde er böswillig dem Comitee von Wells angezeigt (was in jenen Tagen nichts Ungewöhnliches war). Als er vor ihnen stand, reichte ihm einer (ich hab seinen Namen vergessen) einen Pint Wein, und zollte ihm hohes Lob, und hieß ihn heimgehen und keine Angst haben.

Er hat mir erzählt, ihm habe oft geträumt, er sey in Rom und habe Furcht, ergriffen & vor den Papst gebracht zu werden, und dann erwache er in Ängsten. (Papst Innozenz IV, gegen den Robert Grotest, Bischof von Lincolne, schrieb, hatte mal geträumt, der

Bischof von Lincoln träte zu ihm und gäbe ihm mit seinem Stab einen kräftigen Hieb übers Gesicht.)

Ein Jammer, daß ein so subtiler erfinderischer Kopf für sein persönliches Fortkommen in einem obscuren Winkel hängenblieb, wo er der geistreichen Gespräche manquirte: ein Mangel, aus dem ein Mann selten höher aufsteigt, vielmehr Moos ansetzt wie ein alter Pfahl in einem Obstgarten aus Mangel an ingeniöser Conversation, die (wie mir Mr Hobbes oft gesagt hat) sogar dem niedrigst denkenden Menschen ein Bedürfnis sey.

Als ich meinen verehrten Freund zum letztenmal besuchte, hatte ich ihn schon seit 3 Jahren nicht mehr gesehn, und seine Schwachsichtigkeit war nun gar in Blindheit übergegangen: ein Anblick, der mich tief bekümmerte. Den Bart hatte er sich, was früher kaum je vorkam, nicht schneiden lassen. Ich fragte ihn, warum er nicht eine Verwandte oder einen Verwandten bey sich wohnen lasse, auf daß sie für ihn, in seinem hohen Alter, Sorge trügen? Er gab mir zur Antwort, dies hätte er versucht, aber nicht für gut befunden, da sie ihm seine Ausgaben neideten; sie seien zu hoch und dieses Geld würd ihnen dann fehlen; wohingegen seine Bediensteten (Fremde) freundlich zu ihm seien und sich seiner annähmen.

WILLIAM PRYNNE

ANNO 1637 wurde er am Pranger gebrandmarkt und dann nach Cornet castle auf Guernsey verbannt, wo er recht civil behandelt ward von Gouverneur Carteret: eine sehr alte Familie auf diesem Eiland. Die Ohren wurden ihm nicht zur Gänze abgeschnitten — nur die oberen *partia;* man sah noch seine Ohr‡läppgen. Bischof William Lawd, A.B. Cant., ward heftig dafür gescholten, daß er dabey zugeschaut habe, da er sein Richter gewesen. Anno 1641 wurden jener mitsamt Burton & Bastwyck vom Parlament heimgerufen, und Hunderte kamen ihm bzw. ihnen Meilen vor den Toren Londons entgegen.

Er war ein gebildeter Mann, von immenser Belesenheit, wird aber sehr angegriffen ob seiner unzuverlässigen Citationen. Er hatte eine eigentümlich saturnische Hautfärbung. Sir C.W. sagte einmal, er habe die Gesichtszüge einer Hexe gehabt.

Seine Art zu studiren war diese: er trug eine lange Stepp‡mütze, die ihm mindestens 2 oder 3 Inches über die Augen ragte und dazu diente, die Augen gegen das Licht abzuschirmen. Etwa alle 3 Stunden mußte ihm sein Diener einen Brotknüppel & einen Pott Ale bringen, die verbrauchten Geister wieder anzuschärfen: also studirte er & trank & kaute etwas Brot, und dies hielt ihn aufrecht bis in die Nacht — erst dann machte er sich ein gutes Abendbrodt — also that er recht daran, nicht zu diniren, was der Einbildungskraft Abbruch getan hätte, die so rasch nicht wieder zu restituiren ist: das ist mit der Erfindung als mit dem Speichelfluss — einmal im Gange, fleußt er dahin — doch gebeut man ihm Halt, tröpfelt er nur *guttim;* gleiches gilt vor den Schweiß‡fluss: thue ihm Einhalt: — und er ist gestört!

Er litt mehrere Inhaftnahmen um der Sache des Königs wegen, und wirkte (wahrhaftig) tatkräftig an dessen Restauration mit.

Zur Parlamentseröffnung, bey Einlass der Besonderen Abgeordneten, gürtete er sich sein altes rostiges Langschwert (länger denn gewöhnlich) um. Sir William Waller marschierte (als er zum Hause schritt) hinter ihm: W. Prynne's Langschwert geriet

Sir William zwischen die kurzen Beine und brachte ihn zu Fall, was Gelächter hervorrief.

ELEANOR RADCLIFFE,
Countess of Sussex

Gräfin von Sussex, ein erhabenes wiewohl betrübliches Exemplum für die Macht der Lust und ihre Sklaverey. Eine Schönheit war sie, so groß wie kaum eine in England, und hatte einen trefflichen Esprit. Nach dem Tod ihres Lordgemahls (der eifersüchtig gewesen) schickte sie nach einem, der vordem ihr Lakai gewesen, und machte ihn zu ihrem Schlafkammerjunker. Er hatte die Franzosen-krankheit, und sie wußte darum; ein schändlicher Saufkopf. Sehr hübsch war er nicht, doch sein Leib von exquisiter Statur. *Hinc Amoris Sagittae.* Seine Nüstern waren ausgeweitet & ausgestopft von Korken, mit Federn zum hindurch-Athmen. Um 1666 starb diese Countess an der Franzosen Krankheit.

SIR WALTER RALEIGH

In seiner Jugend war er über etliche Jahre unter Druck der Geld-Not. Ich entsinne mich, daß Mr Thomas Child von Worcestershire mir erzählte, Sir Walter habe von ihm, als er zu Oxford war (sie waren beide an dem selben College) einen Rock geborgt, welchen er nimmer retournirt, noch dafür gezahlt.

Er ging nach Irland, wo er in den Kriegen diente, und zeigte viel Courage & gute Führung; war indes ohn Unterlaß mit (ich glaube:) Gray, damals Lordvize, über Kreuz: so daß schließlich am Rats=tisch der Königin eine Anhörung anberaumt ward, auf sein Ersuchen, allwo er seine Geschichte so trefflich vorbrachte und mit so großer Anmuth & Geistesgegenwart, daß die Königin von ihm vorzüglich Notiz nahm und ihn sogleich beförderte. Also muß es früher gewesen sein, daß er in den Französischen Kriegen gedient hat.

Queen Elizabeth pflog nur propere Männer als Diener bei Hofe zu halten, und wie bereits gesagt, war Sir WR's artige Erscheinung ihm nicht gar von Nachteil. Ich glaube, seine erste Beförderung bei Hofe war zum Captain der Garde Ihrer Majestät. Da kam ein Landedelmann oder (mittlerer Gutsherr) in die Stadt, der hatte mehrere Söhne, zumal einen außerordentlich properen hübschen Bursch, den er bey der Garde zum Gefreiten befördert zu sehen hoffte. Der Vater — er selbst ein angenehmer Mann — kömmt zu Sir Walter Raleigh, der ihm unbekannt, und sagte ihm, er habe einen Jüngling mitgebracht, es sey sein Begehr (er habe viele Kinder), jener solle einer aus Ihrer Majestät Garde sein. Gab Sir Walter Raleigh wider: hätt Er für sich selbst gesprochen, hätt ich seinem Wunsch ohn Verzug stattgegeben, da's seiner Person wohl anstünde — Knaben aber stell ich nicht ein. Sprach der Vater: Komm rein, Junge. Der Sohn trat ein, so um die 18 oder 19, und solch ansehnlich properer junger Bursch, wie Sir Walter noch keinen nicht gesehn: von der ganzen Garde war er der längste. Sir Walter Raleigh vereidigt ihn ungesäumt; und gab ihm Ordre, zum Dinner die erste Tafel aufzutragen, wo die Königin mit Bewunderung seiner achtete, als wär unter den Dienern ein herrlicher junger Riese hereingestapft.

Sir Walter Raleigh war ein großer Chymist, und unter etlichen MSS Recepturen hab ich manche Geheimnisse von ihm gesehen. Er studirte zumeist auf seinen See=fahrten, wo er immer einen Schrank-koffer voll Bücher mitnahm und nichts hatte, sich etwan abzulenken. Er machte ein excellentes Stärk=mittel, gut bey Fiebern etc: Mr Robert Boyle hat die Receptur & bereitet's zu & curirt damit sehr heil-sam.

Ein Mensch, der allerwege (bis zu seiner Inhaft-nahme im Tower) in Action & im Schmieden seiner Fortüne verstrickt war, konnte nur wenig Zeit zum Studium haben bis auf die, so er am Morgen erüb-rigte. Eine Schnecke war er nicht — ohne Zweifel hatte er einen wundervoll wachen Geist, und große Urteilskraft, diesem den rechten Weg zu weisen.

Durham House war eine noble Residenz; nachdem er zu seiner Größe aufgestiegen war, wohnte er dort bzw in einer Zimmer=flucht daselbst. Gut erinnere ich mich seines Studirzimmers, welches ein kleiner Turm war, der weit auf & über die Themse hinweg schaute und einen Ausblick hatte, der so schön war wie kaum einer auf der Welt, und nicht allein das Auge erquickte sondern auch das Gemüth ergötzte, und (nach meinem Dafürhalten) eines ingeniösen Mannes Denken, wie ich glaube, beflügeln muß.

Shirburne Castle, Park, Gut etc. gehörten (und müssten noch gehören) der Church of Sarum. Sir WR erbat es sich als Bôn von Königin Elizabeth: allwo er im Park ein delicates Waldhäuschen aus Ziegeln bauen ließ: nicht groß — aber seiner Größe angemessen, ein *Retiro,* sich zur Sommerszeit vom Hofe zurückzuziehen, zur Contemplation etc. Auf seine Aberkennung hin ward's vom Günstling Carr, Earl of Somerset, erbeten — und wieder verwirkt (dünkt mich), ob der Gift=that an Sir John Overbury.

Dann besaß es John, Earl of Bristowe, für seinen guten Dienst an der Gesandschaft zu Hispanien, der ließ an Sir Walter Raleighs Parkhäuschen zwei Flügel ansetzen. Kurz & gut: es ist ein allerliebster & schöner Platz, gelegen wie kaum ein zweiter im Westen — womöglich kömmt keiner ihm gleich.

Er war ein hochgewachsener, schöner & stattlicher Mann — aber daß er so verdammt stolz, war sein Makel. Der alte Sir Robert Harley von Brampton Brian Castle würd sagen, 's wär sehr die Frage, wer der stolzeste gewesen: Sir Walter, oder Sir Thomas Overbury, aber die Differenz ward entschieden zugunsten von Sir Thomas.

Der alte John Long, der seinerzeit Sir W. Long aufwartete, weilte einst mit seinem Herrn im Privatgarten, und sah den Earl of Nottingham aus Ehrschmeicheley mit seinem Mantel von Sir Walter R.'s Schuhen den Staub wischen. In einem Duell war er Sekundant des Earl of Oxford. War damals bekannt & anerkannt bei allen Helden unserer Nation.

Er hatte ein höchst bemerkenswertes Aussehen: eine ungewöhnlich hohe Stirn, ein gestrecktes Gesicht mit bitter Augenlidern, gleichsam Schweinsaugen. Sein Bart wölbte sich in natürlichem Schwunge aufwärts.

In der großen Empfangshalle zu Downton, bey Mr Raleghs, hat's ein gutes Bildnis (ein Original) von Sir W. in einem weißen Satin-Wams, über und über mit Perlen bestickt, und eine prachtvoll mächtige Kette von großen Perlen um seinen Hals; und die alten Diener haben mir erzählt, seine Perlen seien annähernd so groß gewesen wie die, so gemalen.

Der alte Sir Thomas Malett, einer der Richter von des Königs Richtbank *tempore Caroli I et II,* kannte Sir Walter, und ich hört ihn sagen, daß ohngeachtet seiner erheblichen Meisterschaft in Stil & Conversation mit den gelehrtesten und geschliffensten Personen er doch bis an sein Sterbetag einen breiten Devonshire Dialect gesprochen. Seine Stimme war schmächtig, wie's ähnlich bey meinen Schul=cameraden, seinen Großneffen, gewesen.

Die Gefährten seiner Jugend waren ungestüme Schwerenöther, aber im allgemeinen nicht ohne Geist; hatten indes nicht Geist genug, sich bei ihm anstellig zu machen, z[b] Sir Charles Snell von Kington Saint Michael in Nord Wiltshire, mein guter Nachbar, ein ehrenwerter junger Gentleman, blieb doch zeitlebens ein Trunkenbold. Ihn verpflichtete er zum Bau eines Schiffes, des *Angel Gabriel,* für die Destination Guyana, welches ihn das Gut zu Yatton Keynell, die Farm zu Easton Picrs, Thornhill, und die Kirch=pacht von Bishops Cannings kostete: welchselbiges Schiff, auf Sir Walter Raleighs Aberkennung, ihm verlorenging.

In seinen frühen Jahren gab's einen Charles Chester, der oft in Gesellschaft seines Bekannten weilte: ein starker impertinenter Stenz, und nimmer konnten sie ihm stille sein: ein ewiger Schwätzer, und machte einen Rumor gleich einer Trummel im Raume. So, in einer Taverne einst, schlägt ihn Sir WR und versiegelt ihm das Maul, d.h. Schnauz= & Knebelbart mit durablem Wachs. Nach diesem machte Ben Jonson seinen Carlo Buffone (d.h. »Jester«) in *Every Man out of his Humour.*

Er liebte eine rechte Dirn zu schätzen; und als er sich dereinst eine jener Ehren=jungfern vornahm, gegen einen Baum, in einem Wald ('s war seine *first Lady*), welche zunächst etwas hölzern, da sie wohl in Furcht um ihre Ehr' & sittsam war, schrie sie Sweet Sir Walter, was wollt ihr von mir, wollter mein Unglück? Nee, sweet Sir Walter! Sweetsir Walter! Sirwalter! Zuletzt, da die Gefahr & das Plaisir gleichermaßen geschwollen, schrie sie in Ekstase Swisser Swatter Swisser Swatter. Es ergab sich, daß sie schwanger ward; ich zweifele aber nicht, daß sich dieser Held der beiden annahm, zumal ihr Product mehr denn ein gewöhnlicher Sterblicher war.

Mein alter Freund James Harrington Esq. war gut bekannt mit Sir Benjamin Ruddyer, der ein Bekannter Sir Walter Raleighs gewesen. Er erzählte Mr J.H., daß Sir Walter Raleigh, zum Dinner bey einer Person von Stand geladen, wohin ihn sein Sohn begleiten sollte, zu ihm sprach: Du bist so eine zänkisch kränkende Kreatur, daß ich mich schäme, so ein Bären=vieh in Gesellschaft zu haben. Mr Walt warf sich seinem Vater zu Füßen und gelobte hoch & heilig, er wollt' sich überaus manirlich betragen. So gingen sie hin, und ich glaub', Sir Benjamin mit ihnen. Er saß neben seinem Vater und war recht bescheiden zumindest die halb Zeit des Dinners über. Dann sagte er, Diesen Morgen ging ich, nicht die Gottesfurcht vor Augen sondern vom Teufel angestifft, zu einer Hure. War hübsch scharf auf ihr, küßt sie & umhalste sie, und wollt mich an ihr ergetzen, da aber stieß sie mich von sich und beschwor mich, ich sollt nit, *Weil nur ein Stund zuvor lag dein Vater mir bey.* Sir Walter, so befremdlich überrascht & seiner Contenance beraubt an so hoher Tafel, setzt seinem Sohn einen verdammten Streich übers Gesicht; allein sein Sohn, so rüd er war, wollte seinen Vater nicht schlagen, haut aber übers Gesicht des Gentlemans, der ihm zunächst saß, und sagte, *Schlagt nur zu — 's geht gleich wieder an meinen Vater weiter.* 'S ist itzt ein geflügelt Sprich=wort.

Seine engste Bekanntschaft & Freunde waren: Edward de Vere, Earl of Oxford, Sir Francis Vere, Sir Horatio Vere, Sir Francis Drake, Nicholas Hill, Thomas Cavendish, Mr Thomas Hariot, Sir Walter

Long von Dracot in Wiltshire, Cavaliero Surff, Ben Johnson et alii.

Sir Walter war der erste, der Taback nach England & in Mode gebracht hat. In unserem Theil von Nord Wiltshire, z^b Malmesbury Hundred, kam's zuerst durch Sir Walter Long in Mode.

Damals wog man's beim Kauf gegen Silber auf. Manch einen von unsern alten Guts=nachbarn hab ich sagen hören, daß sie, wenn sie nach Malmesbury oder Chippenham zu Markte gingen, ihre grössesten Schillinge aus der Taschen kramten, um sie gegen den Taback auf die Waage zu legen.

Ich hab meinen Großvater Lyte sagen hören, daß an der Tafel von Mann zu Mann eine Pfeife rundumgereicht wurde. Anfangs hatten sie Silber Pfeifen; wohingegen die gewöhnliche Sorte von einer Walnuß= schale & einem Strohhalme gebrauch machte.

Als Sir W. R. im Sir Robert Poyntz Park zu Acton in einem Pavillon weilte (der von Sir Roberts Großvater gebaut worden war, seine Huren darinnen zu beherbergen) nahm er eine Pfeife Taback, was die Damen in die Flucht schlug, bis er ausgeraucht hatte.

Innert dieser 35 Jahre wars für einen Kirchenmann scandalös, Taback zu nehmen. Itzt sind's die größesten Schmaucher im Lande Seiner Majestät.

Ich hab nun vergessen, ob Sir Walter nicht dafür gewesen war, die Schotten Königin Maria zu töten — ich glaub aber, doch — dessen ungeachtet tat nach Queen Elizabeths Tod Sir Walter Raleigh bei einer Beratung zu Whitehall, was zu tun & wie die Staats= angelegenheiten zu bestellen seien, die Meinung kund, es sei für sie das Klügste, die Regierung in ihre eigenen Hände zu nehmen, und, um nicht zu Untertanen einer dürftigen Bettelnation zu werden, ein Commonwealth zu gründen. Es sieht so aus, als hätte es einen gegeben, der die Kabale nicht so

geheim hielt, daß sie nicht König James zu Ohren kam, bey dem man auf einem Treffen & Empfang des englischen Adels Seine Majestät über ihre Namen ins Bild setzte und, als Sir Walter Raleighs Namens Erwähnung geschah, der König sprach, Bey meiner Seel — welch Schmerz, mon Dieu, *auch Du?*
'S war ein höchst würdevoller Anblick: die Pracht jenes Empfanges Seiner Majestät, wo hoher & niederer Adel, die sich unter der fürtrefflichsten aller Königinnen eines langen Friedens erfreut hatten, in über die Maaßen kostbarer Equipage, und die Gesellschaft so überaus zahl⸗reich war, daß ihr Ehrerbieten einen geheimen Schauder in sich barg. König James gefiel's insgeheim nicht, und mit verhohlenem Neide sagte er, er zweifle nicht, daß er, hätten ihn die Engländer vor der Thür gelassen, er auf seine eigene Stärke bauend im Stande gewesen wäre, sich mit ihnen zu arrangiren & zu seinem Recht zu kommen. Sprach Sir Walter Raleigh zu ihm: Wollts Gott, man hätte drauf die Probe gemacht. Warum wünscht er das? sagt der König. Weil, sagte Sir Walter, Ihr dann Eure Freunde von Euren Feinden hättet unterscheiden können. Dies Argument Sir Walters aber ward ihm nimmer vergeben noch vergessen.

Er war (in jeglichem Betracht) so eine Persönlichkeit, daß (wie König Charles I. von Lord Strafford sagt) ein Fürst vor ihm eher Furcht denn Ehrfurcht hatte. Mit dermaaßen schrecklicher Imposanz blickte er von der höchsten Warte auf alle anderen Sterblichen hernieder.

Der alte Major Stansby von Hants, intimer Freund & Nachbar & Zeitgenosse des späten Earl of Southampton (Lord Schatzmeister) erzählte mir von seinem Freund, dem Earl, daß was das Complott & die Sache mit Lord Cobham betraf, der seinerzeit Gouverneur von Jersey war, jener sie nicht voll unterstützen wollte, solange sie nicht auf seine Insel kämen, um allda zu beraten & zu beschließen; und daß es wirklich & wahrhaftig Sir Walters Plan gewesen, sie und den Plan, wenn er sie erst einmal dort hätte, zu verraten und dem König ausliefern zu lassen & seinen Frieden zu machen.

Was sein edles Vorhaben in Guyana betrifft, *vide* eine lateinische Voyage, welche John Lord Vaughan mir zeigte, wo von Capitän North (Bruder des Lord North) die Rede ist, der Sir Walter begleitete, und wo eine breite Übersicht ob dieser Dinge. Mr Edmund Wyld kannte ihn und sagt, er sei ein erfahrener & besonnener Gentleman gewesen & ein guter Mathematiker, aber falls man etwa das Gespräch auf Guyana gelenkt hätte, würd er, im Reflex darauf, daß dieser edle Plan zunichte gemacht worden sey, in seltsame Raaserey gefallen sein & gesagt haben, es sey das gesegnetste Land unter der Sonnen, etc.

Captain Roger North war ein höchst gebildeter Gentleman: ein großer Algebraist, was in solchen Tagen eine Seltenheit war; immerhin erfreute er sich der Bekanntschaft seines Mitreisenden Mr Hariot. Er hatte von seinen Reisen hervorragende Sammlungen & Aufzeichnungen, welche bey der Gr. Feuersbrunst der Stadt alle unseeligerweis in der Fleet Street verbrannt. Diese Familie spricht nicht sehr günstig von Sir Walter Raleigh: Sir Walter habe geplant, mit dem Spanier zu brechen & sich selbst in England volkstümlich zu machen. Als er nach Guyana kam, konnte er ihnen nicht zeigen, wo die Gold≠minen waren. Da wollte er zum König von Frankreich gehen (Lewis XIII), doch seine eigenen Männer brachten ihn zurück.

Als Sir Walter Raleigh aus dem Westen nach London gefesselt transportirt ward, lag er zu Salisbury gefangen, wo er mittels seiner großen Kunstfertigkeit in der Pharmacie sich selbst zum Aussatzigen machte: wodurch er seinen Transport in Kerker zu verhindern & seine Flucht zu planen hoffte. Man sandte Dr Heydock um seine Meinung, ob der Gefangene ohne Gefahr für sein Leben nach London gebracht werden könnte. Der Doctor fühlte Sir Walters Puls und fand, sein Schlag sey recht: also entdeckte er den Schwindel.

Ich hab den alten Major Cosh sagen hören, daß Sir W. Raleigh nicht gern mit dem Ruder=boot über die Themse fuhr; er wär lieber rund herum über die London Bridge gegangen.

Als er vom Officir in Verhaft genommen wurde wegen der Unternehmung, die ihn den Kopf kosten sollte, ward er in einer Ruderbark transportirt, nur in Begleitung von zwei Mann, glaub ich. König James pflog zu sagen, jener sey eine Memme gewesen, so ergriffen & überführt worden zu sein, da er sich doch aus so schwächlicher Bewachung mit Leichtigkeit hätte befreien & fliehen können.

Meinen Vetter Whitney hab ich sagen hören, er habe ihn im Tower gesehen. Er habe eine Sammet=kappe mit Spitzenbesatz & einen prächtigen Rock & kurze Pluderhosen getragen.

Er studirte die Chymie allda (und compilirte nebenher seine *History of the World*). Zur selben Zeit war der Earl of Northumberland in Haft, der der Gönner gewesen von Mr Harriot & Mr Warner, zwei der seinerzeit besten Mathematiker der Welt; desgleichen Mr Hues, der *De Globis* verfasst. Serjeant Hoskins (der Dichter) war auch allda gefangen: er wurde Sir Walters Aristarch.

Am Ende seiner *History of the World* beklagt er den Tod des höchste ehrenwerten & zu schönsten Hoffnungen Anlaß gebenden Prinz Henry, dessen großer

Günstling er gewesen, und der ihn, hätte er seinen Vater überlebt, geschwinde unter Ehren=gaben erhöht hätte. So, auf des Prinzen Tod, endet der erste Theil seiner *History of the World* mit einer galanten Eloge auf ihn, und schleußt *Versa est in Luctum Cithara mea; at cantus meus invocem flentium.*

Sein Buch verkaufte sich zuerst recht schleppend, und der Buchhändler beklagte sich darob, und sagte ihm, 's werde noch sein Ruin sein, was Sir W in Harnisch brachte, der da sagte, da's die Welt nicht verstünde, solle sie seinen 2ten Theil nicht haben, welchselben er nahm und ins Feuer warf — und er verbrannte vor seinen Augen.

Sein Atheismus machte Scandal; allein er war ein kühner Mann und hätt sich einem Diskurse gestellt, der für die Männer der Kürchen unerquicklich geworden wäre. Ich erinnere mich, daß Mylord Scudamour sagte, 's ginge die Schandrede umb, Sir W.R. spräche vom Anagramma von *Dog*. In seiner Rede auf dem Blut=gerüst — hab ich meinen Vetter Whitney sagen hören (und glaub, 's ist gedruckt) — habe er nicht 1 Wort von Christus gesprochen, aber mit viel Eifer & Verehrung vom großen & unbegreiflichen Gott, so daß jener schloß, dieser sey ein Nichtchrist, aber kein Gottloser gewesen.

Er nahm noch ein paar Züge aus der Taback=pfeife, bevor er aufs Schafott ging, was etliche förmliche Personen chocirte — indes ich finde, 's war gut & recht getan, sein Gemüth zu besänftigen.

Ich erinnere mich, daß ich den alten Vater Symonds sagen hörte, daß ein Pater bei seiner Execution dabei gewesen, und daß nach seiner Kenntnis er mit einer Lüge auf den Lippen verschieden sei; hab itzt vergessen, was 's war. Die Zeit seiner Hinrichtung ward auf den Lordbürgermeisters=Tag festgesetzt (nämlich den Tag nach St Simon & St Jude)

1618, auf daß die Festlichkeiten & der Pomp das Volk ablenken möchten vom Anblick der Tragödie eines der edelsten Ehrenmänner, die jemals England hervorgebracht. In aller Stille beygesetzt unter dem Hoch=Altar zu St Margarets Kürch in Westminster, in welchem Grabe (oder nahe bey) James Harrington liegt, Autor der *Oceana*.

Mr Elias Ashmole sagte mir, sein Sohn Carew Ralegh habe ihm erzählt, er hätte seines Vaters Todten=Schädel; daß man vor einigen Jahren das Grab aufgegraben und seine Schädel= & Halsknochen gesehen habe: sie fanden die Wirbel von seinem Halse so übereinander gelappt, daß er nicht gehenkt worden sein konnte.

Ja das ist ZEIT, die nimmt getrost
Unsere Jugend, Freuden, alle unsre Habe
Zu treuer Hand, zahlt uns nur Erd & Staub,
Die, in dem dunklen stillen Grab
Wenn wir zu End mit unserm Wanderstabe,
Das Märchen unsrer Erdentage schleußt.
Doch aus der Erd empor, dem Staub, dem Grabe
Bin ich getrost daß GOtt mich zu sich reißt.

Diese Zeilen schrieb Sir Walter Raleigh in seine Bibel, in der Nacht vor seiner Enthauptung, und wünschte mit diesen Worten von seinen Angehörigen: *Erbittet euch meinen toten Leib, der als lebender euch verweigert ward; und begrabt ihn in Sherbourne oder Exeter Kürch.* Er war manchmal ein Dichter, nicht oft.

Im alten Palast Hofe ward ein Schafott errichtet, auf welchem nach 14 Jahren ohn Gebrauch sein Haupt abgeschlagen wurde, wobey solch Überfluss von Blut aus seinen Adern strömte, daß erhellt, es hätte ihm seine Natur, auch wenn er schon dreimal zwanzig Jahre alt, noch genüglich Zeit gelassen, sein

Leben fortzusetzen, wärs ihm nicht von gewaltsamer Hand genommen worden. Und das war das Ende des großen Sir Walter Raleigh: groß zuzeiten der Königin Elizabeth, gleichnächst Sir Francis Drake die große Geissel & der Haß des Spaniers, in dessen Leben viel gerühmt werden mag, keins aber so sehr wie seine Standhaftigkeit im Tode, den er mit so unerschrockener Entschlossenheit annahm, daß man daraus den Eindruck empfangen konnte, er habe eine gewisse Hoffnung auf ein besseres Leben danach gehegt — so weit war er davon entfernt, jene gottlosen Ansichten zu haben, diesen Schmutz, mit dem manch einer ihn beworfen hat.

Auf den ruhmreichen Sir Walter Raleigh, der auf dem Altar der Spanischen Politik geopfert wurde:

Hier ruht | in dieser Grub' verborgnen Bahre
Der Welt Miraculum an Witz
So ihm gedient zu wenig Nutz |
Sein Witz konnt nicht sein Leben ihm bewahren. |
Er, lebend, ward geliebt von keinem |
Doch alle weinen da sein Tod bekannt. |
Der Himmel hat sein Seel |
Die Welt sein' Ruhm so reich |
Das Grab die Leich | und Stukley seine Schand. |

MARY RICH, Countess of Warwick

SIE bedurfte zu ihrer Auszeichnung nicht erborgter Schemen noch spiegelnder Lichter, da sie von Natur aus in allen angeborenen Fertigkeiten von Körper & Seele, Klugheit, Schönheit, Güte & Tugend mit *Größe* begabt war:

Größe an Adel der Herkunft, da sie nicht nur als Dame sondern auch als *Virtuosa* geboren;

Größe der *Sprache,* denn noch nie handhabte ein Frauenzimmer sie besser: mit einer so zierlichen, geistesgegenwärtigen, verständigen, trefflichen & frommen Rede, daß ich mehr als einmal die erbaulichen Worte bewunderte, die ihrem Mund entströmten;

Größe der *Feder,* wie Sie anhand der kleinen Probe ersehen mögen, der die Welt sich glücklich schätzen darf: der flüchtigen Frucht ein oder zweier unterbrochner Stunden nach dem Mittagsmahl, wie sie mir mit ein wenig Bedauern gestand, da sie überrascht war, daß jene ohne ihr Wissen oder Erlaubnis und gänzlich unerwartet ihren Weg in die Welt gefunden;

Größe: da sie die größte Freundin & Förderin, um nicht zu sagen Begründerin & Erfinderin einer neuen Wissenschaft war: der Kunst der *Verbindlichkeit,* in der sie jene souveräne Vollkommenheit erlangte, mit der sie über die Herzen all derer regirte, mit denen sie in Conversation stund;

Größe an Noblesse des Lebensstils & der Gastfreundlichkeit;

Größe an beispielloser Aufrichtigkeit beständiger, treuer, leutseliger Freundschaft und jener unverbrüchlichen Liebenswürdigkeit, die auf ihren Lippen & in ihrem Herzen zu Hause war;

Größe an Tüchtigkeit in ihrer Haushaltsführung;

Größe im raschen Wahrnehmen von Schwierigkeiten in ihren Angelegenheiten und im Lösen, Leichtern & Lockern von deren Haken & Knoten.

Größe an Selbstbeherrschung;

Größe in tausend andern Dingen, die die Welt als solche bestaunt — allein sie achtete all dies für nichts, und hielt sie bloß für Tand & Plunder, gemessen an der GOttes≠Furcht & Auszeichnung des Wissens um Jesum Christum.

CHARLES ROBSON

ROBSON war der erste, der die Wissenschaft von der Herstellung des Murano-Glases nach England gebracht hatte, aber Sir Edward Zouche (ein Höfling, Spassvogel & Günstling von König James) drückte diesen armen Robson nieder, und entriß ihm sein Wissen vermöge dieser vier Zeilen für König James, über die Seine Majestät so lachen musste, daß er sich fast in die Hosen geschissen hätte. Der Vers geht so:

> *Themse Severn Humber Trent*
> *Dein grosses Meer mit seinen Flüssen*
> *Robs & sein Feuer löschen müssen —*
> *sonst haben Zouchens Wünsch' ein End*

Der König gab Zouche das Privilegium zu dieser ingeniösen Manufactur, da ihn, wie schon gesagt, diese Reime kützelten: und so ward der arme Robson niedergehalten, und gänzlich erledigt, und stieg auf den Sprossen der Armut so tief hinab, daß er, wie mir Mr Philips mitteilt, zu Whitehall den Hof ausfegte; er habe ihn selbst gesehn bey diesem Tun.

WALTER RUMSEY

ER war ein so excellenter Rechtsgelehrter, daß man ihn *den Dietrich Juris* nannte.

Er war ein ingeniöser Mann und hatte einen philosophischen Kopf; war ungemein wißbegierig in betreff Pfropfen, Oculiren, Pflanzen & Wasser≠Abdämmen. Besaß er einen alten abgestorbenen Pflaumen≠ oder Apfelbaum, dann ließ er ihn stehen, setzte ihm an den Stamm Weinreben, ließ sie sich hochranken: — und sie trugen gute Frucht.

In meinem Rechtsstreit über den ererbten Grundbesitz war er einer der Räte: er brachte mir Freundlichkeit entgegen, und lud mich zu sich nach Haus ein, und erzählte mir ein gerüttelt Maaß feiner Dinge aus Natur & Historie.

Er war sehr amüsant, und ein guter Musiker: schlug die Orgel & die Laute. Er verstand zu componiren.

Der Schleim quälte ihn sehr: und da er so eines Winters im Gericht zu Ludlowe (wo er einer der Räte war), spuckend & speyend, am Feuer saß, nahm er ein dünnes zartes Zweiglein, knotete einen Bindfaden daran, und gedachte es sich den Hals herunter zu lassen & den Schleym herauf zu angeln: und er that also. Später machte er dieses Instrument aus Walbein. Ich hab's ihn oft verwenden sehen. Mir gelang es nie, es durch den Schlund zu bekommen — denen aber, die's vermögen, ist es ein Gerät ohnegleichen. Plagen Sie Blähungen, dann curirt's Sie augenblicks: mit einem Luft≠stoß, als wär eine Flasche entkorkt. Es schafft Ihnen Erbrechen ohne Schmerz — dieß bey seite: daß die Brechmittel der Apotheker *aliquid veneni* enthalten. Er schrieb ein Libellum über diese Art Medicin mit dem Titel *Organon Salutis* (Ein Instrumentum, den Magen auszuputzen). Ich hatte einen jungen Burschen, Marc Collins, mein Diener: der handhabte es auf unnachahmliche Weise, leichter als der Richter: er machte ein paar davon. In Wilts befinden sich, bey meinen Sachen, noch einige die er gemacht. Der Richter sagte, er habe in seinem Leben noch keinen gesehen, der das Ding so geschickt handhabte. Es tut nicht weh, so es denn heruntergeschluckt ist — Marc konnte damit bis auf den Grund seines Magens gelangen.

THOMAS SACKVILLE,
1st Earl of Dorset

EPIGRAMM auf den Earle of Dorset, der plötzlich am Verhandlungs=Tische starb:

Oh roher Tod! Der du mit unserm Schatzmeister
   nicht mal
Verhandeln, disputiren oder gar parliren wolltest:
Wär dieser Du, wär von dem gleichen unheilvollen
   Schlag,
Er hätt geschont dein Leben, dir Kaution gewährt.
Er, der so oft mit Gold & Witz verletzt
Das starke Recht, und beinah es erobert,
Ward, als Beweis gefordert war, zuletzt
Den Todesstoß gezwungen zu empfahn.

Im Prozeß ging es um dieses Sir Richard Temples Ur=Großvater. Der Lord=Schatzmeister hatte gewisse Schriften an seinem Busen versteckt, die er herauszog als Beweis=Mittel, wobey er sprach *Dies hier wird Euch den Todesstoß versetzen* und kaum hatte er diese Worte gesprochen, fiel er auf der Stelle stocktot zu Boden.

   Richard, Earle of Dorset (ältester Enkel & Erbe des Lord=Schatzmeisters) lebte im grössesten Pomp, den seinerzeit in England ein Edelmann nur haben konnte. 30 Gentlemen warteten ihm auf, und jedem gab er p.a. 50 £, dazu Kost & Logis und ein Pferd. G. Villiers (später Herzog von Bucks) war ein Anwärter auf die Gentleman's Position unter ihm, erlangte sie aber nicht und stieg innert 12 Monaten noch höher auf; doch hegte der Duke seitdem stets einen Groll wider den Earl of Dorset. 'S war dieser, der *The Cid* (eine französische Comoedie) ins Englische übertrug. Sein ältester Sohn ist Richard, Earl of Dorset & Middlesex, ein höchstedler Lord & mein allergewogenster Freund.

SIR HENRY SAVILE

SIR HENRY SAVILL, Knight, war ein jüngerer Bruder (oder dessen Sohn), dem nicht *ein* Fuß Landes als Erbe zufiel.

Er war ein Gentleman, so gelehrt wie nur wenige seiner Zeit; seine Ausbildung hätte ihn wohl (hab ich Mr Hobbes sagen hören) zu einem eben so großen Gelehrten machen können wie Joseph Scaliger einer war. Was aber Mathematik betrifft, so sagte mir Dr Wallis, er sähe jenen als einen so fähigen Mathematiker an wie sonst kaum jemand seiner Zeit. War ein außergewöhnlich gutaussehender & wohlgestalter Mann — keine Lady hätte eine schönere Complexion haben können.

Königin Elizabeth favorisirte ihn sehr; er las ihr, glaub ich, aus dem Griechischen & aus politischen Schriften vor. Außerdem stieg er zum Profoß von Eaton Colledge auf.

Er war ein sehr strenger Leiter; die Schüler haßten ihn ob seiner Härte. Geistreiche Köpfe konnte er nicht leiden; wurde ihm ein junger Student als wendiger Geist recommendirt, hieß es *Raus mit ihm; will mit dem nichts zu schaffen haben; gebt mir lieber einen zähen*

Büffler. Wollt ich gewitzte Köpfe haben, würd ich nach Newgate gehen: da gehören sie hin! und John Earles (hernach Bischof von Sarum) war der einzige Schüler, den er nahm, obzwar dieser als gewitzter Kopf empfohlen ward, wie mir Dr Goodwyn von Christ Church mitteilte.

Er war nicht nur ein strenger Leiter — sondern der alte Mr Yates (der zu seiner Zeit Fellow gewesen) beklagte sich bis an sein Sterbe:tag bitterlich über ihn: er habe die Fellows erbärmlich unterdrückt; und da er so groß & ein Günstling der Queen gewesen, sey mit ihm kein Auskommen gewesen; sein *naeve* sey es, daß ihn seine Gelehrsamkeit & Reichthümer zu aufgeblasen gemacht.

Er war recht freigiebig, wie aus den beiden Lehrstühlen erhellt, die er für Astronomie & Geometrie gestiftet. Bischof Seth Ward von Sarum hat mir erzählt, zuerst habe er an Mr Gunter aus London (der von der Universität Oxford kam) einen Ruf als Professor für Geometrie ergehen lassen: also kam dieser, und brachte seinen Proportionalzirkel & Quadranten mit, und machte sich an die Zerlegung von Dreiecken und tat lauter feine Sachen. Sprach der würdige Knight *Das nennt Ihr Geometrie:Vorlesung? Das ist Scharlatanerie, Mann!* und entließ ihn also schnaubend, und schickte nach Henry Briggs aus Cambridge.

Ich hab Dr Wallis sagen hören, Sir H. Savill habe Joseph Scaligers *De Quadratura Circuli* hinlänglich widerlegt, u.zw. ganz am Rand des Buches; und daß, wenn J. Scaliger manchmal *AB:CD* ex constructione sage, H. Savill bisweilen an den Rand schriebe *Et Dominatio vestra est Asinus ex constructione*. Von Jos Scaliger sagt irgendwer, daß, wo er irrt, er so genial irrt, daß man sich lieber mit ihm irren als mit Clavius ins Schwarze treffen möchte.

Er ist viel gereist, und war mit gelehrten Männern im Ausland weithin bekannt: wodurch er aus dem Ausland etliche seltene Griechisch=MSS aus ihren Bibliotheken bekam, die er von einem hervorragenden Amanuensis in griechischer Schrift copiren ließ. Seine Sammlung mathematischer Bücher schenkte er einer besonderen kleinen Bibliothek, die den Savilianischen Professoren gehörte.

SYLVANUS SCORY

ER war ein sehr wohlgestalter Gentleman, und hatte einen hervorragenden Esprit, und sein Vater gab ihm die beste Educazion, daheim und im Ausland, die zu seiner Zeit aufgebracht werden konnte, und liebte ihn so sehr, daß er, um ihm einen guten Besitz zu vermachen, die Church of Hereford rupfte: er setzte so viele und so langwährende Pacht=verträge auf, daß die, wie mir M^{ris} Masters sagte, vor Ablauf von 60 Jahren nicht gelöst waren. Wenn ich mich recht entsinne, sagte sie mir, der Besitz, der ihm vermacht worden, habe 1500 £ per annum betragen, die er auf *nullum* reducirte (indem er sich die Freiheit nahm, alle Freuden dieser Welt zu kosten) und seinen eigenen Sohn in solcher Armut zurückließ, daß man diesem, wenn er in Gesellschaft von Gentlemen kam, eine Krone oder zehn Shillinge zusteckte.

Ich hab Sir John Denham sagen hören, er habe verläßliche Kunde, daß jener der vollkommenste Gentleman seiner Zeit gewesen: als trefflicher Beleg für sein Ansehen mag gelten, daß ihm Mr Benjamin Johnson (der einen unwürdigen Herrn sonst gern verhöhnte) eine Widmung geschrieben hat. Sir John Denham sagte mir auch, daß er der engste Vertraute & intimer Günstling des Monsieur von Frankreich (Bruder des Königs von Frankreich) gewesen, der ein Freier um die Huld Königin Elizabeths war, und den Ihre Majestät rundheraus liebte und ihn, zum Zeichen dessen, einst in Londons St Paules Kürch öffentlich im Gottesdienst küsste — und ihn wohl zum Gemahl erkoren hätte, wäre nicht die Staats=Raison dawider gestanden.

Als ihn Ihre Majestät entließ, geschah dies mit aller erdenklichen Leidenschaft & Hochachtung. Sie gab ihm royale Geschenke; die Zierde des Hofes escortirte ihn nach Dover, unter anderem jener galante junge Herr, von dem ich jezt schreibe. Als Monsieur von ihm Abschied nahm, sprach er zu ihm, wiewohl ihn Ihre Majestät (wie oben gesagt) nicht ehelichen könne, wisse er doch, daß sie ihn so liebe, daß sie ihm kein Ersuchen, einem Freunde Ehre & Wohltat zu erweisen, abschlagen würde: und derohalber setzt er an seine Gebieterin, die Königin von England, einen Liebes=brief auf und bittet darin nur um die eine Gnade: Mr Scorie (den Überbringer) mit besonderer & extraordinairer Gunst zu bedenken, um seinetwillen; händigte ihm den Brief aus (und machte ihm, wie mir zu Ohren kam, noch eine Preziose zum Geschenk.)

Als Sylvanus auf der Rückkehr nach London durch Canterbury kam, examinirte ihn der dasige Bürgermeister (ein Schumacher), ein kleinlicher Kerl, wohin & woher etc, was sein Gewerbe sey, und ob er einen Paß habe? Jawohl, antwortete jener, ich habe einen Paß, und weist Monsieurs Brief vor, adressirt an Ihre Majestät, was der Ausweispflicht, sollte man meinen, hätte Genüge tun sollen. Der Bürgermeister erbricht stantepede das Siegel, und liest den Brief. Ich weiß nicht, wie —aber dieser Vorfall sprach sich herum; die Sache ward ruchbar bey Hofe, und wurde so ridikül, daß Sylvanus Scory so ausgelacht & verspottet wurde, daß er den Brief nie der Königin aushändigte: was der einfachste & ehrenwerteste Schritt zum Erfolg gewesen wäre, den sich ein Sterblicher nur hätte träumen lassen können.

JOHN SELDEN

SEIN VATER war ein Mann vom Rang eines Freibauern, mit circa 40 £ per annum, und spielte artig auf der Violine, woran er sich ergötzte; und zur Weihnachts=zeit, sich selbsten & den Nachbarn zum Gefallen, würd er ihnen zum Tanz aufspielen.

Er kam vom Hart-hall in Ox, und Sir Giles Mompessen erzählte mir, damals sey jener, als er an diesem College gewesen, ein aufgeschossener, schorfhäutiger Junge gewesen, indes ein guter Student.

Von dort kam er an den Inner-Temple. Rasch nahm man von seiner Gelehrsamkeit Notiz —: und er wurde Anwalt & Haushofmeister des Earle of Kent, dessen Gräfin, die eine ingeniöse Frau war und den Männern zugetan, ihm gestattete, ihr beyzuliegen, und ihr Gemahl wußte darum. Nach des Earls Tode heiratete er sie. Er schlief mit M^{ris} Williamson (eine von Mylady's Zofen): ein resches dralles Weib, das ihn beraubte, als er auf dem Todtenbette lag. Ich erinnre mich: 1646 oder 1647 sprach man auch von Mylady's Mohren=Zofe.

Ich entsinne mich, daß mein Sattler (der dieser Familie viele Jahre verbunden gewesen) mir sagte, Mr Selden habe mit seinem Schwanz mehr erreicht als vor den Schranken des Gerichts. Als Advocat war er nicht über die Maaßen emsig.

Aus irgendwelchen juristischen Erwägungen bekannte er sich nie zu seiner Ehe mit der Countesse of Kent bis nach ihrem Tod.

Er hielt reiche Tafel, und verzichtete nie auf gelehrte Gesellligkeit; war mäßig in Essen & Trinken. Er hatte ein dünnes Tuch, vielleicht aus Seide nach Art eines falschen Teppichs, um's über den Tisch zu breiten, an dem er las und wo seine Papiere lagen, damit er, wenn ein Fremder eintrat, nicht seine Bücher oder Blätter beyseiteräumen mußte.

Seine Abhandlung darüber, daß *Tythes* nicht *jure divino* sey, zog ihm viel Mißgunst von Seiten des Klerus zu. W. Laud, Erzbischof von Canterbury, veranlaßte, daß er vor dem High Commission Court widerrief. Danach verzieh er den Bischöfen nie, sondern setzte sie in seinen Schriften weiterhin mit dem Presbyterium auf eine Stufe.

Nachdem er zu einem *dulce ocium* gekommen war, gab er sich hauptsächlich seinen sinnreicheren Studien & Aufzeichnungen hin. Er war Mitglied des Theologen=Kollegs, und ihnen ein Dorn im Fleische: pflegte sich über die Herren Collegen mit ihren vergoldeten Bibelchen zu moquiren, und äffte & vexirte sie nach Kräften: sagte zB *Ich schlage lieber im Original nach:* denn er war im Stande, sie alle mit seinem Gricchisch & seinem Historischen Wissen an die Wand zu spielen.

Er war ziemlich hochgewachsen, ich schätze über 6 Fuß groß; scharf=ovales Gesicht; Kopf nicht sehr groß; lange Nase, etwas schräg gerichtet; volles glotzendes Auge (grau). War ein Dichter.

In jungen Jahren bevorzugte er einen hermetischen Styl, den er später zugunsten eines verständlichen aufgab. Man wird mir beypflichten, daß er einer der größten Schriftgelehrten seiner Zeit war.

Mr John Selden schrieb ein 4° Buch, betitelt *Tabletalke,* das der Prüfung der Presse nicht standhalten wird.

Sein guter Freund war Sir Robert Cotton (der große Antiquar, der die Bibliothek gesammelt hat), dessen Sohn Sir Thomas Cotton sich dem Parlament verhaßt machte und sich auf dem Land versteckt hielt. Mr Selden hatte Schlüssel & Leitung der Bibliothek, und hielt sie in gutem Zustand; damals war er ein Mann der Parlaments-Partey.

Seine eigene Bibliothek hätte er gern der Universität Oxford gestiftet — allein er empfing von ihr die Beleidigung, daß man ihm einige MSS nicht ausleihen wollte: weshalb er jene in seinem Letzten Willen seinen Nachlaßverwaltern zur Disposition anvertraute (näml. Lord Oberrichter Hale, Lord Oberrichter Vaughan, Rowland Jukes, und seinem Schmeichler), die sie der Bodleian Library zu Oxfd. übergaben.

Seinen engen Freunden, Sir Bennet Hoskyns etc, sagte er, er habe niemanden, den er als Erben einsetzen könne, es sey denn ein Milch-Mädchen: und solche Menscher wüssten nicht, was sie mit einem großen Grundbesitz machen sollten. (Bischof Grostest, von Lincoln, sagte seinem Bruder, der ihn bat, einen großen Mann aus ihm zu machen: Bruder, sprach er, wenn dein Pflug entzwei ist, zahl' ich dir seine Ausbesserung — oder wenn dein Ochse crepirt, zahl ich dir 'nen neuen — aber als Pflüger hab ich dich angetroffen und von dir als Pflüger werd ich scheiden.)

Er starb an der Wassersucht; hatte seine Begräbnis-Wappenschilder schon Monate, bevor er starb, bereit. Als er dem Tode nahe war, sollte ihn der Geistliche besuchen, um Trost zu spenden; zufällig war Mr Hobbes zugegen, der sprach: *Was? Sie, der*

Sie wie ein Mann geschrieben haben, wollen nun sterben wie ein Weib? Also ward der Geistliche nicht eingelassen.

Mr Johnson, Geistlicher am Temple, gab ihm das Letzte Geleit, nicht mit dem Book of Common Prayer, sondern mit Baxters *Directory*, wo er, unter anderem, die Sätze eines Gelehrten (dessen Namen er nicht nannte) zitierte: *Wenn ein gelehrter Mann stirbt, stirbt eine Menge Wissen mit ihm,* und: *Hätte Gelehrsamkeit einen Mann am Leben halten können, wär unser Bruder nicht von uns gegangen.*

WILLIAM SEYMOUR,
1st Duke of Somerset

BETREFFS Stechginster≠Schnitter: Brianston bei Blandford in Dorset gehörte, *tempore Henr. 8,* (ich glaube) Sir John Rocklington: er hatte ein schönes Landgut, und kein Kind; und da gab's einen armen Cottage≠häusler, des Name war Rogers, der hatte ein hübsches Weib: jener Ritter besuchte sie und wollt ein Kind von ihr haben. Hernach hatte er's auch, wie ers vermutet; und in Anbetracht seiner Zuneigung etc. vermachte er seinen ganzen Landbesitz diesem jungen Rogers. William, Lord Marquesse Hartford, Herzog von Somerset, war der Sohn der Enkelin dieses Rogers.

Dieses jetzigen Lords Robert von Truro (nun Earl of Radnor) Groß≠Vater (oder Ur≠Großvater) war ein Stechginster≠Schnitter in Cornwall gewesen, was ich den alten Pastor Wodenot von Linkenhorne in Cornwall oftmals habe sagen hören.

WILLIAM SHAKESPEARE

MR WILLIAM SHAKESPEARE wurde zu Stratford upon Avon in der Grafschaft Warwick geboren. Sein Vater war Metzger; und von einem seiner Nachbarn einst kam mir zu Ohren, daß er sich als Knabe in seines Vaters Gewerbe geübt habe — schlachtete er aber ein Kalb, dann nur im erhabenen Stil, & hielt stets einen Monolog dazu. Damals gabs eines andern Fleischers Sohn in der Stadt, der um seiner natürlichen Geistesgaben wegen für nicht geringer angesehen ward: sein Bekannter & Mitschüler; starb aber früh.

Dieser William, mit seiner natürlichen Inclination zu Dichtkunst & Schauspiel kam, ich schätze: mit 18 nach London; war Schauspieler in einem der Schauspielhäuser und spielte überragend — B. Johnson hingegen war nie ein guter Schauspieler, aber ein excellenter Spielleiter.

W.Sh. begann früh mit Versuchen in Dramatischer Poesie, welche zu jener Zeit arg darniederlag; und seine Stücke schlugen nicht schlecht an.

Er war ein hübscher, wohlgestalter Mann: sehr guter Gesellschafter, und von sehr präsentem & angenehm geschmeidigem Witz.

Den Charakter des Constable im Mittsommernachtstraum schnappte er zu Grendon auf, in Bucks (ich denk, es war Mittsommernacht, daß er dort zufällig weilte), das ist an der Straße von London nach Stratford, und dort lebte jener Constable um 1642, als ich zuerst nach Ox kam. Ben Johnson und er waren, wo immer sie grad weilten, täglich dabei, die *Humores* von Menschen zu sammeln. Als er einst in der Taverne von Stratford upon Avon war, sollte ein gewisser Combes, ein alter reicher Wucherer, zur letzten Ruhe gebettet werden. Dort macht er, ex tempore, diesen Epitaph:

»Zehn,« spricht der Teufel, »und kein Prozent meh'!«
»Zwölfe!« schwört Combes, »so wahr ich hier steh.«
Wenn einer fraget »Wer liegt in der Gruft?«
»Hoh, mein Jonny O'Combe!« der Teufel da ruft.

Einmal im Jahr pflegte er die heimischen Gefilde aufzusuchen. Ich glaub, man hat mir erzählt, daß er 2 oder 300 £ p.a. einer Schwester da in der Gegend hinterließ.

Ich hab Sir William Davenant & M\u1d63 Thomas Shadwell (den man zu den besten Comoedianten zählt, die wir itzt haben) sagen hören, seine Geisteskraft sey ungeheuer gewesen; daß sie seine natürlichen Anlagen über die aller anderen dramatischen Autoren stellten.

Seine Comoedien werden so lange ihren Witz behalten wie man die englische Zunge versteht: um der Art wegen, wie er die *mores hominum* handhabt. Unsere zeitgenössischen Autoren dagegen reflectiren so sehr auf bestimmte Figuren & Alfanzereien, daß man sie in zwanzig Jahren nicht mehr verstehen wird.

Obschon er — wie Ben Johnson von ihm sagt — wenig Latein konnte und noch weniger Griechisch, verstand er Latein ziemlich gut: war er doch in jüngeren Jahren ein Land=schulmeister gewesen.

Er pflog zu sagen, er habe noch nie in seinem ganzen Leben eine einzige Zeile gestrichen. Sagte Ben Johnson: ich wollt', er hätt Tausende gestrichen.

OLIVE SHERIGTON

DAME OLIVA, eine Tochter & Mit=Erbin Sir Henry Sharingtons von Lacock, liebte John Talbot (einen jüngeren Bruder des Earle of Shrewsbury) und ihr Vater war nicht einverstanden damit, daß sie ihn heiraten solle; als sie eines Nachts von den Zinnen der Abbey-Church herab mit ihm im Gespräche war, rief sie *Ich spring' zu dir hinunter:* ihr Geliebter rief herauf, er würd' sie dann auffangen — er glaubte aber nicht, daß sie's täte; sie sprang hinab, und der Wind (der gerade heftig wehte) fing sich unter ihrem Mantel und hemmte den Sturz etwas: Mr Talbot fing sie in seinen Armen auf — sie aber presste ihn zu Tode; sie schrie um Hülfe, und mit großer Mühe ward er wieder ins Leben gebracht; ihr Vater sagte ihr, da sie solchen Sprung getan, solle sie ihn denn zum Manne bekommen. Dies war meines verehrten Freundes Col. Sharington Talbots Groß=Mutter: und starb in ihrem Hause zu Lacock um 1651 im Alter von etwa ein hundert Jahren.

SIR PHILIP SIDNEY

SIR PHILIP SYDNEY, Knight, dessen Ruhm, so lange Dichtung lebt, nie sterben wird, war der vollkommenste Cavalier seiner Zeit. Er hatte nicht nur einen überragenden Geist, sondern war auch äußerst schön: seiner Schwester wie aus dem Gesicht geschnitten, nur daß sein Haar nicht rot, sondern ein wenig changirend, viz. von dunkler Bernstein=farbe war. Sollt ich einen Makel darin finden, dann den, daß es nicht männlich genug war, dünkt mich — allein er war ein Mann von hohem Muth.

Er bereiste Frankreich, Italien, Deutschland; nahm an den Feldzügen in Polen teil, und hatte zu jener Zeit Henry Danvers (später Earle of Danby) als Pagen, damals 2. Sohn Sir John Danvers' von Dantesey in Wilts, der sich glücklich schätzte, daß sein Sohn solche Verwendung gefunden. In seiner *Art of Poesie* ewähnt Sir Philip (fällt mir wieder ein), daß er in Ungarn gewesen.

In jenen dunklen Tagen war er ein Wiedererwekker der Dichtkunst, die damals, als nach mindestens jeder 3ten Zeile ein *by God* oder *by God's wounds* kam, arg darniederlag.

Er weilte oft bey seiner Schwester in Wilton und in Ivychurch (das an die Park=Einfriedung von Clarendon Parke grenzt), auf einem Hügel gelegen, der einen Ausblick über das ganze Land gestattet: gen West — gen Nord über Sarum und die Ebene — und über den köstlichen Park (den man für den besten Englands hielt) gen Ost. In alten Zeiten war hier eine schöne Abtei (die Klostermauern stehen noch).

Mein Groß=Oncle Mr Thomas Browne erinnerte sich an ihn; und sagte, jener habe, wenn er auf unsern reizenden Ebenen auf die Jagd ging, immer wieder seine Schreibtafel aus der Tasche gezogen und die Einfälle, wie sie ihm in den Sinn kamen, festgehalten, als er seine *Arcadia* schrieb (die er nie vollendet hat): diese ist das Werk seiner jungen Jahre — und als er im Sterben lag, wünschte er, daß seine Narreteien verbrannt werden sollten. Jene romantischen Ebenen & Bosketten trugen ohne Zweifel dazu bey, Sir Philip Sidneys Phantasie zu entzünden.

Er war ein sehr weitherziger Mensch, und großzügig gegenüber allen Liebhabern der Gelehrsamkeit — auch denen, die ihren Platz auf dem Parnaß bloß praetendirten, insofern er von den Möchtegern=

Poeten jener Tage bis zum Ekel heimgesucht wurde. Unter anderen machte ihm Mr Edmund Spenser seine Aufwartung, und brachte seine *Fairy Queen* mit. Sir Philip war in seinem Arbeitszimmer beschäftigt, und der Bedienstete legte Mr Spensers Buch seinem Herrn vor, der es beyseite legte im Glauben, es sey wohl das gleiche Zeug, das ihn immer wieder enervirt. Mr Spenser harrte so lange aus, bis seine Geduld erschöpft war, und ging dann mit dem Vorsatz, nie wiederzukommen, seines Weges. Als Sir Philip das Buch überflog, geriet er in solches Entzücken, daß es ihm äußerst leid that, daß jener fortgegangen war — und wo er nach ihm schicken könne, wußte er nicht. Nach vielen Erkundigungen erfuhr er dessen Wohnung — und schickte nach ihm — umarmte ihn herzlich — und gab Ordre, daß ihm sein Diener ... Pfund Goldes gebe. Das sey zuviel, meinte der Diener. Keineswegs, sprach Sir Philip, und befahl, noch etwas draufzulegen. Von diesem Tage an waltete zwischen ihnen bis an sein Sterbe=tag eine tiefe Freundschaft.

In den Tagen Henrys des Earle of Pembroke & Sir Philip Sidneys stand zu Wilton das Lanzenreiten in seiner Blüte. Bey den Feierlichkeiten zu der großen Hochzeit zwischen William dem 2ten Earle of Pembroke und einer der Mit=Erbinnen des Earle of Shrewsbury gab es ein außerordentliches Gepränge, bey dem viele aus Adel & Gentry sich darin übten und ihre Schilde aus Karton mit Emblemen & Sinnsprüchen bemalt hatten, die sehr artig & scharfsinnig waren — und ich glaube, die meisten davon hatte Sir Philip Sidney gestaltet. Manche davon hängen bis auf den heutigen Tag in einigen Häusern in Wilton, doch kamen mir etliche mehr wieder in den Sinn. Die meisten (oder alle) bezogen sich auf den Ehestand. Eins (erinnre ich mich) war ein aus der

Faust auffliegender Falke, dem an den Krallen die Riemen hängen, die ihn würgen können, wo immer er sich niederläßt: Sinnbild des jungen Mannes, der in Gefahr ist, sich in den Schlingen seines zu üppigen Besitzes zu verfangen.

Ich hab Dr Pell sagen hören, daß ihm bejahrte Gentlemen von jenen Tagen Sir Philips, die um ihrer Gewappneten wegen so berühmt waren, erzählt haben, man habe es damals als große Schande für einen jungen Cavalier erachtet, wenn man ihn auf der Straße in einer Kutsche fahren sah, so wie es heute für diesen eine Schmach wäre, sähe man ihn auf der Straße in Unterrock & Mieder. So sehr haben sich die Moden der Zeit gewandelt.

Er heiratete die Tochter des Ersten Staats-Secretairs Sir Francis Walsingham (sein einziges Kind, glaub ich), die er sehr liebte: insofern, als er, da er in den Niederländischen Kriegen (wo er, glaub ich, das Commando über die Ramikins hatte) einen Schuß oder eine Wunde empfangen, sich (gegen die Vorschrift seiner Ärzte & Chirurgen) des Verkehrs im Fleische mit ihr nicht enthalten wollte — was ihn das Leben kostete: aus welchem Anlasse einige rüde Verse gemacht wurden.

Sein Leichnam ward in einen Sarg aus Bley gebettet (den ich, nach dem Brand von St Paule's, selbst gesehen) und mit wundervollem Pomp nach St Pauls Kürch getragen, wo er in *Our Lady's Chapell* bestattet wurde. Dort celebrirten sein Leichenbegängnis der ganze Adel & die Groß-Officire des Hofes, alle Richter und Rechts-Serjeanten, alle Soldaten & Commandeure & die in London weilende Gentry, der Ober-bürgermeister & Aldermänner & Zunftmitglieder. Sein Leichnam ward auf Schultern getragen (der Sarg war vielleicht nur zum Schein).

Als ich ein Knabe von 9 Jahren war, weilte ich mit meinem Vater bey einem Mr Singleton's, einem Aldermann & Wollhändler in Glocester, der in seinem Wohnzimmer über dem Kamin die complette Schilderung des Leichenzuges hängen hatte: gestochen, und auf Papier aneinander geklebt, dessen Umfang, glaub ich, die ganze Länge des Raumes einnahm; indes hatte er sie auf 2 Stifte aufgerollt, und drehte man einen davon, marschierte der ganze Zug der Reihe nach vorüber. Dies machte auf meine zarte Phantasie einen so starken Eindruck, daß ich mich daran erinnere, als wär es erst gestern gewesen. Nie hab ich dergleichen anderswo gesehn. Das Haus steht in der großen langen Straße, gegenüber dem hohen Kirchturm, und steht dort womöglich noch immer. Ein Jammer, daß das Ding nie copirt worden ist.

ABIGAIL SLOPER

MRS Abigail Sloper geboren zu Broad Chalke, unweit Salisbury, A.D. 1648. Hochmut; Lüsternheit; undankbar ihrem Vater; verheiratet; wurde irrsinnig; kam wieder zu Sinnen.

JANE SMYTH

MRIS Jane Smyth geboren zu *** am 15ten April 1649, zwischen vier und 5 Uhr morgens. — Man sagte ihr, am Venus-Tag, d.h. Freytag — falls nicht, war's an einem Dienstag. Es war der April nach der Enthauptung König Charles d. Ersten. Bey ihrer Geburt donnerte & blitzte es, und das Haus stand in Flammen.

Mein Almanach von 1676 besagt, *natalis* sey der 14te April — quod N.B.; doch M^ris J.S. sagt mir wiederum, es sey der funfzehnte.

Mit etwa 7 Jahren lebte sie zu Redhill, Sussex: unweit davon wohnte Mr Bradshaw, Schulmeister — uxores germanorum.

Zum zweitenmal nach London kam sie ein halbes Jahr vor der Großen Pest im Jahre 1665.

1665 erkrankte sie an einem Fieber — nicht in London, sagte sie.

Um Michaelis 1675 wäre sie beinahe am St.=Anthonius=Feuer gestorben. Etwa in der ersten Woche Octobris 1675 erkrankte M^ris Smyth ernstlich an einer Rippenfell=Entzündung. Ungefähr kurz vor Ende März 1675 zog sie sich eine schreckliche chronische Krankheit zu, an der sie 12 Monate oder + laborirte. In der ersten August=Woche 1683 wg. Harn=Verhaltung in höchster Lebensgefahr; die Harnröhre war verstopft.

SIR HENRY SPELMAN

MIT etwa 10 oder 12 Jahren ging er bey einem verdammenswerten Lehrer zur Schule, vor dem er ein Abscheuchen hatte. Dieser Schulmeister tractirte ihn mit Kälte und war sehr streng zu ihm und pflegte zu einem dummen Jungen zu sagen *genau so ein Trottel wie H. Spelman*. Dieser war ein hochbegabter Knabe und wollte dort nicht lernen. Man brachte ihn (auf sein inständiges Bitten hin) zu einem andern Schulmeister, wo er große Fortschritte machte. Ich hab seinen Enkel sagen hören, die Spelmans seien geistige Spätentwickler; Sir Henry verstund bis zu seinem 40ten Lebensjahr nur unvollkommen Latein.

Rechts=Händel & weltliche Kümmernisse setzten ihm so zu, daß er erst mit etwa 40 die Muße zu einer Erweiterung seiner Bildung fand: was sich in dem niederschlug, was wir itzo als die großen Monumente antiquarischer Gelehrsamkeit ansehen, die er der Welt hinterlassen hat.

Wenn seine Schwieger=Tochter (Sir Johns Weib) von Besuchen in der Nachbarschaft heimkehrte, fragte er sie immer, was sie an Alterthümern gehört oder gesehen; und wußte sie dann nichts zu berichten, pflegte er sie (im Scherz) auszuschelten. Zu Sir William Dugdale sagte er, Wir sind Mr Speed & Stowe sehr verbunden dafür, daß sie uns unsere *English History zusammengeflickt.* Es scheint, die beiden waren Schneider.

Er war ein gutaussehender Gentleman (wie aus seinem Bildnis in der *Bibliotheca Cottoniana* erhellt), kräftig & zupackend, und trug immer sein Schwert gegürtet bis ins 70te Jahr oder darüber hinaus: dann, da er beim Gehen spürte, daß ihm die Kraft in den Beinen schwand, sprach er *Nun ist es Zeit, das Schwert abzulegen.*

EDMUND SPENSER

MR BEESTOW sagt, er sey ein kleiner Mann gewesen, habe das Haar kurz getragen, und den Kragen knapp & die Ärmelstulpen schmal.

Mr Edmund Spencer kam vom Pembroke-hall in Cambridge, erlangte dort nicht die Stelle eines Fellow: die ging an Bischof Andrewes. War ein Bekannter & häufiger Besucher von Sir Erasmus Dreyden; seine Geliebte Rosalind war eine Blutsverwandte der Damen von Sir Erasmus. Die Kammer dort bey Sir Erasmus wird heut noch *Mr Spencers Chamber* genannt. Als man, vor kurzem, im College die Vertäfelung seines Zimmers abriß, fand sich ein großer Haufen Spielkarten, auf die Verse der *Faerie Queen* geschrieben waren.

Mr Samuel Woodford (der Dichter, der die Psalmen paraphrasirte) lebt in Hampshire unweit Alton, und der erzählte mir, daß Mr Spenser gelegentlich in dieser Gegend weilte, in dieser delicaten milden Luft: wo er sich seiner Muse erfreute und ein gut Theil seiner Verse schrieb. Er hatte einige Zeit in Irland gelebt und eine Description davon verfaßt, die gedruckt ist.

Ich hab schon gesagt, daß Sir Philip Sidney und Sir Walter Raleigh mit ihm bekannt waren. Sir John Denham sagte mir, daß Erzbisch. Usher, Lordprimas von Armagh, mit ihm bekannt war — zum Beweis: als Sir William Davenants *Gondibert* erschien, fragte Sir John den Lordprimas, ob er's schon gesehen habe. Sagte der Primas: Fy über ihn! mit seinem prahlerischen Vorwort, er spricht wider meinen alten Freund Edmund Spenser.

Im Südlichen Querschiff der Westminster Abbey, nächst der Thüre, ist diese Inschrift:

Hier ruht (in Erwartung der zweiten Ankunft unseres Heilands JESUS CHRISTUS) der Leib von EDMUND SPENCER, seinerzeit aller Dichter PRINCEPS, des göttlicher Geist keines andern Zeugnisses bedarf denn das seiner Werke, die er hinterlassen. Er ward zu London geboren im Jahre 1510, und starb im Jahre 1596.

RICHARD STOKES

RICHARD STOKES, M.D.; sein Vater war Fellow am Eaton College. Er ward dort & am King's College aufgezogen. Mr W. Oughtred unterrichtete ihn in Mathematiques (Algebra). Damit machte er sich wahnsinnig, wurde aber wieder vernünftig — doch wie ein Glas, das einen Sprung hat, fürcht' ich. Wurde ein Römisch=Catholischer; verheiratete sich unglücklich zu Liege; Hund & Katze etc. Wurde Trinker. Starb in Newgate, April 1681, in Schuld= Haft.

THOMAS STREET

ANNO 1661 gab er jenes excellente Werk *Astronomia Carolina* in Druck, das er König Charles II. widmete und zudem, schön eingebunden, Prince Rupert & dem Duke of Monmouth praesentirte, doch von keinem der beiden je einen Farthing dafür erhielt.

Er entdeckte den wirklichen Umlauf des Mondes, anhand dessen er die bislang noch nicht entwickelte Technik & Wissenschaft von der Bestimmung des richtigen Längengrads ausfindig machen & darlegen konnte — indes ist mir von zween seiner engsten Vertrauten zu Ohren gekommen, er habe diese Entdeckung nie zu Papier gebracht: so ist sie mit seinem Tode dahin.

Er bemühte sich um eine Audienz bey König Charles II. sowie König James II., aber Höflinge wollten's nicht ohne ein sattes Schmiergeld tun.

Er hatte ein ruppiges, cholerisches Temperament. Im Gespräche mit Prince Rupert hatte Seine Hoheit etwas behauptet, das den Regeln widersprochen.

Sagte Mr Street, Wer immer so etwas behauptet, ist kein Mathematiker. Also zeigte man hernach bey Hof mit Fingern auf ihn & flüsterte *Da ist der, der Prince Rupert an den Karren gefahren.*

Er starb am 17ten August 1689 zu Westminster in der Chanon-row und liegt im Kirchhof der New Chapell unter dem Ost⸗Fenster des Chors innert zwanzig oder 30 Fuß der Mauer. Seine Bekannten sprechen davon, für eine Inschrift Geld zu sammeln. Keiner hat sich zeitlebens so um die Astronomie verdient gemacht.

THOMAS STUMP

CAPTAIN THOMAS STUMP aus Malmesbury. 'S wär schade, wenn seine seltsamen Abenteuer in Vergessenheit gerieten. Er war der älteste Sohn von Mr Will. Stump, Rector zu Yatton Keynell; war als Knabe von kühnstem Übermuth: erklomm aufs waghalsigste Türme & Wipfel, ja, spazirte daselbst auf den Zinnen des Turms.

Er hatte zu viel Lebenskraft, um ein Gelehrter zu werden; und ging Anno 1633 oder 1632, etwa mit 16, mit seinem Onkel Ivy (später Sir Thomas) auf Reisen nach Guyana. Als das Schiff irgendwo anlegte, verirrten sich 4 oder 5 von ihnen zu weit ins Landesinnere — und in der Zwischenzeit flaute der Wind auf — und die Segel wurden gehißt — und die Umher⸗streuner im Stich gelassen.

Es währte nicht lang, daß sich die Wilden ihrer bemächtigten, sie ihrer Kleider beraubten; und denen, die Bärte trugen, schlugen sie den Schädel ein — und (wenn ich mich recht entsinne) aßen sie auf. Die Königin jedoch rettete T. Stump und einen

andern Jungen. T. Stump warf sich in den Fluß
(Oronoque) um sich zu ertränken — konnte aber
nicht untergehen: er ist recht wohlbeleibt. Der
andere Junge starb kurz darauf. Thomas Stump
lebte bey ihnen bis 1636 oder 1637.

Seine Erählungen sind sehr eigenthümlich &
unterhaltsam — die vielen Jahre aber haben mich
fast alles vergessen lassen. Er sagt, es gäbe unver=
gleichliche Früchte dort: und daß man es ein Paradies
auf Erden nennen könne. Er sagt, so wie unsere
Weiber auf Butten hocken, verwende man dort zum
Sitzen die Knochen der Wirbelsäule von Riesen=
Schlangen. Er brachte ihnen bey, wie man Hütten
baut, und sie mit Stroh deckt & umflechtet. Ich hab
noch nie von einem gehört, der so lang unter diesen
Wilden gelebt.

Er schwamm dann zu einem Schiff (einem Portu=
giesen), das vorbeisegelte; man fischte ihn auf und
gebrauchte ihn als Schiffsjungen. Als sie sich Corn=
wall näherten, stahl er sich aus einem Bullauge und
schwamm an Land — und bettelte sich bis zu seiner
Heimat in Wiltshire durch. Keiner erkannte ihn,
als er heimkehrte — und man hätte sich nicht zu ihm
bekannt, hätte sich nicht Jo. Harris der Zimmer=
mann an ihn erinnert: Schließlich entsann er sich so
vieler Umstände, daß er als Verwandter angenom=
men wurde und 1642 ein Patent als Hauptmann der
Fuß=Truppen im Heere König Charles d. Iten erhielt.

SIR JOHN SUCKLING

ICH hab M^ris Bond sagen hören, Sir Johns Vater sey
ein tumber Klotz gewesen (ihr Gatte Mr Thomas

Bond kannte ihn); den Verstand habe er von der Mutter.

Mit 18 hatte er Frankreich & Italien und einen Teil Deutschlands ausgiebig bereist, auch (glaub ich) einen Teil Spaniens.

Er kehrte als außerordentlich gebildeter Gentleman nach England zurück, erwarb sich Ansehen bey Hofe um seines zungenflinken, funkelnden Witzes willen — den man ihm neidete, und er war (wie Sir William Davenant sagte) der Bulle, der die Bullenbeißer anlockte. Im Wortgefecht war er von unvergleichlicher Schlagfertigkeit, und sein Witz dann am funkelndsten, wenn er aufs höchste gereizt & provocirt wurde.

Er war der größte *Galantuomo* seiner Zeit — auch der größte Spieler, beim Kugelschieben wie beim Kartenspiel, so daß ihm kein Ladenbesitzer auch nur 6d anschrieb, da er am einen Tag zum Beispiel, nach einem Gewinn, 200 £ hätte wert sein können, und am nächsten Tag nicht mehr halb so viel oder mitunter gar nur *minus nihilo*. Er war seinerzeit der beste Bowling=Spieler Englands. Karten spielte er so gut wie kaum ein zweiter, und pflegte es im Bett zu üben, wo er herauszufinden trachtete, welches die beste Technik wäre, die Karten zu handhaben. Mehr als einmal liefen seine Schwestern zum Peccadillo-Bowling-Green, wo sie schluchzten aus Furcht, daß er ihren Erb=Anteil verspiele.

Sir John Suckling erfand das Spiel *Cribbage*. Seine Karten, die mit seinem persönlichen Kennzeichen markirt waren, schickte er an alle Spiel=stätten im Lande: was ihm zwanzig tausend Pfund eintrug.

Sir William Davenant (der sein enger Freund war und ihn durch & durch schätzte) sagte wiederholt, Sir John habe sich immer dann, wenn er im Spiel partout auf dem Trockenen gesessen, ich mein' wenn er Pech hatte, in seine prächtigsten Kleider geworfen und gesagt, dies feuere seine Lebensgeister an; und daß er dann sein größtes Spielerglück gehabt, wenn seine Galanterie und sein Gemüt am feurigsten gewesen seyen.

Sir William sagte immer wieder, Gespräche mit hohen Herrn seien seine Sache nicht gewesen, denn in jenen Tagen seien die Lords verdammt hochfahrend & anmaßend gewesen; und in Frankreich habe es geheißen *My Lord d'Angleterre look't comme un Mastifdog*. Doch das Zeitalter itzt hat mehr Raffinement: vorzüglich dank des Beispiels Seiner Gnädigen Majestät, der ein Muster an Courtoisie ist.

Unglücklicherweise kam es zu einem Streit zwischen Sir John Suckling und Sir John Digby (Bruder von Sir Kenelme) über eine Maitreß, oder beim Spiel, ich hab's jezt vergessen. Sir John war von eher zartem Körperbau und mittelgroßer Statur — Sir John Digby war ein imposanter Mann von großer Kraft und entsprechender Courage, und galt als bester Degenfechter seiner Zeit. Sir John, mit zween oder drey andern, beleidigt Sir John Digby, der gerade ins Schauspielhaus geht. Sir J.D. hatte nur seinen Lakaien bey sich, stürzte sich aber wie ein Tiger auf sie und trieb sie in die Flucht. Ein Jammer, daß dieser Vorfall einen so ingeniösen jungen Cavalier mit dem Makel der Feigheit belegte. Sir J.D. war ein solcher Heros, daß ihn kaum einer außer jenem auf gleiche Art angegangen wäre.

M︎r Snowdon erzählt mir, wie eigenthümlich es gewesen, nach Sir Johns unglücklichem Rencontre bzw Handgemenge mit Sir John Digby, bey dem er zu Schanden kam, der Häme & Bösartigkeit der Leute innezuwerden: wie sie — so unmenschlich wie unchristlich — auf einem herumtrampeln, ihn mit Hohn überschütten und in Ungnade fallen lassen.

Die Lady Moray hatte für mehrere Personen von Stand zu Ashley in Surrey, unweit Chertsey, ein Banquet richten lassen, an dem auch Mr Snowdon teilnahm. Daselbst weilte auch die Countesse of Middlesexe, um die Sir John heiß geworben und für deren Tractament er schon Tausende von Pfund ausgegeben. Bey diesem Bankett konnt sie sich nicht enthalten, so schroff & undankbar gegenüber Sir John zu sein, als wollte sie ihn schmähen für seinen Schimpf — und ein paar andere Damen stichelten noch obendrein. Als Lady Moray (ihre Gastgeberin) sah, wie Sir John, vor dessen Würde sie immer Respect gehabt, seine Fassung verlor, sagte sie: Wohlan, ich bin ein fideles Mädchen und will nimmer einen alten Freund in Schande und im Stich lassen; also kommt her, Sir John (sagte sie), setzt Euch zu mir, und hieß ihn ihr zur Rechten platznehmen, und munterte ihn auf. Dies weckte die darniederliegenden Lebensgeister Sir Johns derart, daß er seine Schlagfertigkeiten mit so flamboyantem Witz & solcher *Gentilezza* über die Tafel flitzen ließ, daß es die Bewunderung Aller fand.

Während der Kampagne in Schottland hob Sir John Suckling auf eigene Kosten einen Trupp von 100 sehr hübschen jungen stattlichen Männern aus, die er in weiße Wämser & scharlachrote Hosen kleiden ließ mit Scharlach≈Mänteln, Feder≈Hüten, gut beritten & gewaffnet. Man sagt, 's sey einer der schönsten Anblicke jener Tage gewesen. Nur Sir John Menis machte einen Spottvers drauf:

> *Die Damen schauten zum Fenster hinaus*
> *Und sahn ein göttliches Bild-oh . . . etc*

Ich glaube, die Spottverse sprechen davon, daß er einen ruhmlosen Ausfall wider die Schotten unternahm.

Er war von mittelgroßer Statur und geringer Kraft; das Auge scharf & rund; rötliches Gesicht mit roter Nase (kranke Leber); der Kopf nicht sehr groß; das Haar quasi sandfarben; der Bart von Natur aus aufwärts geschwungen: so daß er einen frischen & gefälligen Anblick bot. Er starb unverheiratet.
Er ließ in London ein grandioses Banquet für zahlreiche Damen von Stand ausrichten, alle jung & schön, das ihn viele hundert Pfund kostete, wo aller Luxus zu sehen war, den dieser Theil der Welt sich leisten konnte — das Äußerste, mit dem man sich empfahl, waren seidene Strümpfe & Strumpfbänder und ich glaube auch Handschuhe.
Anno Domini 1637 gingen Sir John Suckling, William Davenant, Poeta laureatus (damals noch nicht geadelt) und Jack Young nach Bathe. Sir John reiste im ganzen Stil seiner Equipage & seines Comforts wie ein junger Prinz, und Sir W. Davenant erzählte mir, jener habe eine Wagenladung Bücher mitgeschleppt; und 's war dort, in Bath, wo er die kurze Abhandlung in seinem Buch über den Socianismus geschrieben. 'S war ein Ausflug, so angenehm wie man ihn nur machen konnte, auf der Höhe einer langen friedvollen & wohlhäbigen Epoche, und in der Jagd-Saison. Am zweiten Abend nahmen sie in Marlborough Quartier, und da sie, während das Essen bereitet ward, über die sanften schönen Hügel hinter der Stadt spazirten, breiteten die Mägde Linnen zum Trocknen über die Büsche. Jack Young hatte ein sehr hübsches junges Mädchen erspäht und ihre Einwilligung zu einem Stelldichein erlangt, das um Mitternacht sein sollte, was den anderen auf der andern Seite der Hecke zu Ohren kam, so daß sie sich resolvirten, ihm das Vorhaben zu vereiteln. Jeden Abend pflegten sie nach dem Essen noch eine Weile Karten zu spielen — allein Jack Young gab

Müdigkeit vor etc, er müsse zu Bett, und konnte auf keine Weise vom Gegentheil überzeugt werden. Beim Essen leistete ihnen die Wirtsfrau Gesellschaft; zu der sprachen sie: Beachten Sie, wie dieser arme Gentleman gähnt: gleich bekömmt er seinen Wahnsinns=Anfall. Wir beschwören Sie: verrammeln Sie ihm die Thüre, schaffen Sie einen, der Wache hält und seiner achtet, denn um Mitternacht wird er am wildwüthigsten seyn. Holen Sie den Hausknecht oder sonst einen starken Kerl, daß er aufbleibe, und es soll sein Schade nicht sein, denn jener ist unser teurer Freund und ein ganz ehrenwerter Gent. — nur daß er, vielleicht zweimal im Jahr, diese Anfälle kriegt.

Jack Young schlief nicht, sondern war hinauszugehn bereit, sobald die Uhr die Stunde zum Stelldichein schlüge — und als er dann die Tür öffnen wollte, sah er sich getäuscht; pocht, hämmert, stampft; schreit *Zapfer! Kammerdiener! Hausknecht!,* schwört & flucht fürchterlich — keiner kam. Sir John & W. Davenant hatten es alldieweil so erwartet, und kamen vor Lachen fast um. Ich weiß nicht, wie — aber irgendwie gelang es ihm, die Tür zu öffnen, und dann stürzte er die Treppe herunter. Der Hausknecht, einen hünenhafter kühner Kerl, warf sich auf ihn, hielt ihn fest und brüllte, Good Sir, um Himmelwillen, Sie dürfen nicht hinaus, tun Sie sich nichts an. J. Young sträubte & wand sich, bis er am Ende so erschöpft & verzweifelt & geschwächt war, daß er sich ins Bett verfügte, um sich zur Ruhe zu begeben.

Des Morgens kam die Wirtin des Hauses, um zu sehen wie es ihm ginge, und brachte Warmbier; Ach Sir, sagte sie, Ihr hattet diese Nacht einen schweren Anfall; bitte Sir, seid so gut und nehmt davon zur Herzens=Stärckung. Jack Young glaubte, die Frau sey verrückt, und da er aufs höchste erzürnt war, schüttete er ihr den Napf Warmbier ins Gesicht. Am folgenden Tag deckten ihm die Cameraden die ganze Verschwörung auf, und wie sie ihm die Falle gestellt. An jenem Abend gelangten sie nach Bronham House von Sir Edward Baynton (damals ein nobler Herrensitz — später, im Bürgerkrieg, in Flammen aufgegangen), wo sie mehrere Tage lang vortrefflich bewirtet wurden. Von dort ritten sie nach West Kington zu Pastor Davenant, Sir Williams ältestem Bruder, wo sie eine Woche blieben, dieweil des Frohsinns, Witzes & der guten Laune kein Ende war. Von dort, über sechs oder sieben Meilen, nach Bath.

Myladye Southcott, deren Gatte sich erhängte, war Sir John Sucklings Schwester. In ihrem Haus in der Bishopsgate-Street in London hängt ein Portrait Sir Johns von Sir Anthony van-Dyke, in Lebensgröße, wie er sich nachdenklich, ein Schauspiel=Buch in der Hand, an einen Felsen lehnt. Es ist ein Stück von hohem Wert.

Als seine *Aglaura* auf die Bühne kam, kaufte er alle Kleider selbst, was ein ziemlicher Aufwand war — kein Flitterkram, sondern alles Spitzentuch aus reinem Gold & Silber, was ihn — (ich hab vergessen, wie viel) kostete. Er ließ auch Coulissen schaffen: die in jenen Tagen sonst nur in *Masques* Verwendung fanden.

Er ging nach Frankreich, wo er nach einer Weile, da er seine Mittel erschöpft fand und den elenden & verächtlichen Zustand erwog, der ihn, dem nichts zum Lebensunterhalt geblieben, an den Bettelstab bringen würde, Gift nahm (was ihm ein Leichtes war, da er zu Paris im Haus eines Apothekers logirte), das ihn elendiglich, qua Erbrechen, zu Tode brachte. Er wurde im Protestanten=Friedhof begraben. Das war (soweit ich mich erinnere) im Jahre 1646.

Sein Bildnis, ein Frontispiz in seinen *Poems*, das ihm ähnlich geriet, besagt, daß er ca. 28 Jahre alt war, als er starb.

THOMAS SUTTON

THOMAS SUTTON, Stifter des Hospitals, war zunächst Garnisons=Soldat zu Barwick. Er war ein tapferer, gesunder, hübscher Bursche; und es gab da einen Brauer der für die Marine etc. braute, der war schon alt und hatte eine junge dralle Frau geheiratet, die sich an den Umarmungen jenes — was die Hauptsache angeht: fähigeren — Vollstreckers ergötzte. Der alte Brauer war ganz vernarrt in sein begehrenswertes Weib und vermachte ihm seinen ganzen Besitz: der groß war.

Sutton war ein Mann von guter Auffassungsgabe und brachte es darin sogar noch bemerkenswert weiter: aber auf welch specielle Weise, hab ich jetzt vergessen. Doch war er sehr hinter Pfandverschreibungen her: nährte etliche mit der Hoffnung, ihn zu beerben. Der Earle of Dorset (Richard, glaub ich) hofirte ihn nach Kräften & machte ihm Geschenke in der Hoffnung, sein Erbe zu werden; und dergleichen taten mehrere andere Personen von Stand.

Gegen Ende seiner Tage lebte er in der Fleetstreet im Laden eines Wollhändlers, gegenüber Fetter-lane: wo er so viele Truhen voll Geld hatte, daß seine Kammer unter der Last förmlich ächzte; und Mr Tyndale, der ihn kannte und zur Zeit seines Processes, glaube ich, von ihm Geld gegen Pfandbriefe hatte, fürchtete, der Raum könnte einstürzen. Jener erlebte es noch, daß sein Hospital gegründet wurde, und war daselbst Director.

'S war er, der Ben Johnson die Anregung zu seinem
›Fuchs‹ gegeben: mit *Seigneur Volpone* ist Sutton
gemeint.

SILAS TAYLOR

ER war Hauptmann bey den Parlaments=Truppen
unter Col. Massey. War Sequestrator in Herefordshire und verfügte in jenen Tagen über viel Macht —
eine Macht, die er gesittet & verbindlich handhabte,
so daß er von der ganzen Partey der Königstreuen
geschätzt wurde.

Er war sehr musikalisch und hatte vielerley componirt; und ich habe Anthems von ihm vor dem König,
in dessen Kapelle, singen hören, und der König
sagte, sie gefielen ihm. Er besaß, in jenen unmusika-
lischen Tagen, eine sehr schöne Truhen=Orgel.

Sein Vater hinterließ ihm einen ziemlich guten
Besitz, doch kaufte er Kirchen=Land und besaß die
Hälfte des Bischofs=Palasts zu Hereford, wo er für
Bau=Arbeiten & Umbauten viel Geld ausgab. Nach
der Wende hätte er gern alles, was er erworben,
wieder herausgegeben, und war ruinirt — doch Sir
Paul Neale verschaffte ihm den Posten eines Königl.
Provianteurs zu Harwich, ca. 1000 £ per annum
wert.

Er war ein großer Liebhaber von Alterthümern
und plünderte die MSS der Church of Hereford (von
denen bis dato viele in einem Dornröschenschlaf
gelegen).

Er besaß mehrere MSS von hoher Altehrwürdig-
keit: einen dünnen Quartband über den Stein der
Weisen, in curieusen Figuren, unterlegt von einer
Handvoll lateinischer Verse: die seltsamsten Zeich-

nungen, die ich je sah. Seine Majestät offerirten ihm dafür 1000 £, allein er wollt das Angebot nicht annehmen.

Hauptm. Taylor durchstöberte die Urkunden im Tower und stieß auf einige Privilegia, die der Stadt Harwich verlorengegangen: wofür dieser Wahlflekken auf ewig sein Andenken werthalten sollte; und obschon er der Stadt bey seinem Ableben 1000 £ schuldete, hatte sie doch aus besagtem Grunde keinen Verlust.

Die Geschichte bzw Collection dieses Alten Wahlfleckens versetzte er kurz vor seinem Tod bey Mr Baker, dem Kunsthändler am Old Exchange, für 4 £ 15s. Ich unterrichtete Sir Philip Parker davon, den die Stadt als ihren Deputirten zu wählen pflegt: auf daß er's für seinen Wahlflecken erwürbe. Er wollte nicht so viel Geld ausgeben — und hätte der Stadt damit einen größeren Dienst erwiesen als mit all seinem Roastbeef, Wein & Bier bey der Wahl.

Außerdem siebte er die Bibliothek der Church of Worcester und ihre Dokumente durch, und fand die Schenkungsurkunde König Edgars ($\vartheta\alpha\lambda\alpha\sigma\sigma\iota\alpha\rho\chi\eta\varsigma$), aus der die englischen Könige ihr Recht auf die Vorherrschaft auf See ableiten. Sie ist in Mr Seldens *Mare Clausum* abgedruckt. Ich hab sie mir oft angeschaut: sie ist so leserlich, als wär sie erst jüngst geschrieben (in Antiqua). Er offerirte sie dem König für 120 Pfund, aber Seine Majestät wollte nicht so viel zahlen. Nach seinem Tod erfuhr ich vom Staats=Secretair, er sey verschuldet gestorben und seine Gläubiger hätten seine Güter & Papiere beschlagnahmt. Er sagte mir, jene Urkunde gehöre von Rechts wegen der Worcester Church. Ich sprach mit einem ihrer Präbenden, aber dort scheerte man sich um so etwas nicht. Ich glaube, inzwischen hat man damit Heringe eingepackt.

JOHN TOMBES

ER war ein großer Meister der Griechischen Sprache; auch das Hebräische verstand er gut. Er trug immer ein kleines Griechisches Testament bey sich, das hatte er fast *memoriter*.

Um seines neugierigen, durchdringenden Forschergeistes willen ward man bald auf ihn aufmerksam; er predigte irgendwo östlich von Oxford und hatte in seinem Gefolge eine Secte; und man unkte, er werde der Church of England noch manch Unheil bereiten in Ansehung dessen, daß es immer die schärfsten Köpfe gewesen waren, die der Kirche den grössesten Schaden zugefügt, dieweil sie neue Ansichten einführten etc.

Er war Vikar einer Markt-Stadt in Herefordshire, wo er bey seiner Gemeinde sehr beliebt war; und Sir William Croftes, ältester Bruder des jezigen Bischof von Hereford, baute sich zu Leominster ein Haus, um dort zu leben und ihn predigen zu hören.

Dann ging er in seine Heimat-Grafschaft, nach Beaudley, einer Marktstadt, während Mr Baxter, sein Widerpart, in Kitterminster, dem nächstliegenden Marktflecken predigte, zwei Meilen entfernt. Sie predigten jeweils gegen die Lehre des anderen, und gaben Schriften gegen einander in Druck. Mr Tombes war der Coryphäus der Wiedertäufer — beide hatten eine große Zuhörerschaft — zu jedem der beiden Doctores hatte man ein paar Meilen zu Fuß zu wallen. Einmal (oder mehr als einmal, glaub ich) disputirten sie Mann-gegen-Mann, und ihre Proselyten waren wie zwei Armeen, ca. 1500 pro Partey; und tatsächlich gerieten sie sich zuletzt in die Haare — es gab Verletzte; und die bürgerlichen Gewalten hatten einige Mühe, den Frieden wieder herzustellen.

Etwa Anno 1664 kam er zum Gottesdienst nach Oxford, und proclamirte in *Vesperiis* seinen Anspruch darauf, *contra omnes gentes* die Wiedertäufer=Doctrin zu behaupten — aber keiner wollte sich mit ihm anlegen. Nun, wiewohl's *prima facie* ziemlich gewagt scheinen möchte, eine ganze Universität herauszufordern, war's doch auch wieder so seltsam nicht, da er bey seinem Kommen, nach 30 Jahren des Studirens & Nachdenkens, zur Überraschung der meisten bis ins kleinste praeparirt war.

Man erachtete ihn als einen so großen Theologen, wie es nach Bischof Sandersons Tod kaum einen gegeben. Ich erinnre mich: er pflegte nie — oder selten — *Christus unser Heiland* zu sagen, sondern *Mein Herr Jesus*. Er schien ein ganz gottseeliger & andächtiger Christ zu sein. Seinen Wiedertäufer=Standpunkt einmal beyseite, war er der Church of England keineswegs unbehaglich.

Ich hab ihn sagen hören, daß er für sein Theil (obschon in stricter Opposition zum Römischen Glauben) wirklich, sähe er einen gottesfürchtigen armen Klosterbruder zur Predigt wallen, ihm seine Achtung nicht versagen würde.

NICHOLAS TOWES

ZU einem Mr Tows, der Schul=Camerad von Sir George Villers gewesen, des Vaters des ersten Duke of Buckingham, wie auch sein Freund & Nachbar, trat, als er (bey Tages=licht) wach zu Bette lag, der Geist seines teuren Freundes Sir George Villers in die Kammer; sprach Mr Tows zu ihm: Wie — bist du nicht todt? Was machst du hier? Der Knight sagte, Ich bin tot, kann aber um der Ruchlosigkeit &

Abscheulichkeit meines Sohnes George bey Hofe willen nicht in Frieden ruhen. Dir erscheine ich, um dir davon Kunde zu geben und ihm von seinen bösen Wegen abzuraten & ihn zu warnen. Sprach Mr Towes, der Herzog wird mir nicht glauben, vielmehr sagen, ich sey verrückt und rede irr. Sagte Sir George, gehe hin zu ihm in meinem Namen und sprich zu ihm von einem gewissen Mal, das er an geheimer Stelle trägt und wovon keiner, außer ihm selbst, etwas weiß. Also ging Mr Tows zum Herzog, der ob seiner Botschaft nur lachte. Als er heimkam, erschien ihm das Phantom aufs neue — und sagte ihm, der Duke würde binnen eines Vierteljahrs (wobey er einen Dolch hervorzog) erstochen werden — und du wirst ihn um ein halbes Jahr überleben — und zum Zeichen deines nahenden Todes wird dir die Nase zu bluten anheben —: all dies traf so ein, wie prophezeit.

Diese Geschichte erhielt ich (im wesentlichen) von zwei oder drei Personen; Sir William Dugdale immerhin versichert mich, daß das, was ich da gehört, der Wahrheit entspräche, und daß die Erscheinung jenem mancherley vorhergesagt, das sich als wahr herausgestellt hätte: z.^b daß einer, der im Tower eingekerkert, ehrenhaft entlassen werden würde. Jenem Mr Towes sey der Geist seines einstigen Freundes so oft erschienen, daß es ihm keinerley Schrekken eingeflößt habe. Er war (von Herzogs Gnaden) Inspecteur der Arbeiten zu Windsor; als er dort in der Hall saß, schrie er auf: Der Herzog von Buckingham ist erdolcht worden — in genau diesem Augenblick wurde er erdolcht.

Weiterhin erzählte mir Sir William Dugdale, General=Major Middleton (später Lord) sey in die schottischen Hochlande marschirt, um sein Möglichstes zu thun, für König Charles den Ersten ein

Detachement zu erreichen. Ein alter Gentleman (der das Zweite Gesicht hatte) kam zu ihm und sagte zu ihm, sein Bestreben seye gut, allein er werde keinen Sukzeß haben, und, mehr noch, man werde den König zu Tode bringen; und daß mehrere weitere Versuche unternommen werden würden, doch alle umsonst — sein Sohn aber werde kommen, noch nicht gleich als König, doch zuguterletzt werde man ihn wieder einsetzen.

Dieser Lord Middleton war mit dem Laird Bocconi eng befreundet, und sie hatten einander ein Gelübde abgelegt: welcher als erster stürbe, solle dem andern in der höchsten Noth erscheinen. Lord Middleton wurde in der Schlacht von Worcester gefangengenommen und im Tower von London hinter drei Riegeln inhaftirt. Als er so nachdenklich im Bette lag, erschien ihm Bocconi — ob er todt oder lebendig sey, fragte ihn Lord Middleton. Tot sey er und ein Geist, sagte jener und verhieß ihm, er werde innert dreier Tage entkommen: und das tat dieser, in den Kleidern seiner Frau. Nachdem jener dies verkündet hatte, machte er einen Luftsprung, sagte

Givenni givanni 's ist seltsam und schön
In der Welt so plötzlichen Wandel zu sehn

und hob sich davon & entschwand.

Anno 1670 war, unweit von Cyrencester, eine Erscheinung: auf die Frage, ob's ein Guter Geist, oder ein böser sey? kam keine Antwort — die Erscheinung verschwand und ließ einen eigenartigen Duft und ein melodisches Schwirren zurück. Mr W. Lilly meint, es sey ein Elf gewesen.

THOMAS TRIPLETT

ER ging bey Dr Gill in die Schule, wie aus seiner Ballade erhellt, die länger dauert als irgendeine Predigt, die er je geschrieben hat.

Dr Gill war ein recht tüchtiger Mann, wie man seinen Schriften entnehmen kann. Dessen ohngeachtet hatte er seine Grillen & Launen, insonderheit seine Peitsch=Anfälle:

Gleich dem Paedant, der aus den Schuljung=Hosen
die Lust sich drischt zum eigenen Liebkosen.

Dieser Dr Gill peitschte Sir John Duncomb aus (der nicht viel später Dragoner Colonel in der Schlacht von Edgehill war), der gefunden wurde, wie er an die Mauer pisste. Er trug seinen Degen bey sich, doch die Jungen überrumpelten ihn: irgendwer hatte einen Stein durchs Fenster geworfen, und sie arretirten den erstbesten, auf den ihr Lampenschein fiel. Er hätte dem D^r gern eins übergezogen — der aber ging nie weiter als bis in die Kirche, und hatte dann stets seine Armee um sich. Jener führte Klage beim Rat, aber es wurde lächerlich, und so ließ seine Rachlust nach.

Dr Triplett stattete seinem Schulmeister Visite ab, und der peitschte ihn aus. Der D^r holte Pitcher aus Oxford, der einen kräftigen melodiösen Baß hatte, daß er folgendes Lied unter dem Schul=fenster sänge, und ließ ihn von einem guten Wachtrupp mit Degen bewachen etc, und so ward er vor der Inquisition der kleinen Myrmidonen, die herausströmten, geschützt; hatte aber solche Angst dabei, daß er sich vor Furcht in die Hosen schiß:

Ein Franzmann konnt Englisch nicht deuten,
der fragte nach Sankt=Peter=Läuten:
sein »Pardonnez-moy?«
macht ihm viel Ennui,
denn er peitschte ihn vor allen Leuten.

Für ein Stückchen von Rind & Karotten
und nen Kohlkopf, erbärmlich gesotten,
nahm er Jillians Kissen
hats der Dirn nachgeschmissen,
drosch die Dralle aus ihren Klamotten.

Nach seiner Sequestration leitete Dr Triplett die Schule in Dublyn, als der König enthauptet wurde. Danach in Hayes, Surrey, 12 Meilen von London. 'S war hier, wo unser gemeinsamer Freund George Ent bey ihm zur Schule gegangen, der mir erzählte, den Tort seines alten Direx Gill habe jener vergessen. Er sey sehr streng gewesen.

Ich will Ihnen von unserem Freund eine Geschichte erzählen. Sein Schulmeister Triplett war ein großer Liebhaber des Honigs, und als die Mutter eines seiner Mitschüler dem Doctor einen Topf Honig geschickt hatte, brachte G. Ent seinen Schulkameraden darauf, von seinem Director sich ein wenig zu erbetteln, er habe schon ein Weizenküchlein dazu, und so würden sie ein *Regalio* haben. Der D^r war in seinem Arbeitszimmer; und der Knabe fasste sich ein Herz, und näherte sich ihm mit einem *Quaeso, Praeceptor, da mihi Mel.* G. Ent ihm auf Zehenspitzen hinterdrein. Sprach der gestörte Doctor *Ha verweg'ner Spitzbube,* und gab ihm einen wackeren Schlag aufs Ohr, *du erkeckst dich solcher Ungebührlichkeit? Kerl, wer gab dir das ein?* Der Junge antwortete weinerlich, G. Ent. Der erzürnte Doctor stürzt aus seinem Studirzimmer (er war ein recht starker Mann), gibt dem armen George einen Tritt ins Gesäß, daß er die Stiegenflucht über 7 oder 8 Stufen hinunterflog bis auf den Treppenabsatz, wo er mit dem Kopf zuerst aufschlug. Er war verdutzt — aber, nun gut, 's hatte ihm nicht den Hals gebrochen. Es war ein höchst grausamer & inhumaner Act, mit einem armen Kinde so umzugehen. Zufällig hatte sich G. Ent ein oder zwei Tage zuvor einen Zahn herausgeschält. Er schreibt seinem Vater (nun Sir George Ent) einen Brief und legt ihm den Zahn bey; erzählt die Geschichte, und daß er aus diesem Anlaß den Zahn verloren. Am nächsten Tag kömmt der würdige & gelehrte Dr Ent (dessen Ruf von Gelehrsamkeit und Zeugnis dieser Schule hohes Ansehen & Reputation gebracht) nach Hayes, stellt den D^r über seinen Sohn zur Rede. Um's kurz zu machen: nahm diesen fort und brachte ihn bei Mr William Radford unter (einem sequestrirten, redlichen Fellow von Trinity College, Oxfd., ein ausgezeichneter Schulmeister, aufgewachsen zu Thame unter Dr Birt, und später nach Winton geschickt). Dieser Vorfall hätte beinahe das Ende für Dr Tripletts Schule bedeutet. Indes, kurze Zeit später begab sich die Restauration Seiner Majestät, und da ward auch er wieder in seinem vormaligen Posten bestätigt.

WILLIAM TWISSE

SEIN Sohn Dr Twisse, ministrirender Geistlicher an der New Church nahe Tothill=Street Westminster, erzählte mir, er habe seinen Vater sagen hören, daß er als Schul=Junge am Winton Colledge ein Wüstling gewesen; und daß einer seiner Mitschüler & Cameraden (der so wild war wie er) da starb, und daß, als sein Vater in der Nacht zum Amts=hause ging, das Phantom bzw der Geist seines todten Schul=cameraden ihm erschienen, und gesprochen habe *Ich bin verdammt:* und daß dies der Beginn seiner Bekehrung gewesen.

Memorandum: der D^r hatte ein melancholisches und hypochondrisches Temperament.

THOMAS TYNDALE

THOMAS TYNDALE, ein alter Gentleman, der sich noch an Königin Elisabeth's Hof & Regentschaft erinnert, von ächter Würd & Weisheit, nicht einer, der diesen Eindruck vom venerablen Schnitt seines Bartes abhängig macht. Hat viel gesehn zu seiner Zeit, in der Fremde wie daheim, und raunzt mit viel Ingrimm ob der itzigen Zustände: Ach ja, Ach GOtt herrje. Heut-zu-tage muß, fürwahr! jeder Kutschen haben, fürwahr! In jenen Tagen hielten sich die Herren Gewappneten=Pferde, daneben Zug= & Jagd=Pferde. Das machte die Gentry robust und abgehärtet und dienstbereit; konnten im Fall eines Schlamassels, wenn's die Lage erforderte, ihre eigenen Führer sein. Unsre Gentry itzund ist, fürwahr! so effeminirt, daß sie gar nicht weiß, wie man zu Rosse sitzt.

Was König Charles I uns voraus hatte: einst hielten sich Gentlemen gute Gäule und viele Pferde für den *homme armé,* und Männer die sie reuten konnten; Hetz=Hengste. Itzt sind wir alle auf die Kutsche gekommen, fürwahr! Itzt sind die jungen Herrlein so weit entfernt davon, gute Pferde zu handhaben: sie wissen nicht, wie man die Jagdmähre reutet oder mit Waffen umgeht, also *God help the King,* falls . . . usw.

Zur Zeit von Sir Philip Sidney wär's die gleiche Riesen=Blamage für einen Cavalier gewesen, wenn man ihn auf einer Londoner Straße in einer Kutsche gesehen hätte, wie wenn man ihn jezt in Unterrock & Mieder sähe. Zog in jenen Tagen ein Senator ins Parlament, zu Fuß oder zu Pferde mit prächtigen Sporen, folgten ihm auf den Fersen 1/2 Dutzend oder 10 lange Kerls im blauen Rock mit Wappenzier & langen Korbgefäß=säbeln — itzund, fürwahr! bloß 1 Lakaie mit einem Bratspieß.

Wenn sich früher die Gentry traf, war's nicht in einem armsel'gen dunklen filzigen Bierhaus, wo man ein Faß aussoff und dann 2 oder 3 Täge betrunken herumlag; oder handgemein wurde. Früher traf man sich, wohl ausgeputzt, mit Hunden oder Falken auf den Feldern; pflog gute Gastlichkeit; hielt sich ein wackeres Gefolge, das sich in die Schanze schlagen würd mit dem Blut & Geist in ihren Adern, so an ihrer Herrschaft Tafel genährt; die Pächter hielt man noch in rechter Ehrfurcht. In jenen Tagen hatten wir noch keine Entvölkerung.

In mir sehen Sie die Ruinen der Zeit. Der Tag geht mir zur Neige, und fürwahr, ich bin es froh: mich verlanget nicht in dieser corrupten Zeit zu leben. Den jüngsten Wandel hab ich vorhergesehn und vorausgesagt, und was hernach folgen wird, sehe ich klar. Ach ja. Ach GOtt herrje. Zu Queen Elizabeth's Zeit war das nicht so: damals hatte die Jugend noch Achtung vor dem Alter.

Früher saßen die Älteren und die besseren Leute des Kirchspiels & beschauten sich die Kurzweil der jungen Männer: Ringkampf, Scheiben=schießen, Kugelschieben & Tanzen. Das ist nun alles dahin — und Aufschneiderey, Hurerei, Suff & Geilheit: wie der Herr so's Gescherr: Narren & Suffköppe; die Hose von dieser Art — das Wams von jener: beklekkert mit Thränen aus der Henkelkanne, und verspeckt. Dick Pawlet hat seinen Dienern eine Bier⸗ Schenke gebaut, der Bequemlichkeit halber ohne Tor, damit sie in Rufweite seyen.

Hetz⸗ & Falkenjagd standen in jenen Tagen in höchster Blüte. Überall wehte der Geist der Heiterkeit — anstatt gerissener zu sein als der Nachbar, verleumderisch & scheel angesehn. Und hoher wie niederer Adel war, in jener milden Friedenszeit, schändlich stolz & anmaßend.

HENRY und THOMAS VAUGHAN

ES gab *zwei* Vaughans (Zwillinge): beide sehr talentirt; beide Autoren. Einer (Henry Vaughan, der erstgeborene) schrieb ein Poem, betitelt *Olor Iscanus* und ein weiteres Buch mit Geistlichen Andachtsübungen. Er ist begabt, aber hochfahrend & labil. Sein Bruder schrieb mehrere Abhandlungen, deren Titel ich jezt vergessen habe, nennt sich immerhin *Eugenius Philalethes*.

Sie wurden beide in Llansanfraid in Brecknockshire am Flusse Uska (Isca) geboren. Ihre Großmutter war eine Aubrey — ihr Vater ein Geck — nicht der Ehrenmann, der er hätte sein sollen: er luchste mir einmal 50s ab.

Eugenius Philalethes kam von Jesus College. Woher Henry kam, hab ich vergessen; war aber irgendwann Schreiber bey Richter Marmaduke Lloyd.

Den folgenden Bericht hab ich von Mr Henry Vaughan *manu propria:*

Verehrter Vetter,

Ihr Schreiben vom 10ten Juni habe in Breckon erhalten, allwo ich mich nach wie vor um die Gattin unsers Bischofs, die an einem Dreitage-Fieber darniederliegt, kümmere, und mir noch nicht gestatten darf, die Heimkehr anzutreten; doch damit mein hiesiges Säumen den Rapport (den Sie expectiren) nicht zu spät in Ihre Hände gelangen lässt, will ich Ihnen zum wenigsten in partiis *mit dem Besten dienen, das ich vermag, und in meinem nächsten Brief genauer seyn.*

Mein Bruder und ich wurden anno 1621 zu Newtin in Brecknockshire in der Gemeine St Bridgets geboren.

Ich wartete nicht, bis ich in Oxford einen Grad erworben, sondern ward nach London geschickt, da mich mein Vater zum Studium der Rechte bestimmte, worin ich mich vom plötzlichen Ausbruche unseres jüngsten Bürgerkriegs bitter getäuscht fand.

Mein Bruder verblieb über 10 oder 12 Jahre dort und hat es wohl kaum zu weniger als einem Master of Arts gebracht, glaube ich. Er starb im Verlauf seiner Thätigkeit für Seine Majestät nicht mehr als 5 oder 6 Meilen von Oxford entfernt, in den Jahren da die letzte Große Pest London heimsuchte. Er wurde von Sir Robert Moray, seinem engen Freund (und seinerzeit Staatssekretär für das Königreich Schottland) zu Grabe getragen, dem er seine Bücher und MSS schenkte.

Mein Bruder war in Medicin & Chymie tätig; er wurde von Bischof Mainwaringe zum Geistlichen ordinirt und von seinem Verwandten Sir George Vaughan an die Pfarre von St Brigets empfohlen. Meine Profession ist gleichfalls die Heilkunde, die ich nun schon über viele Jahre (Dank Gott) mit gutem Sukzeß und einem Ruf practicirt habe, der auch für einen Mann mit größeren Gaben, als ich sie besitze, nicht zu gering wäre.

Mein Bruder starb auf den 27ten Februar anno 1666 im sieben und vierzigsten Jahr aetate suo, *und wurde am ersten März begraben. Ich bin Ihnen, werther Herr, zutiefst verbunden, daß Sie so gnädig sein wollen, sich so geringfügiger & vergessener Gegenstände, wie mein Bruder und ich es sind, anzunehmen & zu erinnern. Ich will inskünftig stets*

der Ehre eingedenk bleiben, die Sie uns erwiesen haben, und sollte es in diesem Betracht noch irgendetwas geben, in dem ich Ihnen von Nutzen sein könnte: dann, bitte ergebenst, säumen Sie, verehrter Vetter, nicht zu befehlen
Ihrem herzlichst & aufrichtigst ergebenen Diener: H. Vaughan Juni, den 15ten −73

Sir Robert Moray sagte mir noch am Morgen seines Todestages, er habe meinen Vetter Thomas Vaughan in Albery unweit Ricot, drei Meilen von Oxford entfernt, zu Grabe getragen. Er starb im Hause Mr Kems, des Pfarrers.

EDWARD DE VERE,
17th Earl of Oxford

DIESEM Earl of Oxford widerfuhr es, daß ihm, als er Königin Elizabeth eine tiefe Verbeugung entbot, ein Furz entwich, dessen er sich so fassungslos schämte, daß er 7 Jahre auf Reisen ging. Bei seiner Rückkehr hieß ihn die Queen in der Heimat willkommen und sprach, *My Lord, den Furz hab ich schon vergessen.*

Mr Nicholas Hill war einer der gebildetsten Männer seiner Zeit: ein großer Mathematiker & Philosoph, und ein Dichter & Reisender. Aber kein Autor (von dem ich je gehört), oder falls doch, dann hatten seine Schriften das übliche Schicksal derjenigen, die zu Lebzeiten ihres Schöpfers nicht gedruckt werden. Er war ein Römisch-Katholischer (bzw neigte dazu). War so ausgezeichnet durch Wissen, daß er zum Günstling des großen Earle of Oxford wurde, der ihn als Reisebegleiter auf seine Fahrten mitnahm (als seinen Hofmeister), die so prächtig & verschwenderisch waren, daß er zu Florenz in größerem Glanz lebte als der Herzog von Toscana. Dieser Earle gab in sieben Reise=Jahren vierzig tausend Pfund per annum aus.

Auf seinen Reisen mit seinem Lord (ich vergaß, ob in Italien oder Deutschland, glaub aber, in ersterem) bettelte ihn ein Armer Mann an, ihm einen Penny zu schenken. Ein Penny! sprach Mr Hill — was würd er zu zehn Pfund sagen? Ah! zehn Pfund! sagte der Bettler, das würd' einen seelig machen. N. Hill gab ihm ungesäumt 10 Pfund und trug's in sein Rechnungsbuch ein: *Item: an einen Bettler 10 £, ihn seelig zu machen:* was Seine Lordschaft guthieß, und wovon er sehr angetan war.

Wie ich hörte, war's des großen Historikers König Charles des Ersten Beobachtung, die ältesten Adelsfamilien in Europa seyen: die *Veres* in England, Earles of Oxford, und die *Fitz-Geralds* in Irland, Earles of Kildare, und die *Momorancy* in Frankreich.

Sauertöpfigkeit & Ungeschliffenheit nur allzu verbreitet in England: weise diese ganz streng zurecht! Ein bessres Beispiel für einen eklen & unhöflichen, verächtlich unverschämten, anmaßenden Kerl kann womöglich nicht gefunden werden als Gwin, des Earl of Oxfords Secretär. Kein Vernunftgrund leuchtet ihm ein — er dünkt sich werweißwas, — und schneidet so saure Mienen, daß es die Milch in einer schönen Dame Brust gerinnen macht.

WILLIAM DE VISSCHER

WURDE von seinem Vater, einem bedeutenden Kaufherrn, im Alter von 2 Jahren nach England gebracht; lebte über 55 Jahre im selben Hause zu

St Mary Hill und starb im 74ten Jahr aetate suo. Am Ende seines Lebens kam die Gr. Feuersbrunst über London, 3 Jahre später starb er: in diesen Jahren war ihm die Freude am Leben abhanden gekommen.

In der letzten großen Getreide=Knappheit Englands, als unter den Armen groß Weheklagen & Geschrey anhub, hieß er sie getrost sein: sie bräuchten nicht zu hungern, da er ihnen für dieses Jahr Arbeit & Nutzen aus seinem Besitz überließe. Er (der über gewaltigen Credit verfügte) gab seinen Agenten Ordre, alles was sie zu dem-und-dem Preis an Getreide im Ausland aufkaufen könnten, auf geheuerten Fliebooten in den Hafen von London zu schaffen: wovon er zwei tausend fünfhundert Ladungen in einem Jahr kaufte. Das Korn, das er im Ausland für 12s pro Oxhoft erworben, verkaufte er hierzuland für 14s; und einige der Gegenden, aus denen er das Getreide angekauft (die es in Anbetracht der Höhe des Ankaufspreises verkauft hatten), litten dann selber Mangel und hätten sich gern von hier wieder versorgt, wofür sie 150% der Erstkosten zu zahlen bereit waren, um nicht hungern zu müssen.

Zahlreiche Unglücke trafen viele der Schiffe, die gen London auf See waren (einige von denen, die nie ankamen, wurden von Stürmen zerschmettert; einige trieben so lange in einer Flaute, bis das Korn sich mangels Belüftung selbst entzündete und über Bord geworfen werden mußte), so daß er am Ende des Abenteuers mit summa summarum nicht mehr denn fünf und zwanzig hundert Pfund dastand. Die Flieboote beförderten 800 Tonnen, manche mehr.

Er war ein so bedeutender Kaufmann, wie kaum ein zweiter in seinen Tagen, und wurde (als seine Tochter heiratete) in der Öffentlichkeit auf ein Vermögen von sechsmal zwanzig tausend Pfund geschätzt.

Während der ganzen Dauer der Pest blieb er in London und hatte in all der Zeit nicht einen Kranken in seiner Familie. Er war ein enthaltsamer Mann, und hielt sein Haus stets reinlich.

EDMUND WALLER

ICH hab Mr Thomas Bigge von Wickham (der sein Mitschüler und in der selben Classe gewesen) sagen hören, er habe damals kaum gedacht, daß jener ein so einzigartiger Dichter sey; habe gewöhnlich die Hausaufgaben für ihn gemacht.

Mit etwa 23 Jahren, oder zwischen 23 und 30, wurde er verrückt (ich weiß nicht, aus welchem Anlaß) — aber es währte (glaub ich) nicht lang, bis er wieder zur Vernunft kam. Er war aufbrausend: eine Reizbarkeit, die ihre Ursache meist in einer plötzlichen Verstörung findet. War leidenschaftlich verliebt in Dorothea, die älteste Tochter des Earle of Leicester, die er in seiner Dichtung verewigt hat — und der Earl schätzte ihn und wär auch damit zufrieden gewesen, wenn jener sich eine seiner jüngsten Töchter genommen hätte: womöglich war *das* jene Verstörung?

Einer der vornehmsten Läuterer unserer Englischen Sprache & Dichtung. Als junger Brausekopf, bey seinen ersten Beschäftigungen mit Dichtung, Dünkte mich (sagte er), mir wär noch kein einziges gutes Buch mit englischen Gedichten untergekommen —sie sind alle so ungelenk — da begann ich mit meinen Versuchen. Ich hab ihn mehrere Male sagen hören, er könne keine Verse machen, wenn er's sich befehle — doch wenn die Anwandlung über ihn komme, ginge's ihm leicht von der Hand, d.h. in schlichten Worten: wenn sein Mercurius & Venus in einem günstigen Aspect stehen.

Er sagte mir, Ben Johnson (der um 1638 starb) habe er nicht gekannt, mit Lucius Lord Falkland, Sydney Godolphin, Mr Hobbes et aliis aber enge Bekanntschaft geschlossen.

Ich hab Mr Edward Waller sagen hören, der Lord Marquisse von Newcastle sey ein großer Gönner von Dr Gassendi & M. DesCartes sowie von Mr Hobbes gewesen, und habe mit allen dreien zu Paris an des Marquis' Tafel dinirt.

Vor dem letzten Bürgerkrieg war er bey Hofe sehr angesehen. 1643, als Mitglied des Unterhauses, wurde er für die Verschwörung mit Tomkins (seinem leiblichen Vetter) & Chaloner, für die Brandstiftung in der City of London und Auslieferung des Parlaments etc. an die Königstreuen, im Tower eingekerkert. Es kostete ihn dann viel Mühe, sich den Hals aus der Schlinge zu ziehen, zu welchem Behufe er seinen Landsitz in Bedfordshire im Wert von ca 1300 £ p.a. an Dr Wright, M.D., für ca. 10.000 £ (weit unter Wert) verkaufte: eine Procedur, die in 24 Stunden ablief, sonst wär er gehenkt worden — und mit diesem Geld schmierte er das ganze Haus: was das erste Mal überhaupt war, daß das House of Commons bestochen wurde. Er wollt nicht dulden, daß seine rhetorisch excellente Ansprache vor dem Haus, die ihm das Leben retten sollte, und sein Panegyrikus auf Lord Protector Oliver in die nach der Restauration König Charles des II. erschienene Ausgabe seiner *Poems* aufgenommen wurden.

Als König Charles II. zurückkehrte, empfing er Mr Waller sehr gnädig, und niemandes Conversation wird bey Hofe anjetzt mehr geschätzt denn die seine. Die Herzogin von Yorke (Tochter des Herzogs von Modena) ergötzt sich an seiner Gesellschaft ungemein und hat ihm zu schreiben aufgetragen, was er Ihrer Hoheit dedicirt hat.

Sein Intellect arbeitet annoch (1680) sehr gut; er schreibt noch Verse, wird aber schwächer. Vor 50 Jahren schrieb er Gedichte über die Bermudas, nach der Schilderung eines Mannes, der sich dort aufgehalten: beym Wandeln in seinen schönen Waldungen war der poetische Geist über ihn gekommen.

Er ist etwas über mittelgroß; der Leib schmal, alles andere als robust; feine dünne Haut; das Gesicht etwas oliv=farben; das Haar gekräuselt, von bräunlicher Farbe, vorstehende Augen, rund & lebhaft; ovales Gesicht, die Stirne hoch & faltenreich; der Kopf nur klein, das Hirn in Hochgluth und leicht cholerisch. Er ist etwas herrisch und verfügt über große Meisterschaft in der Englischen Sprache. Seine mündliche Rede ist bewundernswert & geschliffen, und seine Geistesgegenwart überragend.

Er hat die meiste Zeit in London verbracht, zumal im Winter — im Sommer indes erfreut er sich seiner Muse oft zu Beconsfield in Bucks, wo die Luft unvergleichlich ist und wo sich reizende Spazirwege durch die Wälder schlängeln. Nun, da ich von Wäldern spreche, entsinne ich mich, daß er uns dort erzählte, er habe zu Beconsfield in Bucks eine seiner Buchen abgeholzt & ausgegraben, und auf natürlichem Wege, ohne Aussaat, sey dort ein ganzes Wäldchen aus Birken aufgesprossen.

Er hat nur einen zarten schwachen Leib, war aber auch immer ganz enthaltsam. Man machte ihn schändlich betrunken in Somersethouse, wo er, bey den Wasserkaskaden, zu Fall kam — und es war ein peinvoller Sturz. Wie erbärmlich, einem so holden Schwan so unmenschlich mitzuspielen.

Ich hab ihn sagen hören, er habe Mr Thomas Hobbes' Buch *De Cive*, als es herauskam, so bewundert, daß er es liebend gern ins Englische übertragen hätte, und Mr Hobbes sey überaus willig gewesen, es von Mr Waller um dessen großer Meisterschaft in unserer Englischen Sprache wegen übersetzt zu bekommen. Mr Waller versprach ihm freihin, es zu machen — zuerst aber, bat er, möge Mr Hobbes einen Versuch machen; er (T.H.) übertrug das 1. Buch, und zwar so hervorragend, daß Mr Waller sich nicht mehr darauf einlassen wollte, weil es so gut ja doch kein anderer vermöchte.

Da Mr Christopher Wase ihm immer wieder die bitteren satyrischen Zeilen auf Sir Carre Scroop vorhielt, näml.:

Den Bruder umgebracht — die Schwester hurenwert gemacht, die Mutter auch — doch deine Feder bleibt dein Schwert

erwiderte M Waller *sur le champ,* daß man Schlechtes gut, und Gutes schlecht schreiben könne; daß satyrisches Schreiben ein abschüssiges Terrain sey, äußerst schlicht & kunstlos; daß man solchen Witz zu Billingsgate auf seinem Höhepunkt hören könne; daß die fluchbeladne Erde natürlich Stachelgewächs & Dorngesträuch & Unkraut hervorbringe, Rosen & schöne Blumen dagegen Cultivirung verlangten. In all seinen Schriften gibt es keine einzige beleidigende Stelle.

Mr Edmund Waller sagte zu Eliz. Countess of Thanet, man triebe Mißbrauch mit der Poesie, wenn man sie nicht ausschließlich zu Hymnen gestalte.

Er hat ein großes Gedächtnis und erinnert sich einer Geschichte dann am besten, wenn sie ihm vorgelesen wurde; allein ungeachtet seines großen Scharfsinns und seiner rhetorischen Meisterschaft macht er sich im Englischen oft falscher Rechtschreibung schuldig. Er hat eine erbärmlich schlechte Handschrift, so unleserlich wie die Kratzspur einer Henne.

Er wurde im Sprengel Agmundesham in Buckinghamshire geboren, auf einem Sitz namens Winchmore-hill, der von seinem Vater veräußert wurde und den jener vor seinem Tod sehr gern wieder erworben hätte, doch der Eigentümer wollt ihn nicht verkaufen. Sprach E.W. zu seinem Vetter Hamden *Ein zu Tode gehetzter Hirsch kehrt immer dahin zurück, woher er gekommen.*

Er machte einige Gedichte über sein eigenes Sterben, nur zwei Wochen oder wenig mehr vor seinem Hinschied. Er starb mit 83, und sein Witz war zu der Zeit nicht minder blühend als zu allen andern Zeiten seines Lebens. Seinen Sinn für Poesie leitete er von den Hamdens ab: etliche von ihnen sind Dichter gewesen.

SETH WARD

SETH WARD, Lord=Bischof von Sarum, wurde anno Domini 1618 (als der große flammende Stern erschien) in Huntingford geboren, einem Marktflekken in Hartfordshire. Sein Vater war dort Anwalt und hatte eine recht achtbare Reputation. (Dr Guydos, Arzt aus Bath, sagt, früher habe es in Somerset nur einen einzigen Anwalt gegeben, der so arm gewesen, daß er zu Fuß nach London gegangen sey — itzo, 1689, fallen sie dort wie die Heuschrecken ein: gehen auf den Markt & hecken Streitigkeiten aus). Sein Vater brachte ihm die Grundlagen der Arithmetique bey, und sein Ingenium neigte sich ganz der

Mathematik zu, die er sich, weil sie ihm eingeboren war, rasch & unschwer aneignete.

Mit sechzehn ging er aufs Sydney College in Cambridge; wurde Aufwärter von Dr Ward (College= Master & Professor der Theologie), der von seinem Talent & Fleiß sowie von der Suavitas seines Wesens so eingenommen war, daß er ihn alsbald zum Stipendiaten und hernach zum Fellow aufsteigen ließ. Wiewohl ein Namensvetter, war er doch mitnichten verwandt mit ihm (was die meisten wegen der großen Freundlichkeit annahmen, die er ihm erwies) — die Übereinstimmung ihrer Charaktere indes knüpfte ein engeres Freundschafts=Band, als es Blutsverwandtschaft, die nur wenig besagt, im wesentlichen je vermöchte.

Sir Charles Scarborough M.D. (damals ein ingeniöser junger Student & Fellow am Caius Colledge in Cambridge) war sein enger Vertrauter: beide studirten Mathematik, und um sich darin zu vervollkommnen, pilgerten sie zu Mr William Oughtred nach Albury in Surrey, um sich von ihm in seinen *Clavis Mathematica* einweisen zu lassen, der seinerzeit als Buch mit sieben Siegeln galt. Mr Oughtred, den es rührte, wenn ein junger Mensch zu ihm kam, der's mit seiner Algebra ernst meinte, tractirte sie mit ausgesuchter Liebenswürdigkeit. Nach ihrer Rückkehr nach Cambridge lasen sie vor ihren Schülern über den *Clavis Mathematica,* was das erste Mal überhaupt war, daß an einer Universität über das Buch Vorlesung gehalten wurde. Mr Laurence Rooke, ein guter Mathematiker & Algebraist (der, glaub ich, gleichfalls Mr Oughtreds Schüler gewesen) war sein enger Bekannter.

Anno Domini 1644, beim Ausbruch der Bürger= kriege, wurde S.W., gemeinsam mit Dr Ward, Dr Collins, Sir Thomas Hatton et aliis wegen ihrer

Königstreue, im St Johns College von Cambridge verhaftet und seiner Fellow=Stellung am Sydney College enthoben. Nach seiner Entlassung aus der Haft wurde er sehr anständig & freundlich von seinem Nachbarn und Freund Ralph Freeman Esq, von Apston, aufgenommen: einem respectablen & gastfreundlichen Gentleman.

Anno Domini 1648 war in Oxford Parlaments=Visitation, die für eine Vielzahl von Professoren & Fellows die Entlassung bedeutete. Der Astronomie=Professor Dr Greaves, im Wissen darum, daß er entsetzt werden sollte, wollt seinen Lehrstuhl nicht ohne weiters räumen, sondern bat darum, diesen an einen würdigen Nachfolger abtreten zu dürfen, woraufhin Dr Charles Scarborough & William Holder D.D. jenem Dr Greaves ihren gemeinsamen Freund Seth Ward recommendirten. An Seth Ward A.M. erging der Ruf, dessen Nachfolge anzutreten, und so machte er sich von Mr Freemans Wohnsitz auf den Weg nach Oxford, erhielt den Lehrstuhl für Astronomie und lebte im Wadham College, wo er mit dem Warden Dr John Wilkins ins Discuriren kam.

Anno Domini 1656 wurde ihm von Brownrigg, dem Bischof von Exon, die Cantoren=Stelle an der Church of Exon gewährt (was damals nichts bedeutete).

Als Anno Domini 1659 William Hawes, damals Praesident am Trinity College Oxford, eine Ader in der Lunge geplatzt war (was unheilbar war), während Mr Ward im nämlichen College gut bekannt & hochgeschätzt war, trat mit Zustimmung aller Fellows William Hawes seine Praesidentschaft an ihn ab und starb wenige Tage später. Anno 1660 (nachdem der Praesident von den Parlaments=Visitatoren sequestrirt worden war) durfte sich, zur Restauration König Charles des II., Dr Hannibal Potter wieder jener Praesidentschaft erfreuen.

Damals waltete S.W. seines Cantoren=Amtes in Excester und war sicher, glaub ich, Geistlicher an St Laurence Kürch London.

Anno Domini 1661 starb der Dekan von Exon, und da war es Seth Wards Recht, an der Schwelle zum Dekanat Posto zu nehmen.

Anno Domini 1663 starb der Bischof von Exon — Dr Ward, der Dekan, weilte zu der Zeit auf Visitation in Devonshire, wo viele aus der Gentry des Landstrichs versammelt waren. Dekan Ward war unter der Gentry aufs beste bekannt und hatte sich mit seiner Gelehrsamkeit, Klugheit & Höflichkeit alle zu Freunden gemacht. Als ihnen, die alle recht heiter waren und sich aufs munterste ihren Divertissements ergaben, die Zeitung vom Tode des Bischofs gebracht ward, riefen die Gentlemen ausgelassen, *uno uno*, Mr Dekan soll unser Bischof seyn! Das war zu der heiklen Zeit, als jeder Unterhausmann noch des Königs Liebling war. Der Dekan sagte ihnen, er für seinen Theil habe weder Fürsprache noch Bekanntschaft bey Hofe, gab ihnen aber zu verstehen, wie sehr der König die Mitglieder des Parlaments schätze (und sehr viele in der Runde waren Abgeordnete) und daß Seine Majestät ihnen nichts abschlagen werde. Wenn's denn so ist, Gentlemen (sagte Herr Dekan), daß ihr mich unbedingt als euren Bischof haben wollt: nun denn, wenn einige von euch beim König damit vorstellig werden wollen, wird's auch geschehn. Somit erhoben sie ihr Glas: Auf des Königs Wohl — und ein weiteresmal: Auf ihren ersehnten Bischof! — sattelten flugs die Pferde, schwangen sich in die Steigbügel — und auf & davon ging's lustig nach London: wo sie vor den König traten, der ihr Begehr sofort erfüllte. Das war das erste Mal, daß ein Bischof vom Unterhaus ernannt wurde.

Nun, das muß ihm der Neid lassen: dieser werthe Mann war jeglicher Beförderung, die man ihm angedeihen ließ, mehr als würdig — allein, die alten Bischöfe erhoben ein Mordsgezeter beim Anblick eines kecken jungen Bischofs, der womöglich ihre ganze förmliche Gravität durchschaute und, erst 40 Jahre alt, nicht durch das Hauptportal geschritten sondern über den Zaun gehüpft war. Das ging ihnen schwer ans Gemüth. Je nun, Bischof von Excester war er — zur großen Freude der ganzen Diözese. Als Bischof hatte er dann freien Zutritt zu Seiner Majestät, der ein Liebhaber hoher Anlagen & Aufspürer ingeniöser Männer ist und schnell an ihm Gefallen fand.

Er ist — ohne jede Flatterie! — ein so kluger, gelehrter & guter Mann, daß er seiner Position ebenso zur Ehre gereicht wie diese ihm; und ist überhaupt jemand, der gar nicht hoch genug aufsteigen kann. Mylord (Lucius) Falkland pflog zu sagen, er habe noch keinen gekannt, durch den 1 Paar Batist=Ärmel geändert worden wäre, es sey denn Bischof Juxon — hätte er jenen herausragenden Prälaten gekannt, hätt er gesagt: — und diesen noch. So, wie er ein Muster an Bescheidenheit & Courtoisie ist, weiß er auch, wann man streng & hart zu sein hat und ist nicht der Mann, auf dem man herumtrampeln oder den man reizen könnte. Er ist unverheiratet, und von ebenso großartigem wie großzügigem Charakter.

Er ist ein Wohlthäter der Royall Societie gewesen (war einer ihrer Gründer und ersten Mitglieder; mit Philosophischen Experimenten ward 1649 in Oxford durch Dr Wilkins, Seth Ward, Ralph Bathurst &c begonnen). Der Royall Societie stiftete er auch eine edle Pendel=Uhr (die 1 Woche lang geht) zur Verewigung des Gedenkens an seinen lieben & gelehrten Freund Mr Laurence Rooke, der sich die Krankheit, an der er starb, dadurch zugezogen hatte, daß er so lange auf seinem astronomischen Beobachtungsposten gesessen.

Er hat alle Urkunden der Church of Sarum durchforscht, die vom langen Liegen zusammengeklebt waren: ging alle durch, und machte Excerpte, was noch keiner seiner Vorgänger seit hunderten von Jahren, glaub ich, getan hat.

Anno 1669 wurde Dr Christopher Wren vom Bischof von Sarum (Seth Ward) eingeladen, eine besondere Untersuchung der Cathedrale vorzunehmen. Er hielt sich mindestens eine Woche daselbst auf, und es wurde eine curiöse Abhandlung: nicht mehr denn zwei Bogen. Als ich meine *Natural History* of Wilts schrieb, hätte ich Gelegenheit gehabt, sie einzufügen: ich bat den Bischof darum, und der antwortete, er habe sie verliehen, er könne nicht sagen, an wen, und besitze keine Abschrift. Ein gewaltiger Jammer, wenn die Arbeit eines so großen Künstlers verloren wäre! Sir Christopher sagt mir, auch er habe keine Abschrift.

Der finstre Haß des Dekan von Sarum — er druckte sarcastische Pamphlete wider ihn — war die Ursache seines verwirrten Gemüths, infolge dessen er auf Dauer sein Gedächtnis zu Gänze verlor. Für die Dauer etwa eines Monats bis zu seinem Tod nahm er sehr wenig Nahrung zu sich, zehrte nur seinen Vorrat auf und starb als Skelett.

Ich suchte alle Papiere von Sarums Episcopus Seth zusammen, die sich in dem Hause zu Knightsbridge bey London finden ließen, in dem er starb. Es ist Sitte, daß Dekan & Domkapitel, wenn der Bischof von Sarum stirbt, sein Arbeitszimmer verriegeln & versiegeln. Seine verstreuten Papiere rettete ich davor, daß der Koch sie zusammen mit anderen guten Papieren & Briefen ihrer Bestimmung zuführte: Pasteten unterlegt zu werden.

WALTER WARNER

DIESER Walter Warner war Mathematiker & Philosoph ineins; und es war er, der Thomas Hariots *Algebra* herausgegeben, auch wenn er es nicht erwähnt.

Walter hatte (von Geburt an) nur eine Hand: Dr Pell glaubt, die rechte; seine Mutter hatte sich erschrocken und dies hatte seine Deformation verursacht, so daß er an Stelle einer linken Hand nur einen Stumpf mit fünf Haut=Auswüchsen statt einer Hand mit fünf Fingern trug. Er verhüllte ihn mit einer Stulpe gleich einem Beutel. Der Doctor bekam diesen Stumpf nie zu Gesicht, doch Mr Warners Diener erzählte ihm davon.

Den folgenden Bericht erhielt ich von Mr Isaac Walton *manu propria:* Mr Warner wohnte lange & beständig bey den Water-stares bzw am Markt auf dem Woolstable (Woolstable ist ein Platz bzw eine Gasse unweit von Charing Crosse, dicht bey Northumberland Haus). Mylord of Winchester sagte mir, er habe ihn gekannt, und jener habe gesagt, er hätte als erster den Blut=Kreislauf entdeckt und diese Entdeckung D^{or} Harvie verraten (der sagte, er sey es (selbst) gewesen, der sie entdeckt), wofür dieser so denkwürdig berühmt wurde.

Mr Warner erzählte Dr Pell, er habe sich, als Dr Harvey mit seiner *Circulation of the Blood* herauskam, gefragt: woher hat er das? — als er aber einmal zum Earl of Leicester gegangen, sey er in der Hall auf Dr Harvey in höchst vertraulichem Gespräche mit Mr Prothero gestoßen, mit dem Warner behufs seiner *De Circulatione Sanguinis* gesprochen, und ließ keinen Zweifel daran, daß Dr Harvey den Hinweis von Prothero erhalten habe. Dr Pell sagt, Mr Warner habe anhand der Schläge des Pulses *qua demonstratione* den Vernunftschluß gezogen, daß es einen Blut=Kreislauf geben müsse.

So lange Warner im Tower gefangenlag, bezog er eine Pension von 40 £ p.a. von jenem Earle of Northumberland, und eine Unterstützung von Sir Tho. Alesbery, mit dem er gewöhnlich seine Sommer im Windesor Park verbrachte als gerngesehener Gast, da er ein stiller, gutmüthiger Mensch war. Den Winter verbrachte er im Woolstable, wo er 1640 starb, als das Parlament tagte, dessen Freund bzw deren Mitglieder Freund er nimmer war.

Mr Walter Warner machte eine Umgekehrte Loga=rithmen=Tafel, i.e. während auf der Tafel von Briggs am Rande die Zahlen in aufsteigender Folge stehen, und darüber=dagegen ihre Logarithmen gesetzt sind, die ihrer Incommensurabilität wegen notwendig entweder zu hoch oder zu niedrig sein müssen, füllt Mr Warner (gleichwie ein Lexicon aus dem Lateinischen ins Englische) den Rand mit Logarithmen in ansteigender Reihe, und stellt jeder davon so viele continuierliche Mittelwert=Proportionen zwischen eins bis 10 gegenüber, von denen aus obigem Grunde die jeweils letzte Ziffer gleichfalls unvollkommen sein muß. Diese, welche damals, noch bevor Mr Warner die Bekanntschaft Dr John Pells gemacht, zehn tausend betrugen, wurden auf Mr Warners Ersuchen unter Dr Pells Händen bzw nach seiner Anweisung zu hunderttausend erweitert.

Quaere Dr Pell: was der Nutzen dieser Umgekehrten Logarithmen sey? denn W. Warner würde so etwas nicht ohne Sinn getan haben.

GEORGE WEBB

DR. *** Webbe, einer der Kaplane König Charles I.; danach Bischof von Limerick in Irland; von ihm liegen einige Predigten oder Theologica im Druck vor, auch eine Terenz-Übersetzung, auf Englisch & Lateinisch.

Er starb und wurde in Limerick begraben, etwa zwei oder drei Tage, bevor die Stadt von den Iren eingenommen wurde, die den Leichnam wieder ausgruben: das war um 1642.

Er kam vom Corpus Christi College in Ox; geboren zu Brumhum in Wiltshire.

Ich gestehe, diesen Über-Eifer im Canonischen Recht, die Leichen von Häretikern nicht in Frieden zu lassen, mag ich nicht. Es ist allzu unmenschlich. — Damit, daß des Bischofs Leiche wieder ausgescharrt wurde, hatte es, fürcht ich, seine Richtigkeit: denn sein Neffe, der sein Erzdiakon gewesen, war bey ihm, als er starb und die Stadt eingenommen wurde, und ich, der ich damals frisch immatriculirt war, erinnre mich, wie er mir die Geschichte erzählte. Er war Geistlicher in der Nachbargemeinde von Mr Hine.

JAMES WHITNEY

PASTOR Whitney war ein großer *Nomenclator* von Oxford-Männern, zumal er selber ein Alter Herr von Ox war; und lebte er noch, wär' er jezt 81.

Mein alter Vetter, Pastor Whitney, erzählte mir, bey der Visitation von Ox in der Zeit Edwards d. VIten hätten sie Mathematische Bücher als Hexerey-Bücher verbrannt, und wäre nicht zufällig der Griechisch-Professor vorbeygekommen, hätten sie auch das Griechische Alte Testament als Hexenbuch ins Feuer geworfen.

JOHN WHITSON

JOHN WHITSON, Aldermann der Stadt Bristol, wurde zu Cover im Forest of Deane in der Grafschaft Gloucester geboren: er ging in Bristowe zur Schule, wo er im Lateinischen achtbare Erfolge davontrug. Er ward als Gehülfe von Aldermann Vawr verpflichtet, einem Spanienhändler dieser Stadt. Ein ansehnlicher junger Bursche war er; und als sein alter Herr (der Aldermann) gestorben war, rief ihn eines Tages seine Herrin in den Wein=Keller, und hieß ihn ihr das beste Weinfaß im Keller anzapfen: und *de fuckto* zapfte er seine Herrin, die ihn hernach heiratete. Diese Geschichte wird womöglich so lange Bestand haben wie die Stadt Bristol selber.

Er hatte eine sehr gute gesunde Constitution und war ein Früh=aufsteher: schrieb all seine Briefe & regulirte seine Geschäfte beyzeiten am Morgen. Er hatte einen guten natürlichen Verstand, und erwarb sich mit dem Spanienhandel einen schönen Grundbesitz.

Er lebte vornehm; hielt eine reiche Tafel; und war der volksthümlichste Raths=Herr der Stadt, ständiges Mitglied des Parlaments. Er führte ein nobles Haus, und bewirtete gastlich die Peers & Personen von Stand, die in die Stadt kamen. Er hielt sich Falken.

Er war mildthätig in seinem Leben, indem er armen Scholaren die gelehrte Laufbahn ermöglichte: ich erinnere mich an fünf, die von ihm Unterstützung erfuhren, von denen jedoch keiner reüssirte, so verschwenderisch lebten sie.

Seine erste Frau war eine bildschöne Dame, wie aus ihrem Konterfei (in Lebensgröße) erhellt, das im Dining Room hängt. Mit ihr hatte er eine Tochter, sein einziges Kind, die man die *Blüte von Bristol* nannte, und die man Sir Thomas Trenchard von Dorsetshire zur Frau gab. Als seine geliebte & einzige Tochter (im Kindbett) starb, wurde Richard Wheeler, sein Neffe, der unter ihm neben anderen als Handelslehrling diente, sein Erbe — allein da dieser sich als Trinker & capriciöser Fallot herausstellte, vermachte jener seinen ganzen Grundbesitz zu Nutz & Frommen der Stadt Bristow, und war, glaub' ich, der größte Wohltäter, den die Stadt je gehabt hat.

Er starb etwa im sechs und siebzigsten Jahre aetate sui an einem Sturz von seinem Pferd, bey dem sich sein Haupt in einen Nagel rammte, der am Haus eines Schmieds auf dem Kopfe gestanden hatte. Man trug ihn mit allen Ehren zu Grabe. Nebst all seinen Verwandten in Trauergewändern kamen eben so viele alte Männer & Frauen, wie er Jahre alt geworden, in Trauerkleidern & -kapuzen, der Bürgermeister & Ratsherren im Trauergewand; die ganze Bürgermiliz (er war ihr Colonel gewesen) geleitete den Kondukt und ihre Piken waren schwarz umflort und die Trommeln waren von Schwarzem Tuche gedämpft.

JOHN WILKINS

SEIN Vater war Goldschmied in Oxford. Mr Francis Potter war recht gut mit ihm bekannt und pflegte zu sagen, er sey ein sehr ingeniöser Mann gewesen und habe einen ausgesprochen kräftigen Sinn für Mechanik gehabt. War alldieweil am Experimentiren, und seine Gedanken kreisten häufig um das *perpetuum mobile*. Er heiratete eine Tochter Mr John Dods (der über die Kirchen=Gebote geschrieben), in dessen Hause zu Fawlsley sie von ihrem Sohn John entband, von dem wir nun sprechen wollen.

Seinen Sprach=unterricht empfing jener in Oxford (von Mr Sylvester über den Wiesen, glaub ich). 1627 ward er zu Oxford im Magdalen-hall inscribirt; sein Tutor dort war der gelehrte Mr John Tombs (Coryphaeus der Wiedertäufer).

Er hat oft gesagt, sein erster Aufstieg bzw Hinweis auf seinen Aufstieg habe sich zufällig im Verlauf einer Hasen=Jagd ergeben: wo ein ingeniöser Gentleman aus gutem Haus mit ihm ins Gespräch kam und, da er fand, jener habe hervorragende Anlagen, ihm sagte, er werde nimmer, so er auf der Universität bliebe, eine considerable Stellung finden; und daß es das Beste für ihn sey, seine Zuflucht im Hause eines Lords oder einer Standesperson zu nehmen, wo man ihm gute Pfründe angedeihen ließe. Sagte Mr John Wilkins, Ich bin der Welt unbekannt, weiß nicht, an wen ich mich mit solchem Ansinnen wenden könnte. Der Gentleman erwiderte, Ich selbst werd Euch recommendiren — und tat also: empfahl ihn (wie ich glaube) an Lord Viscount Say & Seale, wo er bis zum jüngsten Bürgerkrieg mit größtem Wohlgefallen blieb; und dann wurde er Kaplan bey Seiner Hoheit Charles Louis, dem rheinpfälzischen Kurfürst, den er (nach dem in Deutschland geschlossenen Frieden) begleitete und allda unter Seiner Hoheit zu Würden gelangte.

Nach der Parlaments=Visitation in Ox wurde er Warden am Wadham College. Anno 1656 verehelichte er sich mit Robina, der Hinterbliebenen von Dr French, Canon von Christchurch in Ox, und Schwester des (damaligen) Lord Protector Oliver, der ihn zum Master von Trinity colledge in Cambridge ernannte (wo er durch stricte Examinationen bey Wahlen die Gelehrsamkeit wieder ins Leben rief; dort empfing er hohe Würden und wurde von allen herzlich geliebt) und blieb da bis 1660 (zur Restauration Seiner Majestät). Dann war er Geistlicher an St Laurence Kürch London. Als sein Freund Seth Ward D.D. zum Bischof von Excester ernannt wurde, war er dort Dekan und wurde anno 1668 von des Duke of Buckingham Gnaden zum Bischof von Chester ernannt und war in seiner Diözese außerordentlich beliebt. Anno Domini 1672 starb er am Stein.

Der Royall Society vermachte er ein Legat von vier hundert Pfund, und hätte ihr wohl noch mehr hinterlassen, wenn er's vermocht. Ein sehr belesener Mann war er nicht — aber reicher & tiefer Gedanken voll, und hatte einen regen Kopf: ein ebenso kluger wie begabter Mann. War einer von Seth Wards, des Lord⸗Bischofs von Sarum engsten Freunden. War ein kühner, stark gewachsener, wohlgebauter, breitschultriger Mann, heiter & gastfreundlich.

War der führende Wiederbeleber der Experimental⸗Philosophie in Oxford, wo er, zum erstenmal 1649, wöchentlich einen experimentalphilosophischen Club versammelte, der die *Incunabula* der Royall Society war. Als er nach London gegangen, traf man sich im Gasthof *Zum Stierkopf* in Cheapside (z.[b] 1658, 1659 und später), bis es dort für einen Club zu eng wurde. Ihren Anfang machte die Royal Societie (wo man Untersuchungen zu Papier & in Anwendung brachte) in den Räumlichkeiten William Balls Esqr, des ältesten Sohnes von Sir Peter Ball aus Devon, am Middle Temple. Zuvor hatte es schon Versammlungen in Gasthäusern gegeben — hier nun consolidirte man sich indes pro forma & in vollem

Ernste: und zog dergestalt weiter in den großen Salon von Gresham Colledge.

Scripsit: *Die Entdeckung einer Welt auf dem Monde* (schon vor längerem); *Eine Abhandlung zum Zwecke des Nachweises, daß es möglich seye, daß unsere Erde einer der Planeten ist; Die Kunst des Betens & Predigens; Mathematische Magie,* dem Kurfürst gewidmet; *Reall Character:* das war sein Lieblingswerk — und nichts bekümmerte ihn bey seinem Tode so sehr, wie daß er's nicht vollendet: was nunmehr, in einem Jahr, geschehen soll vermöge der Umsicht & des Eifers von Mr Robert Hooke vom Gresham College; Mr Andrew Paschall, B.D., aus Chedzoy in Com. Somerset; Mr Francis Lodwyck aus London, Kaufmann; Mr John Ray, R.S.S., aus Essex; und Mr Thomas Pigott, M.A. (Wadham College).

JOHN WILMOT,
2nd Earl of Rochester

MIT 18 raubte er seiner Lady, Elizabeth Mallet, einer Tochter & Erbin, ein großes Vermögen: derohalben ich ihn um 1662, soweit ich mich entsinne, als Gefangenen im Tower gesehen.

Sein jugendlicher Sinn & üppiges Vermögen verführten ihn mitunter zu extravaganten Handlungen; auf dem Lande indes war er im allgemeinen ganz manirlich. Er pflegte zu sagen, der Teufel fahre in ihn, wenn er nach Brentford komme, und verlasse ihn nicht eher als bis er wieder auf dem Lande sey.

Er war Wildhüter von Woodstock-Park und wohnte oft in einem Park=Häuschen am West=Rand, einem ganz reizenden Platz mit einer vornehmen

Aussicht nach Westen. Dort hatte Seine Lordschaft mehrere laszive Bilder malen lassen.

Seine Lordschaft las alle Arten von Büchern. Mr Andrew Marvell (der ein guter Kunst=Richter war) pflegte zu sagen, jener sey der beste Satyriker Englands und habe dafür die rechte Ader. 'S war ein Jammer, daß der Tod ihn so zeitig holte.

In seiner Todes=Krankheit war er äußerst reuig und schrieb an Dr Burnet einen Reue=Brief, der gedruckt ist.

Er schickte nach allen Bediensteten, sogar nach dem Schweine=Stallburschen, auf daß sie kämen & seiner *Palinodie* lauschten.

THOMAS WOLSEY

THOMAS WOLSEY, Cardinal, war ein Schlachters=Sohn aus Ipswych in Suffolke. Er erwarb den Baccalaureus Artis in so jungen Jahren, daß man ihn den Buben=Batchelor nannte.

Er war Fellow am Magdalen Colledge in Oxford, wo er einem jungen Gentleman aus Limmington bey Colchester als Tutor diente, zu dessen Schenkung die Präsentation der dortigen Kirchen=Präbende zählte, einen Guttheil von 200 £ wert, den er seinem Tutor Wolsey gab. Er hatte dort irgend eine Ausschweifung begangen (Sauferey, glaub ich — zweifellos war er von lebhaft=grobschlächtigem Wesen) und sprach abschätzig von Sir Amias Paulet (einem Friedensrichter in der Nachbarschaft), der ihn in den Stock schloß, was dieser, als er Cardinal geworden, nicht vergessen hatte: er verurteilte Sir Amias dazu, am Middle Temple das Tor bauen zu lassen.

Sein Aufstieg begann, als er eine geschwinde & gescheite Botschaft für Henry 8 nach Paris aufsetzte.

Er war von äußerst prachtliebendem Wesen.

War ein großer Baumeister, wie aus White-hall, Hampton-Court erhellt. Eshur in Surrey: ein nobles Haus, aus den besten gebrannten Ziegeln erbaut, die ich (womöglich) je gesehn; prächtig Torhaus und Hall. Dieses prunkvolle Haus (ein Palast, der einem Fürsten wohl anstünde) wurde um 1666 von einem Londoner Weinhändler erworben, der später fallirte, während das Haus verkauft und ca. 1678 dem Erdboden gleichgemacht wurde. Er ließ den herrlichen Turm vom Magdalen Colledge in Oxford bauen und jenen prachtvollen Palast zu Winchester (wo er Bischof war) namens Wolsey-house: ich erinnre mich ziemlich gut daran, 1647 stand er noch. Itzt, denk ich, ist er zum größten Theil abgerissen.

Seine edle College-Gründung von Christ Church in Oxford, wo der einzig vollendete Theil der Hall ihm zu verdanken ist. Geplant waren daselbst (wie man an den Baulichkeiten noch erkennen kann) die großartigsten Klosteranlagen (deren kühne Entwürfe Dr John Fell mit seiner neuen Anlage verdorben hat) bis hin zu einem außerordentlich weitläufichten quadratischen Innenhof, und einem Eingang, der von einem Turm (einem Tor-haus) im köstlichsten & edelsten Gothischen Styl gekrönt ward. Als der jetzige Groß-Herzog von Toscana in Oxford weilte, war er davon mehr angetan als von allen übrigen Bauten daselbst, und nahm's genauer in Augenschein.

Man sollte auch nicht die noble Mauer an der Chapell vergessen, die sich vom Colledge die Straß entlang bis zum Blew-boare-Gasthof erstreckte, mindestens 7 Fuß hoch und mit reichverzierter gothischer Sockelplatte. Sie wurde von Dr John Fell (dem Dekan) um 1670 abgerissen, um die Steine anderswo im College zu verwenden.

William Fenshaw Esq sagte mir, er habe einen Brief, den Cardinal Wolsey geschrieben, gesehen, der besage: Mylord, ich muß annehmen, daß das Parlament eine Reformation des Glaubens beabsichtigt — und ich wollte, man würde mehrerley reformiren — allein lassen Sie mich Ihnen sagen, daß, wenn Sie denn reformirt haben, andere folgen werden, die Sie mit ihren Spitzfindigkeiten bedrängen, und auf jene hinwiederum andere, *et sic deinceps,* so daß am Ende gar kein Glaube mehr übrig bleibt, sondern der Unglaube sein Haupt erhebt. Man muß die Mysterien des Glaubens in Ruhe lassen; sie leiden keine Hinterfragung.

Das Silber-Kreuz, das man Cardinal Wolsey voranzutragen pflegte, fiel aus seiner Dille und hätte einem von des Bischofs Dienern fast den Schädel eingeschlagen. Kurze Zeit später kam ein Bote und ließ den Bischof arretiren, noch bevor er das Haus verlassen konnte.

Auf der Heimkehr von Yorke nach London starb er zu Leicester, wo er (zur Schande von Christ Church) begraben liegt — doch ohne Grabmal.

> *Ob Wolsey gleich aus seinem Vorrat wählen mag*
> *Ein Colledge oder ein' Palast als Grab,*
> *Liegt er hier doch verscharrt, als wäre all*
> *Das was an ihn erinnern soll, sein Fall.*
> *Da Du also mißachtet, was solln wir*
> *Postum erhoffen, die nur Fetzen sind von Dir?*

ANDREW YARRINGTON

HAUPTM. Yarrington starb ca. März letzten Jahres zu London. Die Ursache seines Todes war: er wurde zusammengeschlagen und in eine Wasser=Bütte geworfen.

NACHWORT

> *... of old days and chivalry,*
> *And desolate fancies bid the eyes grow dim*
> *With feelings, that earth's grandeur should decay ...*
> — *JOHN CLARE*

Das Bassin ist von Unkraut überwuchert; die steinernen Wappen sind verwittert, Kapitelle und Bruchstücke des Architravs halb versunken im Gras. Ein kleiner Junge streunt im Park zwischen den Trümmern eines verfallenen Pavillons umher. Ohne zu wissen, warum, bricht er, fassungslos, in Tränen aus. Es darf einfach nicht sein, daß das, was einmal war, nicht mehr sein soll.

John Aubrey, der Menschen im 17. Jahrhundert so sah, wie der gerissenste Dichter heute. Elias Canetti — darf man ihn einen gerissenen Dichter nennen? — äußert sich in *Die Provinz des Menschen, Aufzeichnungen 1942 bis 1972* über Aubreys *Lebens≠Entwürfe* in Worten, die zu fortlaufendem Widerspruch reizen. *Er verzeichnete sie in kurzen Sätzen, ließ nichts aus und fügte nichts hinzu.* In Wirklichkeit durchmessen Aubreys Sätze die ganze Spanne des syntaktisch Möglichen — vom flüchtig annotierten Einzelwort bis zur lang geschachtelten, verschlungen gedrechselten Hypotaxe; und *fügen* dabei dem Lebenslauf des Portraitierten *hinzu*, was unbelegbar war oder bleibt — oder *lassen* just das *aus,* was der Nachwelt als Essenz dieses Lebens scheint.

Er verzeichnete alle, von denen er etwas wußte. Tatsächlich alle? Wußte er wirklich so wenig oder gar nichts von Newton, Purcell oder Locke? Oder ging es weniger um das Endziel *Wissen* als vielmehr um die *Antriebe* Neugier, saturnischer Blick, Sammlerwut — und dann noch: um lokalpatriotischen Stolz und Selbstvergewisserung, um Vivat & Applaus für Oxoniens Alte Herren und für Wiltshire, das Kronjuwel unter den westlichen Grafschaften?

Er maßte sich nicht an, sie gut oder schlecht zu finden, es gab ohnehin zuviel Prediger. Die gab es wohl — nur war das Predigen ja eine Kunstfertigkeit sui generis, und wer hier seine Sache gut (oder besonders jämmerlich) machte, konnte der Aufmerksamkeit Aubreys sicher sein. Den Puritanern galt sein Abscheu, den Römischen sein Argwohn, der Church of England sein aus der Not geborener Opportunismus — eine Predigt indes war ihm und den Intellektuellen seiner Zeit weniger eine Glaubensangelegenheit als vielmehr ein rhetorisches Kunstwerk. Als Muster* und Exemplum der ars inventionis hat sie Aubrey nie von Werturteilen über die von ihm Portraitierten abgehalten. Auch dabei wird die ganze Skala abgeschritten: von der überschwänglichen Eloge auf die Countess of Warwick bis zum wütenden Ausfall wider Gwin, des Earle of Oxfords Secretair, und die Frage nach *gut oder schlecht* wird ihm kein ethisch-theologisches Problem, sondern entscheidet sich *empirisch,* am Charakter.

... und als es nach Jahrhunderten endlich entziffert und herausgegeben wurde, war es immer noch seiner Zeit voraus, die Menschen, wie er sie sah, sind erst heute am Leben.

---

* Wie Aubrey selbst mit elaborierten Gleichnissen im Predigtstil sich übt, ist in der Vita von Colonel Cavendish nachzulesen.

Abgesehen davon, daß mit der Entzifferung und Herausgabe keineswegs erst nach Jahrhunderten begonnen wurde, liest sich das prima facie bestechend — provoziert auf den zweiten Blick zum Widerspruch (: sind Aufbruch & Utopie jenes Laboratoriums der Moderne, das Aubrey protokollierte, heute wahrhaft nach Hause gekommen oder nicht vielmehr vom Heute verschüttet worden?) — und frappiert dann doch wieder, tertia vista.

Wie er sie sah: Wie sehen die Lebensläufte ihre Helden? Nun, jedenfalls nicht regelhaft, geordnet, streng diachron, irgenwelchen Systemata, übergeordneten Normen oder Rastern unterworfen. Gewiß, es gibt Schwerpunkte: Nativität; Herkunft & Vermögensverhältnisse; Education; Titel & Würden; Publikationen & Verdienste. Darein gesprengt freilich auch jene wirren Zufälle des Fatums und Schrullen des Charakters, die den Lebensbildern ihre irritierende Ambiguität verleihen und den Widersprüchen der Epoche* einen Spiegel vorhalten, ohne zu moralisieren. Wie die zerborstenen Gläserkörbe auf den Stilleben der kontemporären Malerei zersplittern in Scherben die Biographien, die sich, nach einem punktgenau anvisierten Beginnen, im Schein eines kreiselnden Peilstrahls, in unverbundene, *m*aleidoskopische Fragmente zerstreuen. Ein Leben, *wie er es sah,* ist kein Kontinuum, sondern eine Folge von *snapshots,* die das moderne dissoziierte Individuum, das Canetti im Blick hat, vorwegzunehmen scheint. Ähnlich verfuhr Aubreys Wahlverwandter im 20. Jahrhundert, der Filmkünstler Peter Greenaway, in seiner Ausstellung *100 Objects to represent the World*

---

* Stattdessen von einer Epoche der Widersprüche zu reden, wäre angesichts der Krisen in Staat und Verfassung, Religion und Politik um 1650 zwar nicht falsch, aber ein Gemeinplatz, dessen Trivialität daraus erhellt, daß in *jeder* Epoche so gut wie alles in Widersprüchen, Umbrüchen und Übergängen sich bewegt.

(Wien 1992): auf Gemälde in einem abgedunkelten Raum fokussierte er Punktstrahler und segmentierte aus ihnen hier ein Haupt — da die Geste einer Hand — dort ein Landschaftsdetail. Separiert von ihrem Kontext, verselbständigen sich die Concreta und nehmen kraft ihrer Vereinzelung und Akzentuierung neue Bedeutungen an.

Derart korreliert Greenaways Selektionsprinzip mit der allegorisierenden Haltung Aubreys, dessen Lebensbruchstücke auf das Fragmentarische menschlicher Existenz nicht verweisen, sondern es an sich selbst ausprägen und an die Verfallsgeschichte von Natur binden. *Wie er sie sah:* ganz recht, visuell sind die Texte auch da, wo sie nicht deskriptiv sind, und so wie Greenaways Filme eher malerisch als filmisch konzipiert sind, hat auch Aubrey seine Hauptbegabung weniger im Schreiben als im Malen oder Zeichnen gesehen. *Mit neun Jahren war ich ein Portraitist.* Nicht zufällig wählt Aubreys Herausgeber Oliver Lawson Dick eine optische Metapher, wenn er von den *Blitzlichtern seiner Beobachtung* spricht: *Langsam streicht Aubrey durch das Dämmerlicht seines längst versunkenen Jahrhunderts und führt eine Person nach der anderen in die Helligkeit seines Scheinwerfers.**

Zumindest bedarf es kaum erst der Rückversicherung in seinen autobiographischen Aufzeichnungen, um des Schwermütigen innezuwerden, das jener Haltung zugrundeliegt auch da, wo burleske Episoden oder Anekdoten erzählt werden. Der saturnische Blick färbt seine *Antiquities* mit der Tinktur der Abendröte, während sich ein ums anderemal mit morbider Beschwörung die nachtschwarze Farbe der Sargtücher, Bahrtroddeln und Grabplatten malt, um

---

* Deutsch von Robin Cackett, in: O. L. Dick, Das Leben: Ein Versuch. John Aubrey und sein Jahrhundert. Wagenbach Berlin 1988, S. 156.

die Bilder der Vanitas aus dieser Ära des Bürgerkriegs, der Pest und des Großen Feuers zu bannen. Und erst der Restauration des Königtums 1660 in der Vita General Monks gelingt es, mit der absolutistischen Sonnenaufgangs-Metapher einen freudevollen Schein in Aubreys lugubre Textlandschaft zu blenden. Jene ist das Reversbild oder Umkehrnegativ des Gleichnisses vom Vergessen, das Aubrey in der Vorrede seiner Hobbes-Biographie folgenderweis formuliert: *And as with the light after Sun-sett — at which time clear; by and by, comes the crepusculum; then, totall darknes — in like manner is it with matters of Antiquitie.*

Solche Melancholie gewinnt noch an Authentizität: durch Ironie. So wie Aubrey, humoralpathologisch ein *Sanguineo-Melancholicus,* seine Empfindsamkeit, Schwermut und Hypochondrie autobiographisch mit bemerkenswerter Selbstkritik, fast *self-depreciation,* behandelt, hält er sich auch in der Vita des wehmütig raunzenden Thomas Tyndale den Spott-Spiegel vor, *ach ja, ach GOtt herrje.* Die gute alte Zeit, Elizabethens aetas aurea. Und an anderer Stelle nennt er sich selbst einen *müßigen Tropf,* ohne den die alten Dinge in Vergessenheit gerieten. Ironie verschränkt sich da mit Pathos und läßt am Horizont, als Desiderat, die antike Würde des *otium* aufscheinen, jene Muße, die der von Zwecken unterjochten Zeit des Broterwerbs, dem *nego*tium, den Maßstab anlegte und die Voraussetzung für Kontemplation selber war. Ein sehnsüchtiger Blick heftet sich in den Brief Lives an dieses Privileg. Was sonst auch in der Vita eines Gentlemans zählen mochte — der ererbte (Grund-) Besitz, die Grand Tour, das *preferment* — Otium war ihr Zweck, ihre Bestimmung; *ingeniousness* und *wit* durften darauf einen Anspruch erheben, und nur der mißgünstigen Konstellation der Nativität war zuzuschreiben, wenn ein philosophischer Kopf wie Aubrey *au contraire* ruhelos, ständig in Geldnöten, dauernd zu Pferde, vor Gerichtsbütteln auf der Flucht, sich in ennuyanten Prozessen verzettelnd, seine Bestimmung verfehlte.

Kontemplation meint ja auch Konzentration, Sammlung — nicht Zerstreuung. Nun geschieht es aber gar nicht selten, daß ein von Krankheiten und Lebenswidrigkeiten traumatisierter Geist sich mächtige Surrogate schafft. In diesem Sinne sind die *Lebens=Entwürfe* eben *auch* Gegenrede & Gegenwelt; der Kopf, der sich nicht zu sammeln vermag, legt eine *Sammlung* an; Zerstreuung selber streut die disiecta membra eines gelebten Lebens um sich her wie abgerissene Kalenderblätter; der da im Herbst seines Lebens steht, sammelt einen *dust basket* voll raschelnder Papiere und will seine autobiographischen Skizzen bloß als *Makulaturblatt** verstanden wissen. Inmitten dann: der kontemplative *locus amoenus* in der Serenität seiner farbenschönen Deskription, etwa Thomas Bushells oder Lordkanzler Bacons Parkanlagen: hier kommt die hastig annotierende Hand zur Ruhe und die Sehnsucht nach Hause.

Also eine *Sammlung* — wäre dies denn eine literarische Gattungsbezeichnung? *Lexikographische Skizzen:* wäre nicht falsch — träfe aber nicht den Textkorpus als Ganzes. *Exposé* eines Werkes: bezeichnete seine Struktur eher als seinen Gehalt. *Materialien* zu einem Buch: dieser beliebte neuzeitliche Begriff gälte

---

* Die kaum begreifliche Anweisung am Kopf der 1. Seite der autobiographischen Skizzen *To be interponed as a sheet of waste paper only in the binding of a book* wird verständlich erst, wenn man den Abschnitt über die Verwendung alter Handschriften als Einschlagpapier von Büchern (oder Einwickelpapier von Heringen) liest. Das Leben: eine geschundene Textur. Wenn Leben selber nur die Karikatur einer guten Biographie ist, ist die Wohnung bei den Toten die beste.

allenfalls für Abschriften, Zitate, Exzerpte, Sprach-Trouvaillen & -Readymades — Aubreys Texte sind aber schon zu elaboriert dafür. *Porträtgalerie:* wäre eine Metapher. *Fragment:* würde die Idee oder das Konzept eines wenigstens in Umrissen vorgeplanten *Ganzen* voraussetzen. *Utopie:* auch dies nicht eigentlich falsch; ein Text, der seine endliche Bestimmung nur in einem künftigen Irgendwo anpeilen könnte, vergleichbar dem Passagenwerk Benjamins (: auch dieser ein Melancholiker, Sammler und Reisender). Belassen wir's dabei, die *Brief Lives* als allegorisierende Sammlung eines ebenso neugierigen wie schwermütigen frühen Anthropologen anzusehen. Komplizierter wird die Antwort auf die Frage, ob der Wahrheitsgehalt der Texte sich aus ihrem Wirklichkeitsanspruch, ihrer adaequatio facti ad intellectum, oder aus ihrer Stilqualität, ihrer poetischen Gestaltung speist. *Wie er sie sah* — wie sehen *wir* sie denn: als Dokument — oder Literatur?

Die sattsam kritisierte Leichtgläubigkeit Aubreys gegenüber *gossip* und Anekdoten, seine Leichtfertigkeit im Umgang mit Zahlen, Daten, *facts* ändert ja nichts an der Behauptung des Textes, wahr zu sprechen, *nothing but the trueth: the naked and plaine trueth, which is here exposed so bare that the very pudenda are not covered, and affords many passages that would raise a Blush in a young Virgin's cheeke.** Doch wer sich als Historiker versteht und ungeprüft vermeldet, Spenser sei 1510 geboren und Marlowe von Ben Jonson umgebracht worden, hätte sich — sollte man meinen — die Geringschätzung der Nachwelt nicht ohne Grund verdient. Indes geht der herablassende Ton, den man später gegenüber Aubrey anschlug, an der Sache vorbei. Denn noch sind Mythisierung und Geschichtsschreibung nicht schroff geschieden — noch

* Aus einem Brief Aubreys an Anthony Wood, 1680.

steckt der Empirismus in den Kinderschuhen — und in jenem schwankenden historischen Moment, da die *Lebens-Entwürfe* verfaßt wurden, befand sich die Kategorie der Wahrheit selbst auf dem Prüfstand, besser gesagt: in einem Niemandsland oder schmalen Grenzstreifen zwischen aristotelischer Scholastik hier und hypothetisch-experimenteller Philosophy dort (: letztere ein terminologisches Bindeglied zwischen *ars* und erst später geprägter *science*). Aubreys kaum glaubhafte oder erweislich falsche Mitteilungen sind Wundmale einer erkenntnistheoretischen Krise. Seine Berichte wollen festhalten, wie es denn wirklich gewesen sei — *I beleeve never any in England were delivered so faithfully and with so good authority** — und zögern dabei doch nicht, das Unbewiesene oder Unbeweisbare einer vorab figurierten Idee von Wahrheit zu unterordnen, die sich zur Wirklichkeit verhält wie das Sternbild des Astrologen zu den Sternen des Astronomen. Aubreys Faible für Wundererscheinungen, Spuk und *paganism* (: die Faszination des Melancholikers am Pittoresken) ist in einer Zeit, da Hexenwahn und Gravitationstheorie nebeneinander bestehen konnten, nur Seismogramm eines in ganz Europa in Turbulenzen geratenen Bewußtseins. Und doch — war es nicht der Auftraggeber Anthony Wood selbst gewesen, mit dem die Serie tadelnder Urteile über Aubrey begann? *Fooleries and misinformations* beklagt jener in seinem Tagebuch und nennt Aubrey einen hilflosen Menschen, *schwärmerisch und voller Grillen im Kopf und manchmal der Tollheit nahe.***

Als dem Historiker Anthony Wood vom Merton College Oxford am 31.8.1667 ein ihm bis dato unbe-

* ebenda.
** O. L. Dick, Das Leben: Ein Versuch, a.a.O., S. 81/82.

kannter Antiquary aus Wilts, ehemals Trinity-Scholar, seine Aufwartung macht, ihn spendabel einlädt (zu der Zeit hat er noch einen Diener und 2 Pferde) und ihm seine Mitarbeit anträgt, beginnt eine fast drei Jahrzehnte währende bizarre Freundschaft und Zusammenarbeit, an deren Ende jenes Manuskriptkonvolut vorliegt, von dem hier die Rede ist. Nach dem Urteil des schon erwähnten O. L. Dick soll Wood ein abscheulicher Charakter gewesen sein, unverschämt, grob, herrisch, undankbar, argwöhnisch, eigenbrötlerisch, unduldsam, mißgünstig, geizig, eingebildet, reizbar, gehässig u.v.a.m. — als Quelle für diese Philippika dienen Dick Woods Tagebucheintragungen, die freilich dem (anders akzentuierenden) Unvoreingenommenen auch ein wohlwollenderes Konterfei zeichnen könnten: Einsamkeit, Melancholie, verzweifeltes Ungenügen an den Widrigkeiten einer philiströsen Umgebung. Die Identifikation des Aubrey-Herausgebers mit dem Objekt seiner Begierde (die im übrigen den schönsten Essay über Aubrey und sein Jahrhundert entstehen ließ, der je geschrieben wurde) macht ihn — soll man sagen: natürlich? — parteiisch und verführt ihn dazu, aus Woods Selbstporträt zu folgern, so, wie er dachte und empfand, müsse er sich auch betragen haben. Man darf aber mit Fug bezweifeln, ob ein so liebenswürdiger und sanftmütiger Mensch wie Aubrey über so viele Jahre mit Wood hätte zurechtkommen können, wäre dieser tatsächlich im Leben so widerwärtig gewesen, wie das private Gehäuse des Tagebuchs es sich eben noch gestattete.

Zumindest treffen sich beide in ihrem saturnischen Blick. Woods Bekenntnis, er sei ein Mann *who delights to converse more with the Dead, than with the Living* wird in Aubrey ein verwandte Saite angeschlagen haben. Denn wiewohl dieser ein *sociable character* oder gar ein *good fellow* war, täusche man sich doch nicht: sein umgängliches, verbindliches Wesen diente vor allem dem Ausgraben verschütteter Vergessenheiten, jenen Chimären oder Gespenstern, *shadows,* wie er sie in ironisch gebrochenem Selbstzweifel nannte; und die große Zahl seiner Freunde war zwar ein Indiz für seinen gewinnenden Umgang, aber doch wohl auch Lebensnotwendigkeit dessen, der, ohne Amt noch Besitz, auf den Sukkurs von Gönnern zum *Über*leben angewiesen war.

Bis 1673 arbeitet Wood an seinem Werk *Historia et Antiquitates Universitatis Oxoniensis;* danach projektiert er eine umfangreiche Enzyklopädie *Athenae Oxoniensis: An Exact History of all the Writers and Bishops who have had their Education in the most ancient and famous University of Oxford from the Fifteenth Year of King Henry the Seventh Dom. 1500, to the End of the Year 1690* — und Aubrey soll ihm Material dazu liefern. Was dieser, Jahr um Jahr, auch tut, mit Hilfe von Freunden, Bekannten, Confellows der Royall Societie, älteren Zeitgenossen; anhand von Gesprächen und Korrespondenzen, Epitaphen und Kirchenregistern. In Briefen präzisiert Wood seine Fragen & Aufträge — Aubrey, ein ebenso beflissener wie begeisterter Zuträger*, läßt sich auch zurechtweisen und fragt nur *Is my English style well enough?* — *'Tis well,* konzediert Wood knurrend — und wie gut dieser Stil tatsächlich ist, wird spätestens 1679 unter Beweis gestellt, als Thomas Hobbes (— *Malmesburiensis,* wie Aubrey stets wieder stolz betont) stirbt und die lateinische Vita, die jener für ihn verfasste, von Aubrey in Erfüllung eines alten Versprechens mit

---

* Aubrey dankt Wood dafür, daß er ihm Gelegenheit gab, *to renew my acquaintance with my old and deceased friends, and to rejuvenesce (as it were) which is the pleasure of old men.* Kein kleines Paradoxon: je tiefer einer ins Alte hinabsteigt, desto mehr verjüngt er sich.

einer informellen Biographie auf Englisch ergänzt wird, die in ihrer Kunst der Reduktion und innigen Skurrilität zum Herzstück der ganzen Sammlung gerät.

Was als Auftragsarbeit begann, verselbständigt sich unterderhand immer mehr. Die Entwürfe, die zu Himmelfahrt 1680 nach Oxford geschickt werden, beantwortet Wood mit Einwürfen & Kritik — mit Korrekturen, Memoranda und weiteren Annotationen retourniert Aubrey sie — *et sic deinceps,* 12 Jahre lang. Auf diese Weise entsteht, was sich künftigen Herausgebern als Textlabyrinth darbietet: eine 1. Niederschrift, mit Auslassungen und Abbreviaturen, z.T. in Zeichenschrift — später dann versehen mit Einfügungen, Textvarianten, Numerierungen einzelner Abschnitte — im 3. Stadium schließlich ergänzt mit Randglossen & Fußnoten, oder weiteren Anmerkungen und Hinzufügungen, manchmal auf einer anderen Seite oder einem andern Blatt oder in einer anderen Vita oder in einem anderen Notizbuch oder nur in einem Brief. Aubrey ist sich der Confusion bewußt. In ihr sieht er das Incitament für einen künftigen ingeniösen, verantwortlichen jungen Mann, *to polish and compleat, what I have delivered rough hewen: For I have not leisure to heighten my Stile.* Ins Gewand der Entschuldigung kleidet sich die Anklage. Der das Otium, die *leisure* der Großen so sympathetisch zu schildern verstand, litt selbst den größten Mangel an Muße. Insofern sind die Schründe & Risse des Textes auch Narben eines Lebens, das dicht am Scheitern sich bewegte.

1693 kamen die *Brief Lives* unter der persönlichen Obhut des Kustoden Edward Lhwyd ins Ashmolean Museum Oxford. Zuvor, 1691/92, sind Woods *Athenae Oxoniensis* erschienen. Wood hat die Biographien nach eigenem Gutdünken ausgeschlachtet —

Aubrey fordert sie zurück und erhält sie verstümmelt: Dutzende von Blättern sind herausgerissen. Durch die Veröffentlichung etlicher Interna bringt Wood sich selbst und seinen Informanten in Lebensgefahr: Indiskretionen solcher Art konnten im heiklen Spannungsgefüge zwischen Adel, Klerus und Krone leicht den Kopf kosten. 1694 bahnt sich der Bruch an; Aubrey bittet noch einmal um einen Besuch, doch Wood antwortet unversöhnlich. Am 27.11.1695 stirbt er. Das Pfarregister von St Mary Magdalene in Oxford verzeichnet zwei Jahre später: *JOHN AUBERY A Stranger was Buryed June 7th.*

Aus dem Ashmolean Museum gelangt das Konvolut in die Bodleian Library, wo es heute noch aufbewahrt wird. Es handelt sich um 4 Foliobücher (MSS Aubr. 6–9), von denen das erste 122 Blatt (einige Seiten unbeschrieben) enthält, und von Aubrey als Σχεδιάσματα *Brief Lives, part i.* überschrieben ist. Dem Buch sind 2 Anmerkungen vorangestellt, von denen die erste wegen ihrer seit der Renaissance beliebten Schiffbruchs-Emblematik Erwähnung verdient — fol. 2:

Tanquam tabulata naufragii,
Sum Johannis Aubrii, R.S.S.
Febr. 24, $16\frac{79}{80}$.

My will and humble desire is that these minutes, which I have hastily and scriblingly here sett downe, be delivered carefully to my deare and honoured friend Mr. Antony à Wood, antiquary, at Oxford.–

   Ita obnixe obtestor,
                 JO. AUBREY.
  Ascensione Domini,
     correptus lipothymiâ, circiter 3 P.M.
           1680.

Das zweite Notizbuch enthält 21 Folioblätter (mehrere Seiten unbeschrieben), von denen nur zwei dem Original-MS angehören. Diese bereits erwähnte Verstümmelung wurde von Anthony Wood vorgenommen. Auf fol. 2 findet sich eine Notiz Aubreys vom 29.11.1692, in der er sich bitter darüber beklagt. Er, der als seine Haupt-Tugend *Dankbarkeit* nannte, zürnt im Angesicht der fehlenden (herausgerissenen) Blätter: *Ingratitude!*

MS Aubr. 8, das dritte Buch, ist ein Folioband, 105 Blatt stark, das aus zwei verschiedenen, zusammengebundenen MSS besteht. Auf fol. 1 lautet, im Bann & Zeichen Saturns, der Titel:

Pars ♄ iii^{tia}

1681

♃

Das zweite MS (fol. 69–103) ist von Aubrey auf fol. 69 betitelt als:

An Apparatus for the lives
of our English mathematical writers
by
Mr. John Aubrey, R.S.S.
March 25, 1690

Das vierte Buch schließlich ist ein 55 Blatt umfassendes Folio mit mehreren gedruckten Appendices. Der Titel auf fol. 28 lautet:

Supplementum vitae Thomae Hobbes,
Malmesburiensis,
$16\frac{79}{80}$

HOBBI jucunda senectus,
Cujus erant mores qualis facundia, mite
Ingenium. —   JUVENAL, *Sat.* IV.v.81
Extinctus amabitur. —
                             HORAT. *Epist.* I.lib.2.

I. A.

Da Anthony Wood mit dem Wort *Supplementum* nicht einverstanden war (die Hobbes-Vita war ursprünglich für eine Separatveröffentlichung bestimmt), bewog er Aubrey zu einem zweiten Titel auf Englisch (fol.30): *The life of | Mr. Thomas Hobbes, | of Malmsbury,|by| Mr. John Aubrey,|Fellow of the Royall Societie,|* $16\frac{79}{80}$.

An der Wende des 17. zum 18. Jahrhundert senken sich Schweigen und Vergessen über dieses Werk der Erinnerung. Erst 1792 unternimmt ein Edmund Malone, im Hinblick auf eine Veröffentlichung, eine Transkription von immerhin 174 Lives aus MSS Aubr. 6–8; sein Manuskript liegt in der Bodleian. 5 Jahre später erscheint bei Caulfield in London ein 32 Seiten schmales, hübsches Bändchen mit dem Titel *The Oxford Cabinet,* das die Biographien William Aubreys, Francis Bacons, John Barclays & Francis Beaumonts enthält, mit Stichen artig illuminiert, (von Curtis) unzuverlässig transkribiert, aber immer noch besser als die 1813 erschienenen *Letters written by Eminent Persons . . . and Lives of Eminent Men by John Aubrey, Esq. . .* in 2 Bänden herausgegeben von Dr. Bliss & Rev. Walker vom New College; Aubreys

Texte machen in Volume II die Seiten 197–637 aus und sind so schlampig transkribiert, daß es den späteren Herausgeber Clark zu der Frage veranlaßte: Wenn zu Beginn des 19. Jahrhunderts 2 bedeutende Oxforder Gelehrte den Sinn eines Autors so verdrehen konnten — wie verläßlich können uns dann frühere Ausgaben größerer Autoren, etwa Shakespeares, sein?

Für die vorliegende Übersetzung ins Deutsche standen drei Ausgaben zur Verfügung:

›Brief Lives‹, chiefly of Contemporaries, set down by John Aubrey, between the Years 1669 & 1696. Edited from the Author's MSS by Andrew Clark M.A., Lincoln College, Oxford; M.A. and LL.D., St. Andrews. With Facsimiles. Volume I and II. Oxford, at the Clarendon Press, 1898.

AUBREY'S BRIEF LIVES, Edited with the original manuscripts and with an introduction by Oliver Lawson Dick. By Maytin Secker & Warburg 1949. (Zahlreiche Taschenbuch-Neudrucke by Penguin Books Ltd.)

John Aubrey, BRIEF LIVES, A selection based upon existing cotemporary portraits, edited by Richard Barber. The Folio Society, London MCMLXXV.

Clarks monumentale Edition, insgesamt 797 Seiten kräftigen, geglätteten Papiers in rotem Leinen mit goldener Rückenprägung, ist nicht nur die erste verläßliche und bislang vollständigste Transkription von MSS Aubr. 6–9, sondern darüberhinaus eine, die dem, was wir ›Kritische Edition‹ zu nennen gewohnt sind, sehr nahe kommt. In einer Art satztechnischer *tour de force* versucht sie die Relation zwischen Haupttext und Einfügungen, Randnotizen und Fußnoten (ergänzt um die Fußnoten des Herausgebers: Erläuterungen, Querverweise etc.) typographisch so genau wie möglich abzubilden. Mit Frontispizen und Faksimiles *lavishly* versehen, ist das Ganze ein Wunderwerk* aus einer Zeit, da Verlage noch etwas von Typographie verstanden. Symbole, Geheimzeichen und Piktogramme werden gesetzt, kleine Randzeichnungen reproduziert, Index & Synopsis erfreuen den Benutzer — also eine perfekte Edition? Leider nicht. Denn Clark hat alle zotigen Stellen aus Fäkal- und Sexualsphäre — mit Auslassungszeichen immerhin — getilgt; er behauptet, es seien nicht viele — aber die Streichungen sind gravierender, als er glauben machen will und berauben die Texte einer unverzichtbaren Dimension.

Wer danach die Ausgabe O.L. Dicks zur Hand nimmt, mag zunächst kaum glauben, daß ihr dieselben MSS zugrundelagen. Wo ist die labyrinthische Konfusion der Vorlage geblieben, jene magische Puzzletechnik ineinandergeschobener Textblöcke, jene verschnörkelte Wirrnis der Zeichen & Symbole? Dies hier ist eine Auswahl von 134 Lives, denen jeweils eine ausführliche biographische Erläuterung vorangestellt wird; dazu ein wunderbarer Essay**, von Dick bescheiden *Introduction* genannt. Seinen Autor hat der Herausgeber nicht korrigiert und seine Schreibung dankenswerterweise auch nicht modernisiert — aus den Lives aber macht er sozusagen Fließtexte, ›normale‹, *straightforward* zu lesende Geschichten, kurze Erzählungen gleichsam. Aubreys schon erwähnte Aufforderung an seinen imaginären Nachfolger, *to polish* his stile, wird beim Wort genommen: eine fiktive Ordnung hergestellt, ein hypothetischer Verlauf konstruiert, das Disparate zusammengeführt, unsinnig Kohärentes getrennt — mit gutem Geschmack wie Geschick, aus reichster Kenntnis und

---

* Nennen wir hier ruhig den Namen des wackeren Druckers, er hat's verdient: Horace Hart, M.A., Printer to the University.
** Deutsch bei Wagenbach, a.a.O.

größtem Verantwortungsgefühl zweifellos — und doch: das Ganze hat den Charakter einer Bearbeitung, stellenweise einer Neukomposition, wiewohl kein Wort hinzugefügt oder variiert wird; der Eindruck einer synthetischen Neufassung entsteht einzig aus der Kunst, durch Kappung von Einzelwörtern, Sätzen und Halbsätzen sowie ganzer Absätze einerseits und Integration alles vermeintlich bedeutenden Appendiziven in einen undurchbrochenen Haupttext andererseits eine quasi epische Verlaufsstruktur aus dem Wust der Textmasse herauszufiltern.

Barbers Edition versucht sich gleichsam an einem Kompromiß: auch sie vereinheitlicht den Text, kennzeichnet aber immerhin mit Siglen die unterschiedliche Provenienz der Abschnitte. Ihre Schwäche liegt darin, daß sie sich auf eine Auswahl von 92 Lives beschränkt und diese in einer modernisierten Schreibung präsentiert, in die sich einige Transkriptionsfehler eingeschlichen haben. Das Buch stellt jeder Vita die Reproduktion eines zeitgenössischen Konterfeis voran und wäre mit seinem hervorragenden Schriftbild und seinem edlen feingerippten, gelblichen Papier fast bibliophil zu nennen, würde nicht das Design des Leineneinbands allzusehr an die Muster deutscher Couchgarnitur-Stoffe von 1959 gemahnen. Einerlei — Aubreys autobiographische Skizzen (die O.L. Dick zerpflückt und in seinen einführenden Essay integriert hat) sind in dieser Ausgabe so verläßlich und übersichtlich veröffentlicht, daß sie in dieser Fassung der vorliegenden Übersetzung zugrundegelegt wurden*.

Ansonsten war Barbers Ausgabe *qualité negligeable,* und dem Übersetzer blieb die Wahl zwischen Clark und Dick. Daß er sich trotz einiger Bedenken für

---

* Allerdings ohne Siglen, da diese ohne den Editionskontext der Originalausgabe sinnleer wären.

letzteren entschied, d.h. für die vorliegende Übertragung die 134 Lives der Dick-Edition wählte, ergänzt um 13 ihrer epigrammatischen Würze wegen signifikante Clark-Viten, die Dick verschmähte, verlangt nach einer Rechtfertigung, die umständlich geraten muß, weil das zuvor Gesagte gegen diesen Entschluß zu sprechen scheint.

Zum einen: Clarks heroischer Versuch, Aubreys Textlabyrinth im Druck wiederzugeben, der MS-Vorlage penibel zu folgen, ist zwar nicht unübersetzbar, hätte aber für deutsche Ausgabe bestimmte technische Konsequenzen. Angesichts des relativ schmalen Satzspiegels der *Anderen Bibliothek* müsste im Hinblick auf die von Natur aus ›längere‹ Sprache des Deutschen ein z.T. so kleiner Schriftgrad gewählt werden, daß das Buch nur noch mit einem Vergrößerungsglas zu lesen wäre; zudem zwänge der nicht unbegrenzte Umfang unsere deutsche Ausgabe, auf eine komplette Übernahme der Clarkschen Fassung zu verzichten — anders gesagt: es wären massive Kürzungen vonnöten, die den Sinn der Vorlage so in Frage stellen würden, daß vor allem die Frage entstünde, warum jene überhaupt gewählt wurde.

Zum anderen: deutlich ist ja vielleicht schon geworden, daß Clark die Brief Lives als *Dokument* — Dick sie hingegen als *Literatur* ansieht. Ersterer *reproduziert* den Text, letzterer *interpretiert* ihn. Die Frage ist nicht, daß und wie ein Dokument übersetzbar ist — sondern *ob* es übersetzt werden *muß*. Denn das Dokument stellt einen Sinn nicht her oder aus, sondern ist sinnvoll nur kraft seiner Stofflichkeit, die analysierbar, aber nicht deutbar, d.h. nicht nach ihrem Gehalt zu befragen ist. Denn Stoff und Gehalt sind geschieden durchaus, während Übersetzbarkeit sich am immanenten Anspruch des Gehalts auf Exegese nährt. Und Dicks Verfahren ist im strengen

Sinne nicht editorisch, sondern exegetisch, und damit wächst den Texten, *wie er sie sah,* ein Potential zu, konnotative Hohlräume gewissermaßen, die nach Übersetzung eher verlangen als es der an die unverletzte Totalität der Originalfaktur gekoppelten Clark-Dokumentation recht sein könnte. Diese bleibe daher den Lesern empfohlen, die Aubrey auf Englisch lesen möchten.

Dicks Haltung bewährt sich am emblematischen Kern der Texte. Das Selektionsprinzip seiner Methode, wie fragwürdig sie sonst auch sei, entspricht dem Dissoziativen und Allegorischen, von dem eingangs die Rede war. Er enthüllt, daß Aubreys Talent, ihm selbst kaum bewußt, ein genuin literarisches war. Editionstheoretisch höchst anfechtbar, setzt er auf die poetisierende Transformierung des Faktischen durch den *style,* vertraut auf die divinatorischen Kräfte seines eigenen Sprachgefühls. Im vollen Bewußtsein des Risikos trägt er Schicht um Schicht der stratifizierten Redundanzen ab, um darunter der emblematischen Petrefakten habhaft zu werden, der fossilierten *miracles* gleich der Niere des Pater Harcourt.

Und dabei gelingen ihm erstaunliche Funde. Verborgene Motivstrukturen treten zutage, z.B. in der Vita des eunuchoiden Generalmajors Morgan der konstitutive *klein-groß*-Gegensatz; oder, ganz versteckt aber umso sinisterer, das 3mal anklopfende Motiv des *Hängens* im Lebenslauf Robert Hookes. Feinheiten solcher Art sind Legion, und die kryptischen Korrespondenzen im Text, die Dick wie mit der Chirurgenlanzette eines Anatomen freigelegt hat, werden um so suggestiver & komplexer, je kontemplativer man über ihnen brütet. Mal erzählt eine Vita von der Lächerlichkeit einer hohen Aspiration, mal kündet sie vom Scheitern eines hehren Beginnens; der eine Lebenslauf warnt vor dem Konflikt zwischen Geist und Macht, die andere Biographie ermahnt zur Wachsamkeit vor Fortunens Launen oder Aphroditens Fallstricken — und so rundet sich jedes Lebensbild zum Sinnbild. *Courtiers* tanzen auf des Messers Schneide; einer wird aus dem Staub erhoben, in den der andere gestürzt wird; Bosheiten und Grausamkeiten jeder erdenklichen Couleur werden vorgeführt, Charakter-Marotten, aber auch zarte Verschrobenheiten und der Liebreiz der Seele in einem Antlitz. Nichts ist nebensächlich, alles gleich nah am Mittelpunkt. Oder es handelt sich, wie in einer Ellipse, um *zwei* Mittelpunkte: Aberglaube versus Aufklärung etwa in der Vita Thomas Allens mit ihrer hintergründig dialektischen Pointe am Schluß. Daß allenthalben solche Pointierungen ins Auge fallen, ist eines der ebenso problematischen wie einnehmenden Verdienste der Dick-Edition. Über allem aber waltet — vielleicht; wer weiß es schon genau? — die Bestimmung der Sterne, die Nativität, ein grausames Gesetz, dem Klerus zutiefst suspekt, denn — welche Rolle spielt dabei noch G.O.T.T.?

Enfin, Dicks Aubrey-Ausgabe wurde geprüft, für gut befunden und zur Vorlage dieser Übersetzung gewählt. Nur an zwei Stellen wurden Zeilen aus der Clark-Edition seinem Text eingefügt bzw. angehängt. Der Epitaph Dr. Butlers steht hier für all die grandiosen Grabmale, die Aubrey in extenso entziffert hat; und die walisischen Verszeilen bei George Herbert möchten einen Hinweis auf die Nähe der cymrischen Kultur zu jener westenglischen Lebenssphäre geben, in der Aubrey zu Hause war.

Im übrigen wurde an Dicks Vorlage nichts geändert* und an Aubreys Texten keinerlei Korrektur

---

* Die biographischen Erläuterungen wurden allerdings nicht übernommen.

vorgenommen. Nur so kann seinen Bizarrerien die allegorische Dimension erhalten bleiben, die in jedem Besonderen das Allgemeine aufscheinen läßt: Das Einzelne *repräsentiert* genau in dem Sinne, in dem Greenaway mit seinen 100 objects von der *representation of the world* spricht, das Ganze.* Die englische Schreibung französischer Namen z.B. wurde nicht romanisiert, die altertümliche Schreibung von Ortsnamen nicht aktualisiert und die Eindeutschung englischer Spezifika vermieden, so gut es ging: aus einem Earl of Oxford sollte kein Graf von Ochsenfurt werden. Abbreviaturen & Kürzel wurden nicht aufgelöst, Inches nicht in Zentimeter umgerechnet, und selbstverständlich wurde aus einem *Groten* auch kein 10-Pfennig-Stück. Alle Anglizismen sind artifiziell, beabsichtigt.

Die Handhabung der im Text zitierten *Buchtitel* erfolgte mit jener Irregularität, die im Buchdruck, in der Interpunktion und Orthographie generell bis zur Mitte des 18. Jhdts. üblich war: einige wurden übersetzt — andere nicht. Hier wie auch sonst entscheidet der *Geschmack*, nicht die unbegründbare Notwendigkeit einer Vereinheitlichung; ein Buch ist kein Soldatenfriedhof.

Ein Anmerkungsapparat hätte scheinbar nahegelegen. Aber der Gedanke, allein die verwickelte Historie des Bürgerkriegs und Interregnums, die Rolle des Rumpfparlaments oder der städtischen

---

* Nach dem Kontext von *Theodizee* ließe sich hier fragen; immerhin galt Melancholie *(acedia)* den Theologen als Sünde — vielleicht, weil sie selbst am häufigsten von ihr ergriffen wurden. Der Widerspruch hebt sich auf, wenn man Aubreys allegorische Zerstückelung zur Theodizee nicht kontradiktorisch, sondern *komplementär* begreift. Denn erst das abgesprengte Einzelne vermag sich, gleich den einfachen Substanzen bei Leibniz, wechselseitig so zu *repräsentieren*, daß in diesem *speculum* die theologische Idee einer prästabilierten Harmonie sichtbar werden kann.

Miliz bei der Restauration Charles des II. ad nauseam auszubreiten, wurde rasch wieder fallengelassen. Kommentiert, gedeutet, erklärt werden könnte jeder Satz — aber nach welchen Kriterien? Anmerkungen und Erläuterungen können kaum anders als bevormundend sein; den Torheiten anderer Editionen sollten nicht neue hinzugefügt werden. Zu sagen, wer Cromwell oder Newton gewesen ist und von wann bis wann sie lebten, wäre eine Zumutung für jeden, der Nachschlagewerke zu benutzen weiß — und wer solches nicht weiß, trägt auch selten Verlangen nach Erläuterungen.

Zum Stil der Übertragung noch folgendes. Da andere Herausgeber ältere Texte gern »in Lautstand und Interpunktion dem heutigen Sprachgebrauch behutsam angleichen«, wurde auch Aubreys dreihundert Jahre alte Textur behutsam dem heutigen Sprachgebrauch angeglichen. Altfränkische Zopfigkeiten waren zu vermeiden — die drückende Last der Allongeperücke aber kann dem Autor niemand abnehmen.

Es ist eine erlernbare Technik; Interpretation älterer *Literatur* ist darin generell noch ungeübt. Übersetzung d.h. klangliche Realisierung älterer *Musik* ist da praktisch wie theoretisch schon seit 30 Jahren erheblich weiter gekommen, und wer einwendet, der Vergleich sei allenfalls eine brüchige Analogie, da diese Kunst sich selbst bedeute, jene aber ein Anderes, dem sei entgegengehalten, daß es sich gleichwohl in beiden Künsten um die Transponierung einer Textur von einem Bedeutungsträger in einen anderen, neuen handelt, weshalb schwer einzusehen bleibt, warum für die Übertragung Aubreys nicht Analoges verlangt werden darf wie für die Interpretation William Lawes' oder Matthew Lockes: näml. Kenntnis alter Mensur, Stimmung & Artikulation, *in breve,* Handhabung historischer Techniken und vergangener Stile.*

Die antique Textlandschaft, ein Trümmerfeld von Bedeutungen, weitet sich zum Park, darin ein Kind, mit einer zu großen Perruque auf dem Kopf, eine Elegie anstimmt. Das Bassin ist von Unkraut überwuchert, die steinernen Wappen sind verwittert, Kapitelle und Bruchstücke des Architravs halb versunken im Gras. Den Stufen des Pavillons nähern sich aus mehreren Richtungen Schaufelbagger und Planierraupen, um Platz zu schaffen für ein *Industrial Development Center*. Die Musik könnte von Purcell sein; der Text, den das heroische Kind deklamiert, von Dryden. Brachen werden zugewalzt, Unebenheiten geglättet; was verrostet ist, erhält einen Neuanstrich. Melancholie ist *ineffektiv,* Kontemplation unproduktive Faulenzerei, Otium heißt nun *Freizeitbeschäftigung*. Was verfällt, darf nicht verfallen, sondern wird renoviert oder weggebaggert. Der Klagesang, Philomeles Zähren, ist im Gerassel des Bauschutts nur schwer zu vernehmen; ein paar vereinzelte Worte und Namen wie *Corydon* und *Phyllis* . . . *Dianens Köcher* . . . *hoch über Thitons Bett glänzt Phöbus' Strahlenhaupt* weht der staubige Wind herbei. Kabelschächte werden ausgehoben, Clarions Leyer entsinkt der Hand, ein Drehkran wuchtet Aluminiumträger in die Höhe, die Perruque verrutscht, das Bild selber rutscht aus den Augenwinkeln.

Die vorliegende Übersetzung ins Deutsche** erscheint kurz vor dem 300. Todestag des Autors. Ich

---

* Ein weiterer Einwand, Zweck einer Übersetzung sei es, die Zeitgenossenschaft zu bedienen, erledigt sich von selbst. Die vorliegende Übertragung will nichts anderes, als was Aubrey auch wollte: *Vergangenem* die fällige Achtung zu erweisen.

** Bisher erschienen auf Deutsch: 5 Brief Lives in: O. L. Dick, Das Leben: ein Versuch, Wagenbach a.a.O.; Thomas Hobbes, deutsch von Henning Ritter (gekürzt), Friedenauer Presse Berlin habe sie gemacht zur Aufkündigung des Einverständnisses mit dem Zeitgenössischen selber, zum geistesgegenwärtigen Aufstand gegen die Gegenwart, unversöhnlich.

Für mannigfache Unterstützung danke ich dem Europäischen Übersetzerkollegium Straelen sowie Herrn Prof. W. G. Sebald vom British Centre of Literary Translation in Norwich.

Wolfgang Schlüter

1984; Sir Walter Raleigh, deutsch von Henner Heidkamp (Pseudonym), in: Der Rabe Nr. 29, Haffmans Verlag Zürich 1990.

PERSONENREGISTER

Aubreys Schreibung der Namen ist häufig irregulär; eine Vereinheitlichung und ggf. Korrigierung war im Register unumgänglich. — *Kursive* Ziffern verweisen auf ganze Lebensläufe. — Personen von Stand sind nach ihrem Adelstitel verzeichnet (z.B. Francis Bacon → St. Albans), Bischöfe nach ihren Familiennamen. Biblische und mythologische Namen sind nicht verzeichnet; Ehefrauen nur dann, wenn sie im Text besondere Erwähnung fanden. —

Abbot, George, *20–21*, 233
Abbot, Mrs., 20
Aesop, *272–273*
Albemarle: George Monk, 1st Duke of, 155, *253–259*
Alesbury (Aylesbury), Sir Thomas, 384
Allen, H., 168
Allen, Mr., 277
Allen, Thomas, *21–23*, 124, 178
Andrewes, Lancelot, *23–25*, 214, 346
Anjou: Francois De France, Duc d', 332
Anstey, Mr., 121
Apelles, 102
Apollonius Rhodius, 249
Aratus, 249
Aristoteles, 159, 197, 307
Arundel: Thomas Howard, 2nd Earl of, 37, 163, 203 bis 204, 278
Ashmole, Elias 13–14, 116, 124, 268, 277, 323
Ashton, Sir Thomas, 44
Atkins, Aldermann, 242
Atticus, 54
Aubrey, Deborah (Mutter von John), 5, 10, 15, 159
Aubrey, Sir John d. Ä., 217–218
Aubrey, John, 5–20, 145 u. *passim*
Aubrey, Lewis, 217
Aubrey, Rachel, Großmutter, 102, 368
Aubrey, Richard, Vater, 7–9, 16, 343
Aubrey, Sir Thomas, 217
Aubrey, Thomas, Bruder, 9
Aubrey, William, Urgroßvater, 116

Aubrey, William, Bruder, 9
Augur, Mr., 52
Augustus, Octavius Caesar, 54
Austin, Mr., 276
Avicenna, 159
Ayton, Sir Robert, 185

Bacon, Anthony, 26, 30–31, 34
Bacon, Elizabeth, 30
Bacon, Francis: *siehe*
  St. Albans
Bacon, Sir Nicholas, 34
Bacon, Roger, 94
Bagshawe, Edward, 97
Baker, Mr., 358
Ball, Sir Peter, 389
Ball, William, 389
Barnes, Joseph, 233
Baronius, Cesar, Kardinal, 233
Barrow, Isaac, *38–42*
Barrow, Thomas, 39–40
Basilius, 171
Bastwick, John, 311
Batchcroft, Thomas, 231
Bate, John, 7
Bath: John Grenville, Earl of, 257
Bathurst, Edward, 224
Bathurst, George, 159
Bathurst, Mr., 227
Bathurst, Ralph, 77, 118, 224, 381
Batty, Mr., 64
Baxter, Mr., 359
Baynton, Sir Edward, 240, 355
Beaumont, Francis, *43*
Beaumont, Francis, Richter, 43
Bee, Cornelius, 147
Beeston, Mr., 345
Bendish, Sir Thomas, 41
Berners, Dame Marian
  (Juliana), 171
Bess, Lady: *siehe* Elisabeth,
  Königin von Böhmen
Betridge, Colonel, 47
Big, Thomas, 373
Billingsley, Sir Henry, 160
Billingsley, Sir Thomas, 26

Birkenhead, Sir John, *44–46*, 302
Birket, Henry, 234
Birt, Dr., 365
Blackburne, Richard, 197
Blacket, Mrs., 302
Blount, Sir Charles: *siehe*
  Mountjoy
Blount, Charles, 47
Blount, Sir Henry, *46–49*
Blundevill, Thomas, 30
Bocconi, Laird, 362
Bolton, Samuel, 268
Bond, Mrs., 349
Bond, Thomas, 105, 349–350
Bonner, Edmund, *50*
Boothby, Mr., 275
Boris, Fürst 117
Borough, Caisho, *50–52*
Boston, Mr., 170
Boswell, Sir William, 286
Bourman, Thomas, 214
Bovey, Andrew, 52
Bovey, James, *52–55*
Bowman, Mr., 48
Boyle, the Hon. Robert, *55 bis 57*, 197, 206, 314
Bradshaw, Mr., 334
Bereton (Brerton): William
  Brerton, 3rd Baron, 288
Briggs, Henry, *59–61*, 330
Bristol: John Digby, 1st Earl of, 315
Brooke: Sir Fulke Greville, 1st
  Baron, 26, 111, 131
Brooke: Robert Greville, 2nd
  Baron, 293
Brookes, Margaret, 122
Brookes, Mr., 38
Broughton, Edward, 61
Broughton, Elizabeth, *61–62*
Brouncker: William Brouncker, 2nd Viscount, 200, 299
Brown, Thomas, 340
Browne, Anthony, 15
Browne, Sir Richard, 255
Browne, Sir Thomas, 118
Browne, William, Dichter, 172

Browne, William, Tutor, 87
Brownrig, Ralph, 397
Buckhurst, Lord: *siehe* Dorset
Buckingham, George Villiers, 1st Duke of, 95, 109, 113, 221, 271, 328, 360–361
Buckingham, George Villiers, 2nd Duke of, 67, 99, 116, 360–361, 409
Burges, Mr., 18
Burghley, William Cecil, Baron, *235*
Burnet, Gilbert, 391
Burroughes (Borough), Sir John, 50–51
Burton, Henry, 311
Burton, Robert, 206
Busby, Richard, 205, 290
Bushell, Thomas, 28, 36, *63 bis 66*, 184
Bussey, Parson, 94
Butler, Samuel, *66–69* 111
Butler, William, *69–72*, 270

Caesar, Julius, 82, 171, 183
Caesar, Sir Julius, 31
Camden, William, *73–75*, 219, 222
Camitus, 20
Carbery: John Vaughan, 3rd Earl of, 293, 320
Carew, Thomas, 5
Carey, Sir Edmund, 102
Carteret, Sir George, 310
Cartwright, Howes, 76
Cartwright, William, *75–76*
Cary, Lucius: *siehe* Falkland
Caryl, Mrs., 274
Catharine Parr, Gemahlin Henrys d. VIII., 173
Cato, 82, 249
Cavendish, Sir Charles, *80–81*
Cavendish, Charles, *81–84*
Cavendish, Thomas, 317
Cecil: *siehe* Burghley
Chaloner, Thomas, *84–86*, 245, 374
Chantrel, Mr., 272

Chapell, Mr., 248
Charles I, König von England, 44, 46, 50–51, 67–68, 76, 78, 81, 84, 98–99, 112, 121, 125, 134, 153, 158, 160, 177, 179, 185, 215, 223, 241, 243–249, 315, 319, 344, 349, 361, 366, 371, 385
Charles II, König von England, 60, 85, 98, 104, 115, 120–121, 151, 177, 187–189, 218–219, 244, 252, 256–259, 261, 263, 272–273, 279, 287, 290–292, 296, 298, 315, 347, 351, 357, 365, 374, 379–380, 389
Charles Levis: *siehe* Pfalzgraf
Chatsworth, Mylord of, 198
Chaucer, Sir Geoffrey, 99, 102
Cherbury, Lord: *siehe* Herbert of Cherbury
Chester, Charles, 316
Cheynell, Francis, 88
Child, Thomas, 312
Chillingworth, William, 78, *86–88*
Cicero, Marcus Tullius, 6–7, 19, 159
Clarendon: Edward Hyde, 1st Earl of, 68, 216
Clarges, Nan, 254
Clarges, Sir Thomas, 254
Clarke, Mr., 251
Clavius, Christopher, 185, 330
Cleveland, John, 67
Clifford, George: *siehe* Cumberland
Clun, Mr., 221
Cobham: Henry Brooke, 8th Baron, 319
Cockaine, Mr., 28
Coke, Sir Edward, 27, *90–92*
Coke, Elizabeth, 91
Colbert, Jean Baptiste, *92–93*
Coldwell, John, 109
Colet, John, *93*
Collins, Dr., 378
Collins, Marc, 327–328
Columella, 249

Combes, John, 337–338
Cooke, Arnold, 169
Cooke, Sir Robert, 169
Cooper, Thomas, 6, 58, *93–94*
Coote, Dr., 166
Corbet, Richard, *94–97*
Corbet, Vincent, 94
Cork: Richard Boyle, 1st Earl of, *56–57,* 58
Cornwalleys, Mr., 126
Cosh, Major, 321
Cosin, John, 195
Cotton, Charles, 240
Cotton, Mr., 121
Cotton, Sir Robert, 116, 335
Cotton, Sir Thomas, 335
Cowley, Abraham, *97–99,* 122, 125
Cowper (Cooper), Samuel, 67, 188–189
Cowper, Thomas: siehe Cooper
Crane, Mr., 70
Crescy (Cressy), Hugh, 78
Croft, Herbert, 10
Croftes, Sir William, 359
Cromwell, Oliver, 41, 65, 82, 238–239, 242, 244, 252–255, 260, 287, 297, 374, 388
Cromwell, Richard, 243, 287
Cuddeston, 230
Cuff, Henry, 91
Cumberland: George Clifford, 3rd Earl of, *88–90*
Cum-Fu-Zu (Konfuzius), 55
Curle, Walter, 87
Curtin, Madam, *100*
Curtin, Sir William, 100
Curwyn, Mr., 149

Danby: Henry Danvers, 1st Earl of, 101, 104, 340
Danvers: Anne, Lady, 31, 103
Danvers, Sir Charles, *100–103*
Danvers, Charles, 168
Danvers, Elizabeth, Lady, 102
Danvers, Henry, 101–102, 104 bis 105
Danvers, Jane, 168

Danvers, Sir John, 100–102, 340
Danvers, Sir John, Königsmörder, 26, 31, 60, 90, 101, *103–105,* 128, 132, 166–167, 221, 236, 263
Danvers, Richard, 100
Danvers, Thomas, 169
Dartmouth: George Legge, 1st Baron, 101
Dary, Michael, *105*
Davenant, Edward, Kaufherr, 93
Davenant, Edward, D.D., *106* bis *110*
Davenant, John, Bischof v. Salisbury, 107, 109
Davenant, John, Sohn Edwards, 109
Davenant, John, Weinschenk, 110
Davenant, Pastor, Bruder William Davenants, 355
Davenant, Robert, Bruder Edward Davenants, 112
Davenant, Sir William, 86, *110* bis *115,* 236, 245, 263, 273, 338, 346, 350–351, 353–354
Dawes, Sir Jonathan, 41–42
Dayrell, Sir John, 304
Dayrell, Mrs., 156
De Critz, Emmanuel, 245
Dee, Arthur, 118
Dee, John, *116–118*
Delamaine, Richard, 291
Delaune, Gideon, *235–236*
Denham, Sir John, Richter, 120
Denham, Sir John, Dichter, 112 bis 113, 115, *118–122,* 225, 331, 346
Deodati (Diodati), Jean Elie, 248
Descartes, René, *122,* 197, 374
Devonshire: William Cavendish, 2nd Earl of, 81
Devonshire: William Cavendish, 3rd Earl of, 81, 183, 197, 199
Digby, Sir Everard, *123,* 124, 128

Digby, George, 130
Digby, Sir John, 351
Digby, John, 126-127, 130
Digby, Sir Kenelm, 8, 35, 65, 97, *124-127*, 128-130
Digby, Kenelm, 130
Digby, Venetia, Lady, 61, 125, *128-130*
Dighton, Mr., 213
Dionysius Afer, 249
Dobson, Gerard, 32
Dobson, William, 8, 32
Dockery (Dockway), William, 267
Dod, John, 388
Dodigton, Sir Francis, 129, 248
Donne, John, 166-167, 212, 222
Dorset: Edward Sackville, 4th Earl of, 86, 280
Dorset: Richard Sackville, 5th Earl of, 26, 61, 125-126, 128, 130, 280, 328-329, 356
Dorset: Thomas Sackville, 1st Earl of, *328-329*
Dowch, Jack (John Douch), 232
Drake, Sir Francis, 115, 317, 324
Draper, Mr., 271
Dryden, Mr., 271
Dryden, Sir Erasmus, 133, 346
Dryden, John, *131*, 133, 196, 251-252
Dugdale, Sir William, 74-75, 131, 171, 345, 360
Duncomb, Sir John, 363
Duncomb (Duncon), John, 77
Duport, John, 40

Earles, John, 43, 80, 330
Edgar, König von England, 358
Edward I, König von England, 95
Edward VI, König von England, 137, 385
Egerton, Generalmajor, 229
Egerton, Will, 229
Elisabeth, Königin von Böhmen 221
Elizabeth, Königin von England, 22, 74, 89, 102, 116 bis 117, 175, 180, 236, 275, 313 bis 314, 318, 324, 329, 332, 366-367, 370
Elgin: Thomas Bruce, 1st Earl of, 171-172
Ent, Sir George, 159, 365
Ent, George, 98, 364-365
Erasmus, Desiderius, *132-133*
Essex: Robert Devereux, 2nd Earl of, 30, 91, 102
Essex: Robert Devereux, 3rd Earl of, 135
Estcott, R., 119
Estrees, Cesar d', Kardinal, 150
Estrees, Jean d', Admiral, 150
Ettrick, Anthony, 12, 17, 56, 225
Euklid, 185, 205, 308
Euripides, 183
Evans, Pastor, 182
Evelyn, John, 203, 277, 280

Fairfax: Sir Thomas Fairfax, 3rd Baron, *134*, 253
Fairfax: William Fairfax, 3rd Viscount, 39
Faldo, Mrs., 117
Falkland: Henry Cary, 3rd Viscount, 243
Falkland: Lucius Cary, 2nd Viscount, *76-80*, 87, 114, 197, 374, 381
Falkner, Elizabeth, 130
Fanshawe, Sir Richard, 245
Fantom, Carlo, *134-136*
Farr, James, 48
Farrer, Mr., 127
Fell, John, 95, 392
Felton, John, 111
Fenshaw, William, 393
Fenshawe, Mrs., 232
Fenton, Sir Geoffrey, 56-57
Fenton, Sir Maurice, 299
Fenton, Mrs., 56-57
Filmore (Filmer), Sir Robert, 74
Fitzgerald (Familie), 371

Fleetwood, Sir William, *136 bis 137*
Fletcher, John, *43–44*
Florenz, Herzog von, 278
Florio, John, *137*
Fludd, Thomas, 166
Fortescue, Sir John, 127
Francis I, 131
Frankreich, König von: siehe Louis XIV
Freeman, Ralph, 379
French, Dr., 388
French, Robina, 388
Fry, Francis, *137–143*
Fuller, Nicholas, 25, 133
Furze, Mrs., 138–140
Furze, Philip, 138–139, 142

Gadbury, John, 131
Gale, Peter, 18
Gale, Thomas, 72, 150
Galilei, Galileo, 196
Gardiner, Sergeant, 14
Gardner, William, 20
Gargrave, Lady, 104
Gascoigne, William, 261
Gassendi, Pierre, 374
Gataker, Charles, 78
Gellius, Aulus, 220
Gerard, Lord: siehe Macclesfield
Gibbons, Mr., 131
Gidley, Thomasin, 139
Gilbert, Adrian, 170
Gill, Alexander d.Ä., 86, 248, 363–364
Gill, Alexander d.J., 86
Gloucester: Henry, Duke of, 120
Glover, Robert, 75
Goclenius, Rodolph, 245
Godolphin, Sir Francis, 235
Godolphin, Sidney, 374
Goffe, Thomas, *143–144*
Goldman (Gouldman), Francis, 283
Goodwyn (Goodwin), Thomas, 330
Goodyere, Mr., 63
Gorges, Sir Ferdinando, 102

Goring, George: siehe Norwich
Graunt, John, *144–146*, 296
Gray, Lord Deputy: siehe Grey de Wilton
Greatorex, Ralph, *93*, 146, 279
Greaves, John, 379
Green, Nan, 295
Grenbergerus, Pater, 261
Grenville, Sir Richard, 258
Grevil, Sir Fulke: siehe Brooke
Grew, Dr., 14
Grey de Wilton: Arthur Grey, 14th Baron, 313
Griffith, Richard, 309
Grimston, Sir Harbottle, 32, 37, 257
Grotest (Grosseteste), Robert, 309, 335
Grove, William, 107
Gunter, Edmund, *146–147*, 330
Guydos, Dr., 377
Gwin (Gwyn), Secretär von Lord Oxford, 371
Gwyn, Dr., 116

Haak, Theodore, 284–285
Hacket, John, 75
Hale, Sir Matthew, 335
Hales, John, *147–149*
Hall, Joseph, 280
Halley, Edmund, *150–151*
Halley, Edmund (Vater), 150
Hamden, Captain, 135
Hampden, John, 377
Harcourt, Thomas, *151*
Hargill, Mr., 174–175
Hariot, Thomas, 90, *151–152*, 317, 320–321, 383
Harley, Sir Robert d.Ä., 315
Harley, Sir Robert d.J., 83
Harrington, James, *153–157*, 298, 317, 323
Harris, John, 349
Hart, Mr., Kurat, 19
Hart, Mr., 155
Hartlieb, Samuel, 284
Harvey, Eliab, 157, 160, 164 bis 165

Harvey, William, 30, *157–165,* 196, 383
Hastings, Mr., 289
Hatton, Sir Thomas, 378
Hatton, Sir William, 91
Hawes, William, 76, 87, 379
Henderson, Mr., 82
Henry IV, König von Frankreich, 35
Henrietta Maria, Gemahlin Charles des I., 113, 124, 218, 230
Henry II, König von England, 20
Henry VII, König von England, 26
Henry VIII, König von England, 98, 171, 173–174, 253, 336, 392
Henry Frederick, Prince of Wales, 101, 137, 286, 321
Henshawe, Thomas, 276
Herbert: Familienname der Earls of Pembroke
Herbert, George, 100, 104, 167–169
Herbert, Lady, 104
Herbert, Magdalene, 167
Herbert, Richard, 167
Herbert of Cardiff: William Herbert, Baron, 179
Herbert of Cherbury: Edward Herbert, 1st Baron, 104, *166 bis 167*
Hereford, Bischof von: *siehe* Croft
Hertford: William Seymour, 1st Marquess, 272
Hesiod, 249
Hesketh, Mr., 8
Hessen, Landgrafen von, 247
Hevelius, Johann, 150
Heydock, Richard, 321
Hill, Nicholas, 317, 370–371
Hill, Oliver, 59
Hill, Thomas, 40
Hine, Mr., 385
Hobbes, Edmund, 180–181, 199

Hobbes, Francis, Onkel von Thomas, 181
Hobbes, Francis, Neffe, 196
Hobbes, Thomas (Vater), 180 bis 181
Hobbes, Thomas, 12–13, 27, 37, 78, 88, 113, 123, 159, 163, 165, *180–199,* 201, 216, 231, 252, 277, 295, 300, 310, 329, 335, 374–376
Hobbes, Thomas, 205
Hobbs, Dr., 231
Hodges, Mr., 48
Holbitch, Mr., 38–39
Holder, Mrs., 202
Holder, William, 13, *200–202,* 379
Hollar, Wenceslas, *203–204*
Holywood, John, *204*
Homer, 8, 191, 219, 272, 308
Honywood, Lady, 268
Hooke, Robert, 12, 58, 196, *205–209,* 390
Hopton: Ralph Hopton, 1st Baron, 271
Horsey, Captain, 56
Hortensius, Martinus, 286
Hoskyns, Sir Benet, 211–212, 220, 335
Hoskyns, Charles, 209
Hoskyns, John, D.D., 209
Hoskyns, John, Serjeant, *209 bis 214,* 220, 321
Hoskyns (Hoskins), John, Maler, 205, 280
Hoskyns, Sir John, 12, 125, 230, 238
Hoskyns, Lady, 221
Hoste, Mr., 53
Howe, Josias, 118
Howe, Mrs., 231
Howland, Lady, 164
Hues, Robert, 152, 321
Hugh, Mr., 214
Hungerford, Lady, 18
Hunt, Mr., 28
Hussee, Sir James, 183
Hutton, Alice, 97

425

Hyde, Sir Robert, 164
Hyde, Edward: *siehe* Clarendon

Ingelbert, Mr., 246
Innozenz IV., Papst, 309
Isaacson, Henry, *214-215*
Isham, Sir Justinian, 227
Isham, Mr., 227

James I, König von England, 24-25, 27-28, 34-35, 69-70, 74, 86, 92, 95, 137, 177, 179, 221-222, 319, 321, 326
James II, König von England, 115, 122, 125, 158, 260, 290, 292, 347
Jenkins, David, *215-216,* 217
Jenkins, Sir Leoline, 13, *216* bis *219*
John's Coffee House, 48
Johnson: *siehe* Jonson
Johnson, Richard, 336
Jones, Inigo, 121
Jones, Mrs., 237
Jonson, Ben, 26, 62, 78, 112, 115, 117, 124, 129, 186, 196, 211, *219-224,* 245, 316, 318, 331, 337-338, 357, 374
Jukes, Rowland, 335
Justinian, 217
Juxon, Bischof, 381

Kem, Mr., 370
Kempis, Thomas à, 149
Kent: Elizabeth, Countess of, 66, 334
Kent: Henry Grey, 8th Earl of, 333
Kettell, Ralph, 87, *224-234,* 306
Knight, Sir Richard, 206
Knolles, Richard, *235*
Kurpfalz, Fürst von, 135

Lacy, John, 220-221, 271
Lambert, John, 255
Langdon, Anne, 139-140, 142
Latimer, Robert, 6, 19, 182, 184

Laud, William, 44, 86, 225 bis 226, 311, 334
Lauderdale: John Maitland, 1st Duke, of, 262
Lee, Sir Henry d.Ä., *236-238*
Lee, Sir Henry d.J., 236
Lee, William, *238-239*
Leech, D., 239
Leech, Sir Edward, 12, 239
Leicester, Dorothea, 373
Leicester: Dudley, Earl of, 21
Leicester: Robert Sydney, 2nd Earl of, 373, 383
Lely, Sir Peter, 205
Lenthall, Sir John, 242, 266
Lewis 13: *siehe* Louis XIII
Libavius (Liebalt, Jean), 309
Lichfield: Edward Henry Lee, 1st Earl of, 237
Lillie, William, 283
Lilly, der Maler: *siehe* Lely
Lilly, William, 14, 362
Lincoln, Bischof von: *siehe* Sanderson, Robert
Lister, Sir Martin: *siehe* Lister, Sir Matthew
Lister, Sir Matthew, 171
Littlebury, Mr., 14
Littleton, Mr., 92
Livius, 253
Lloyd, Sir Marmaduke, 368
Lloyd, Meredith, 116, 309
Lodowick, Francis, 390
Long, Henry, 100
Long, Sir James, 12, *239*
Long, John, 315
Long, Sir Walter d.Ä., *239,* 315, 318-319
Longomontanus, Christian, 286
Louis XIII, König von Frankreich, 262 320
Lovelace, Richard, *240*
Lowe, Thomas, 291
Lower, Dr., 309
Lucan, 246
Lucretius, 249
Lushington, Dr., 96-97
Luther, Martin, 135

Lydall, John, 12, 228
Lyte, Isaac, 5, 14, 71, 214, 319

Mahomet (Mohammed), 55, 59
Malet, Elizabeth, 390
Malette, Sir Thomas, 191, 315
Manchester: Sir Henry Montagu, 1st Earl of, 30
Manilius, 249
Manwaring, Roger, 186, 369
Many, Sir John: *siehe* Menis
Marian, Dame: *siehe* Berners
Mariett, Thomas, 149, 234, 255 bis 256
Markham, Jack, 171
Marlowe, Christopher, 220
Marshall, William, 240
Marten, Henry, 85, 114, 216, *240–244*, 302
Martin, Sir Henry, 240
Marvell, Andrew, *244–245*, 252, 391
Mary, Queen of Scots, 318
Mary Tudor, Queen of England, 137, 173–174
Mary, Königinmutter: *siehe* Henrietta Maria
Massey, Sir Edward, 62, 79, 255–256, 357
Masters, Mrs., 331
Mathewes, Mr., 60
Maunsell, Sir Francis, 217–218
May, Sir Thomas, 245
May, Thomas, *245–246*
Mayerne, Sir Theodore, 53
Maynard, Sir John, 115
Mazarin, Jules, Kardinal, *92*, 266
Mees, Nicholas, 63
Menis (Mennes), Sir John, 112, 240, 352
Mercator, Nicholas, 73, 279
Meyrick, Sir William, 218
Middlesexe, Countesse of, 352
Middleton, Sir Hugh, *246–247*
Middleton: John Middleton, 1st Earl of, 361–362
Miles, Mr., 154

Milton, Christopher, 248
Milton, Deborah, 250–251
Milton, John, *247–253*
Milton, Mary, 251
Minshull, Elizabeth, 250
Mirandula: *siehe* Pico della Mirandola
Modena: Alfonso IV, Herzog von, 374
Momorancy (Montmorency) Familie, 371
Mompesson, Sir Giles, 333
Monk, Nicholas, 259
Monke, General: *siehe* Albemarle
Monmouth: James Scott, Duke of, 347
Monsieur de France: *siehe* Anjou
Monson, Mr., 52, 166
Montaigne, Michel Eyquem de, 137
Montanus, Julius, 308
Moore, Sir Jonas, 60, 196, *259 bis 261*, 276, 296
Moore, Sir Jonas d.J., 261
Moorhouse (Morehouse), Lancelot, 307
Moray, Lady, 352
Moray, Mrs., 79
Moray, Sir Robert, *261–263*, 369–370
More, Dr. Henry, 72
More, Mr., 265
More, Mrs., 13
More, Sir Thomas, *263–266*
Morgan, Sir Thomas, *266*
Morian, John, 286
Morison, Sir Richard und Letice, 76
Morton: William Douglas, 8th Earl of, 101
Mouffet, Thomas, 170
Mountjoy: Sir Charles Blount, 5th Baron, 132
Moxton (Moxon), Joseph, 150
Mulcaster, Richard, 23
Murray, Robert, *267*

Murrey, Sir Robert: *siehe* Moray

Napier, Sir Richard, 268
Napier, Richard, 124, *268–269*
Neale (Neile), Sir Paul, 197, 357
Nell, 71
Nero, 233
Neve, Mrs., 18
Nevill, Henry, 47, 153–154, 157
Newcastle: Margery, Duchess of, 45
Newcastle: William Cavendish, 1st Duke of, 80, 112 bis 113, 374
Newton, Sir Isaac, 208–209
Nicholas, Sir Edward, 78
Nightingale, Mr., 21
Norfolk: Henry Howard, 6th Duke of, 280
Norris, Lady, 237
North: Dudley North, 3rd Baron, 320
North, Roger, 320
Northumberland: Sir Henry Percy, 9th Earl of, 152, 321, 384
Norwich: George Goring, 1st Earl of, 288, 290
Nottingham, Charles Howard, 1st Earl of, 315
Noy, William, 269–270

Ogilby, John, *270–274*
Oldenburg, Henry, 200
Oldham, Parson, 101
Oliver: *siehe* Cromwell
Onslow, Sir Richard, 278
Oppian, 249
Oranien: Heinrich Friedrich, Prinz von 286
Ormonde: James Butler, 1st Duke of, 291
Oughtred, Benjamin, 275, 277, 279
Oughtred, Sir Jeffrey, 274
Oughtred, William, 61, 259, *274–280,* 347, 370

Overall, John, *280–283*
Overbury, Sir Thomas, 314 bis 315
Ovid, 6, 13, 19, 283, 309
Oxenbridge, John, 302
Oxford: Edward de Vere, 17th Earl of, 103, 317, 370–371

Pagett, Dr., 252
Par, Anne, 173
Par, Katherine: *siehe* Catharine Parr
Parker, Sir Philip, 358
Partridge, John, *283*
Paschall, Andrew, 143, 390
Paulet, Sir Amias, 391
Pawlet, Dick, 368
Paynter, Jonathan, 48
Pell, John, 133, 152, 204, 235, *284–290,* 342, 383–384
Pell, John d.J., 290
Pembroke: Henry Herbert, 2nd Earl of, 169, 173, 341
Pembroke: Mary, Countess of, *169–172,* 355
Pembroke: Philip Herbert, 4th Earl of, 45, 120, 168, *176 bis 179*
Pembroke: Philip Herbert, 7th Earl of, 171
Pembroke: William Herbert, 1st Earl of, 169, *172–176*
Pembroke: William Herbert, 3rd Earl of, *176–179,* 341
Pembroke: William Herbert, 6th Earl of, 14, 18
Penn, Sir William, 290, 293
Penn, William, 4, *290–294*
Petronius Arbiter, 125
Petty, George, 240
Petty, Lady, 57
Petty, Sir William, 12, 145–146 191, 197, *294–300*
Pfalzgraf, Charles Louis, 388
Philips, Edward, 248, 252–253
Philips, Fabian, 99, 246, 269, 326
Philips, John, 248

Philips, Katherine, *301–302*
Pico della Mirandola, Giovanni 124
Pierson (Pearson), John, 195
Pigott, Thomas, 390
Pine, 270
Pitcher, Mr., 363
Platers, Sir Thomas, 303
Platers, Sir William, *302–303*
Plinius, 20
Plutarch, 212
Pope, Lady Elizabeth, 230, 237
Pope, Sir Thomas, 230, 308
Popham, Edward, 200
Popham, Sir Francis, 304–305, 307–308
Popham, Sir John, *303–306*
Popham, John, 304
Popham, Lady, 304
Porter, Endymion, 112
Potter, Francis, 12, 226, *306 bis 310*, 387
Potter, Hannibal, 87, 306, 379
Powell, Mary, 249
Powney, Mrs., 147–149
Powys, Lord, 173
Poyntz, Captain, 14
Poyntz, Sir Robert, 318
Price, Daniel, 97
Pride, Thomas, 45
Prince of Wales: siehe Charles II
Prothero, Mr., 383
Prynne, William, *310–312*
Purchas, Samuel, 89
Pye, Sir Robert, 134, 214

Quintus Calabar, 249

Radford, William, 149, 228, 365
Radnor: John Robartes, Earl of, 336
Ralegh, Mr., 315
Raleigh, Carew, 323
Raleigh, Sir Walter, 55, 90 bis 91, 103, 152, 170, 191, 212, 223, *312–324*, 346
Raleigh, Walter (Sohn), 317
Randolph, John, 301

Randolph, Thomas, 301
Ranelagh, Lady, 59
Raph, 221
Ray, John, 390
Reginalds, Henry, 284
Reginalds, Ithamara, 284
Remes, Colonel, 51–52
Richelieu: Armand Jean du Plessis, Duc de, 26, 32
Richmond: Mary, Duchess of, 111
Ridgely, Dr., 72
Robert, Parson, 110
Roberts, Francis, 87
Robinson, John, 256
Robson, Charles, *326*
Rochester: Anne, Countess of, 122
Rochester: John Wilmot, 2nd Earl of, 244, *390–391*
Rocklington, Sir John, 336
Rogers, Mr., 336
Rooke, Laurence, 378, 381
Roper, Sir William, 264–265
Ros, Robertus de, 223
Rosalind, 346
Rose, Mr., 129
Rossiter, Colonel, 136
Roydon, Mr., 151
Rudyerd, Sir Benjamin, 212, 317
Ruggles, Mr., 92
Rumsey, Walter, *326–328*
Rupert, Prince, 347–348
Russell, Mr., 248–249
Rutland: Elizabeth, Countess of, 43
Ryves, Katherina, 9, 17

Salisbury, Bischof von: siehe Ward, Seth
Salisbury: Robert Cecil, 1st Earl of, 89, 170
Salkeld, Sir William, 18
Salmasius, 250
Salter, Lady, 148–149
Sambroke, Francis, 169
Sambroke, Mr., 165

Sanchy, Sir Hierome, 297
Sanderson, Robert, 287, 300, 360
Sandys, George, 6, 78
Sanford, Henry, 170
Sarum, Bischof von: *siehe* Ward, Seth
Savile, Sir Henry, 58, 123, *329 bis 331*
Saye and Sele: William Fiennes, 1st Viscount, 39, 231, 388
Scaliger, Joseph Justus, 185, 329–330
Scaliger, Julius Caesar, 133
Scarborough (Scarburgh), Sir Charles, 159, 164, 275–276
Scory, John, 332
Scory, Sylvanus, *331–333*
Scroop, Sir Carr, 376
Scrope (Scroop), Sir Adrian, 158
Scudamore, John, 22
Scudamore: John Scudamore, 1st Viscount, 22, 322
Segar, Sir William, 135
Sejanus, 54
Selby, Sir John, 281
Selden, John, 92, *333–336*
Seneca, 233
Sextus Empiricus, 87
Seymour: Charles Seymour, 2nd Baron, 13
Seymour, William: *siehe* Somerset
Shadwell, Thomas, 338
Shaftesbury: Anthony Ashley Cooper, 1st Earl of, 164
Shakespeare, William, 110, *337 bis 338*
Sharp, John, 290
Sheldon, Gilbert, 218, 287–288
Sherington, Sir Henry, 339
Sherington, Olive, *339*
Shrewsbury: George Talbot, 6th Earl of, 339, 341
Sidney, Sir Philip, 26, 101, 169, 171, *339–340*, 346, 367
Simons, Father, 322

Singleton, Aldermann, 343
Skinner, Robert, 220, 233, 252
Sloper, Abigail, *343*
Sloper, John, 148
Slymaker, Mr., 233
Smethwyck, Francis, 276
Smyth, Jane, *343–344*
Smyth, Rev., 166
Snell, Sir Charles, 316
Snowdon, Mr., 351–352
Socinus, Fausto, 78
Somerset: William Seymour, 1st Duke of, *336*
Somerset: Robert Carr, Earl of, 314
Southampton: Thomas Wriothesley, 4th Earl of, 319
Southcott, Lady, 355
Specott, Roger, 140
Speed, John, 345
Spelman, Sir Henry, *344–345*
Spelman, Sir John, 344
Spenser, Edmund, 170, 341 *345–346*
Springet, Gulielma Maria, 292
Springet, Sir William, 292
St. Albans: Francis Bacon, 1st Viscount, 6, *26–37*, 63, 105, 161, 184
St. Albans: Henry Jermyn, 1st Earl of, 99, 112
St. Low, Mr., 226
Stadius, Jan, 73
Stafford, Sir William, 265
Stafford, Mr., 154
Stanley, Sir Edward, 128
Stanley, Venetia: *siehe* Digby
Stansby, Major, 319
Stavell, Sir John, 13
Steevens, Mr., 50
Stephanus, Robert, 148
Stokes, Richard, 276, *347*
Stonehouse, Mr., 242
Stow, John, 345
Stradling, Sir Edward, 105
Strafford: Thomas Wentworth, 1st Earl of, 56, 272, 319
Stredford, Sir Richard von, 214

Street, Thomas, *347–348*
Stuart, Charles: *siehe* Charles II
Stuart, Sir Francis, 152
Stubbins, Dr., *96*
Stump, Thomas, 20, *348–349*
Stump, William, 19–20, 348
Stump, Tuchwalker, 19
Sturton (Stourton): Charles Stourton, 7th Baron, 174–175
Suckling, Sir John, 112, 147, *349–356*
Suffolk, Earls of, 270
Sumner, Joan, 10, 13–14– 17
Surff, Cavaliero, 318
Sussex: Edward Radcliffe, 6th Earl of, 312
Sussex: Eleanor, Countess of, *312*
Sutton, Thomas, *356–357*
Sutton, William, 6, 20, 23,
Sydenham, Jack, 64–65
Sylvester, Mr., 110, 388
Symonds, Father: *siehe* Simons

Talbot, John, 339
Talbot-Sharington, Colonel, 339
Taylor, Silas, *357–358*
Temple, Sir Richard, 328
Terenz, 6, 385
Thanet: Elizabeth, Countess of, 376
Thanet: Nicholas Tufton, 3rd Earl of, 11, 218
Thimble, Thomas, 143–144
Thomas, Edmund, 217
Thuanus (Thou, Jacques Auguste de), 74
Thynne, Lady Isabella, 232
Thynne, John, 120
Tombes, John, *359–360,* 388
Tomkins, Mr., 374
Toskana, Herzog von, 371, 392
Tounson, Robert, 109
Tovell, Mr., 248
Towes, Nicholas, *360–362*
Tracy, Mrs., 204
Trenchard, Sir Thomas, 387
Triplett, Thomas, *363–363*

Tully: *siehe* Cicero
Turenne: Henri de la Tour d'Auvergne, Viscomte de, 266
Tussell, John, 90
Twisse, Dr., 365–366
Twisse, William, *365–366*
Tyndale, Dorothy, 265, 281
Tyndale, Stafford, 238
Tyndale, Thomas, 356, *366–368*

Underhill, Sir Thomas, 29
Ussher, James, 166, 346

Valke, Jacob de (Gerard Valck), 80
van Dyck, Sir Anthony, 129, 178, 355
van Keulen, Ludolph, *234–235*
Vane, Sir Henry d.Ä., 242
Vane, Sir Henry d.J., 242
Vanore, Sir Peter, 52
Varro, 249
Vaughan, Lord: *siehe* Carbery
Vaughan, Sir George, 369
Vaughan, Sir John, 335, 369
Vaughan, Henry, *368–370*
Vaughan, Thomas, *368–370*
Vavasour, Anne, 237–238
Vawr, Aldermann, 386
Vere, Edward de *siehe* Oxford
Vere, Sir Francis, 103, 317
Vere of Tilbury: Sir Horatio Vere, 1st Baron, 103, 317
Vernon, Francis, 300
Vesalius, André, 295
Villiers, Edward, 226
Villiers, George: *siehe* Buckingham
Vinnus, Arnold, 217
Virgil, 19, 98, 121, 191, 272
Visscher, William de, 52, *371 bis 373*

Wake, Sir Isaac, 233
Wales, Prince of: *siehe* Charles II
Waller, Edmund, 43, 68, 78, 119, 194, 232, 253, *373–377*

Waller, Sir Hasdras, 299–300
Waller, Sir William, 180, 311
Wallis, John, 197, 200–201, 276, 329–330
Walpole, Mr., 39–40
Walsingham, Sir Francis, 342
Walton, Izaak, 222, 383
Ward, Samuel, 378
Ward, Seth, 258, 275–277, 330, *377–382*, 389
Warner, Walter, 152, 321, *383 bis 384*
Warwick: Mary, Countess of, *324–326*
Wase, Christopher, 47, 376
Wase, Hester, 47
Watts, Dr., *97*
Webb, George, *385*
Wharton, Lady, 237
Wheeler, Richard, 387
Whistler, Daniel, 224–225, 289, 302
White, Sir Sampson, 217
Whitfield, Mr., 272
Whitney, James, 172, 236, 321 bis 322, *385–386*
Whitson, John, *386–387*
Widrington, Ralph, 41
Wilkins, John, 379, 381, *387 bis 390*
Williamson, Sir Joseph, 218
Williamson, Mrs., 333
Willis, Thomas, 10, 206
Wilson, Mr., 42
Winchester: John Paulet, 5th Marquess of, 222–223, 230, 402
Winton: *siehe* Winchester

Wiseman, Mary, 16
Wiseman, R., 16–17
Wiseman, Sir William, 222
Witherborne, Dr., 37
Withers, George, 121
Wodenot, Parson, 336
Wolsey, Thomas, *391–393*
Wood, Anthony, 12–13
Wood, Edward, 149
Wood, Robert, 299
Woodcock, Katharin, 250
Woodford, Samuel, 346
Wotton, Sir Henry, 212, 248
Wren, Sir Christopher, 10–11, 108, 201–202, 238–239, 276, 382
Wright, Dr., 374
Wright, Edmund (Edward), 90
Wyld, Sir Edmund, 129
Wyld, Edmund, 11, 12, 47, 66, *93*, 135, 240, 245, 259–260, 296, 320
Wyld (Wilde), Sir William, 259

Xenophon, 191

Yarrington (Yarranton), Andrew, *394*
Yates, Mr., 330
York: James, Duke of: *siehe* James II
York: Mary, Duchess of: *siehe* Modena
Young, Sir John, 23, 224, 353 bis 354

Zeuxis, 101
Zouche, Sir Edward, 326

INHALT

Die mit ** gekennzeichneten Namen sind der Brief-Lives-Ausgabe von Clark (Oxford 1898) entnommen. Ein * kennzeichnet die Herkunft aus der Barber-Edition (London 1975). Nicht gekennzeichnete Namen entstammen der Ausgabe von Oliver Lawson Dick (1949/1987). (Siehe Nachwort).

I.A. [John Aubrey]*	5
George Abbot	20
Thomas Allen	21
Lancelot Andrewes	23
Francis Bacon, 1st Viscount St Albans . . .	26
Isaac Barrow	38
Francis Beaumont und John Fletcher	43
Sir John Birkenhead	44
Sir Henry Blount	46
Edmund Bonner	50
Caisho Borough	50
James Bovey	52
Richard Boyle, 1st Earl of Cork	56
The Honourable Robert Boyle	58
Henry Briggs	59
Elizabeth Broughton	61
Thomas Bushell	63
Samuel Butler	66

William Butler	69
William Camden	73
William Cartwright	75
Lucius Cary, 2nd Viscount Falkland	76
Sir Charles Cavendish	80
Charles Cavendish	81
Thomas Chaloner	84
William Chillingworth	86
George Clifford, 3rd Earl of Cumberland	88
Sir Edward Coke	90
Jean Baptiste Colbert	92
John Colet	93
Thomas Cooper	93
Richard Corbet	94
Abraham Cowley	97
Curtin**	100
Sir Charles Danvers	100
Sir John Danvers	103
Michael Dary**	105
Edward Davenant	106
Sir William Davenant	110
John Dee	116
Sir John Denham	118
René Descartes	122
Sir Everard Digby	123
Sir Kenelm Digby	124
Venetia Digby	128
John Dryden**	131
Sir William Dugdale**	131
Desiderius Erasmus	132
Thomas Fairfax, Lord Fairfax	134
Carlo Fantom	134
Sir William Fleetwood	136
John Florio	137
Francis Fry	137
Thomas Goffe	143

John Graunt	144
Edmund Gunter	146
John Hales	147
Edmund Halley	150
Thomas Harcourt	151
Thomas Hariot	151
James Harrington	153
William Harvey	157
Edward Herbert, Lord Herbert of Cherbury	166
George Herbert	167
Mary Herbert, Countess of Pembroke	169
William Herbert, Earl of Pembroke	172
William und Philip Herbert, Earls of Pembroke	176
Thomas Hobbes	180
William Holder	200
Wenceslas Hollar	203
John Holywood	204
Robert Hooke	205
John Hoskyns	209
Henry Isaacson	214
David Jenkins	215
Sir Leoline Jenkins	216
Ben Jonson	219
Ralph Kettell	224
Ludolph van Keulen**	234
Richard Knolles	235
Gideon de Laune**	235
Sir Henry Lee	236
William Lee	238
Sir James Long**	239
Richard Lovelace	240
William Marshall	240
Henry Marten	240
Andrew Marvell	244
Thomas May	245
Sir Hugh Middleton	246

435

John Milton	247
George Monk, Duke of Albemarle	253
Sir Jonas Moore	259
Sir Robert Moray	261
Sir Thomas More	263
Sir Thomas Morgan	266
Robert Murray	267
Richard Napier	268
William Noy**	269
John Ogilby	270
William Oughtred	274
John Overall	280
John Partridge	283
John Pell	284
William Penn	290
Sir William Petty	294
Katherine Philips	301
Sir William Platers	302
Sir John Popham	303
Francis Potter	306
William Prynne	310
Eleanor Radcliffe, Countess of Sussex	312
Sir Walter Raleigh	312
Mary Rich, Countess of Warwick	324
Charles Robson	326
Walter Rumsey	326
Thomas Sackville, 1st Earl of Dorset	328
Sir Henry Savile	329
Sylvanus Scory	331
John Selden	333
William Seymour, 1st Duke of Somerset	336
William Shakespeare	337
Olive Sherington	339
Sir Philip Sidney	339
Abigail Sloper	343
Jane Smyth**	343

Sir Henry Spelman	344
Edmund Spenser	345
Richard Stokes	347
Thomas Street	347
Thomas Stump	348
Sir John Suckling	349
Thomas Sutton	356
Silas Taylor	357
John Tombes	359
Nicholas Towes	360
Thomas Triplett	363
William Twisse	365
Thomas Tyndale	366
Henry und Thomas Vaughan	368
Edward de Vere, 17th Earl of Oxford	370
William de Visscher	371
Edmund Waller	373
Seth Ward	377
Walter Warner	383
George Webb**	385
James Whitney	385
John Whitson	386
John Wilkins	387
John Wilmot, 2nd Earl of Rochester	390
Thomas Wolsey	391
Andrew Yarrington**	394
Nachwort	395
Personenregister	419

John Aubreys LEBENS-ENTWÜRFE sind im Mai 1994 als hundertundvierzehnter Band der ANDEREN BIBLIOTHEK im Eichborn Verlag, Frankfurt am Main, erschienen.
 Wolfgang Schlüter hat sie zum ersten Mal aus dem Englischen übersetzt. Über die Editionsgeschichte der *Brief Lives* und über die Textgrundlage dieses Bandes gibt sein Nachwort Auskunft.
 Die für das Frontispiz verwendete Federzeichnung stammt von Andreas Schultz, Wien.

Dieses Buch wurde in der Buchdruckerei Greno in Nördlingen aus der Korpus Baskerville Monotype gesetzt und auf einer Condor-Schnellpresse gedruckt. Das holz- und säurefreie mattgeglättete 100g/qm Bücherpapier stammt aus der Papierfabrik Niefern. Den Einband besorgte die Buchbinderei G. Lachenmaier in Reutlingen.
 1. bis 7. Tausend, Mai 1994. Einmalige, limitierte Ausgabe im Buchdruck vom Bleisatz.
 ISBN 3-8218-4114-1. Printed in Germany.

Von jedem Band der ANDEREN BIBLIOTHEK gibt es eine Vorzugsausgabe mit den Nummern 1–999.